Arachne und ihre Schwestern

Waxmann Verlag GmbH
Steinfurter Straße 555, 48159 Münster
info@waxmann.com

Bernd Rieken

Arachne
und ihre Schwestern

Eine Motivgeschichte der Spinne
von den ›Naturvölkermärchen‹
bis zu den ›Urban Legends‹

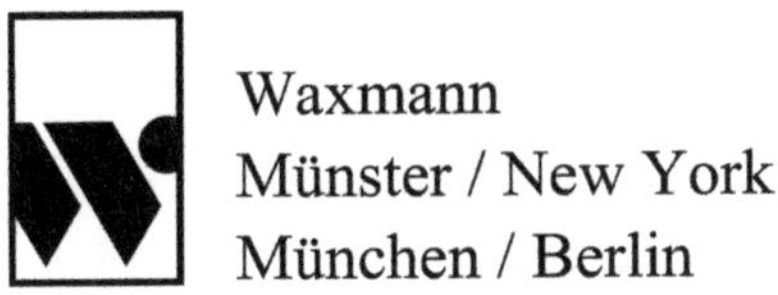

Waxmann
Münster / New York
München / Berlin

Bibliografische Informationen der Deutschen Nationalbibliothek

Die Deutsche Nationalbibliothek verzeichnet diese Publikation in der
Deutschen Nationalbibliografie; detaillierte bibliografische Daten sind im
Internet über http://dnb.dnb.de abrufbar

Gedruckt mit freundlicher Unterstützung
der Österreichischen Forschungsgemeinschaft.

Internationale Hochschulschriften, Bd. 403

Die Reihe für Habilitationen und sehr gute
und ausgezeichnete Dissertationen

ISSN 0932-4763
Print-ISBN 978-3-8309-1234-7
E-Book-ISBN 978-3-8309-6234-2

© Waxmann Verlag GmbH, 2003
www.waxmann.com
info@waxmann.com

Umschlaggestaltung: Pleßmann Kommunikationsdesign, Ascheberg
Gedruckt auf alterungsbeständigem Papier, säurefrei gemäß ISO 9706

Printed in Germany

Inhalt

Einleitung.. 7

1   Wie die Spinnen wirklich sind – ein zoologischer »Steckbrief«................ 11

2   Spinnengeschichten aus traditionellen außereuropäischen Kulturen.......... 23

   2.1   »Naturvölkermärchen« – Begriff und Inhalt.............................. 23

   2.2   Afrikanische Märchen... 27

   2.3   Indianermärchen aus Nordamerika...................................... 48

      2.3.1   Hopi und andere Völker des Südens............................ 50
      2.3.2   Prärie- und Plainsindianer................................... 68
      2.3.3   Eskimo / Inuit... 76

   2.4   Märchen aus Mittel- und Südamerika.................................... 89

   2.5   Traumzeitmythen und Volkserzählungen der australischen Aborigines...... 94

   2.6   Märchen aus Asien.. 104

   2.7   Gott, Kulturheros, Trickster und Dämon................................ 110

3   Europäische Grundlagen der Spinnenrezeption............................... 114

   3.1   Biblische Einflüsse... 114

   3.2   Griechisch-römische Antike.. 122

      3.2.1   Naturkunde.. 122
      3.2.2   Arachnes Metamorphose....................................... 126

   3.3   Germanische Einflüsse?... 131

4   Die Spinne in der traditionellen europäischen Volkskultur.................. 135

   4.1   Volksmedizin... 136

      4.1.1   Pest, Wahnsinn, Tarantismus.................................. 136
      4.1.2   Fieber... 140
      4.1.3   Andere Krankheiten... 146
      4.1.4   Blutstillung und Wundbehandlung.............................. 150

   4.2   Volksglaube.. 152

      4.2.1   Glück und Unglück, Gut und Böse.............................. 152
      4.2.2   Wettervorhersage... 158

   4.3   Volksmärchen... 159

   4.4   Volkssage.. 167

5   Die Spinne in der populären Kultur der Gegenwart..................................... 185

   5.1   Moderne Sagen / Urban Legends.. 185

       5.1.1   *Die Spinne in der Yucca-Palme* und
             Der explodierende Kaktus.. 187

       5.1.2   *Die Spinne in der Bananenkiste* und andere »Invasionen«.................. 192

       5.1.3   Gefährliche Genussmittel: *Die Vogelspinne im
             Zigarettenautomaten* und *Spinneneier im Kaugummi*........................ 200

       5.1.4   Hartnäckige Gerüchte über Vogelspinnen,
             Brown Recluse Spiders und Daddy Longlegs............................ 202

       5.1.5   Spinnen hautnah: im Haar, unter der Haut und auf der Toilette............ 207

       5.1.6   *Die Spinne im Staubsauger*.. 214

       5.1.7   Spinnengeschichten aus mündlichen Quellen................................ 216

   5.2   Spielfilm.. 223

       5.2.1   Sciencefictionfilm.. 223

       5.2.2   Kriminalfilm und politischer Film.. 243

   5.3   Alltag... 251

Zusammenfassung... 262

Literatur- und Filmverzeichnis.. 269

   Bücher und Zeitschriften... 269

   Zeitungsartikel.. 282

   Webseiten... 283

   Filme... 286

Verzeichnis der Bildquellen... 287

Einleitung

Eine Kulturgeschichte der Spinne zu schreiben, mag zunächst ungewöhnlich erscheinen, doch verschwinden mögliche Vorbehalte bei näherem Hinsehen und machen Platz für die Erkenntnis, dass es ein lohnendes und spannendes Thema ist, weil dem Tier eine Fülle symbolischer Zuordnungen zuteil wurde, die viel über das Verhältnis des Menschen zur Natur aussagen, über sein Selbst- und Fremdbild sowie die Beziehung zwischen Mann und Frau.

Im ersten Kapitel geht es um grundlegende Informationen zur Zoologie der Spinne. Wenn man sich mit populären Vorstellungen über ein bestimmtes Lebewesen vertraut macht, ist es sinnvoll, diese mit wissenschaftlichen Erkenntnissen zu vergleichen, um dergestalt ein besseres Fundament zur Einschätzung kultureller Wahrnehmungsmuster zu erhalten.

Das zweite Kapitel ist am umfangreichsten und befasst sich mit Spinnengeschichten aus traditionellen außereuropäischen Kulturen, mit so genannten Naturvölkermärchen. Es geht mir zum einen darum, die eurozentrische Perspektive zu relativieren, denn vieles, was für uns selbstverständlich ist, wird außerhalb unseres Kontinents ganz anders gesehen. Zum anderen sind jedoch auch interessante Parallelen zur westlichen Welt vorhanden, vornehmlich in Bezug auf Ängste gegenüber der Spinne und ihren symbolischen Zuordnungen, und diese stehen in Zusammenhang mit der Rollenverteilung zwischen Mann und Frau.

Im Anschluss daran wenden wir uns Europa zu und befassen uns zunächst mit den kulturgeschichtlichen Grundlagen, die das Bild der Spinne geformt haben, nämlich den Einflüssen der Bibel und des Christentums sowie der griechisch-römischen Antike. Darüber hinaus wird der Frage nachgegangen, ob etwaige Einwirkungen aus dem germanischen Altertum bestehen. Sodann werden Bereiche der traditionellen Volkskultur vorgestellt, in denen die Spinne eine Rolle spielt, nämlich Volksmedizin, Volksglaube, Märchen und Sage.

Der letzte Teil, in dem es um moderne Sagen (Urban Legends), Spielfilme und Alltagskultur geht, führt uns in die Gegenwart und eröffnet gleichzeitig eine globale Perspektive, weil es sich um Phänomene handelt, die weltweit verbreitet sind und in Zusammenhang stehen mit den technischen Möglichkeiten, welche die heutige Welt bietet. Moderne Sagen werden zwar auch mündlich erzählt, doch ihre rasante Verbreitung verdanken sie Zeitung, Radio, Fernsehen sowie Internet und werden auch in Buchform publiziert. Entsprechendes gilt für den Spielfilm, der via Kino oder Bildschirm die Zuseher erreicht, und für diverse Erzeugnisse der Alltagskultur, etwa Massenprodukte oder Werbung.

Die Arbeit versteht sich, soweit sie populäre Prosatexte betrifft, als ein Beitrag zur *volkskundlichen Erzählforschung*. Das bedeutet zweierlei.

1.) Es bleiben Produkte der Hochkultur, etwa aus dem Bereich der Dichtung, Philosophie oder Bildenden Kunst, unberücksichtigt bzw. werden nur insoweit herangezogen, als sie das populäre Denken beeinflusst haben oder repräsentativ dafür sind, wie es zum Beispiel bei Jeremias Gotthelfs berühmter Novelle *Die schwarze Spinne* der Fall ist. Außerdem hätte eine seriöse Bearbeitung der Spinnenmotive auch nur der deutschen Literatur den Umfang dieser Arbeit gesprengt.

2.) Die Erarbeitung einer Motivgeschichte – nämlich des übergeordneten Motivs der Spinne (vgl. Würzbach: Motiv. In: EM, Bd. 9, 1999, 547-554) – kann als Beitrag zur Kontextforschung angesehen werden, denn unter »Kontext« versteht man »den weitgefassten Hintergrund eines Werks oder Phänomens« (Ben-Amos: Kontext. In: EM, Bd. 8, 1996, 217), und dazu zählt auch die Konkretisierung eines Motivs in verschiedenen Kulturen zu unterschiedlichen Zeiten.

Methodisch ruht die Arbeit auf drei Pfeilern: Literaturwissenschaft, Volkskunde und Psychologie, denn dabei handelt es sich aus meiner Perspektive um jene Disziplinen, mit denen man Volksprosatexten am ehesten gerecht wird. Die Erzählungen werden als *Texte* interpretiert und gleichzeitig, soweit möglich, dem *soziokulturellen Kontext* zugeordnet sowie als Thematisierung grundlegender *seelischer Fragen und Probleme* verstanden, wobei mit »Psychologie« vorwiegend Tiefenpsychologie gemeint ist, das heißt Ergebnisse der Freud-, Adler- und Jungschule. Volkskundliche Erzählforschung auf die Bearbeitung soziokultureller Fragen zu reduzieren, halte ich für problematisch, weil das dem wissenschaftlichen Grundsatz der Polyinterpretabilität widerspricht. Ich schließe mich demgegenüber der Auffassung Max Lüthis an, der ebenfalls für das Zusammenwirken der drei genannten Disziplinen plädiert, wenn er in Bezug auf das Volksmärchen schreibt: »Heute kann nur eine Zusammenarbeit der verschiedenen Wissenschaften dem Märchen gerecht werden (...). Weder die einzelnen Forscher noch die verschiedenen Disziplinen haben Grund, einander mit Misstrauen zu betrachten, ihr Bestes geben sie in der Zusammenarbeit« (1992, 113f.; vgl. Rieken 2000, 37ff.; 213f.).

Zur Literatur: Umfassende Darstellungen existieren nicht, aber einzelne Beiträge, die als Einstieg in das Thema dienlich sind. Von Richard Riegler stammt der umfangreiche Artikel im *Handwörterbuch des deutschen Aberglaubens*, der als Literaturquelle sehr nützlich ist und von einem enormen Fachwissen zeugt (HDA, Bd. 8, 1937, 265-282). Der Engländer W.S. Bristowe hat in der (schwer zugänglichen) Festschrift für den Zoologen Alexander Petrunkevitch einen Beitrag über »Spider Superstitions and Folklore« verfasst, der zum Teil recht originelle Deutungen enthält und von breit gestreutem Wissen zeugt (1945). Bristowe gehört, da eigentlich Ökonom, zum in Großbritannien verbreiteten Typus des gelehrten Laien, denn er ist mit arachnologischen Publikationen in Fachzeitschriften und einem anerkannten Standardwerk über die Zoologie der Spinne hervorgetreten (1958). Aus eigener Feder stammt ein Aufsatz in der *Fabula* mit dem Titel »Die Spinne als Symbol in Volksdichtung und Literatur«, den man ebenfalls als erste Orientierung verwenden kann (Rieken 1995). Als Einstieg nützlich und als Ergänzung dienlich sind zwei Bücher, in denen vorwiegend dichterische Texte über Spinnen enthalten sind (Kulessa 1990; Lindemann und

Zons 1990). In dem Zusammenhang ist auch der Aufsatz von Richard Riegler über »Spinnenmythus und Spinnenaberglaube in der neueren Erzählungsliteratur« erwähnenswert (1926), in dem sich der Autor unter anderem mit Jeremias Gotthelfs Novelle *Die schwarze Spinne* und mit Hans Heinz Ewers' Erzählung *Die Spinne* befasst.

Für freundliche Hinweise danke ich Herrn Univ.-Prof. Dr. Dieter Kramer. Sehr herzlich danken möchte ich darüber hinaus der *Österreichischen Forschungsgemeinschaft* in Wien für die vollständige Übernahme des Druckkostenzuschusses.

Gewidmet ist die Arbeit Mag. Brigitte Grill und – in memoriam – Dr. Marianne Stockert.

1 Wie die Spinnen wirklich sind – ein zoologischer »Steckbrief«

Wenn man sich auf den Weg macht, eine Kulturgeschichte der Spinne nachzuzeichnen, ist es sinnvoll, sich zunächst mit der Frage zu befassen, welche Eigenschaften Spinnen wirklich haben und wie sie sich tatsächlich verhalten, da kulturelle Wahrnehmungsmuster häufig ein verzerrtes Bild von den achtbeinigen Geschöpfen liefern. In der Erzählforschung ist es oft mit großen Schwierigkeiten verbunden und mitunter auch gar nicht möglich zu entscheiden, ob das, was behauptet wird, der Wirklichkeit entspricht oder nicht, doch in diesem Fall haben wir es mit dem glücklichen Umstand zu tun, zumindest einige subjektive Meinungen über die Spinnen mit objektiven Aussagen vergleichen zu können, genauer mit dem, was die zoologische Fachwissenschaft, die Arachnologie, über sie zu berichten weiß. Daher soll im Folgenden das für diese Arbeit notwendige zoologische Wissen in Grundzügen vermittelt werden (zum Folgenden vgl. Bellmann 1984, 1994 und 1997; Bristowe 1958; Heimer 1997; Kullmann und Stern 1996).

Von den für unsere Betrachtung relevanten Webspinnen oder Araneae gibt es weltweit ungefähr 35 000 Arten, wobei circa 1100 in Mitteleuropa heimisch sind. Sie bevölkern alle Lebensräume an Land – die Wüste genauso wie den Urwald, die Inseln des Nordpolarmeeres ebenso wie die Tropen –, und eine Art, die Wasserspinne, ist sogar im Süßwasser verbreitet und lebt ausschließlich darin. Man findet sie in vielen Teilen Europas und Asiens, wo pflanzenreiche, stehende Gewässer anzutreffen sind (Bellmann 1997, 138).

Die *Webspinnen* bilden zusammen mit einigen verwandten Tiergruppen – zum Beispiel Skorpionen, Weberknechten und Milben – die Klasse der *Spinnentiere* oder *Arachnidae*, die wiederum zusammen mit den Klassen der Krebse und Insekten den Stamm der *Gliederfüßer* oder *Arthropoda* ausmacht, der mit über einer Million bekannter Arten alle übrigen Tierstämme im Hinblick auf ihre Anzahl weit übertrifft.

Spinnentiere und Insekten werden leicht verwechselt, obgleich sie sich hinsichtlich ihres Körperbaues auch für den Laien deutlich voneinander unterscheiden. So verfügen Insekten über sechs Laufbeine, einen dreigliederigen Körper (Kopf, Brust, Hinterleib) und Flügel, während Spinnentiere flügellos sind, acht Laufbeine aufweisen und einen zweigliederigen Körper haben, der in Vorder(Prosoma) und Hinterkörper (Opisthosoma) unterteilt ist (Abwandlungen von diesem Schema zum Beispiel bei den Skorpionen, deren Hinterleib noch einmal untergliedert ist). Darüber hinaus tragen Insekten ein oder zwei Paar Fühler zwischen den Augen, bei denen es sich um Facettenaugen handelt, während Spinnentiere fühlerlos sind und ausschließlich punktförmige Einzelaugen haben, welche bei Insekten nur zusätzlich vorhanden sind.

Die *Webspinnen* oder *Araneae*, um die es im Folgenden gehen wird und die im Verständnis von weiten Teilen der Bevölkerung als »eigentliche« Spinnen angesehen werden, unterscheiden sich nicht nur von den übrigen *Spinnentieren* (*Arachniden*), sondern auch von allen anderen Lebewesen durch das *Spinnvermögen*. Der Herstellung von Seide dient der Spinnapparat (Arachnidium), der sich am Hinterleib der Tiere befindet und aus zumeist drei Paar Spinnwarzen besteht, in die Spinndrüsen münden, welche über Spinnspulen tief in das Hinterleibsinnere hineinragen. Die Seide wird in Spinndrüsen produziert, wobei allerdings bis heute nicht ganz klar ist, wie der Faden aus den Spinnspulen hinausbefördert wird und wie die Verfestigung desselben sich dann vollzieht (Heimer 1997, 46; Kullmann und Stern 1996, 267). Wenn man die Spinnwarzen stark vergrößert, erkennt man, dass es bis zu 50 000 (!) Spinnspulen unterschiedlicher Größe und Ausformung sind, die in sie münden, woran bereits deutlich wird, dass es verschiedene Fadensorten mit unterschiedlichen Verwendungsmöglichkeiten geben muss. Ungewöhnlich und beeindruckend sind ihre Eigenschaften. Weder in der Natur noch in der vom Menschen geschaffenen Welt gibt es Fäden, die so fein gesponnen sind wie diese; die des Netzes von Kreuzspinnen sind durchschnittlich 0,15 Millionstel Meter dick und mit bloßem Auge natürlich nicht zu erkennen. Das, was wir sehen, ist ihr Widerschein im Sonnenlicht, wodurch sie wesentlich breiter erscheinen, als sie in Wirklichkeit sind. Im umgekehrten Verhältnis zur Größe steht die Festigkeit des Fadens, denn diese ist etwa gleich groß wie bei Nylon und damit – unter Bezugnahme auf gleiche Materialmenge – doppelt so fest wie Stahl, aber ungleich dehnungsfähiger, denn jener zerreißt erst bei einer Überdehnung von 30 bis 40 Prozent, Stahl hingegen bereits bei mehr als 8 Prozent (Heimer 1997, 48f.). Interessanterweise verwenden Eingeborene im Südpazifik das Netz der tropischen Spinne Nephila – sie baut die größten Netze aller bekannten Webspinnen –, um damit Fische zu fangen (Kullmann und Stern 1996, 48). Neben den physikalischen beeindrucken auch die chemischen Eigenschaften der Fäden. Obgleich die Spinnenseide zu fast 100 Prozent aus Protein besteht, ist sie – im Gegensatz zu eiweißreichen Lebensmitteln – nicht anfällig für Schimmelbildung und Fäulnis, was mit der säurebildenden Eigenschaft eines ihrer Bestandteile, des Kaliumhydrogenphosphats, zusammenhängt (Heimer 1997, 47). Wir werden darauf im Abschnitt über die volksmedizinische Verwendung der Spinnennetze etwas ausführlicher zu sprechen kommen.

Die Spinnenseide hat verschiedene Funktionen. Zunächst einmal kann der Faden – als bloßer Faden – von Jungspinnen und kleineren Spinnenarten dazu verwendet werden, in die Lüfte zu steigen und zu fliegen. Das geschieht vorzugsweise an sonnigen und fast windstillen Tagen, wenn sich bodennahe Luftschichten rasch erwärmen und nach oben bewegen. Dann werden aufragende Gegenstände wie Zaunpfähle, Büsche oder Grashalme erklommen, um Fäden aus den Spinnwarzen austreten zu lassen. Werden diese vom Wind erfasst, verlängert die Spinne das Band und wird schließlich davongetragen. Oft geht der

Flug rasch zu Ende, doch wenn die Aufwinde günstig sind, kann es vorkommen, dass sie sehr weit, selbst über Meere hinweg, getragen wird. Witterungsverhältnisse mit ruhigen Sommertagen treten oft im Spätsommer oder Herbst auf, weswegen zu dieser Zeit die an ihren Fäden fliegenden Spinnen bzw. die Fäden der bereits gelandeten Spinnen auf Wiesen und in Sträuchern zuhauf auftreten können. Dieses Naturphänomen ist neben der Laubverfärbung das Hauptcharakteristikum des Altweibersommers, dessen Name wohl auf die Bezugsetzung zwischen Spätsommer und gealterten Frauen zurückzuführen ist (Mackensen: Altweibersommer, HDA, Bd. 1, 1927, 356).

Das »Leben am seidenen Faden« erschöpft sich natürlich nicht in der Luftfahrt der Spinnen. Vielmehr hat die Evolution für das einzigartige Phänomen der Seidenproduktion weitere wichtige Aufgaben bereitgestellt. Neben der gleichfalls elementaren Funktion, als Sicherheitsfaden beim »Abseilen« zu dienen, gehört die Herstellung von Schlupfwinkeln dazu, denn Spinnen benutzen natürliche Spalten, um dort geschützt zu sein. Das Versteck wird mit einem Gespinst ausgestattet, welches die Feuchtigkeit des Bodens fernhält. Eine weitere Schutzfunktion hat die Spinnenseide für die Brut. Nach erfolgter Ablage der Eier werden diese in Spinnenfäden eingehüllt, wobei die Spannbreite von wenigen Fäden bis zu aufwendigen, aus vielen Lagen bestehenden Eikokons reicht, die dem Schutz vor Feinden, vor Nässe und vor Kälte dienen. Besonders markant ist der Kokon der zu den Feldspinnen gehörenden Gattung Agroeca brunnea (Feenlämpchenspinne), denn er ist schneeweiß gefärbt, hat in etwa die Form eines umgedrehten Weinglases und ist an niedrigen Pflanzen befestigt. In dieser auffälligen Farb- und Formgebung ist er allerdings nur kurzzeitig anzutreffen, da die Spinne vom Boden Erdkrümel herbeiträgt, diese an ihm befestigt und ihn dadurch tarnt. Der zunächst schneeweiße Kokon ist bzw. war in der Bevölkerung als »Feenlämpchen« bekannt (Bellmann 1997, 172; Heimer 1997, 118).

Das, was die Menschen indes am ehesten mit der Spinne und ihrem Vermögen, Fäden zu produzieren, assoziieren, ist das Fangnetz zum Zweck des Beutemachens. Die meisten einheimischen Spinnen sind dazu imstande, doch gibt es auch Arten, die auf andere Weise ihren Hunger stillen. So halten sich beispielsweise die nachtaktiven Sackspinnen (Clubionidae) während des Tages in ihrem Wohngespinst auf und jagen in der Nacht, wobei die Beute mit Hilfe der Tastsinne aufgespürt wird. Andere, wie die Krabbenspinnen (Thomisidae), warten regungslos, bis sich ein Beutetier hinreichend genähert hat. Wolfspinnen (Lycosidae) und Springspinnen (Salticidae) pirschen sich dagegen an und überwältigen ihre Beute durch raschen Zugriff oder im Sprung; zu diesem Zweck verfügen sie über ein gut entwickeltes Sehvermögen. Ein bemerkenswertes Fangverhalten zeigen die Speispinnen (Scytodidae), von denen es in Mitteleuropa nur eine Art gibt (Scytodes thoracica) und die sich häufig in Gebäuden aufhält. Sie fängt ihre Beute, indem sie sie aus ein bis zwei Zentimeter Entfernung mit klebriger Spinnseide bespuckt und an den Untergrund leimt.

Wenn nun die Fangnetze ein wenig genauer betrachtet werden sollen, ist zunächst zwischen zwei Möglichkeiten zu unterscheiden, wodurch die Beute mit Hilfe spezieller Klebvorrichtungen festgehalten wird. Zum einen gibt es die Klebfadenweberinnen (Ecribellatae), welche die Fangfäden mit einem klebrigen Stoff überziehen, und zum anderen die Kräuselfadenweberinnen (Cribellatae), die gekräuselte Fadenwolle produzieren, in der sich die Beute verfängt. Daneben sind jedoch auch Netze vorhanden, die aus einfachen Fäden hergestellt werden und nur als »Alarmanlage« fungieren, da sie keine Klebeigenschaften aufweisen. Hinsichtlich der Form kann man unter anderem zwischen Trichter-, Hauben-, Baldachin- und Radnetzen unterscheiden, wobei Letztere die im Allgemeinen bekannteste und sozusagen klassische Form darstellen. In der Wissenschaft gelten sie es als der vollkommenste Netztyp, und sie sind sowohl in der ecribellaten als auch in der cribellaten Variante vorhanden. Kullmann stellt folgende Besonderheiten dieses Typus fest:

> »Wenig Spinnmaterial deckt eine große Fläche. – Das Flächengewebe ist fest und flexibel zugleich. – Es werden nur wenige Anheftungspunkte in der Umgebung benötigt. – Das Netz kann fängig in alle Richtungen orientiert werden: vertikal, diagonal und horizontal. – Signale von einem von den Fangfäden festgehaltenen zappelnden Insekt werden auf direktem Weg zur Nabe des Rades, auf der die Spinne lauert, übertragen. – Die signalisierenden Fäden (Radialfäden) können zur direkten Annäherung an die Beute benutzt werden. – Die Platzierung von Fangfäden in ein geometrisches Rahmensystem erleichtert es der Spinne, sich in ihrem Netz fortzubewegen, ohne mit den eigenen Fangfäden in Berührung zu kommen und das kunstvolle Arrangement dadurch zu zerstören« (Kullmann und Stern 1996, 272).

Zunächst produziert die Spinne einen einzigen Faden. Nachdem er aus der Spinnwarze ausgetreten ist, wird er vom Wind zu einer benachbarten Pflanze oder ähnlichem getragen und bleibt dort haften. Wenn sie den Faden am Ausgangspunkt befestigt hat, läuft sie an ihm bis zur Mitte desselben und seilt sich dort ab. Der dadurch neu entstandene Faden wird weiter unten befestigt und stramm gezogen, wobei infolge der extremen Dehnbarkeit des Stoffes die zwei Fäden die Form eines »Y« erhalten. Sodann werden vier bis acht weitere Fäden produziert sowie der Rahmenfaden, welcher das Netz nach außen abgrenzt. Im Anschluss daran zieht sie zusätzliche Fäden von der Nabe zum Rahmenfaden, eine Tätigkeit, bei der sie sich »als präzise Winkelmesserin betätigt« (Kullmann und Stern 1996, 273), da sie neue Radien stets in die nächst größere Lücke zu spannen pflegt und erst bei einer bestimmten Winkelgröße damit aufhört, wobei die Zahl der Radien von circa 15 bis circa 60 reicht. Nachdem diese Arbeit vollbracht ist, werden die einzelnen Radien miteinander verbunden, indem die Spinne vom Zentrum aus beginnt, enge Spiralen um dieses zu weben, um sich dann in weiteren, größer werdenden Windungen dem Rahmenfaden zu nähern: So entsteht zunächst die so genannte Hilfsspirale, welche die Funktion hat, das halbfertige Netz zu stabilisieren, denn erst im Anschluss daran ist es möglich, die mit klebrigen Tropfen versehene Fangspirale zu produzieren, welche – im Gegensatz zur Hilfsspirale – von außen nach innen gesponnen wird. Gleichzeitig, im selben Arbeitsgang, wird die Hilfsspirale abgebaut, das heißt verzehrt. Das geht zwar zu Lasten der Stabilität des Gesamtnetzes, ist aber einerseits ökonomisch, weil die Seide der Hilfsspirale nicht verloren geht, und fördert andererseits und vor allem die Signalübertragung, weil die dehnbaren Klebfäden weniger stören als die fest angehefteten Fäden der Hilfsspirale (Kullmann und Stern 1996, 276).

Das so entstandene Netz ist außerordentlich leicht und trotzdem reißfest, wobei der Materialverbrauch so gering ist, dass es täglich vollständig erneuert werden kann. Das dauert je nach Gattung etwa 30 bis 90 Minuten. Um ein Radnetz zu bauen, ist ein leistungsfähiges Zentralnervensystem erforderlich, da es gilt, oben und unten genau zu unterscheiden und das Verhältnis von Spannung und Winkel zu bestimmen, um hinreichende Stabilität zu erlangen.

Eine Vielzahl von Spinnen hält sich stets im Zentrum des Netzes auf. Wenn sich darin ein Beutetier verfängt, können sie durch dessen Bewegungen genau feststellen, wo es sich befindet. Dieses wird durch einen Giftbiss mit den Kieferklauen (Cheliceren) gelähmt, oft überdies mit Spinnenseide gefesselt, durch Verdauungssaft *vor* dem Mund verflüssigt und ausgesaugt. Infolge der Außenverdauung bleibt der Körper frei von Ballaststoffen und Darmparasiten (Heimer 1997, 24). Es bleibt festzuhalten, dass im Gegensatz zu Insekten Spinnen nicht stechen, sondern beißen, und dass sie ihre Beute nicht fressen, sondern aussaugen.

Als Beute fungieren neben anderen Kleintieren vorwiegend Insekten. Bristowe hat errechnet, dass auf einem *acre* (= 40,5 Ar = 4050 qm, das heißt circa 64 mal 64 Meter) zwei Millionen Spinnen leben. Im Hinblick auf die mutmaßliche Gesamtpopulation Großbritanniens und unter der Annahme, dass jede Spinne zumindest 100 Insekten in einem Sommer fängt, kommt Bristowe auf ein Gesamtgewicht an getöteten Insekten, welches das der menschlichen Bewohner des Inselstaates übersteigt (Bristowe 1958, 52f.)! Ich weiß nicht, ob das übertrieben ist oder nicht; fest steht jedoch, dass andere Autoren ebenfalls zu einer erklecklichen Anzahl vertilgter bzw. getöteter Insekten kommen. Nach Kullmann und Stern verzehren 500 000 Spinnen auf einem Hektar gesunden Waldboden 100 Kilogramm Insekten (1996, 131), und nach Heimer sollen es sogar über 45 000 Kilogramm auf einem Hektar Wiese sein (1997, 131). Bristowe stellt im Anschluss an seine Überlegungen die Frage, ob im Verlauf der Evolution die Insekten wegen der immensen Anzahl sie bedrohender Spinnen das Fliegen aus Gründen der Überlebenssicherung gelernt haben (1958, 55). In Anbetracht der Tatsache, dass die Flugfähigkeit nicht ursprünglich gegeben war, entbehrt diese Überlegung möglicherweise nicht einer gewissen Plausibilität.

Die Zahlenspiele sind deswegen interessant, weil aus anthropozentrischer Perspektive, aus der Sicht zumindest vieler Zeitgenossen, Spinnen als Ekeltiere par excellence gelten, die nur darauf lauern, arglose Opfer brutal zu töten und auszusaugen. Tatsächlich aber sind sie durchweg nützliche und harmlose Lebewesen, und das bestätigen auch alltägliche Situationen. Wer von Mücken oder

Fliegen geplagt wird, welche die Nachtruhe oder das Abendessen auf der Terrasse stören, weiß, dass diese im Spinnennetz weitaus besser aufgehoben sind als frei fliegend und uns belästigend. Natürlich sollte man die oben erwähnten Rechnungen eher cum grano salis akzeptieren, denn viele Insekten werden nicht von Spinnen gefangen, weil jene oft größer sind als diese. Auch handelt es sich nicht bei allen Insekten um so genannte Schädlinge, denn es bleiben zum Beispiel auch Florfliegen – natürliche Feinde der Blattläuse – im Netz hängen. Und viele Forstschädlinge halten sich im Bereich der Baumkronen auf, während sich im Wald die Bodenspinnen in der Überzahl befinden. Es wird daher kaum möglich sein, Spinnen zur gezielten Schädlingsbekämpfung einzusetzen, doch für das alltägliche Leben der Menschen – sei es im Haus oder in der freien Natur – haben sie einen Nutzen, da es neben Blattläusen vor allem verschiedene Mücken und Fliegen sind, welche sich in ihren Netzen verfangen (Heimer 1997, 130f.; Kullmann und Stern 1996, 129-132; vgl. auch Harand 1998).

Die Täter-Opfer-Zuordnung ist nicht nur irreführend, weil menschliche Maßstäbe und Moralvorstellungen auf die ganz anderen Gesetzen folgende Tierwelt angewendet werden, sondern auch schlichtweg falsch, weil selbstverständlich Spinnen ebenfalls ihre natürlichen Feinde haben. Dazu gehören Vögel, Frösche oder Eidechsen, allerdings auch bestimmte Spinnen, die sich darauf spezialisiert haben, andere Spinnen zu töten. In Mitteleuropa gehören dazu vier Arten der Gattung Ero. So kriecht Ero furcata gegen Abend zu einem fremden Spinnennetz, rüttelt daran und beißt die herbeigeeilte Netzbesitzerin in ein Bein, wodurch ihr ein recht wirksames Gift verabreicht wird (Bellmann 1997, 126). Zu den natürlichen Spinnenfeinden gehört eine Vielzahl an Insekten. So leben die Fliegen der Gattung Ogcodes als Larven im Körper der Spinne und fressen diesen leer. Bestimmte Schlupfwespen legen ihre Eier an Spinnen ab, damit diese als Larven sie aussaugen. Wegwespen (Pompilidae), von denen es in Mitteleuropa ungefähr 100 Arten gibt, ernähren ihre Brut ausschließlich mit Spinnen, indem sie sie durch einen gezielten Stich lähmen und lebendig zum Nistplatz bringen (Bellmann 1984, 22; 1997, 30).

Eine größere Bedrohung im Sinne einer Bestandsgefährdung ist bei manchen Spinnenarten indes auf veränderte Umweltbedingungen zurückzuführen. Das betrifft in erster Linie Besiedler von Sonderstandorten, etwa von Binnendünen oder Kiesbänken. Während jene zum großen Teil aufgeforstet, abgegraben oder zu landwirtschaftlichen Nutzflächen gemacht wurden, hat bei diesen eine starke Dezimierung durch die Regulierung der Alpenflüsse stattgefunden, so dass heute etwa ein Drittel der in Deutschland vorhandenen Arten auf der Roten Liste der heimischen Spinnen steht (Bellmann 1997, 14).

Den bisherigen Erläuterungen kann man entnehmen, dass Spinnen, wie andere Lebewesen auch, gleichermaßen Jäger wie Gejagte sind. Für den Zoologen ist das eine Binsenweisheit, aber ich betone es trotzdem, weil daran zu erinnern ist, dass Spinnen im Urteil der Bevölkerung oft als »Täter« abqualifiziert werden, die nach dem Leben argloser »Opfer« trachten.

Von ähnlichen Vorurteilen begleitet ist auch die vermeintliche Giftigkeit dieser Tiere (vgl. auch Barth 2001, 29; Schmidt 2001, Kap. 6). Wahr ist zunächst nur, dass nahezu alle Spinnen Gift produzieren, um ihre Beute zu töten. Einzig die vor allem in den Tropen heimischen und in Mitteleuropa mit drei Arten vertretenen Kräuselradnetzspinnen (Kloboridae) sind ungiftig. Ihre Beute verarbeiten sie, indem sie diese, nachdem sie sich im Netz verfangen hat, zunächst einwickeln, um sie dann mit Verdauungsflüssigkeit einzuspeicheln.

Von den 35 000 Arten ist es die verschwindend geringe Anzahl von ungefähr 30 weltweit, die für den Menschen eine Gefahr bedeutet, wobei die meisten davon in den Tropen oder Subtropen leben, während es in Deutschland nur zwei Arten gibt, die eine deutliche Giftwirkung aufweisen, nämlich die Wasserspinne (Argyroneta aquatica), mit der man jedoch wegen ihrer aquatischen Lebensweise so gut wie nie in Berührung kommt, und der zu den Sackspinnen gehörende Dornfinger (Cheiracanthium punctorium). Er ist relativ selten und in Deutschland nur in wärmeren Gegenden, etwa am Kaiserstuhl, anzutreffen. Dieser ist die zweitgiftigste – nach der Schwarzen Witwe (Latrodectus tredecimguttatus) – Art in Europa, und seine Giftwirkung wird folgendermaßen beschrieben: »Starke lokale Schmerzen, Rötung der Bissstelle, verbunden mit einer kleinflächigen Nekrose, Schwellung und Empfindlichkeit der Lymphknoten« (Kullmann und Stern 1996, 110). Die zu den Kugelspinnen gehörende Schwarze Witwe kommt nur im Süden Europas vor, ab der Höhe von Istrien. Ihr Name ist auf die (mit roten Flecken durchsetzte) glänzend schwarze Färbung und auf den Umstand zurückzuführen, dass das Weibchen nach erfolgter Begattung das Männchen auffrisst (s.u.). Die Folgen eines Bisses sind in etwa mit denen eines Bienenstichs vergleichbar (diess., 108).

Ungerechtfertigte Befürchtungen sind auch an die Giftwirkung der zu den Laufspinnen gehörenden Apulischen Tarantel (Lycosa tarentula) geknüpft, durch die das Opfer angeblich dem Tarantismus verfällt. Das veitstanzähnliche Verhalten ist indes keineswegs durch den Biss der Tarantel, sondern primär soziokulturell verursacht – die Opferrolle führt zu Geld- und Nahrungsgaben von Seiten der Bevölkerung –, denn die Wirkung des Giftes entspricht ungefähr der eines normales Wespenstiches. Auf eine nach meinem Dafürhalten überzeugende Theorie, die das Phänomen genauer erklärt und auch die Symptome der angeblichen Tarantel-Opfer plausibel macht, wird im Kapitel 4.1.1 eingegangen.

Ähnliche Vermutungen in Bezug auf die Giftwirkung führen auch bei einer anderen Gruppe von Laufspinnen, den in wärmeren Regionen verbreiteten Vogelspinnen, auf einen Holzweg, da sie ihre Beute weniger mit Gift töten, sondern primär durch mechanische Einwirkung mittels ihrer mächtigen Cheliceren, des vorderen Extremitätenpaares, das, wie bei allen Spinnen, aus einem Grundglied und einem beweglichen Scherenfinger besteht. Ebenfalls auf Irrtümern beruht ihr Name, weil die ersten Forschungsreisenden glaubten, dass die (relativ seltenen) größeren Arten, die fünf bis über zehn Zentimeter lang werden, sich von Vögeln ernähren müssten. Die in Amerika übliche Bezeichnung »Tarantula« ist auch auf ein Missverständnis zurückzuführen, weil spanische Einwanderer sie mit großen südeuropäischen Taranteln verwechselt haben (Bellmann 1997, 8).

Zu den für uns Menschen wirklich gefährlichen Spinnen gehören die Übersee-Arten der Schwarzen Witwe, die australische Vogelspinne Atrax robustus, die nordamerikanische Braune Spinne (Loxosceles reclusa) und insbesondere die südamerikanische Kammspinne Phoneutria fera, die auch Bananenspinne genannt wird und mit so genannten Bananendampfern mitunter Europa erreicht. Wir werden ihr im Kapitel über moderne Sagen wieder begegnen. Zu übersehen ist sie nicht, da sie, ähnlich wie die südeuropäische Schwarze Witwe, durch die Warnfarben Rot und Schwarz auf sich aufmerksam macht. Wird man von ihr gebissen, treten

> »schon nach einer halben Stunde (...) nervöse Störungen und eine teilweise Lähmung der Augenmuskeln ein, so dass die Lider kaum mehr gehoben werden können. Doppelbilder entstehen und heftige Schweißausbrüche bei Untertemperaturen. Die nervalen Reizleitungen versagen den Dienst, das Herz schlägt arhythmisch, das Atemzentrum ist gestört, und als Folge tritt in schweren Fällen der Tod durch Ersticken ein. Der Körper erstarrt danach sofort tetanisch. Dies Martyrium kann sechs bis zehn Stunden nach dem Biss eintreten. Es kann am Tag darauf aber auch alles spurlos überstanden sein, wenn nicht innerhalb der ersten Stunden der Tod eintrat« (Kullmann und Stern 1996, 109).

Eines sollte deutlich werden: Abgesehen von den gerade erwähnten spektakulären Einzelfällen wird die vermeintliche Giftwirkung der Spinnen im Allgemeinen weit übertrieben. Die meisten dieser Tiere sind für den Menschen harmlos, was auch aus evolutionsbiologischer Perspektive erklärlich ist, denn zum einen gehört er nicht zu ihrem Lebenskreis; weder fungiert er als Beute, noch ist er ein natürlicher Widerpart. Und zum anderen dient das Gift primär der Verdauung und erst sekundär der Feindabwehr (Kullmann und Stern 1996, 106f.). Von den übrigen *Spinnentieren* stellen nur die Skorpione aufgrund ihrer Giftwirkung für den Menschen eine Bedrohung dar, und gefährlich, wenngleich nicht giftig, sind einige Milben, insbesondere die Zecke, weil durch sie die Frühsommer-Meningo-Enzephalitis (FSME) und die Lyme-Borelliose übertragen werden (Bellmann 1997, 10).

Irrtümliche Vorstellungen sind nicht nur im Hinblick auf die Giftigkeit der Spinnen vorhanden, sondern beziehen sich auch auf das Sexualverhalten, weil man immer wieder die Meinung hört, die Weibchen würden ihre Männchen nach der Paarung unisono töten und aussaugen. Das ist zwar für einige Arten, etwa die Schwarze Witwe, richtig, jedoch nicht für die Mehrzahl. Manche kommen mit dem Leben davon, andere sind friedlich zueinander. Um anthropomorphisierende Vorstellungen und die Projektion von Ängsten hintanzustellen, ist es immer sinnvoll, nach der Funktion eines bestimmten Verhaltens zu fragen. Das gilt für tierisches genauso wie für menschliches Verhalten. Da der Zweck des Weibchens die Reproduktion ihrer Art ist und Qualität wie Anzahl der Eier in Zusammenhang stehen mit der Menge an Nahrung, die es zu sich nimmt, ist es für stationär lebende Webspinnen sinnvoll, sich all jene Beutetiere zu verschaffen, welche in ihre Nähe gelangen, und dazu gehören auch die Spinnen-Männchen. Jene sind darauf programmiert, ihre Brut großzuziehen, aber nicht, mit einem Männchen zusammenzuleben. Außerdem steht diesen eine wesentlich kürzere Lebenszeit zur Verfügung als den Weibchen, und nicht selten sterben sie mitunter bereits im Anschluss an die Paarung ganz »von allein« (Kullmann und Stern 1996, 160f.).

Zum Teil haben sie spezielle Strategien entwickelt, um nach dem Geschlechtsakt nicht getötet zu werden. Einige halten die gefährlichen Cheliceren der Partnerinnen während der Paarung fest und versuchen danach blitzschnell zu entkommen, oder sie greifen vor der Begattung zu Beschwichtigungsmaßnahmen bzw. üben ein Werbeverhalten aus, um die letalen Instinkte des Weibchens auszuschalten und es sexuell zu stimulieren. Die mit einem guten Sehvermögen ausgestatteten optisch jagenden Spinnen, zum Beispiel Wolfspinnen und Springspinnen, veranstalten eindrucksvolle Balztänze und präsentieren dem Weibchen kontrastreich gemusterte Körperteile. Andere Männchen versuchen es zunächst mit Klopf- oder Zupfsignalen, oder sie bringen ein »Brautgeschenk« mit. So tötet die Listspinne (Pisaura mirabilis) eine Fliege, spinnt sie ein und sucht erst danach eine Partnerin. Zeigt sich diese interessiert, beginnt sie am Präsent zu kosten, und das Männchen tritt in Aktion. Nach der Paarung nimmt es bisweilen die Fliege wieder mit, um später noch einmal sein Glück zu versuchen (Bellmann 1997, 140)! Herbstspinnen-Männchen (Metellina segmentata) sitzen oft – allein oder zu mehreren – am Rande des von einem Weibchen besetzten Radnetzes. Verfängt sich darin ein Insekt, eilen sogleich alle dorthin. Ist das bzw. ein Männchen am schnellsten, wickelt dieses das Opfer ein, um es als Geschenk zu präsentieren. Es wirbt mit Hilfe von Zupfsignalen, und wird es akzeptiert, begibt sich das Weibchen von der Beute weg und nimmt eine passive Haltung an (ders., 98).

Während bei einigen wenigen Arten die Weibchen ihre Männchen am Ende verspeisen und andere es zumindest versuchen, trennt sich die Mehrzahl nach der Paarung friedlich, oder es stirbt das Männchen eines natürlichen Todes. Dennoch hat der gelegentliche Kannibalismus das Bild von der »männermordenden« Spinne in der Öffentlichkeit geprägt, da dieses spezielle Verhaltensmuster geeignet ist, im Menschen dunkle, verdrängte Gefühle vom Kampf der Geschlechter und von der Bedrohung durch die Frau hervorzurufen. In dieses Bild fügt sich auch die Vorstellung vom Größenunterschied zwischen männlichen und weiblichen Spinnen, und diese entspricht tatsächlich der Realität, da bei vielen Arten die Weibchen ungleich größer sind als die Männchen. Das hat wohl die Funktion, Letzteren eine erhöhte Beweglichkeit zu verschaffen, wenn sie vor dem Akt als Beutetier angesehen werden. Außerdem sorgt das geringere Gewicht für eine bessere Verbreitung mit Hilfe der Luftfahrt am Spinnenfaden (Kullmann und Stern 1996, 164).

Interessanterweise haben die Männchen keinen Penis – wäre das in der Öffentlichkeit bekannt, stünde ein weiterer Grund zur Verfügung, phobische Phantasien, sprich Kastrationsängste zu entwickeln –, sondern einen gewundenen Samenschlauch, der sich an der Spitze des männlichen Tastorgans befindet, welche als Embolus bezeichnet wird. Zunächst produziert das Männchen in den Hoden das Sperma und befördert es auf komplizierte Weise in den Samenschlauch, indem es ein kleines Netz, das Spermanetz, webt und dann einen Tropfen aus der Geschlechtsöffnung darauf absondert und mit den Tastern aufnimmt, woraufhin es sich zum Weibchen begibt. Die Spermien gelangen nicht unmittelbar in den Eileiter, sondern in spezielle Samentaschen. Dort bleiben sie eine Zeit lang – manchmal Wochen oder Monate –, bis sie zu neuem Leben erweckt werden, wenn sich die Spinneneier an der Öffnung der Samentaschen vorbeibewegen. »Eine Art innere Befruchtung also, und das lange Zeit nach der Paarung, die ohne echte Begattungsorgane, unter Zuhilfenahme der Taster, vor sich gehen konnte« (Heimer 1997, 107).

Nachdem die Eier an einem geschützten Ort abgelegt sind, werden sie mit Fäden umwickelt oder in einem Kokon verpackt. Mitunter wird dieser zusätzlich noch getarnt, wie wir es am Beispiel der Feenlämpchenspinne gesehen haben, die den Kokon mit Erdpartikelchen tarnt. Viele Arten beschränken sich aber nicht auf die *Brutfürsorge* (Pötzsch 1963) – darunter versteht man alle Maßnahmen bis zur durchgeführten Eiablage, welche dem Schutz oder der Ernährung der Nachkommen dienen –, sondern zeigen auch *Brutpflege*, das heißt Verhaltensweisen, die dem direkten Schutz und der Pflege der Eier oder Jungtiere zweckdienlich sind.

Brutpflege trifft man vorzugsweise bei Vögeln und Säugetieren an. Dazu gehören Bewachung der Jungtiere, Schaffung geeigneter Temperaturverhältnisse, Füttern der Jungen, Sauberhalten des Geheges und Anlernen der Jungen. In anderen Tiergruppen kommt Brutpflege seltener vor. Man findet sie oder Bestandteile davon bei Riesenschlangen und einigen Fischen, aber auch bei manchen Insekten – und *vielen Spinnen* (abgesehen vom Sauberhalten des Geheges und vom Anlernen der Jungtiere) (BE 1987, Bd. 4, 68). Beispielsweise heften Wolfspinnen das Eipaket an den Spinnwarzen fest und tragen es mit sich. Trichterspinnen (Agelenidae) und diverse Kugelspinnen (Theridiidae) füttern die Jungen durch vorverdaute Nahrung, indem die Mutter Flüssigkeitstropfen aus ihrem Mund austreten lässt. Bei manchen Arten, etwa Röhrenspinnen (Eresidae) und einigen Kugelspinnen, geht die Brutpflege noch weiter, weil die Mutter nach einiger Zeit stirbt und ihr Körper den Jungspinnen als zusätzliche Nahrung dient, indem diese mit den Cheliceren die Haut des Muttertieres durchstoßen und sie aussaugen. Die Mutter geht genau in dem Moment zugrunde, wenn die Klauen der Jungen so weit entwickelt sind, dass sie die Haut zu durchdringen vermögen.

Auch die Brutfürsorge und -pflege fügen sich nicht so recht in das Bild des »mordenden« Spinnenweibchens. Es wäre allerdings nicht weniger falsch, menschliche Begriffe von sozialer Fürsorge, von Liebe und von Leid auf diese Tiere zu projizieren, da sie dem Instinkt nach Arterhaltung gehorchen. »Sie schleppen bei genügender Ähnlichkeit mit dem Eikokon auch eine Kugel aus

Holundermark mit sich herum, oder den Kokon, in dem sich eine von den gefressenen Eiern fette Schlupfwespenlarve breit macht« (Kullmann und Stern 1996, 192). Mit anderen Worten: Es geht um eine nüchterne Bestandsaufnahme ihres Verhaltens, die geeignet ist, Vorurteile zu verringern und sich ihnen sachlich zu nähern.

Dazu gehören auch Formen des Gemeinschaftslebens, die sich bei einigen Spinnenarten finden und im Widerspruch stehen zum Bild von der »egoistischen« Einzelgängerin. Parasoziales Verhalten ist relativ häufig unter anderem bei Kreuzspinnen und bei Kräuselradnetzspinnen in wärmeren Ländern anzutreffen. Die Jungtiere errichten ihre Netze direkt an dem der Mutter, um dessen Rahmenfäden mitzuverwenden (Heimer 1997, 123). Höher entwickelte Formen des Zusammenlebens trifft man allerdings nur bei wenigen Arten an, etwa der Trichterspinne Agelena consociata oder einigen zu den Röhrenspinnen gehörenden Stegodyphus-Arten, die aber allzumal nicht in Europa beheimatet sind. Sie errichten mehrere gleichzeitig bewohnte Netze und füttern auch Jungspinnen aus anderen Kokons. Um aber nicht falsche Vorstellungen vom Leben in einer »Kommune« zu wecken, ist es ratsam, nüchtern nach den Funktionen zu fragen. Die Antwort darauf kann nur lauten: Das Leben in der Sozietät bietet Überlebensvorteile, denn gemeinsam können größere Beutetiere überwältigt werden, und durch gemeinsame Brutfürsorge erhöht sich die Lebenserwartung der Jungtiere, zumal dann, wenn ein einzelnes Muttertier vorzeitig die Lebensgeister verlassen (vgl. Bellmann 1997, 42; Heimer 1997, 123f.; Kullmann und Stern 1996, 232-243; 284-288).

Die meisten Spinnen indes machen sich, wie bereits erwähnt, nach einiger Zeit selbstständig, indem sie auf höhere Gegenstände klettern und sich durch das Austreten-Lassen des Spinnfadens auf die Luftfahrt begeben, um neue Landstriche »im Alleingang« zu besiedeln.

Weil sie Gliederfüßer sind und daher als Außenskelett einen chitinhaltigen Außenpanzer tragen, ist es notwendig, sich von Zeit zu Zeit zu häuten, was zumeist in der Rückenlage stattfindet, indem die Rückenplatte des Vorderkörpers abgesprengt wird und die Spinne sich aus der Haut herausarbeitet. Da nur der Vorderkörper hartschalig, der Hinterkörper hingegen weichschalig ist, wächst dieser zwischen den Häutungen, jener während derselben. Bemerkenswerterweise hat die Häutung der Spinnen meines Wissens keinen Eingang in die europäische Kulturgeschichte gefunden, obgleich Tiere, die sich häuten, oft als ein Symbol für Erneuerung fungieren, wie es etwa bei den Schlangen der Fall ist. Dass die Spinnen nicht in einen diesbezüglichen Zusammenhang gestellt werden, hängt wohl mit ihrer zumeist geringen Größe und den in unserer Kultur in der Regel negativen Eigenschaftszuschreibungen zusammen. Möglicherweise liegen die Verhältnisse dort, wo große Vogelspinnen anzutreffen sind, anders, zumal diese sich auch noch im Erwachsenenalter häuten, da sie sehr langlebig sind. Abgesehen davon finden bei den meisten Spinnen ungefähr sieben bis zehn Häutungen statt, und nach der letzten sind sie erwachsen. Die Körperfunktionen

dienen dann primär der geschlechtlichen Reifung, Paarung und Eiablage – der
Zyklus des Werdens, Lebens und Sterbens setzt sich fort.

2 Spinnengeschichten aus traditionellen außereuropäischen Kulturen

2.1 »Naturvölkermärchen« – Begriff und Inhalt

Um die Besonderheit der Spinnenmotivik in europäischen Erzählungen besser erfassen zu können, ist es sinnvoll, einen Blick auf traditionelle außereuropäische Kulturen zu werfen, genauer auf jene Erzählungen, welche mit einem unglücklichen Terminus als Naturvölkermärchen bezeichnet werden – »unglücklich« deswegen, weil zum einen der Begriff »Naturvölker« – ähnlich wie »primitive Kulturen« – einen negativen Akzent setzt und übersehen wird, dass überall dort, wo Menschen zusammenleben, Kultur, das heißt auf Dauer angelegte Produkte, Lebensstile, Leitvorstellungen und Verhaltensweisen vorhanden sind, die man zwar beschreiben und analysieren kann, über die man jedoch keine Werturteile fällen sollte, weil *allen* Kulturen gemeinsam ist, dass sie grundlegende Aufgaben des Zusammenlebens erfüllen. Zum anderen ist der Begriff »Märchen« irreführend, weil er auf europäische Verhältnisse zugeschnitten und dort als relativ kurze phantastische Erzählung mit zumeist glücklichem Ausgang definiert und deutlich unterschieden ist von der Sage, deren Wahrheitsgehalt nicht infrage gestellt wird und die oft negativ endet. Das Märchen wird aber auch von mythologischen Erzählungen unterschieden, da »einfache« Tiere oder Menschen Handlungsträger sind, nicht jedoch mythische Wesen. Unter dem Begriff Naturvölkermärchen werden demgegenüber ganz unterschiedliche Geschichten subsumiert, nämlich Schöpfungsmythen; wirkliche Ereignisse aus der Ahnen-, Stammes- und Lokalgeschichte; Erzählungen darüber, wie auffällige oder ungewöhnliche Erdformationen, Tiere, Pflanzen, Bauwerke, Namen und anderes mehr entstanden sind (»Ätiologien«); Geschichten von Helden, Prüfungen, Verwandlungen, von Tiergemahlen und -gemahlinnen oder von Reisen in andere Welten; schließlich die Geschichten über den Trickster, ein facettenreiches Wesen, das – oft in Tiergestalt – als Kultur- und Heilbringer (»Kulturheros«), aber auch als Possenreißer, listiger Betrüger, Lüstling, gefräßiger Nimmersatt oder stupider Tor auftritt (Hetmann 1982, 26-30; Jung 1996, 271-290; Leyen 1954; ders. 1958, 45-93; Lüthi 1996, 37ff.; Röhrich 2001, 159-168; Schott: Naturvölkermärchen, EM, Bd. 9, 1280-1287; Thompson 2000, XV-XXIII).

Im Gegensatz zum europäischen Volksmärchen sind die Naturvölkermärchen enger an die »Welt der Wirklichkeit, des Traums, der Angst, des Glaubens und der Sitte« geknüpft (Lüthi 1996, 38). Oftmals ist es so, dass sie nur zu bestimmten Tageszeiten, in feierlich gemessenem Ton und ohne Abweichung, wortwörtlich nach der Überlieferung vorgetragen werden dürfen. Häufig findet man Eingangs- und Schlussformeln, die den Eindruck erwecken, als würde die Geschichte als ein selbstständiges Etwas kommen, vom Erzähler Besitz ergreifen und dann wieder gehen, zum Beispiel: »Es geschah einmal, dass es herabfiel auf...« (Röhrich 2001, 164; vgl. Leyen 1954, Bd. 1, 76; Meinhof 1998, 199), bzw.: »Und dann ging die Fabel fort, um sich ins Meer zu stürzen« (Jungraith-mayr 1981, 257). Es wäre zwar nur im Einzelfall möglich zu entscheiden, ob das noch Glaube oder bereits spielerische Gestaltung ist, doch zeigen solche For-meln, dass die Trennung zwischen Ich und Umwelt weniger strikt ist als in der westlichen Kultur. Das machen auch die zahlreichen Geschichten deutlich, die von Tierverwandlungen handeln oder von Tieren, welche wie bzw. als Men-schen und mit ihnen agieren. Diese mögen auf den ersten Blick kurios, unge-wöhnlich, merkwürdig, befremdlich oder gar bizarr erscheinen, doch deuten auch viele europäische Volksmärchen auf eine enge Beziehung zwischen Tier und Mensch hin. Neben den dankbaren und hilfreichen Tieren, die ihm gleich-gestellt und mitunter sogar übergeordnet sind, existieren jene, die er verabscheut und als moralisch minderwertig betrachtet, wie zum Beispiel den Wolf. Stets misst er deren Verhalten, aber auch ihre äußere Gestalt, an den eigenen Maßstä-ben, »und von hier aus liegt der Gedanke, das Tier sei ein verwandelter Mensch, nicht fern« (Röhrich 2001, 88).

Während die Tierverwandlung in den europäischen Volksmärchen in der Re-gel auf ein tragisches Geschick zurückzuführen und ein Ausdruck der Entfrem-dung ist und daher nach Erlösung drängt – man denke an den »Froschkönig« (KHM 1) oder »Die sieben Raben« (KHM 25) –, vollzieht sich diese in den »Naturvölkermärchen« zumeist als aktiv bejahende Handlung oder ist Ausdruck der Identität von Tier und Mensch. Der westafrikanische Trickster Anansi ist Spinne und Mensch in eins. Er ist ein Tier, aber er lebt und handelt wie bzw. als ein Mensch (s.u.).

Wenn man davon ausgeht, dass in traditionellen nicht-individualistischen Kulturen das Ich sich viel stärker mit der Umwelt verbunden fühlt als in moder-nen westlichen Kulturen, dann ist eine Bezugnahme der Tiergeschichten auf to-temistische Vorstellungen ein möglicher Erklärungsansatz. Unter einem Totem versteht man eine bestimmte Tier- oder Pflanzenart, mitunter auch eine andere Naturerscheinung, mit der sich ein menschlicher Sozialverband emotional oder verwandtschaftlich verbunden fühlt. Es handelt sich dabei um ein universales Phänomen, weil er in archaischen Kulturen auf der ganzen Welt anzutreffen ist, ähnlich wie der aus der Religionswissenschaft bekannte Theriomorphismus, das heißt der Glaube, dass Götter in Gestalt von Tieren und Tiere als Götter auftre-ten. Rudolf Hernegger hat in einer weit ausgreifenden Untersuchung eine mögli-che Erklärung für dieses Phänomen vorgeschlagen (Hernegger 1978). Aus einer kultur-evolutionären Perspektive hat er sich die Frage gestellt, wie es der wer-dende Mensch geschafft hat, Orientierung und Handlungssicherheit zu erlangen. Einerseits war nämlich durch die biologische Evolution das Zentralnervensys-tem der Hominiden »in seiner informationsverarbeitenden Kapazität erweitert und qualitativ verändert« (108), andererseits entbehrte er aber noch kultureller Stützen, welche ihm Verhaltensorientierung hätten bieten können. Mit anderen Worten: Die dem Tier eigene Trieb- und Instinktsicherheit war durch die qualitative Vergrößerung des Gehirns relativiert worden, aber kulturelle Identifikationsmuster noch nicht vorhanden, oder einfacher formuliert: Er war kein Tier mehr, aber noch kein Mensch. In dieser widerspruchsvollen Situation, der wahrscheinlich einige Zweige der Hominiden, etwa der Australopithecus robustus, zum Opfer gefallen sind, »kam ihm der angeborene Nachahmungstrieb zu Hilfe, um durch Identifizierung mit einem Wesen seiner Umwelt eine Ersatzidentität zu bilden« (109). Da es ihm bis dahin an menschlichem Selbstbewusstsein ermangelte, fühlte er sich den Tieren noch nicht übergeordnet, sondern betrachtete sie wegen ihrer vermeintlichen Klugheit, Verschlagenheit, Geschicklichkeit, Kraft und Stärke als überlegen. Er bewunderte sie, identifizierte sich mit ihnen und gewann durch die Imitation Macht über das Dargestellte. Im weiteren Verlauf der Entwicklung führt vom Nachahmungsritus eine Linie zur Magie und eine andere zum Totemismus (113): Eine Gruppe identifiziert sich mit dem nachgeahmten Tier, erhält dadurch Identität und erlebt sich als soziokulturelle Einheit, die zudem historisch untermauert wird, da man im Tier den gemeinsamen Ahnen erkennt, von dem die Verwandtschaftslinien ausgehen (115). Zur Festigung des Zusammengehörigkeitsgefühls gehört auch das Essen des Totems, das heißt die Überführung desselben in menschliches Leben, wodurch nicht nur der Hunger gestillt, sondern auch die Lebenskraft des Wesens einverleibt wird. Durch diese Überlegungen wird »das Rätsel des Totems (...), Tier und Mensch zugleich (zu sein), von dem sowohl der Clan als auch die gleichnamige Tierart abstammen sollen« (Campbell 1996, 153), besser verständlich. Und ich denke, dass damit auch ein möglicher Zugang zu jenen »Naturvölkermärchen« gewonnen ist, in welchen sich die Tiere wie oder als Menschen verhalten.

Es ist allerdings notwendig, zwischen dem Ursprung und der Funktion zu späteren Zeiten bzw. in der Gegenwart zu unterscheiden, da Totems dem heutigen Forscher oftmals nur noch als Ausdruck spezifischer Gruppenidentitäten entgegentreten, aber nicht mehr als verehrungswürdiges Objekt, wobei es nach meinem Dafürhalten jedoch zu kurz gegriffen wäre, die einstmals kultische Funktion des Totems aus diesem Grunde zu bestreiten, wie es in der gegenwärtigen Forschung oft geschieht. Auf die Frage, woher man denn wisse, wie der ursprüngliche Totemismus ausgesehen habe, gibt die Untersuchung Rudolf Herneggers meines Erachtens eine befriedigende Antwort. Leider werden seine Arbeiten in der Forschung kaum rezipiert, was wahrscheinlich damit zusammenhängt, dass er als Privatgelehrter nicht dem etablierten Wissenschaftsbetrieb angehört und er aufgrund seines interdisziplinären Ansatzes sozusagen durch den Rost der Fächerabgrenzung fällt. Er schreibt:

»Mein Ausgangspunkt war nicht der Totemismus, wie er bei den Naturvölkern in der Gegenwart zu beobachten ist, sondern die Religionsgeschichte, wo man immer wieder auf die Spuren des Tieres trifft. Es war mir klar, dass die vergleichende Religionswissenschaft nur dann zum Sprechen zu bringen war, wenn ihr die Fragen von einem umfassenderen anthropologischen Aspekt, und zwar nicht von einem allgemeinen und zeitlosen, sondern entwicklungsgeschichtlich möglichst konkreten Aspekt gestellt werden. War dieser ›Ort im Leben‹ einmal gefunden (...), konnte mit dem vorliegenden religionsgeschichtlichen Material Antwort gegeben werden, wie der Frühmensch beim Übergang vom Tier zum Menschen seine Identität durch Identifizierung mit Tieren fand« (116).

Zusammengefasst besteht der Vorteil von Herneggers Ansatz darin, aus einer holistischen und evolutionären Perspektive die Mannigfaltigkeit mythologischer Wesen zu betrachten, um ihre identitätsbildende sowie Orientierung und Sinn bietende Funktion deutlich zu machen. Während sich der Mensch zu Beginn der kulturellen Evolution noch ganz mit bewunderten Tieren oder anderen totemistischen Wesen identifiziert, nehmen die Vorbilder im Laufe der Entwicklung immer menschlichere Züge an, bis schließlich die vergeistigten Götter der Hochreligionen entstehen, wobei als typische Übergangsphänomene jene Gestalten etwa der griechischen Mythologie anzusehen sind, welche sowohl menschliche als auch tierische Attribute aufweisen (zum Beispiel die Kentauren oder der höchste aller griechischen Götter, Zeus, der unter anderem als Schwan auftritt).

Ähnlich wie beim Totemismus zwischen kultischer und identitätsstiftender Funktion zu differenzieren ist, kann man bei den Naturvölkermärchen die ganze Bandbreite zwischen Ernst und Spiel, zwischen Glaube und »bloßer« Unterhaltung ausmessen. Wo es genau zu verorten ist, lässt sich anhand der Texte in der Regel nicht feststellen. Während ihre Ursprünge totemistischer Natur sind, ist hinsichtlich ihrer Funktion festzustellen, dass sie vor allem individuelle und soziale Konflikte thematisieren, indem sie Kritik an unklugen oder asozialen Verhaltensweisen äußern, was insbesondere für die Trickster-Geschichten gilt, und zwar Kritik in indirekter Form, da Tiere Handlungsträger sind und nicht der Mensch. Auf die Frage, wieso nicht »Ross und Reiter« genannt werden, lassen sich verschiedene Antworten geben. Es kann für den Erzähler ungefährlicher sein, das Verhalten eines Tieres infrage zu stellen statt das einer konkreten Person. Außerdem geraten bestimmte Menschen in Vergessenheit oder verlieren allmählich an Kontur, während Tiere die Zeiten überdauern. Darauf hat bereits Herder mit Bezug auf die Fabel hingewiesen, als er argumentierte, es handele sich bei ihr um eine Dichtung der Natur, die gegen historische Veränderungen immun sei (vgl. Dithmar: Fabel, EM, Bd. 4, 1984, 742). Tatsächlich hat die Fabel bis heute überlebt, und man findet sie in der griechischen Antike, etwa bei Hesiod oder Äsop, genauso wie im 20. Jahrhundert, wenn man an Franz Kafka oder Günter Grass denkt. Mit den Trickster-Erzählungen hat sie gemeinsam, dass nicht selten Tiere menschliche Eigenschaften oder Verhaltensweisen verkörpern und dergestalt Missstände thematisiert werden. Menschen projizieren gerne (und meistens fälschlicherweise) charakterliche Merkmale auf bestimmte Tiere. So wie die Fabel vom Wolf und dem Lamm die Macht des Stärkeren und autoritäre Herrschaftssysteme kritisiert, verbindet man in jenen Erzählungen, in welchen bestimmte Tiere als Trickster auftreten, diese von vornherein mit gewissen Eigenschaften. Dahinter steht das Bedürfnis nach Konkretisierung abstrakter Begriffe wie Intelligenz, Verschlagenheit, Gier und anderes mehr. Außerdem ist es für den Zuhörer oftmals einfacher, Kritik in indirekter Form anzunehmen als in direkter, weil das mit weniger emotionalen Widerständen verbunden ist. In der Dichtung geschieht es oft, dass vom Autor andere Zeiten oder Orte gewählt werden, um sich ablehnend in Bezug auf aktuelle Verhältnisse zu äußern. Schon Martin Luther hat, als er die Fabel zur Lektüre empfahl, darauf hingewiesen, dass die Menschen die Wahrheit nicht hören wollen; darum müsse man sie »betriegen zur warheit« (ebd., 739). Das setzt allerdings die Bereitschaft voraus, vom anderen oder Fremden auf sich zu schließen, was wohl nicht in jedem Fall gegeben ist. Es kann aber um so eher geschehen, je größer die tatsächlichen oder vermeintlichen Gemeinsamkeiten zwischen dem Gesagten und Gemeinten sind, womit wir wieder an den Ausgangspunkt unserer Überlegungen zurückkehren: Die Frage nach dem Ursprung und die nach der gegenwärtigen Funktion der »Naturvölkermärchen« müssen nicht unbedingt als konkurrierende Wege einander gegenübergestellt werden; vielmehr können sie einander auch ergänzen, wenn man akzeptiert, dass zwischen tierischem und menschlichem Verhalten neben allen Unterschieden eine Fülle von Übereinstimmungen vorhanden sind.

2.2   Afrikanische Märchen

In Afrika spielt der Trickster in Gestalt der Spinne – die im Westen des Kontinents und auf den westindischen Inseln Anansi genannt wird – eine dominante Rolle. In frühen Erzählungen nimmt sie die Position eines Kulturheros ein, das heißt einer götterähnlichen Gestalt, durch die erklärt wird, wie der Kosmos entstanden ist und woher die menschlichen Kulturgüter stammen. In der Mythologie der Goldküste war sie sogar der Schöpfer der Welt, während sie in gegenwärtigen Geschichten als Kulturheros die Sonne stiehlt oder die Gedanken des Himmelsgottes liest (Beckwith 1924; Leach 1949, Bd. 1, 52f.; Reaver: Anansi, EM, Bd. 1, 1977, 487). In der überwiegenden Mehrzahl der Fälle verkörpert sie indes die negativen Seiten des Tricksters als eines egomanischen und gierigen Betrügers. Bevor wir uns jedoch damit befassen, soll es um eine Geschichte aus dem Repertoire der Bantu gehen, die deswegen interessant ist, weil sie Aspekte beider Seiten der Tricksterfigur aufweist.

Nzambi, der irdische Vertreter des männlichen Himmelsgottes Nzambi Mpungu, hat eine wunderschöne Tochter, welche den Eid abgelegt hat, nur denjenigen zu heiraten, der ihr das himmlische Feuer bringt. Die Spinne ist überzeugt davon, dass sie es schaffen wird, benötigt dazu allerdings die Hilfe der Schildkröte, des Spechtes, der Ratte und des Sandflohs. Sie steigt zum Himmelsdach hinauf und lässt einen Spinnfaden herunter, an dem die anderen Tiere hinaufklettern können. Nachdem der Specht ein Loch in das Dach gepickt hat, befinden sie sich im Reich Nzambi Mpungus, der sie höflich empfängt und sich nach ihrem Anliegen erkundigt. Er ist zwar damit einverstanden, dass sie das Feuer holen, doch verlangt er einige Prüfungen, die der Spinne mit Hilfe der anderen Tiere gelingen. Als sie wieder auf der Erde sind, protestieren diese jedoch dagegen, dass die Spinne das Mädchen bekommt, weil ein jedes von ihnen seinen Teil dazu beigetragen hat, das Feuer auf die Erde zu holen, weswegen jeder Einzelne das Anrecht auf sie für sich beansprucht. Nzambi antwortet daraufhin: »›Also die Spinne hat den Auftrag übernommen, mir das Feuer zu bringen, und sie hat es mir gebracht. Also gehört das Mädchen von Rechts wegen der Spinne. Aber da ihr anderen euch bemühen werdet, ihr das Leben schwer zu machen, falls ich ihr erlaube, mit der Spinne zu leben, und da ich sie nicht euch allen geben kann, darum will ich sie keinem von euch geben, sondern euch alle mit ihrem Marktwert entschädigen‹. Nzambi bezahlte jedem von ihnen fünfzig Bahnen Stoff und eine Kiste Gin; und ihre Tochter blieb unverheiratet und versorgte ihre Mutter den Rest ihres Lebens« (Seiler-Dietrich 1980, 214ff.; auch bei Dähnhardt 1983, Bd. 3, 106f.).[1]

Die Spinne fungiert hier als Kulturheros, der das Feuer bringt, und es wird bereits deutlich, wieso gerade sie in einem so hohen Ansehen steht: Es ist das Spinnvermögen, das es ihr erlaubt, eine Verbindung zwischen Himmel und Erde herzustellen. Zur Erinnerung: Junge und kleine Spinnen können bei entsprechenden Witterungsverhältnissen im Wind fliegen, der Spinnfaden dient zum Abseilen aus luftiger Höhe, und Radnetze pflegen in der Regel vertikal gebaut zu werden – all das mag dazu beigetragen haben, der Spinne zu attestieren, dass sie ein Wesen ist, welches mit den Mächten »da oben« in Kontakt steht. In dieser Geschichte ist sie allerdings zu wenig machtvoll oder zu untalentiert, um das Feuer allein zu holen; ohne die Hilfe der anderen Tiere hätte sie es nicht geschafft. Da sie jedoch deren Anteil am Geschehen unterschlägt, sie »auszutricksen« versucht und leer ausgehen lassen will, ist sie am Ende selbst die Betrogene – die Tochter des Königs möglicherweise auch, zumindest dann, wenn man ihr unterstellt, dass sie lieber verheiratet wäre als sich um ihre Mutter zu kümmern. Aber das wissen wir nicht so genau, denn da es sich um Gestalten der Mythologie handelt, denen manches Menschliche unter Umständen fremd ist, kann es sein, dass ihr die Versorgung der Mutter als Lebensaufgabe und das Feuer als Wärmespender genügen. Interessant ist – um das Augenmerk wieder auf konkretere Sachverhalte zu lenken – der Hinweis auf die Ginflaschen und den »Marktwert« der Frau im Zusammenhang mit dem Brautpreis. Ersteres deutet auf westliche Einflüsse hin, denn der Gin, ein Branntwein mit Destillaten aus diversen Gewürzen, stammt aus den Niederlanden (»Genever«) und wurde unter Wilhelm dem Dritten von Oranien nach England gebracht, wo er rasche Verbreitung fand. Letzteres ist Ausdruck der Anerkennung der weiblichen Arbeitskraft, weil Frauen den Großteil der Arbeit auf den Feldern verrichten und der Ackerbau die Grundlage der Ernährung ist (Seiler-Dietrich 1980, 271).

Bemerkenswert ist auch die Begründung Nzambis, wieso er der Spinne seine Tochter nicht zur Frau gibt: In formalrechtlicher Hinsicht hätte sie zwar einen Anspruch darauf, weil sie den Auftrag übernommen hat, das Feuer zu holen, und ihn auch durchgeführt hat, doch würden die anderen Tiere dann dem Mädchen

---

[1] Klein gedruckte Texte ohne Anführungszeichen sind eigene Zusammenfassungen, klein gedruckte Texte mit Anführungszeichen hingegen Zitate bzw. wörtliche Übersetzungen der Originaltexte.

das Leben schwer machen, weswegen er sie materiell entschädigt. Das ist kein formales, sondern ein pragmatisches und lebensnahes Rechtsverständnis, das auf die Bereitschaft zur Schlichtung und zum Kompromiss ausgerichtet ist. Möglicherweise hängt das mit den Lebensbedingungen im Inneren des Kontinents zusammen, mit dem Kampf gegen den Urwald, gegen Raubtiere und um das knappe Ackerland, welches von der sengenden Hitze rasch ausgedörrt ist (ebd., 269f.). Dort bedeutet Leben in erster Linie Überleben, und es wäre in niemandes Interesse, würde man seine Kräfte in kleinlichem Gezänk vergeuden.

Daraus erklärt sich vielleicht auch die hierarchische Gliederung des Gesellschaftssystems (ebd.), auf die der Text einen Blick erlaubt: Der Herrscher ist von Gott eingesetzt, und seinem Richtspruch ist Folge zu leisten. Seine Tochter, von der man kaum etwas erfährt, hat sich ihm ebenfalls unterzuordnen. Zwar endet die Geschichte ohne einen expliziten Hinweis darauf, ob die Tiere dem Herrscher gehorchen werden, doch ist es klar, dass sie es tun, da er als Repräsentant des himmlischen Gottes mit übergewöhnlichen Gaben ausgestattet ist und er daher über unbedingte Herrschergewalt verfügt. Er repräsentiert den Typus des so genannten Sakralkönigtums, der zu den Standardformen traditioneller afrikanischer Kulturen gehört, von denen vier unterschieden werden: Neben den Königskulturen sind es Sammlerinnen- und Jägerkulturen, Pflanzerkulturen und hirtennomadische Kulturen (Müller und Ritz-Müller 1999, 81-84). Wenn es vorhin geheißen hat, dass die Spinne ein Band zwischen Himmel und Erde knüpft, können wir mit Bezug auf diese Erzählung nun genauer formulieren: Sie stellt in einem ganz konkreten Sinn eine Verbindung zwischen dem göttlichen Herrscher und seinem Stellvertreter auf Erden, dem Sakralkönig, her. Das zeigt auch die folgende Geschichte, bei der es sich ebenfalls um ein Bantu-Märchen handelt.

> Der Sohn des irdischen Königs Kimanaueze möchte die Tochter von Frau Sonne und Herrn Mond heiraten. Als Brautwerber fungiert der Frosch, weil er unbemerkt in einen Eimer hüpfen kann, mit dem die Mägde des himmlischen Herrscherpaares Wasser von der Erde holen, wobei sie sich am Faden der Spinne abseilen und wieder hinaufklettern. Nachdem einige Unklarheiten und die Frage des Brautpreises geklärt sind, erhält die Spinne von Frau Sonne den Auftrag, ein großes Gewebe anzufertigen, das bis zur Erde reicht, damit ihre Tochter sicher nach unten gelangen kann (Meinhof 1998, 135-145).

Obwohl von den Tieren in dieser Geschichte der Frosch Haupthandlungsträger und – ganz im Gegensatz zur westlichen Tradition – positiver Held ist, nimmt die Spinne eine nicht minder bedeutende Rolle ein, weil ohne sie keine Verbindung zwischen Himmel und Erde vorhanden wäre. Als selbstständig Handelnde tritt sie allerdings nicht in Erscheinung, da sie ausschließlich die Befehle der göttlichen Herrscher ausführt.

Ganz anders ist dagegen ihre Rolle in den meisten Trickster-Geschichten, weil sie dort Motor des Geschehens ist und vorwiegend negative Eigenschaften verkörpert.

Eine männliche Spinne lebt mit Frau und Kindern auf einer Farm in Westafrika. Obwohl es in diesem Jahr genug zu essen gibt, hat die Spinne einen so unermesslichen Hunger, dass sie ihrer Familie die Nahrung missgönnt. Daher tut sie so, als würde sie sterben; sie wird begraben und kann nun nachts, wenn alle schlafen, die Speisekammer plündern. Nachdem die Leute schon ganz verzweifelt sind, empfiehlt ein Seher, eine lebensgroße weibliche Puppe herzustellen und sie mit einer zähen, klebrigen Masse zu bestreichen. Als sich die Spinne in der kommenden Nacht ihr Essen kocht, bemerkt sie die Puppe, hält sie für lebendig und fordert sie auf, ihr zu helfen. Da sie stumm bleibt und nichts tut, wird die Spinne zornig und bald darauf auch handgreiflich. Erst bleibt die eine Hand kleben, dann die andere, dann beide Füße und schließlich Kopf und Brust. Als ihn seine Frau anderentags erkennt, ist sie nicht erstaunt oder bestürzt, sondern vielmehr zornig, und sie gibt ihm zu verstehen, dass sie nicht gewillt ist, ihn loszumachen. Bald darauf kommen die anderen Leute auf die Farm und verprügeln ihn. »Da wurde er so platt, wie er heute noch ist« (Dähnhardt, Bd. 4, 1983, 31f.).

Aus dem Akan-Gebiet des westafrikanischen Staates Ghana stammt die folgende Variante:

Es herrscht eine große Hungersnot, die bereits vielen Menschen und Tieren das Leben gekostet hat. Allein die Spinnenfamilie hat vorgesorgt, weil sie ein großes Feld mit Jamswurzeln angelegt hat, (einer Nutzpflanze, deren Knollen bis zu 20 Kilogramm schwer werden und die hinsichtlich ihres Nährwertes und ihrer Verwendung der Kartoffel ähnelt). Da Ananse, das Spinnenmännchen, alle Wurzeln für sich beanspruchen möchte, täuscht er, genau wie in der vorangegangenen Erzählung, seinen Tod vor, um nachts ungestört seinen Hunger zu stillen. Als seine Frau bemerkt, dass sie bestohlen wird, bestreicht sie eine Holzstatue mit einer klebrigen Masse und drückt ihr darüber hinaus eine Jamswurzel in die Hand. In der folgenden Nacht erblickt Ananse den vermeintlichen Eindringling, bezichtigt ihn des Diebstahls, wird, weil er keine Antwort erhält, rasch handgreiflich und bleibt an der Gestalt haften. Als seine Frau dazukommt, ist sie zunächst erschrocken, weil sie Ananse für tot gehalten hat, doch dann fängt sie sich und befreit ihn. Obwohl er Reue zeigt, macht sie ihm die heftigsten Vorwürfe: »»Wie konntest du mir das antun? (...) Jedermann weiß, dass du gestorben bist. Unsere ganze Familie muss sich deiner schämen. Wir werden uns in den dunkelsten Ecken und Winkeln verbergen müssen, um die Schande, die du uns bereitet hast, vor der Welt zu verbergen‹. Aus diesem Grunde sitzen die Spinnen noch heute in den verstecktesten Ecken und Winkeln« (Becker 1999, 148-151).

Beide Erzählungen enden mit einem ätiologischen Motiv, das heißt mit der Ableitung eines Phänomens aus einem vergangenen Ereignis, das tatsächlich oder angeblich stattgefunden hat (Lixfeld: Ätiologie, EM, Bd. 1, 1977, 949). Man erfährt, warum die Spinnen »platt« sind bzw. weswegen »sie sich in den verstecktesten Ecken und Winkeln« aufhalten. Ätiologien sind Ausdruck des Neugierverhaltens und des menschlichen Erklärungsbedürfnisses, dessen Deutungspalette im weiten Gebiet zwischen ernsthaften und spielerischen Bemühungen liegt. In der ersten Geschichte dürften wir es eher mit einer spielerischen Ätiologie zu tun haben, da die Frau sich wenig betroffen zeigt, sie ihren Mann mit geradezu aggressiver Freude seinem Schicksal überlässt und es kurios anmutet zu hören, dass ein Wesen aus Strafe flach geklopft wird. Die andere Geschichte erlaubt demgegenüber einen tieferen Einblick in das Innenleben und die Tragik der Frau, weil sie Schamgefühle äußert und von der Schande spricht, die das Verhalten ihres Mannes über sie und ihre Familie bringen wird. Dadurch wirkt diese Ätiologie ernsthafter, zumal auch der Mann Ansätze von Reue ob seines Tuns zeigt. Die stärkere Psychologisierung hängt möglicherweise mit der Erhebungszeit und den Erhebungsbedingungen zusammen, denn während die erste Erzählung gut 100 Jahre alt ist, stammt die andere aus der zweiten Hälfte des 20. Jahrhunderts, wobei es in Deutschland studierende Afrikaner gewesen sind, die auf Bitte des Herausgebers Geschichten in ihrer Heimat gesammelt haben (Becker 1999, 217f.). Daher kann es sein, dass die Erzähler verstärkt Berührungen mit der westlichen, individualistischen Kultur hatten – relativ sicher ist es jedenfalls bei den Studenten, weil sie über Kontakte zu beiden Welten verfügen.

Die Erzählungen berichten von der existentiellen Gefahr durch Nahrungsmangel, der traditionellen Gesellschaften immer wieder zu schaffen macht und oft genug Leben bedroht oder gar auslöscht. In der ersten Geschichte ist der Hunger das Werk eines Einzelnen, in der zweiten ist er von vornherein da und betrifft alle außer zunächst die Spinnenfamilie, da diese durch eine weitsichtige Landbewirtschaftung vorgesorgt hat, dann jedoch aufgrund der Gefräßigkeit Ananses selber betroffen ist und Gefahr läuft zu verhungern.

Gemeinhin attestiert man Pflanzerkulturen – und um diese handelt es sich offenkundig, da vom Reis- und Jamswurzelanbau die Rede ist – eine sicherere Lebensgrundlage als Sammlerinnen- und Jägerkulturen, die gewissermaßen »von der Hand in den Mund« leben. Und auf den ersten Blick scheinen die Geschichten einen Beleg für die Richtigkeit dieser Auffassung zu bieten, denn es ist genug Reis für alle da, bzw. es sichert trotz Hungersnot die Jamswurzel der Spinnenfamilie das Überleben. Tatsächlich aber sind die für Afrika typischen »unspezialisierten Wild- und Feldbeuter« (Müller und Ritz-Müller 1999, 85) in der glücklichen Lage, auf saisonale oder witterungsbedingte Engpässe flexibel reagieren zu können, da sie ortsungebunden sind und ihnen eine reichliche Palette an Nahrungsmitteln aus dem Pflanzen- und Tierreich zur Verfügung steht (ebd., 85-88). Zwar können auch sie mit einer plötzlichen Dürre konfrontiert werden, die ihnen das Leben schwer macht, doch sind entgegen landläufiger Meinung in der Regel Pflanzerkulturen wegen ihrer Ortsgebundenheit krisenanfälliger.

> »Laugen die Böden aus, regnet es zu wenig oder fallen die Pflanzen einer Krankheit oder Insektenbefall zum Opfer, droht sogleich Gefahr. Stauden- und Knollenpflanzen lassen sich nicht bevorraten; Getreide wie Hirse wohl, doch fallen die Erträge meist zu gering aus und reichen gewöhnlich nur für acht bis neun Monate hin, so dass es in den Wochen danach bis zur nächsten Ernte gewöhnlich zu Engpässen kommt. Auch die einseitig-pflanzliche Kost birgt ihre Risiken in sich: Sie versorgt die Menschen – bestenfalls – ausreichend nur mit Kohlehydraten (...); quantitativ kann die Energiezufuhr damit gewährleistet sein, nicht jedoch qualitativ, da es vor allem an tierischem Eiweiß fehlt, das wegen seiner speziellen Stoffwechselfunktionen und höheren ›biologischen Wertigkeit‹, als sie Pflanzenkost besitzt, für die Ernährung des Menschen die größte Bedeutung hat« (ebd., 93),

wobei insbesondere in der Jamswurzel Eiweiß nur in geringen Anteilen vorhanden ist. So gesehen könnte man die Erzählungen als Ausdruck jener Gefahren lesen, welche insbesondere Pflanzerkulturen krisenanfällig machen. Es ist der »Hunger« der Natur, der die Erträge des Menschen verschlingt: Dürre, Überschwemmungen, Befall durch Krankheiten oder Insekten, die in ihrer Tragweite so unermesslich, bedrohlich und verschlingend sein können wie der Hunger Ananses. Hält man sich das vor Augen, dann verkörpert er nicht nur den Trickster, sondern auch eine unheilvolle Kraft, die destruktive Seite der Natur, welche in traditionellen Kulturen oft mit transzendenten Mächten in Verbindung gebracht wird.[2] Wenn man die Texte noch abstrakter betrachtet und in ihnen ganz allgemein das Walten zerstörerischer Kräfte sieht, könnte man sie in Beziehung setzen zu jenen Phänomenen, die über Jahrhunderte hinweg dem Kontinent ihren Stempel aufgedrückt und das Land und seine Bewohner schwer belastet haben: dem Sklavenhandel, welchem zwischen 1451 und 1870 knapp zehn Millionen Afrikaner zum Opfer gefallen sind (BE, Bd. 1, 1986, 188f.), und den Praktiken der Kolonialstaaten, die das Land und seine Rohstoffe ausgeplündert haben und denen, gemeinsam mit den USA, heute noch eine wirtschaftliche Vormachtstellung zukommt.

Gewiss – wir wollen die Texte nicht überstrapazieren, denn sie haben auch eine spielerische Funktion, die das Bedürfnis nach Unterhaltung und einem glücklichen Ende befriedigt, aber das bedeutet noch lange nicht, dass dahinter keine ernsthaften Probleme stehen könnten. Ähnlich verhält es sich mit der Teerpuppe, denn sie ist einerseits das Medium, dem der listenreiche Betrüger im doppelten Wortsinn »auf den Leim« geht, andererseits ist ihr auch etwas Unheimliches zu eigen, denn sie scheint gleichermaßen entrückt wie präsent und somit auf eine unheimliche Weise machtvoll zu sein. Sie verkörpert aus der Perspektive der Opfer das »Prinzip Hoffnung« – das Vertrauen auf das Ende der Katastrophe, die Hoffnung auf Hilfsgüter oder darauf, es durch Haushalten mit den eigenen Ressourcen »irgendwie« zu schaffen, etc. –, doch hat sie auch etwas Numinoses an sich. Tremearne hält sie für das Symbol eines Fetischs, den man auf den Feldern postiert, um über sie mit »magical power« zu wachen (1970,

---

[2]   Merkwürdigerweise bezieht K.E. Müller den Trickster ausschließlich auf Sammlerinnen- und Jägerkulturen, wenn er schreibt: »Ganz ohne Schatten ist allerdings auch das Leben afrikanischer Wild- und Feldbeutergesellschaften nicht. Menschen fallen Unfällen zum Opfer, werden krank oder sehen sich einer plötzlichen Dürre ausgesetzt, die das Wasser verdunsten, die Sammelkost verdorren lässt und das Wild vertreibt – ohne dass ein menschliches Verschulden vorliegt. Es handelt sich scheinbar um eine ›Laune der Natur‹ – und deren Urheber ist der Trickster, eine quasi göttliche Macht, wie sie typisch für nahezu alle Wild- und Feldbeuterkulturen der Welt ist« (Müller u. Ritz-Müller 1999, 91). Dieser Auffassung widersprechen zum einen die Trickster-Geschichten sesshafter Kulturen. Zum anderen attestiert Müller den Pflanzerkulturen eine höhere Krisenanfälligkeit in Bezug auf natürliche Bedrohungen als den Sammlerinnen- und Jägerkulturen, so dass bei jenen die »Launen der Natur«, die in der Figur des Tricksters ihren symbolischen Niederschlag finden, eine größere Rolle spielen.

23). Fetische sind natürliche oder künstlich hergestellte Gegenstände, die mit übernatürlicher Kraft ausgestattet sind, und man findet sie vor allem in Westafrika, wo sie »mit starken rechtsethnologischen Zügen (versehen) oder auf die psychologische Kategorie des Sexual-Fetischs (...) begrenzt« sind (Schlesier: Fetischismus, EM, Bd. 4, 1984, 1053). Beide Merkmale können auf die Erzählungen angewendet werden, denn durch das Vorhandensein der Teerpuppe werden erstens Recht und Ordnung wiederhergestellt, und zweitens handelt es sich bei ihr, zumindest in der ersten Geschichte, um eine »junge Frau«, der sich ein allein lebender, von seinen Trieben dominierter Mann in der Nacht nähert. Man könnte zwar einwenden, dass er ihr gar nicht nahe kommen, sondern sie im Gegenteil loswerden möchte, doch wäre dem entgegenzuhalten, dass man nicht nur nach den bewussten Motiven des Handelns, sondern auch das oftmals ungewollte Ergebnis in Betracht ziehen sollte, weil es Auskunft gibt über unbewusste Antriebe und Ziele. Und das Ergebnis lautet schlicht und einfach: Der Spinnenmann bleibt an ihr kleben.

Mit diesen Überlegungen haben wir uns zwar vom sozialen und historischen Kontext entfernt und das weite Land der menschlichen Seele betreten, doch erscheint mir das dann gerechtfertigt, wenn man zu akzeptieren bereit ist, dass insbesondere tiefenpsychologische Schulen kulturübergreifende Verhaltensmuster einer Interpretation zugänglich machen können. Die Deutung menschlichen Verhaltens bleibt nach meinem Dafürhalten ohne Einbeziehung der Psychologie unvollkommen, genauso wie sie umgekehrt der Ergänzung durch die Kultur- und Sozialwissenschaften bedarf, weil ohne sie die konkreten Lebensverhältnisse zu wenig Beachtung finden. Sich beider zu bedienen, ist gerechtfertigt, weil kulturelle Phänomene prinzipiell multiperspektivisch deutbar sind und weil im konkreten Fall beide Texte Zugänge für eine psychologische Betrachtung erlauben, da es nicht äußere Gegebenheiten sind, die Ananse zu seinem destruktiven Handeln veranlassen, sondern innere Beweggründe. Es sei genug Reis für alle da, heißt es in der ersten Erzählung, »aber da Spinne niemals genug zu essen bekommen kann, gönnt er nicht einmal Frau und Kindern etwas« (Dähnhardt 1983, Bd. 4, 31). In der anderen Geschichte wird lapidar davon gesprochen, dass Ananse »seinen Tod nur vorgetäuscht (hat), um sich so ungestört an den Jamswurzeln laben zu können« (Becker 1999, 149). Beiden Spinnen ist jegliche kulturelle Einbindung verloren gegangen, da ihnen die eigene Familie genauso gleichgültig ist wie das Schicksal der übrigen Bewohner; das einzige, was zählt, ist der Versuch, den unermesslichen Hunger zu stillen. Sie sind fixiert auf die Befriedigung ihrer oralen Triebe und damit dem Verhalten des Säuglings nicht unähnlich, von dem Freud gesagt hat, dass dieser, könnte er sich äußern, »gewiss den Akt des Saugens an der Mutterbrust als das weitaus Wichtigste im Leben anerkennen« würde (1969, 310). Wenn man diese Deutung akzeptiert, ist es möglich, das Verhalten Ananses in einen größeren Kontext zu stellen und Bezug zu nehmen auf jene Probleme in der westlichen Welt, die mit Unersättlichkeit in einem weiteren Sinn zu tun haben, etwa dem mitunter nicht zu stillenden »Hunger« nach materiellen Gegenständen oder nach ständig neuen Reizen und »Erlebnissen«, aber auch dem Wunsch mancher Wirtschaftstreibender, kleinere Unternehmen zu »schlucken« oder durch Fusionen zu wachsen und an »Umfang« zuzunehmen. Der Unterschied zwischen der psychologischen und der kulturellen Deutung besteht darin, dass der Hunger in traditionellen Kulturen zumeist aus einem konkreten Nahrungsmangel resultiert, während davon in den westlichen Gesellschaften in der Regel nicht die Rede sein kann. Die Gemeinsamkeit besteht indes in dem *Gefühl*, Mangel zu leiden und sich daher sättigen zu müssen.

Der klebrigen Puppe kommen in psychoanalytischer Hinsicht zwei Funktionen zu: zum einen die bereits erwähnte rechtsethnologische, weil sie einen Über-Ich-Konflikt aktiviert, indem sie, einem mahnenden Zeigefinger gleich, eine Recht stiftende Macht symbolisiert, unter der man das Walten diesseitiger bzw. jenseitiger Mächte oder des persönlichen Gewissens verstehen kann. Letzteres zeigt sich daran, dass das Spinnenmännchen sich ihr gegenüber von Anfang an aggressiv verhält und ihr das unterstellt, was er selbst tut, nämlich andere zu bestehlen. Wer keine Reue zeigt, wenn er ertappt wird, reagiert meistens aggressiv. Die zweite Funktion der Puppe ist, symbolisch zu zeigen, wohin es führt, wenn Oralität alles andere dominiert. Wer seine »Saugnäpfe« in so extremer Weise an die Umwelt heftet, braucht sich nicht zu wundern, wenn man von ihr quasi erdrückt und zur Bewegungsunfähigkeit verdammt wird. Das Kleben-Bleiben an der Puppe ist daher gleichbedeutend mit Erstarrung und ein Spiegelbild psychosozialer Entwicklungshemmung. Man sieht: Wenn sich der »orale Sog« verselbstständigt hat, kommen nicht nur gebetene, sondern auch ungebetene Gäste, denn das Erscheinen der Puppe ist die mittelbare Folge der Unersättlichkeit der Spinne, weil natürlich die Umwelt auf das Verschwinden der Feldfrüchte reagiert.

Das Motiv der »Teerpuppe« ist vielen traditionellen Kulturen bekannt – etwa in Indien, Ceylon oder bei den Indianern Nord- und Südamerikas –, wobei die Protagonisten häufig jene Tiere sind, welchen ein ausgeprägtes Geschlechtsleben nachgesagt wird, zum Beispiel Affen oder Kaninchen (Dähnhardt 1983, Bd. 4, 26–45; Tremearne 1970, 22ff.; weitere Variante mit einer Spinne ebd., 212ff.). Ich möchte nicht darüber urteilen, ob die Verbreitung durch Wanderung zustande gekommen ist, wie etwa August von Löwis of Menar, der Bearbeiter des vierten Bandes der Dähnhardtschen Sagen, meint, oder ob die Erzählungen sich unabhängig voneinander entwickelt haben, denn beide Möglichkeiten sprechen für den Bedeutungsgehalt eines Motivs oder Erzählkomplexes, da Rezeption genauso ein aktiver Vorgang ist wie kreative Neugestaltung. Wenn etwas von anderen in das eigene Erzählgut übernommen wird, liegt das daran, dass das Fremde etwas anspricht, was auch in einem selbst vorhanden ist. Das kann mit Gemeinsamkeiten im soziokulturellen Kontext zusammenhängen, aber auch mit Grundproblemen menschlicher Existenz. Im Fall der Teerpuppe sind das zum Beispiel die Bedeutung numinoser Mächte, rechtlicher Institutionen, Über-Ich-

Konflikte, Oralität und Erotik. Ein vergleichbares Motiv in der europäischen Volkskultur ist der alpine Sagentypus der Sennenpuppe, der davon handelt, dass von Älplern eine Puppe hergestellt wird, die bald darauf zum Leben erwacht und ihnen übel mitspielt (Isler 1971). Wahrscheinlich wäre ein Vergleich von Teer- und Sennenpuppe aufschlussreich, da sich sicher interessante Unterschiede und Übereinstimmungen ergäben.

Die Betonung oraler Maßlosigkeit soll nicht bedeuten, psychologische und anthropologische Aspekte als die »eigentlichen« anzusehen, sondern sollte nur zeigen, dass auch sie ihre Berechtigung haben. Man kann genauso die orale Problematik in den sozioökonomischen Kontext stellen und sie als Symbol des Nahrungsmangels auf einem Kontinent ansehen, der immer wieder von Hungerkatastrophen heimgesucht wird, denn das Thema der Unersättlichkeit taucht in einer Fülle afrikanischer Erzählungen auf und nicht etwa nur in den oben beschriebenen. Unter dieser Perspektive kann man die weite Verbreitung der Trickster-Geschichten auch als Indiz dafür werten, dass vor allem den Unterprivilegierten mitunter gar nichts anderes übrig bleibt, als sich durch Tricks und Diebstähle über Wasser zu halten. Diese Erzählungen seien, wie Graham Furniss schreibt, »often an ironically humorous, amoral demonstration of the only weapons available to the weak and powerless in society« (1996, 67).

Weil Hunger sowohl aus ökonomischem als auch aus psychischem Mangel entstehen kann, ist es daher angemessen, beiden Zugangsweisen ihre Berechtigung zuzusprechen, zumal sich die Geschichten dahingehend unterscheiden, dass entweder auf einen allgemeinen Nahrungsmangel oder auf die Unersättlichkeit der Spinne hingewiesen wird. Dazu nun je ein weiteres Beispiel.

> In einer Erzählung der Haussa haben während einer Hungersnot allein die Krähen etwas zu essen, weil sie zu einem mitten im Fluss stehenden Feigenbaum fliegen können, um sich von dort mit Nahrung zu versorgen. Als die Spinne davon hört, raubt sie ihnen die Feigen, wird aber ertappt. Eine der Krähen sagt: »Wenn du nicht einen so schlechten Charakter hättest, würden wir dich vielleicht mit zum Feigenbaum nehmen« (172). Die Spinne bricht nun in Tränen aus und appelliert an das Mitleid der Krähe, woraufhin diese sich erweichen lässt und ihr verspricht, sie am anderen Morgen mitzunehmen.
>
> Da die Spinne ungeduldig ist und die Zeit nicht abwarten will, entzündet sie in der Nacht ein Feuer, um den Sonnenaufgang vorzutäuschen, lässt dann, als das nichts nützt, die Hähne krähen und ruft schließlich zum Gebet des Muezzin. Doch sie muss sich gedulden. Als der Tag schließlich anbricht und sie zum Fluss mitgenommen wird – indem ihr jede Krähe eine Feder überlässt, damit sie selber fliegen kann –, pflückt sie jedoch alle Feigen und lässt den gutmütigen Vögeln keine einzige übrig. Nun ist die Geduld derselben erschöpft. Sie holen sich ihre Federn zurück und überlassen die Spinne ihrem Schicksal. Als es Abend wird, lässt sie sich ins Wasser fallen, wird jedoch vom Krokodil gerettet, dem sie weinend ihr Schicksal klagt. Es nimmt sie mit zu sich und seinen Angehörigen nach Hause, und in der Nacht, als alles schläft, frisst sie die Eier, welche die Krokodile gelegt haben, auf. Am nächsten Morgen kann sie rechtzeitig verschwinden, weil sie die Tat geschickt verschleiert hat. (Schild 1975, 172-175; Variante mit allerdings letalem Ausgang für die Spinne bei Tremearne 1970, 265f.).

Die Charaktere der Tiere könnten gegensätzlicher nicht sein: auf der einen Seite
die gutmütigen und gutgläubigen, aber letztlich dummen, weil getäuschten Krähen und Krokodile, auf der anderen Seite die hinterlistige, verschlagene und
rücksichtslose Spinne, die nur an die Befriedigung ihres unermesslichen Hungers denkt und dabei auch noch – psychologisch folgerichtig – in höchstem Maße ungeduldig ist, weil sie den Anbruch des bevorstehenden Tages nicht zu erwarten vermag. Es ist ein »Stress«, der wohl weniger aus den Lebensbedingungen einer traditionellen Kultur abzuleiten ist, sondern eher mit dem moralischen
Egozentrismus der Spinne zusammenhängt. – Die Geschichte fungiert als Warnung, die besonders bei traditionellen Völkern verbreitete und vielleicht auch
durch den Einfluss des Islam noch verstärkte (vgl. den Hinweis auf den Muez-
zin) Gastfreundschaft, Hilfsbereitschaft und Mitmenschlichkeit nicht dahin führen zu lassen, dass man ausgenutzt wird oder gar materiellen Schaden erleidet.
Daneben befriedigt sie – und das gilt für alle Erzählungen – das Unterhaltungs-
bedürfnis, denn man kann die Tricks der Spinne bewundern und über die
Dummheit der Krähen und Krokodile lachen – wer den Schaden hat, hat den
Spott, zumal es sich bei den Krokodilen um Tiere handelt, von denen der
Mensch nichts Gutes zu erwarten braucht.

Nun zum anderen Beispiel, welches ebenfalls aus Westafrika stammt.

> »Es war einmal ein König, der befahl in allen seinen Städten, ein großes Essen für die
> Tiere zu bereiten. Als die Spinne dies hörte, beschloss sie überall mitzuessen, so gierig
> war sie; nur wusste sie nicht, in welcher Stadt man zuerst mit Kochen anfangen würde.
> Darum rief sie ihre Kinder zusammen und erzählte ihnen von dem großen Essen, und
> sie freuten sich alle über die Nachricht. Die Spinne nahm nun einen langen Strick und
> ging mit ihren Kindern die Landstraße entlang bis zum Kreuzungspunkt, von wo die
> Straßen in allen Himmelsrichtungen nach den Städten auseinander gingen. Da blieb sie
> stehen und band sich viele Stricke um den Leib, gab je ein Strickende einem Kinde und
> schickte jedes nach einer anderen Stadt. Sobald eines merkte, dass irgendwo gekocht
> würde, sollte es am Strick ziehen, damit die Spinne sogleich und ohne Zeitverlust zum
> Essen kommen könnte.
>
> Nun geschah es aber, dass in all diesen Städten genau zur selben Zeit mit Kochen
> begonnen wurde. Daher zogen alle Kinder zur selben Zeit aus Leibeskräften, und zwar
> ganz gleichmäßig stark und gleich lange Zeit. So konnte sich die Spinne nicht vom Plat-
> ze rühren und kam in gar keine Stadt, und an diesem Tage kriegte sie überhaupt nichts
> zu essen. Weil aber die Kinder den Leib der Spinne gar so fest einschnürten, so ist die-
> ser bis zum heutigen Tage eingeknickt« (Dähnhardt, Bd. 3, 1910, 36).

In der Geschichte klingt noch das archaische Motiv der Verbundenheit zwischen
Tier und Mensch nach, denn auf Geheiß des Sakralkönigs soll jenen zu Ehren
ein Mal bereitet werden. Wahrscheinlich ist das ein Ausdruck wechselseitiger
Bedingtheit, das heißt beide sind aufeinander angewiesen bzw. genießen Vorteile durch den anderen, wobei die Verbindung durchaus emotionale Qualitäten
aufweist. Im antisozialen Verhalten der Spinne zeigt sich ein grundlegendes
Problem, das in der Individualpsychologie Alfred Adlers als »Alles-oder-
Nichts«-Prinzip bezeichnet wird und für neurotisches und infantiles Gebaren
charakteristisch ist (vgl. Adler 1976, 83f.; Brunner und Titze 1995, 24; 306f.):

Wer alles haben will, steht in der Regel am Ende mit leeren Händen da, weil der Griff nach dem Ganzen das Individuum überfordert und weil – im Gegensatz zur göttlichen Unbedingtheit – das menschliche Dasein durch hemmende Umstände bedingt ist. Darüber hinaus führt, ähnlich wie in den Erzählungen um die Teerpuppe, die Verabsolutierung oraler Wünsche zu Stillstand und Bewegungsunfähigkeit. Gleichzeitig haben wir es mit einem ätiologischen Motiv zu tun, da erklärt wird, wieso der Leib der Spinne »eingeknickt«, also in Vorder- (Prosoma) und Hinterkörper (Opisthosoma) untergliedert ist.

Überhaupt spielen Ätiologien in den »Naturvölkermärchen« eine große Rolle. Einige wurden bereits erwähnt, andere sollen auf den folgenden Zeilen in gebotener Kürze präsentiert werden.

> Während einer Hungersnot verstößt der Spinnen-Vater seinen Sohn, doch dieser wird von der Gold speienden Boa aufgenommen. Nach einer Weile erscheint der Vater und schlägt die Boa tot, weil er behauptet, sie fresse das Gold seines Sohnes. Da sich nun alle Menschen in Tiere und Pflanzen verwandeln, verstecken sich beide – Vater und Sohn – hinter Blättern, »und daher kommt es, dass man noch jetzt Spinnen-Vater und -Sohn auf der Rückseite eines Blattes kleben sieht« (Dähnhardt, Bd. 3, 1910, 265 – Märchen der Aschanti).

> Spinne und Katze begehren beide die Tochter des Königs. Dieser gibt ihnen auf, um die Wette durch das Dorf zu laufen, und wer als Erster ankommt, darf sie heiraten. Da dies der Katze gelingt, »wurde das Auge der Spinne rot vor Neid, und sie ward der Katze (spinne-)feind« (ebd., 145 – Märchen der Aschanti).

Aus Bornu, einem ehemaligen Reich südwestlich des Tschadsees, stammt eine andere Erklärung für die Feindseligkeit zwischen den beiden Tieren.

> Da die Spinne die Wut des Leoparden auf die Buschziege anstachelt, beklagt sich diese bei der Katze über deren schlechten Charakter. »Seit jenem Tage stellt die Katze der Spinne nach und frisst sie, wo immer sie sie findet« (ebd., 331).

> Unter dem Vorwand, einige Federn zu nehmen, um sie dem Götterbild aufzukleben, borgt sich »Herr Kendewa, die Spinne« vom Gott des Himmels dessen Lieblingshuhn aus, tötet es und frisst es auf. Als der Herr des Himmels davon erfährt, lässt er Kendewa verfolgen, doch dieser kann entkommen, indem er sich in ein »Insekt« verwandelt. »So ist Kendewa, der früher ein großer Herr unter den Menschen war, ein kleines Insekt geworden« (Schild 1975, 164 – Märchen der Baule).

Die Geschichte hat einen religiösen Hintergrund, da die Baule, ein westafrikanisches Volk aus dem Gebiet des heutigen Ghana, eine Holzplastik als Abbild der Gottheit mit Blut von einem Huhn bestreichen und einige Federn ankleben, wenn sie um göttliche Hilfe bitten. Wer kein Huhn zu opfern vermag, begnügt sich mit Federn und Eigelb (ebd., 331).

Herrn Kendewa ist gar nichts heilig, und er schreckt auch vor nichts zurück, wenn es gilt, seinen Hunger zu stillen. Letztlich ereilt ihn aber doch die gerechte Strafe, weil der einstmals »große Herr« zu einem »kleinen Insekt« wird. – Besonders deutlich tritt in der Geschichte die ehemalige Identität von Tier und

Mensch zutage, denn Kendewa *ist* die Spinne, und gleichzeitig *ist* er auch ein
»Herr«, der schließlich zum Insekt mutiert.

> Die Spinne borgt sich vom Leoparden ein von ihm selbst hergestelltes Baumwolltuch
> aus, um es bei einer Totenfeier zu tragen. Als es jedoch zu regnen beginnt, legt sie sich
> das Tuch zunächst auf den Kopf und frisst es dann auf. Um dennoch nicht nass zu wer-
> den, leiht sie sich vom Elefanten ein Stück seines Ohres, brät und verspeist es aller-
> dings, nachdem sie zu Hause angekommen ist. Als der Elefant den geliehenen Teil sei-
> nes Ohres zurückhaben möchte, versteckt sich die Spinnenfamilie in einer Schnupfta-
> bakdose, wird jedoch entdeckt und flieht in die Felsen, wo sie vor den Angriffen ge-
> schützt ist. »So weilt die Spinne bis heute unter Steinen« (Meinhof 1998, 199-202 –
> Märchen der Ewe).

Ganz am Schluss der Erzählung wird aus dem Geschehen das folgende Resümee
gezogen: »Deshalb sagt man: Der Barmherzige bekommt keinen Dank« (ebd.,
202). In Bezug auf die Handlung ist die Aussage stimmig, und sie passt auch zu
den vorherigen Geschichten. Schließlich könnte die Spinne selbst eine eigene
Kopfbedeckung suchen oder anfertigen, aber da es immer wieder »Dumme«
gibt, die auf sie hereinfallen, hat sie das gar nicht nötig und kann ihrer Faulheit
frönen. Sie verkörpert den Typus desjenigen, der sich von anderen aushalten lassen möchte, doch siegt am Ende auch hier die Gerechtigkeit, weil sie ins Abseits
gedrängt wird. – Ein gewisser Reiz geht in der Erzählung von der Schnupfta-
bakdose aus, die, ähnlich wie die Ginflaschen aus der ersten Geschichte, auf
westliche Einflüsse hindeutet und so einen Kontrast zu den traditionellen Erzähl-
inhalten bildet.

Am Schluss der kleinen Revue zur Ätiologie der Eigenschaften und des Verhaltens der Spinne soll die folgende kurze Mitteilung über die Nöte der Springspinne nicht unerwähnt bleiben:

> »Die Springspinne hat das Netz erfunden, hat es sich aber vom Menschen abschwatzen
> lassen. Nun muss sie sich ohne Netz behelfen« (Dähnhardt, Bd. 3, 1910, 265 – Mittei-
> lung aus Loango).

Das gelingt ihr übrigens ausgezeichnet, da sie mit ihren kurzen, kräftigen Beinen
und ihren auffallend großen Augen, die ein Gesichtsfeld von über 300° abde-
cken, sehr gut Beutetiere wahrnehmen, sich wie Katzen an sie heranschleichen
und im Sprung packen kann (vgl. Heimer 1997, 99-104). Auf Fangnetze ist sie
daher nicht angewiesen und war es auch nie. Dennoch ist die Logik, welche in
der knappen Mitteilung zum Ausdruck kommt, nicht abstrus, denn es entbehrt
nicht einer gewissen Folgerichtigkeit zu behaupten, dass bestimmte Mitglieder
einer Art oder einer Gruppe, die über etwas nicht verfügen, was alle anderen haben oder können, dieses einmal eingebüßt haben müssen. Interessant ist auch die
Behauptung, dass diejenigen, welche den Gegenstand erfunden haben, es wieder
verloren haben – oder allgemeiner: nichts davon haben –, während alle folgenden Mitglieder weiterhin daran partizipieren. Auf der Ebene der Unterhaltung
klingt das kurios und witzig – man rackert sich ab und steht am Ende mit leeren
Händen da –, doch wenn man einen Moment innehält, offenbart sich darin ein

gewisser Erfahrungswert, nämlich der, dass mitunter Innovationsträger und Schrittmacher von Entwicklungen an den Früchten ihrer Arbeit noch nicht teilhaben können – dieses erst nachfolgenden Generationen vorbehalten ist –, weil Innovationen Zeit benötigen, um sich durchzusetzen. Das gilt für eine technisierte Gesellschaft genauso wie für eine traditionelle Ackerbaukultur, wenn etwa Sumpfland trockengelegt wird und die Fruchtbarkeit der neu gewonnenen Felder sich erst nach vielen Jahren einstellt. – Im Übrigen verrät die Mitteilung indirekt einiges von dem Respekt, den die Menschen der Spinne zollen, denn wenn sie nicht um die Effizienz ihres Netzes Bescheid gewusst hätten, hätten sie es der Springspinne nicht »abgeschwatzt«.

In der folgenden Erzählung der Haussa wird gezeigt, wie die Spinne mit ihren Schuldnern umgeht.

> Bei allen Tieren des Waldes hat die Spinne Schulden gemacht, kann sie jedoch nicht zurückzahlen. Dennoch verkündet sie allen, sie sollen am nächsten Freitag zu ihr kommen; dann werde sie die Beträge begleichen. Als es so weit ist, erscheint als Erstes die Henne. Die Spinne sagt zu ihr, sie möge für einen Moment in die Hütte gehen, denn sie wolle ihr etwas zu essen zubereiten. Während sie drinnen wartet, erscheint die Wildkatze. Die Spinne erklärt ihr, dass ihr »Entgeld« in der Hütte auf sie warte, woraufhin sie hineingeht und die Henne tötet. Das gleiche Spiel setzt sich fort mit Hund, Hyäne, Leopard und Löwe. Da die beiden Raubkatzen einander einen erbitterten Zweikampf liefern, streut die Spinne ihnen Pfeffer in die Augen und schlägt mit einem großen Knüppel so lange auf sie ein, bis sie tot sind. »Then the Spider collected the meat in his house, and said that he had extinguished his debts« (Tremearne 1970, 374f. – Zitat: 375).

Beeindruckend ist die Präzision, mit der die Spinne ans Werk geht: Sie schafft es nicht nur durch geschicktes Arrangement, sich ihrer Schuldner nach und nach zu entledigen, sondern verfügt am Ende auch noch über zusätzliche Mittel in Form der getöteten Tiere. Sie hat eine Maschinerie in Gang gesetzt, die so gut funktioniert, dass sie sich nur zum Schluss hin – während des Kampfes der Raubkatzen – selber die Hände schmutzig machen muss. Die Geschichte verkörpert daher den vielleicht geheimsten Wunschtraum skrupelloser Schuldenmacher: Das geliehene Geld nicht nur nicht zurückzahlen zu müssen, sondern von den Schuldnern mit noch mehr Geld versorgt zu werden, ohne dass sie jemals Ansprüche auf Rückerstattung geltend machen.

Dass die Spinne auch geschickt die Produkte der westlichen Zivilisation für sich zu nutzen weiß, soll die folgende Erzählung aus Sierra Leone zeigen.

> Vor langer Zeit lebten viele Tiere in einem Dorf zusammen; auch die Spinne war darunter. Eines Tages geht sie in die benachbarte Stadt, um sich dort ein Gewehr zu kaufen, das im Dorf außer ihr niemandem bekannt ist. Als sie wieder nach Hause kommt, verkündet sie laut, ein Mittel gegen böse Geister gefunden zu haben und dass sie alle töten werde, die verhext seien. Daher dürfe nach Anbruch der Dunkelheit niemand sein Haus verlassen. Als es Nacht geworden ist, nimmt die Spinne ihr Gewehr, geht zur Wohnung des Rehs, des dümmsten Tieres, und erschießt es. Dann läuft sie zurück nach Hause und ruft laut aus: »›Hab ich euch nicht gesagt, es ist ein böser Geist in der Stadt? Das Reh sogar war behext!‹ Als die Tiere den Lärm hörten, dachten sie, es wäre das Mittel gegen die Geister, das auf diese Weise wirkte. Und sie wunderten sich, woher die Spinne es

wüsste, dass es das Reh war; sie war ja in ihrem Hause und hatte die Tür zugeschlossen. Und dann freuten sie sich, dass das Mittel so wunderkräftig sei« (212). Die Spinne aber holt sich das Reh und kocht es. In den darauffolgenden Nächten setzt sie ihr Spiel fort, und die Zahl der Tiere nimmt mehr und mehr ab. Doch eines Tages geht das schlaue Moschustier zum Haus der Spinne – sie ist gerade nicht daheim –, um sich das Wundermittel einmal anzusehen, und dort erblickt es das Gewehr und nimmt es mit. Als die Spinne nach Hause kommt und den Diebstahl bemerkt, ist sie völlig außer sich. Sie findet keinen Schlaf mehr, und als sie zur Tür hinausgeht, steht »das Moschustier schon auf der Lauer! Doch vor lauter Übereifer verfehlte es sein Ziel und schoss in die Luft. ›Wer schießt da?‹ rief die Spinne. ›Du sagst, du treibst die Geister weg, aber du schießt alle Tiere tot!‹ antwortete das Moschustier. ›O, sei still‹, sagte die Spinne. ›Lass uns lieber gemeinschaftlich auf Beute ausgehen!‹ Das war dem schlauen Moschustier denn auch recht. Nun waren aber die Tiere in Gefahr, gänzlich ausgerottet zu werden. Da beschlossen sie, nicht länger im Dorfe beisammen zu bleiben, sondern sich nach allen Richtungen hin zu zerstreuen. So kamen Spinne und Moschustier um ihre Beute, die Tiere aber leben noch heute einzeln in Wald und Feld« (Dähnhardt, Bd. 3, 1910, 212f.).

In der Erzählung wird eine Welt skizziert, wie sie in einer Vielzahl von Mythologien, Religionen und Ideologien entworfen wird: Am Anfang herrschen paradiesartige Zustände (»Vor langer Zeit lebten viele Tiere in einem Dorf zusammen«), denen jedoch durch den Willen und das Werk übelwollender Gestalten ein Ende bereitet wird und Entfremdung um sich greift (»Die Tiere aber leben noch heute einzeln in Wald und Feld«). Es ist die Idee von der ursprünglichen Gemeinschaft, die im Verlauf der Entwicklung zunichte gemacht wird, so dass nur noch Vereinzelung und Eigeninteresse übrig bleiben. In der europäischen Geistesgeschichte ist das etwa aus der christlichen und marxistischen Lehre bekannt, wobei dort allerdings als dritter Schritt die Hoffnung auf Beendigung der Entfremdung als Schlusspunkt der Geschichte vorhanden ist.

Die archaischen Vorstellungen vom einstigen Paradies stehen in der Erzählung in einem eigentümlichen Kontrast zu Phänomenen der neuzeitlichen europäischen Welt: dem Gewehr als einem modernen Medium, sich die Erde auf brutale Weise untertan zu machen, und der nachgerade aufklärerischen Haltung, Magie in einen rationalen Kontext zu stellen und sie als Instrument der Beherrschung, Unterdrückung und Willkür zu entlarven, denn die Spinne gibt sich als jemand aus, der Schadenzauber abzuwenden vermag, während sie in Wirklichkeit ganz profan andere Tiere erschießt. Wahrscheinlich kann man die Geschichte unter anderem als Widerhall jener Erfahrungen lesen, welche die Bevölkerung mit den ersten Weißen gemacht hat. Deren Waffen müssen ihnen zunächst wie Zaubermittel erschienen sein, bis sie erkannt haben, wie sie tatsächlich funktionieren. So gesehen erzählt das Märchen vom ursprünglichen Gemeinschaftsleben der afrikanischen Bevölkerung, das durch die Europäer zerstört worden ist. Auch wenn das eine etwas idealisierende Sichtweise sein mag – weil es bereits vorher Stammesfehden und Zwistigkeiten gegeben hat –, bewirkt das Vordringen der Europäer durch ihr technisch höher entwickeltes Waffenarsenal eine neue Qualität der Auseinandersetzung, bei der auch Einheimische unter Umständen ihr eigenes Süppchen kochen, wie man am Beispiel des Moschustieres sieht, das mit der Spinne gemeinsame Sache macht.

Doch was haben beide am Ende wirklich gewonnen? Sie stehen mit leeren Händen da; sie wollten, wie die gierige Spinnen-Mutter in der Erzählung vom Festessen für die Tiere, alles haben und haben am Ende nichts. Wenn man das auf die politische Geschichte bezieht, erkennt man mit Blick auf die Entkolonialisierung einige Parallelen, doch hinsichtlich der ökonomischen Entwicklung ist das Gegenteil der Fall, weil westlichen Konzernen, zumal in der Epoche der Globalisierung, weiterhin eine Vormachtstellung in Afrika zukommt.

In einigen Erzählungen ist die Spinne am Ende eindeutiger Gewinner, in anderen dagegen – so wie hier – erzielt sie einen Pyrrhussieg. Sie ist keineswegs eindeutig klug und gerissen, sondern hat unter finalem Gesichtspunkt, das heißt in Bezug auf die Frage, was sie tatsächlich im Endeffekt erreicht, auch »dumme« Anteile. Besonders deutlich zeigt sich das in der folgenden Geschichte aus Ghana.

»Kwaku Ananse, das Spinnenmännchen, ärgerte sich schon seit vielen Jahren darüber, dass es unter den Menschen so viele weise Männer gab. Er beschloss deshalb, alle Weisheit zu sammeln und für sich und seine Nachkommen aufzubewahren. Zu diesem Zweck holte er sich aus seinem Hause einen großen Tonkrug; den gedachte er mit Weisheit anzufüllen. Viele Jahre zog er durch die Lande und stellte Mensch und Tier die schwierigsten Fragen. Erhielt er eine kluge Antwort, so öffnete er schnell den Deckel seines Kruges und flüsterte sie zum Staunen seiner Zuhörer hinein. Als er endlich glaubte, alle Weisheit dieser Welt gesammelt zu haben, machte er sich auf den weiten Weg in die Heimat« (152). Da er aber fürchtet, man könne ihm seinen Tonkrug stehlen, beschließt er ihn in den obersten Ästen eines hohen Baumes zu verstecken. Er bindet ihn sich um den Bauch, doch weil der Umfang des Kruges zu groß ist, kann er die Rinde des Baumes weder mit seinen Armen noch mit seinen Beinen erreichen. »So mühte sich Kwaku Ananse drei Tage lang vergeblich, die gesammelte Weisheit in die luftige Höhe des alten Kazaurabaumes zu bringen. Schon unzählige Male war er auf den Rücken gefallen und hatte sich dabei die Haut abgerissen, die nun in großen Fetzen herunterhing. Trotz seiner Schmerzen und trotz seines großen Hungers kämpfte er verbissen weiter und vergaß dabei völlig, dass er für sein Gefäß wohl noch andere sichere Stellen im Wald hätte finden können. Während er wieder einmal auf dem Rücken lag und hilflos mit den Beinen in der Luft strampelte, kam ein Hase vorbei und beobachtete das Treiben Kwaku Ananses. Als er endlich wieder auf den Füßen stand, versuchte er wohl zum tausendsten Mal, sein Ziel zu erreichen. Der war ein gutmütiger Kerl, und so beschloss er, dem sich abmühenden Freund zu helfen (...). ›Ich habe dir eine Zeit lang zugesehen, wie du dich vergeblich abgemüht hast, deinen bauchigen Krug auf den Baum zu bringen. Wäre es nicht einfacher, wenn du dir das Gefäß auf deinen Rücken bändest?‹ ›Was sagst du da?‹ schrie Kwaku Ananse. ›Ich dachte, ich hätte alle Weisheit dieser Welt in meinem Krug eingefangen, und jetzt sehe ich, dass es immer noch klügere Leute als mich gibt‹. Bei diesen Worten riss er sich seine schwere Last vom Bauch und schleuderte sie mit solcher Gewalt an den Kazaurabaum, dass der Krug in tausend Scherben zersprang. ›Nun mag die Weisheit in alle Welt entfleuchen«, schimpfte er und stapfte durch das hohe Gras nach Hause‹ (Becker 1999, 152ff.).

Das Sammeln der Weisheit geschieht in einen ganz konkreten Sinn, indem die Antworten in den Tonkrug »hineingeflüstert« werden und dort offenbar auch bleiben. Man kann darin einen Nachklang archaischer Vorstellungen sehen, wie man ihn auch im Weltbild des Kleinkindes beobachten kann, das noch sehr stark mit konkreten Dingen verknüpft ist, wenn es etwa glaubt, man denke mit dem Mund oder den Ohren (Piaget 1980, 44ff.). Es kann der Anfang der Erzählung aber auch als Kritik an einer Form des Wissenserwerbes gedeutet werden, in der die angehäuften Erkenntnisse bloß gesammelt, jedoch nicht verinnerlicht werden und so losgelöst vom Individuum bleiben, wie es hier in einem ganz konkreten Sinn der Fall ist, wenn das Wissen nicht im Gedächtnis, sondern in einem Tonkrug »aufbewahrt« wird. Wenn man etwas »hat«, heißt das noch lange nicht, dass man darüber auch verfügt. Das ist der Irrtum des Schülers, der im ersten Teil des Faust-Dramas zu Mephisto sagt: »Denn was man schwarz auf weiß besitzt, kann man getrost nach Hause tragen« (Vers 1966f.). Das kann in einen modernen europäischen Kontext gestellt und auf Diskussionen über den Zusammenhang zwischen Lernen und Leben, der Beziehung zwischen theoretischer und praktischer Ausbildung und anderes mehr bezogen werden, aber natürlich auch und insbesondere auf die vorliegende Erzählung: Was nützt Ananse das ganze angehäufte Wissen, wenn er an einfachen praktischen Dingen scheitert und es nicht einmal schafft, den Tonkrug auf den Baum zu befördern? Die Vermittlung von Kenntnissen ist in traditionellen Kulturen weniger Selbstzweck – wie es etwa, zum Teil zumindest, im Konzept des Bildungsbürgers aus dem 19. Jahrhundert und heute noch in der Idee der Allgemeinbildung der Fall ist –, sondern erfüllt in erster Linie bestimmte Funktionen. Man lernt, wie man sich an eine Gazelle heranschleicht oder welcher Boden für die Jamswurzel besonders geeignet ist, das heißt der Wissenserwerb dient primär der Aufrechterhaltung der materiellen Lebensbedingungen. In der Erzählung geht es dabei auch um das »rechte Maß« und um die Bewahrung des »gesunden Menschenverstandes« bei der Lösung anstehender Probleme – verkörpert durch den Hasen. Er hat Distanz zum Geschehen, kann es ruhig beobachten und daher eine sinnvolle Alternative anbieten, während Ananse jedes Maß verloren hat und mit dem Kopf durch die Wand zu laufen versucht. Er ist auch deswegen so halsstarrig, weil er glaubt, durch das erworbene Wissen »weiser als die Götter« (Becker 1999, 152) geworden zu sein, weswegen er meint, ihm müsse alles gelingen, was er in Angriff nimmt. Er wähnt sich ganz oben, doch als er erkennen muss, dass der Hase klüger ist als er, ist er mit einem Male ganz unten, da er, ähnlich wie der neurotische Mensch, vom Denken in Schwarz-Weiß-Kategorien beherrscht ist, das stets ein Zeichen von Unsicherheit ist. Im Verhalten Ananses zeigt sich deutlich die Tendenz, durch Wissenserwerb oben sein zu wollen, um sich dadurch abzusichern und auf andere herunterschauen zu können (vgl. Adler 1997, 289-308). Ob er aus seinen Erlebnissen etwas gelernt hat oder nur verbitterter geworden ist, mag offen bleiben. Wahrscheinlich wird er aus seinen Erlebnissen den Schluss ziehen, dass »Weisheit« etwas Sinnloses ist und dass Besitz nicht unbedingt Ansehen bringt, sondern auch belastend und Quelle mancher Ängste sein kann – eine Erkenntnis, die für den einen oder anderen Zuhörer, der unter Armut leidet, ein Trost sein wird.

In einem spezifischen Sinn ist die Geschichte traditionell, um nicht zu sagen »volkstümlich«, indem sie nämlich Gelehrtenwissen diskreditiert. In den arbeitsteiligen und spezialisierten Industriegesellschaften des Westens hat dieses zwar in Form von Fachwissen besonders wichtige Funktionen, doch auch in altertümlichen Kulturen Afrikas kommt man ohne jene Frauen und Männer, die »mehr können als andere«, nicht aus, wenn man an die Bedeutung von Priestern, Medizinmännern oder Dorfältesten denkt. Misstrauen ihnen gegenüber kann mit Inkompetenz, Machtmissbrauch oder Abschottung von ihrer Seite zu tun haben, aber auch mit Unverständnis oder Neid auf Seiten der Bevölkerung. Jedenfalls will die Erzählung deutlich machen, dass praktisches Wissen mehr zählt als »alle Weisheit der Welt« und dass diese sogar hinderlich sein kann, wenn es gilt, die alltäglichen Aufgaben zu bewältigen.

Trotz der vielen negativen Geschichten, die es über die Spinne gibt, nimmt sie, wie bereits erwähnt, in einigen frühen Erzählungen als Kulturheros eine vermittelnde positive Rolle zwischen himmlischer und irdischer Sphäre ein. Darüber hinaus sind auch einige Geschichten vorhanden, in denen sie ganz konkret menschlichen Lebewesen, welche in Bedrängnis geraten sind, Hilfe leistet. Dazu nun einige Beispiele.

Eine nicht näher bezeichnete Person besitzt ein Pferd, das sie nur um einen sehr hohen Preis zu verkaufen bereit ist: nicht für viel Geld, sondern ausschließlich um die Brust einer Frau. Da ein Knabe dieses Pferd unbedingt erwerben möchte, bittet er seine Mutter, ihre Brust herzugeben. Ohne Umschweife ist sie dazu bereit, so dass der Junge ein Messer holt und ihr die Brust entfernt. Nun kann er das Pferd kaufen und losreiten. »Ich will auf Reisen gehen, ich will das Ende der Welt sehen«, sagt er (260). Als er seinen Freund, die Spinne, trifft, unterbreitet sie ihm den Vorschlag, ihn zu begleiten, womit er einverstanden ist. Nach einiger Zeit gelangen sie dorthin, »wo kein Land ist, wo keine Bäume sind, nur Wind, nur Wasser, nur ein schwarzer Ort« (261). Dort befindet sich das Haus der Hexe, und dort kehren sie ein, bekommen etwas zu essen und können dort auch übernachten. Als es dunkel geworden ist und die beiden längst schlafen, schleicht die alte Frau sich an, um beide zu töten und hernach zu verspeisen, doch werden sie vom Hahn gewarnt, weswegen sie von ihrem Tun ablassen muss. In der folgenden Nacht hält die Spinne Wache, und als die Hexe es erneut versucht, schlägt sie sie mit einem eisernen Stock auf den Kopf, so dass sie wieder keinen Erfolg hat. Anderentags brechen die beiden auf, denn sie wollen in ihre Heimat zurück. Die Hexe verfolgt sie zwar, doch vermag sie sie nicht zu fangen, weil der Junge ein Rasiermesser an den Schwanz des Pferdes gebunden hat, nach dem sie mehrmals greift und an dem sie sich jedes Mal verletzt. Zwar gerät auch die Spinne einmal in Bedrängnis, als sie während des Ritts über einen »heißen See« in das Wasser fällt, doch kehrt der Junge sogleich um und zieht sie heraus. So gelangen sie unbeschadet nach Hause zurück, und die Eltern freuen sich, dass ihr Sohn wieder da ist (Meinhof 1998, 259-265 – Märchen der Fulbe, eines Volkes, das in West- und Zentralafrika beheimatet ist).

Das ist eine rätselhafte Geschichte, weil sie Fragen über Fragen aufwirft. Warum bevorzugt der Händler eine weibliche Brust anstelle von Geld? Die Mutter gibt die Brust wie selbstverständlich her – wie ist das möglich? Was will der Junge am Ende der Welt? Wieso kehren er und die Spinne bei der Hexe ein, und warum stellen sie sie wegen ihrer Mordabsichten nicht zur Rede oder verschwinden gleich wieder usw. Von allen bisherigen Erzählungen kommt diese hinsichtlich ihres Stils dem europäischen Volksmärchen am nächsten, so wie Max Lüthi es gedeutet hat (1992): Die Figuren sind *eindimensional*, das heißt diesseitige und jenseitige Welt sind nicht streng geschieden, sondern treffen, ohne irgendeine Erschütterung bei den Protagonisten auszulösen, wie selbstverständlich aufeinander. Die Personen sind *flächenhaft* dargestellt, so als hätten sie weder eine Innen- noch eine Umwelt; diese bleiben völlig unplastisch, unscharf und weitgehend *abstrakt*. Der Held ist daher gleichzeitig *isoliert* und *allverbunden*. »Nur was nirgends verwurzelt, weder durch äußere Beziehung noch durch Bindung an das eigene Innere festgehalten ist, kann jederzeit beliebige Verbindungen eingehen und wieder lösen« (ebd., 49). Man könnte zwar einwenden, dass der Junge immerhin zu seinen Eltern zurückkehrt, doch erfahren wir an keiner Stelle etwas darüber, welche Gefühle er ihnen entgegenbringt. Völlig unberührt schneidet er am Anfang die Brust der Mutter ab, und ohne Emotionen zu äußern, kehrt er wieder nach Hause zurück.

Das europäische Volksmärchen beschreibt die Dinge in der Regel, ohne sie zu deuten oder zu erklären. »Es stellt uns eine Welt dar, die in Ordnung ist, und befriedigt damit den letzten und ewigen Wunsch des Menschen« (ebd., 82). Es strahlt Zuversicht aus und den Glauben, das Leben in zufriedenstellender Weise bewältigen zu können. Das gilt auch für diese Erzählung. Der Sohn bittet die Mutter um etwas, und sie gibt es ihm. Dadurch kann er eine Reise antreten und die Welt bis zu ihrem Ende durchmessen. Er hat eine Helferin, die Spinne, von der er weiß, dass sie ihm in Gefahrensituationen beisteht. Am Ende ist er selber imstande, sich zu schützen, denn es ist seine eigene Idee, am Schwanz des Pferdes ein Rasiermesser anzubringen. Darüber hinaus vermag er nun auch seiner Helferin beizustehen, denn als sie während der Verfolgung über den »heißen See« in das Wasser fällt, ist *er* es, der *sie* rettet. So kann er gereift nach Hause zurückkehren. – Möchte man die Geschichte einer allgemeinen Deutung zuführen, kann man sie als Symbol des Erwachsen-Werdens eines jungen Mannes deuten: Er braucht die Mutterbrust nicht mehr, kann sich von ihr lösen und erwirbt statt dessen ein Pferd, das seine Kräfte vervielfältigt und mit dem er die Welt zu erfahren vermag. Er besteht gefährliche Abenteuer, die er zunächst mit Hilfe anderer – der Spinne und des Hahnes – glücklich übersteht, um dann selber aktiv zu werden, wie es im Bild des Rasiermessers als Symbol der Mannwerdung bzw. Männlichkeit zum Ausdruck kommt. – Man könnte der Deutung, der Eintausch der Brust gegen das Pferd sei ein Symbol für die Loslösung des Jungen von seiner Mutter, entgegenhalten, dass man die Geschichte dadurch zu einem typischen »Männer-Märchen« macht, weil man die Perspektive der Mutter, ihren Verlust weiblicher Attribute, vollkommen unberücksichtigt lässt. Das wäre nach meinem Dafürhalten jedoch eine Interpretation, die zu sehr psychologisiert. Denn zum einen ist der junge Mann der Held der Erzählung, es geht also primär um ihn und nicht um einen anderen, zum zweiten wissen wir – als Folge der Flächenhaftigkeit des Märchens – nichts von den Gefühlen bzw. dem Innenleben der Mutter, da sie, ohne irgendeinen Kommentar zu äußern, sogleich bereit ist, sich die Brust entfernen zu lassen. Selbst die Überlegung, dass Loslösung immer auch von Schmerzen auf Seiten der Eltern und insbesondere der Mutter begleitet ist – wofür die Abtrennung der Brust ein Symbol sei –, geht daher vielleicht schon einen Schritt zu weit. Deswegen kann man nur so viel sagen: Der junge Mann benötigt ihre Brust nicht mehr, und darum kann er sie getrost abschneiden. Ohne das weibliche Attribut hätte er jedoch das Pferd nicht bekommen, was wohl bedeutet, dass die nährende und schützende Fürsorge der Mutter es ihm ermöglicht hat, »flügge« zu werden.

Trotz des hohen Abstraktionsgrades kann man die Frage aufwerfen, wie es um den Bezug des Märchens zum alltäglichen Leben steht. Zunächst ist völlig klar, dass es sich um einen Gegenentwurf zu den Mühsalen und Plagen des alltäglichen Daseins handelt. Nicht jeder, und in traditionellen Kulturen kaum jemand, hat die Möglichkeit, ausgestattet mit entsprechenden materiellen Ressourcen, eine so weite Reise anzutreten, und es kommt auch nicht jeder lebend oder zumindest unbeschadet von einem solchen Abenteuer zurück. Darum erzählt uns das Märchen, in dem es so oft um weite Reisen geht, etwas von den Sehnsüchten jener Menschen, die in eine kleine Welt hineingeboren werden und sie zeit ihres Lebens nicht verlassen. Das wird in traditionellen Kulturen Afrikas nicht anders sein als in jenen Europas. Dennoch verkörpert das Märchen nicht nur eine Gegenwelt, sondern macht auch etwas von der Rezeption der alltäglichen Welt deutlich, und zwar gerade durch das, wodurch es für uns so abgehoben und entrückt erscheint: die Abstinenz der Deutung und Erklärung. Denn alltägliches Leben bedeutet oft genug, die Dinge nicht zu hinterfragen, sondern sie zu akzeptieren, wie sie sind. Das in den Mühlen des täglichen Einerleis abgeschliffene Bedürfnis, Fragen zu stellen, ist in gewisser Hinsicht die Kehrseite des fassungslosen Staunens, das Märchen im Rezipienten hervorrufen. Gewiss, wer deutet, zerstört auch oft genug oder schränkt die Sicht auf das Ganze ein, doch wenn man nicht deutet und nur »schaut«, beraubt man sich unter Umständen der Möglichkeit, die Dinge besser zu verstehen. Das Märchen lässt uns den Alltag vergessen, und das in einem doppelten Wortsinn: Es entwirft eine Utopie, aber es zeigt auch an, dass wir mitunter vergessen haben, den Alltag kritisch zu reflektieren. Man könnte zwar entgegenhalten, Staunen sei das Gegenteil unkritischen Hinnehmens, weil es den Blick für das Ungewöhnliche offenkundig macht, doch gilt das nur dann, wenn man nicht im Staunen verharrt, sondern ihm Fragen folgen lässt, und das ist längst nicht immer der Fall.

Auch wenn der junge Mann in dem Märchen der Held ist, benötigt er Lebewesen, die ihm während seines Abenteuers beistehen, und das ist in erster Linie die Spinne. Sie wird zwar als sein »Freund« bezeichnet, doch dürfte man sie eher als erfahrenen Begleiter ansehen, der an die Stelle seiner Eltern getreten ist, um ihm mit Ratschlägen zur Seite zu stehen und ihn zu beschützen. Als die Hexe am ersten Abend Klöße zubereitet, verweigert er zunächst das Mahl, doch die Spinne entgegnet ihm, dass nichts anderes da sei, das sie essen könnten, weswegen er dann doch zugreift (262). Vor allem aber ist sie mit einem »eisernen Stock« bewaffnet und verfolgt, sensibilisiert durch die Warnungen des Hahnes, die Gastgeberin mit kritischen Augen, so dass sie sie in der zweiten Nacht, als sie ihnen zu Leibe rücken will, zusammenschlägt und am nächsten Morgen zur Abreise drängt: »Siehe, diese Frau ist eine Hexe, die ganze Nacht habe ich sie ganz blutig geschlagen (...). Wir wollen uns rüsten und am Morgen wieder in unser Land gehen« (263). Ohne die Spinne wäre es kaum möglich gewesen, das Hexenhaus unbeschadet zu verlassen; so ist sie in dieser Geschichte die uneigennützige Freundin und Helferin eines »ganz normalen« Märchenhelden.

In der folgenden Erzählung der Fang, eines Bantuvolkes in Südkamerun, Äquatorialguinea und Nordgabun, kommen die schützenden und beschützenden Anteile der Spinne noch deutlicher zum Tragen.

> Da Nzame seinen Sohn Bingo verfolgt, um dessen Herz zu essen, hat sich dieser in einer tiefen Höhle versteckt, die mitten im Wald gelegen ist. Als Nzame in den Wald kommt, trifft er auf das Chamäleon und fragt es, ob es seinen Sohn gesehen habe. Es entgegnet, das sei schon geraume Zeit her, und als der Vater gegangen ist, begibt er sich zur Höhle und warnt Bingo. Dieser kommt heraus, verwischt seine Fußspuren und geht dann rückwärts zur Höhle zurück, woraufhin Ndanabo, die Spinne, ein dichtes Netz vor dem Eingang webt und das Chamäeleon anschließend Insekten darauf wirft. Unterdessen hat Nzame die Schlange Vière getroffen, welche ihm mitteilt, dass sein Sohn sich in der Höhle aufhalte. Als er dorthin gelangt, sieht er indes nur das Spinnennetz mit den vielen gefangenen Insekten und Fußspuren, die von der Höhle wegführen, woraus er den Schluss zieht, dass sich darin niemand aufhalten kann. »Und so ging er weiter auf die Suche. Als er schon in weiter, weiter Ferne war, kam Bingo wieder aus der Höhle heraus. ›Chamäleon‹, sagte er, ›du hast recht gehandelt. Hier ist dein Lohn: Du wirst von nun an das Vermögen haben, deine Farbe nach Belieben zu ändern; so wirst du deinen Feinden entkommen‹. ›Das ist schön‹, sagte das Chamäleon. Und Bingo sagte zur Spinne: ›Ndanabo, du hast recht gehandelt; was soll ich für dich tun?‹ ›Nichts‹, sagte Ndanabo, ›mein Herz ist zufrieden‹. ›So soll deine Gegenwart Glück bringen‹, sagte Bingo und ging fort. Unterwegs traf er Vière und zerschlug ihr den Kopf« (Dähnhardt, Bd. 3, 1910, 502f. – Zitat: 503).

Chamäleon und Spinne treten als Lebensretter des von seinem Vater verfolgten Bingo auf. Das Netz, welches sie webt, hat hier die entgegengesetzte gegenüber der üblichen Funktion: Es ist nicht dafür gedacht, dass jemand oder etwas sich in ihm verfängt, sondern von Gefangennahme und Tod verschont bleibt, woran man sieht, dass es nicht unbedingt die Phänomene als solche sind, die moralische Qualitäten aufweisen; vielmehr entscheidet darüber der Zweck ihrer Verwendung.

Die Geschichte endet mit zwei ätiologischen Motiven: Zum einen wird die Eigenschaft des Chamäleons, seine Farbe rasch wechseln zu können, erklärt, zum anderen erfährt man, wieso die Gegenwart der Spinne Glück bringt – ein Motiv, das nicht nur in Afrika bekannt, sondern auf der ganzen Welt verbreitet ist, etwa in Asien oder in verschiedenen Ländern Europas, worauf ausführlicher an anderer Stelle eingegangen wird (Kap. 4.2.1; vgl. Bristowe 1945, 54-60). Interessant sind die Umstände, welche zu der Eigenschaft, Glücksbringer zu sein, geführt haben. Ihr Herz sei zufrieden, sagt die Spinne zu Bingo, darum begehre sie nichts. Wenn sie daher, erwidert er, einen Lohn für sich ausschlage, könne sie doch kraft ihrer Anwesenheit Gutes bewirken. Dahinter steht die allgemeine Lebensweisheit, dass man um so eher für andere da sein kann, je stärker man in sich ruht und mit seinem Dasein zufrieden ist – das genaue Gegenteil des Bildes vom egomanischen Trickster in den vorangegangenen Erzählungen.

Eine weitere Geschichte, in der ein Verfolgter in eine Höhle flüchtet und mit Hilfe eines Spinnennetzes gerettet wird, stammt aus Äthiopien.

> »Es gibt eine Familie Enäbs^{y}e, die nach ihrem ersten Vorfahren benannt ist. Auch ihre Wohngegend wird Enäbs^{y}e genannt. Sie befindet sich in Goggam. Als nun eines Tages der Ahnherr Enäbs^{y}e in einer Gegend jagte, wurde er plötzlich von Räubern überrascht. Voller Furcht entfloh er. Jene verfolgten ihn aber. Nach einem kurzen Marsch traf er auf eine Schakalshöhle und trat ein. In diesem Augenblick erschien eine Spinne und webte ihr Netz über dem Eingang. Obwohl die Räuber auf dem Fuße folgten, versuchten sie nicht, die Höhle zu erforschen, weil die Spinne dort ihr Netz gewoben hatte. Voller Zorn kehrten sie nach Hause zurück, während der Ahnherr Enäbs^{y}e gesund und munter in seine Gegend zurückkehrte. Als er ankam, erzählte er gleich seinen Eltern, wie er sich durch jene Spinne aus dieser großen Gefahr gerettet hatte. Seinen Kindern befahl er, auch in Zukunft diesem Bündnis mit der Spinne treu zu bleiben und alle davon abzuhalten, die sie töten wollten. Noch heute können die Leute von Enäbs^{y}e keine Spinne töten, und wenn sie andere Menschen sehen, die sie töten wollen, retten sie sie. Wer ihnen in Freundschaft verbunden ist, tötet sie nicht aus Ehrfurcht. Aber die anderen töten sie« (D. Müller 1992, 75f.).

In diesem Beispiel sind es Räuber, welche einen unbescholtenen Menschen verfolgen. Besonderes Gewicht erhält die Handlung der Spinne dadurch, dass es sich bei dem Geretteten um den Ahnherrn einer Sippe handelt. Er zollt ihr seinen Dank, indem er seinen Kindern befiehlt, künftig keine Spinnen zu töten und sie in Ehren zu halten. – Spinnen sollen in Äthiopien sehr geschätzte Tiere sein: »So werden Kinder daran gehindert, sie zu töten, indem man ihnen erklärt: ›Das ist meine Tante‹. In Tegre tötet man sie nicht, weil ihr Bauch angeblich an eine schwangere Frau erinnert« (ebd., 309).

Die Hochachtung der Spinne dürfte aus verschiedenen Quellen gespeist werden. Bereits in früher Zeit hat es eine enge Verbindung zum Mittelmeerraum gegeben, weswegen in der zweiten Hälfte des 4. Jahrhunderts das Christentum nach Äthiopien kam (ebd., 292). Im Zusammenhang mit dem Leben Jesu und der Flucht der heiligen Familie nach Ägypten sind eine Reihe von Sagen vorhanden, in denen die Spinne – analog zur obigen Geschichte – als Retterin auftritt (vgl. Kap. 4.4). Darüber hinaus können islamische Einflüsse eine Rolle spielen, denn man trifft ähnliche Geschichten aus dem Leben Mohammeds an, etwa wenn er vor Mitgliedern seines eigenen Stammes, der Koraisch, in eine Höhle flüchtet, an deren Eingang daraufhin eine Spinne ihr Netz webt (Bristowe 1945, 55). Zum dritten kann man an Einwirkungen aus dem afrikanischen Kulturraum denken, denn die Wertschätzung der Spinne, die in der Erzählung zum Ausdruck kommt, und vor allem die genannten Anthropomorphisierungen – der Satz »Das ist meine Tante« sowie die Assoziation zwischen dem Spinnenleib und dem Bauch einer schwangeren Frau – deuten auf eine so enge Verbindung zwischen Mensch und Tier hin, wie man sie in Europa kaum finden wird.

Verschiedene kulturelle Einflüsse sind also denkbar. Darüber hinaus sollte allerdings nicht übersehen werden, dass das Motiv »Spinnengewebe vor der Höhle« – zu finden im Typenindex von Aarne-Thompson (AaTh 967) – weltweit verbreitet ist (vgl. Bristowe 1945, 55), weswegen man auch an spontane Entstehung denken kann. Schließlich ist die Assoziation zwischen Netz und Gefangennahme kaum weniger nahe liegend als die zwischen Netz und Schutz. Dazu bedarf es kaum bestimmter kultureller Einflüsse; es sind nur ein wenig Lebenserfahrung und Beobachtungsgabe notwendig. Im Übrigen ist nicht mit letzter Sicherheit auszuschließen, dass sich die Geschichte tatsächlich irgendwo einmal so zugetragen hat, wie sie geschildert wird. Um diese Möglichkeit in Erwägung zu ziehen, muss man kein Phantast sein, und es bedarf auch keiner religiösen Einstellung, indem man die Spinne als ein Werkzeug Gottes ansieht, da man sich nur vor Augen zu halten braucht, dass Spinnen im Schnitt nicht mehr als 30 bis 60 Minuten benötigen, um ein Netz herzustellen. Zwar heißt es in der Erzählung, dass die Räuber »auf dem Fuße folgten«, doch diesen Hinweis kann man unter Umständen als Übertreibung werten, wie sie in der Volksprosa und im alltäglichen Erzählen gang und gäbe ist. Ich gebe gerne zu, dass die Geschichte, wenn man sie als tatsächliches Geschehen betrachtet und nicht als Märchen, sehr unwahrscheinlich ist, zumal sie eine bestimmte Funktion hat, nämlich die Stellung des Ahnherrn zu erhöhen, doch kann sie nach den Gesetzen der Logik nicht völlig aus dem Bereich des Möglichen ausgeschlossen werden, denn wenn der Zufall es so will, kann vor der Höhle ein Netz in kürzerer Zeit gewebt werden, als Verfolger benötigen, um sie zu finden (vgl. auch Kap. 4.4).

2.3 Indianermärchen aus Nordamerika

Weil der Begriff »Indianer« in der Literatur fest verwurzelt ist, soll er auch hier verwendet werden, aber gleichzeitig sei angemerkt, dass er irreführend ist, denn er geht – wie allgemein bekannt ist – auf die fälschliche Auffassung des Christoph Kolumbus zurück, auf seiner Reise gen Westen bereits in Indien angelangt zu sein, und er suggeriert eine ethnische, kulturelle und sprachliche Einheitlichkeit, die es nie gegeben hat. Eine Vielzahl verschiedener Völker – deren Vorfahren gegen Ende der letzten Eiszeit über die damals noch landfeste Beringstraße eingewandert waren – besiedelte einst das voreuropäische Amerika und hatte eine Vielfalt an Sprachen – belegt sind ungefähr 3500 bis 4000 – und Kulturen entwickelt, von denen einige an der Schwelle zur Staatenbildung standen, während andere in kleinen Familiengruppen umherzogen. Daneben gab es die Hochkulturen Mesoamerikas (Nahua- und Mayavölker) und des Andenraumes, die durch europäische Eroberer vollständig zerstört wurden. Die von vielen als typisch indianisch angesehene Kultur der Prärie- und Plainsindianer ist eine späte Erscheinung, da sie erst unter europäischem Einfluss, durch die Einführung des Pferdes, entstanden ist (BE, Bd. 10, 1989, 422-426; Feest: Indianer/Nordamerika, EM, Bd. 7, 1993, 117f.; ders. 2000, 10).

In der Mythologie vieler Indianervölker spielt die Spinne eine große Rolle als Kulturheros. Als Trickster scheint sie indes weniger oft aufzutreten, etwa bei den Arapahos, einem Plainsvolk, das heute in NO-Wyoming und in Oklahoma siedelt. Dort ist sie »Weltschöpferin, Betrügerin, Mörderin und überhaupt ein undankbares, heimtückisches und verräterisches Geschöpf« (Knortz 1910, 115; vgl. Erdoes und Ortiz 1998, 91-135; Zitkala-Sa 1901). Ambivalente Züge trägt auch die Spinne Iktomi bei den Dakota, welche zu den Siouxstämmen gehören. »Zwei junge Männer, die einen Hügel hinabstiegen, hörten ein klapperndes Geräusch, und als sie sich umsahen, bemerkten sie eine große Spinne, die mitten zwischen Pfeilspitzen saß« (van Deursen 1931, 183). Sie überreicht ihnen dieselben, gibt darüber hinaus allen Lebewesen Namen, doch andererseits raubt sie zwei Witwen die Kinder und tötet sie auf heimtückische Weise (ebd., 131 f; 183, FN 5). In einer Erzählung der Rosebud Sioux bittet der hungrige Iktomi den Heiligen Stein um Nahrung, wofür er ihm seine Wolldecke überlässt. Etwas später findet er einen soeben getöteten Hirsch, doch da er wegen der Kälte friert, holt er sich die Decke zurück, weil er es für nicht sicher hält, dass der Heilige Stein die Ursache für das »gefundene Fressen« ist. Als er jedoch zum Hirsch zurückkommt, ist dieser spurlos verschwunden, und Iktomi ärgert sich, dass er ihn nicht sofort gefressen und dann erst die Decke geholt hat (Erdoes und Ortiz 1998, 114f.). In einer Geschichte der Sioux betört der gefräßige Iktomi eine Gruppe Kaninchen mit Hilfe seines Gesanges, fängt einige von ihnen, doch ist die Freude nur von kurzer Dauer, weil der Kojote sie ihm mit Hilfe eines Tricks stiehlt (diess. 1998, 94-99; vgl. ähnlich Zitkala-Sa 1901, 1-16). In dieser Erzählung ist der Kojote (Canis latrans) der Gegenspieler der Spinne, und die typische Tricksterrolle ist in den Indianermärchen ihm vorbehalten, mitunter auch dem Raben und Kaninchen (Alvey: Coyote Stories, EM, Bd. 3, 1981, 162-165; van Deursen 1931, 325-379; Erdoes und Ortiz 1997, 381-435; diess. 1998; Feest 1998, 101-109; Feest 2000, 458; Kammler 2000, 302; Ward: Kulturheros, EM, Bd. 8, 1996, 594). In der Mehrzahl der Geschichten, die von Spinnen handeln, ist sie kein Trickster, sondern positiver Kulturheros, hat göttliche Qualitäten und wird auch als Totem verehrt. Dazu nun einige Beispiele, von denen das erste aus der Überlieferung der Hopi stammt.

2.3.1 Hopi und andere Völker des Südens

Der Adlermann, ein mythisches Ungeheuer, versucht die ganze Welt zu zerstören und alle Menschen zu töten. Er raubt Frauen und Mädchen, nimmt sie mit in den Himmel, schläft mit ihnen vier Nächte lang und frisst sie dann auf. Als er eines Tages auch die Frau des Youth, eines göttlichen Zwillings, entführt, beschließt dieser, sie zu befreien, obgleich das bisher noch niemandem gelungen ist. Am Fuße der San Francisco Mountains trifft er auf die Piñonkiefer-Mädchen (»Piñon Maids«), den Maulwurf und die Spinnenfrau, seine Großmutter, welche ihm anbietet, ihm zu helfen. Sie weist die Mädchen an, aus dem Pech der Kiefer ein Gewand herzustellen, welches genauso aussieht wie das des Adlermannes, das aus Flintstein besteht. Anschließend bestäubt sie es mit Zaubermehl und überreicht es Youth. Dann verwandelt sie sich in eine kleine, fast unsichtbare Spinne und versteckt sich hinter seinem rechten Ohr, um ihm später Anweisungen zu geben. Mit Hilfe des Habichts gelangen sie zum »weißen Haus«, der Wohnstätte des Adlermannes, und dort angekommen tauscht Youth als Erstes sein Gewand gegen das seines Widerparts aus, das in einer Nische an einem Pflock hängt. Als dieser ihn erblickt und zu hören bekommt, dass er seine Frau zurückholen möchte, entgegnet er, dass das nur möglich sei, wenn bestimmte Aufgaben von Youth erfüllt werden. Zunächst muss er eine Pfeife, gefüllt mit tödlichem Tabak, rauchen, doch da der Maulwurf ein Loch durch seinen Körper und den Boden gräbt, kann der Rauch abziehen. Als Nächstes sollen beide Kontrahenten ein Hirschgeweih entzweibrechen, wobei eines davon eine Imitation aus sprödem Holz ist. Die Spinnenfrau flüstert ihrem Enkel ins Ohr, eben diese zu wählen, was der Adlermann natürlich ablehnt. Doch nachdem Youth insgesamt viermal darauf insistiert hat, die Imitation zu nehmen, muss der Adlermann sie ihm überlassen, so dass der göttliche Zwilling auch diesen Teil des Wettkampfs gewinnt. Als Drittes geht es darum, eine ausgewachsene Fichte aus dem Boden zu reißen. Unbemerkt zernagt der Maulwurf die Wurzeln eines der Bäume, und die Spinnenfrau rät Youth, genau diesen zu wählen, so dass er wiederum siegt. Die nächste Aufgabe, einen unmenschlich großen Vorrat an Nahrungsmitteln aufzuessen, löst er ebenfalls, indem der Maulwurf noch einmal eine »ableitende« Öffnung gräbt. Zuletzt müssen sich beide Kontrahenten auf einen brennenden Holzhaufen setzen, und da Youth das Gewand des Adlermannes trägt und dieser die Imitation, geht er kläglich zugrunde, während der Zwilling das Feuer überlebt. Daraufhin bestreut er auf Anweisung der Spinnenfrau die Asche des Toten mit dem Zaubermehl, wodurch aus ihr ein ansehnlicher Mann entsteht. Nachdem er der Spinnenfrau feierlich versprochen hat, nie wieder etwas Böses zu tun, befreit Youth seine und alle anderen Hopi-Frauen sowie »other people, of whom there were many« (Fewkes 1895, 132-135).

Zwillinge spielen als Kulturheroen in verschiedenen Mythologien eine große Rolle, unter anderem auch in der griechisch-römischen Antike (Fauth: Dioskuren, EM, Bd. 3, 1981, 681-688; Ward: Kulturheros, EM, Bd. 8, 1996, 594f.). Das hängt wahrscheinlich mit ihrem seltenen Auftreten im realen Leben zusammen, aufgrund dessen sie als etwas Besonderes gelten, und mit der Möglichkeit, gegensätzliche Charakterzüge auf zwei verschiedene Wesen zu verteilen, so dass sie dualistischen Anschauungen entgegenkommen. In der Mythologie der Hopi existieren verschiedene Vorstellungen darüber, woher sie stammen. Ihre Außergewöhnlichkeit wird dadurch unterstrichen, dass ihre Entstehung gewissermaßen parthenogenetisch, das heißt eingeschlechtig gedeutet wird, da der eine aus dem Strahl des Sonnenlichtes und der andere aus dem des Wassers hervorgegangen sein soll. Anderswo heißt es, sie seien der Sohn der Regenwolken sowie des Lichtes. In der Mehrzahl der Erzählungen sind die Zwillinge indes das Produkt eines Himmelsgottes (»universal father«) und einer Erdgöttin, der Spinnenfrau, und es ist in der Frühzeit ihre Aufgabe gewesen, die Welt von Ungeheuern zu befreien, welche den Menschen und insbesondere den Hopi feindlich gesinnt waren (Fewkes 1895, 132).

Davon handelt auch die vorliegende Erzählung, in der allerdings nur einer der Zwillinge auftritt und die Spinnenfrau nicht seine Mutter, sondern seine Großmutter ist, was vielleicht den Sinn hat, sie als besonders umsichtig, erfahren und weise darzustellen. Das Ungeheuer ist in dem Fall der Adler, wobei die Grenzen zwischen Mensch und Tier – ähnlich wie in den afrikanischen Märchen – fließend sind: Er ist, abgesehen vom Schluss, Adler und Mensch in einem, während die Spinnenfrau die Gabe hat, einmal Mensch und einmal Tier zu sein. In der europäischen Tradition ist der Adler vorwiegend mit positiven Attributen ausgestattet, denn er wird als König der Lüfte bezeichnet oder als Vogel der Götter angesehen; neben dem Löwen ist er das verbreitetste aller Wappentiere, und die den Greifvögeln eigentümliche außerordentliche Sehschärfe hat dazu beigetragen, ihn als Orakeltier zu betrachten und ihm seherische Fähigkeiten nachzusagen (Hoffmann-Krayer: Adler, HDA, Bd. 1, 1927, 174-189; Uther: Adler, EM, Bd. 1, 1977, 106-110). Auch in der Mythologie vieler nordamerikanischer Indianer hat er eine große Bedeutung.

> »Er wird häufig mit der Sonne assoziiert, deren Strahlen auf den Plains und bei den Hopi als Adlerfedern gedeutet werden, die weit verbreitet auch Symbole kriegerischer Leistungen waren. Im Nordosten und an der Westküste stehen die Adler als Donnervögel im steten Streit mit den Tieren des Wassers und gelten als Helfer von Kriegern bzw. Waljägern« (Feest 2000, 441).

Fewkes, der Aufzeichner der Erzählung, vermutet, dass der Adlermann bei den Hopi das Äquivalent der Donnervögel ist – mächtiger mythologischer Geschöpfe, durch deren Flügelschlag der Donner erzeugt wird und deren Augen Blitze zur Erde schicken (Fewkes 1895, 135, FN 1; vgl. Feest 2000, 443). Daran zeigt sich bereits, dass sie nicht nur hilfreich sind, sondern auch gefährlich werden können. Die vorliegende Geschichte geht noch einen Schritt weiter, weil der Adlermann ausschließlich Negatives verkörpert; er ist ein gefährliches Ungeheuer, das es mit allen Mitteln unschädlich zu machen gilt. Er ist die personifizierte Triebhaftigkeit, weil er seinen aggressiven, sexuellen und oralen Gelüsten freien Lauf lässt: Er raubt Frauen und Mädchen, schläft vier Nächte lang mit ihnen und frisst sie dann auf.

In triebpsychologischer Hinsicht entbehrt das nicht einer gewissen Plausibilität, denn es kommt öfter vor, dass ein weiterer Trieb (Aggression, Oralität) sich meldet, wenn der sexuelle befriedigt ist.[3] Mitunter gehen, wie die Umgangsspra-

---

[3] Das zeigt, in Bezug auf unsere Gesellschaft, die lange Reihe von Vergewaltigungen mit letalem Ausgang für die Opfer – am gefährlichsten sind Triebtäter nach erfolgter Ejakula-

che zeigt, alle drei Triebe Hand in Hand, indem man seine erotischen Aspirationen in kannibalische Worte kleidet, etwa »jemanden zum Fressen gern haben« oder »jemanden vernaschen wollen«.

Demnach verkörpert der Adlermann jene atavistischen Anteile in reiner Form, die zumindest in Spuren in jedem von uns – im Hopi-Indianer genauso wie im Leser oder Autor dieser Zeilen – vorhanden, aber durch Enkulturation entschärft und in die Persönlichkeit integriert sind. Insofern manifestiert sich in dem Märchen der in einer Vielzahl von Mythen thematisierte Übergang von einer frühen Kulturstufe, in der Unordnung und Chaos herrschten, zu einer Gesellschaft, in welcher durch verbindliche Normen, Regeln und Gesetze das Zusammenleben für alle ermöglicht wird. Die Langwierigkeit dieses Prozesses findet in der Erzählung ihren Niederschlag in der relativ hohen Anzahl (fünf) und der Schwierigkeit der zu bewältigenden Aufgaben. Die Art, wie Youth sie löst, macht deutlich, dass man den Kampf mit einem atavistisch strukturierten Lebewesen nur dann gewinnen kann, wenn man mit gleichen Mitteln kämpft und die gleichen »miesen« Tricks anwendet. Mit anderen Worten: Um die Stufe einer entwickelten Kultur zu erreichen, muss der Kulturheros »kulturlose« Mittel anwenden. Erst wenn diese erreicht ist, sind »fair play« und die Orientierung an quasi rechtsstaatlichen Normen sinnvoll. Anders formuliert: Der nicht unproblematische Satz, dass der Zweck die Mittel heiligt, ist dann gerechtfertigt, wenn das Ziel ein ehrenwertes ist und anderenfalls Gefahr für Leib und Leben Unschuldiger bestünde. Das gilt für die Neutralisierung eines mordenden Adlermannes genauso wie für mafiose Menschenhändler und Drogenkartelle, die mit Hilfe eines großen Lauschangriffes unschädlich gemacht werden.

Ohne seine treuen Begleiter – Kiefermädchen, Maulwurf und Spinnenfrau – hätte es der göttliche Zwilling nicht vermocht, seinen Gegner zu besiegen. Insbesondere der Spinnenfrau kommt dabei eine herausragende Stellung zu, denn sie ist es, welche »die Fäden knüpft«, das heißt Anweisungen gibt, weil sie genau weiß, was zu tun ist und wie man sich zu verhalten hat. Sie ist, wie bereits erwähnt, in der Mythologie der Hopi die Mutter bzw. Großmutter der göttlichen Zwillinge, was bedeutet, dass ihr eine besondere religiöse Verehrung zuteil wird. Gemeinhin wird der Spinne das weibliche Geschlecht zugeschrieben. Das zeigt sich in grammatikalischer Hinsicht, das macht die mythologische Gestalt der Arachne, gewissermaßen die Urmutter aller europäischen Spinnen, deutlich (Rieken 1995, 188f.; vgl. Kap. 3.2.2), und es wird auch in dieser Geschichte offenkundig. Möglicherweise hängt die Verehrung der Spinnenmutter mit der besonderen Rolle der Frau in der Hopi-Kultur zusammen, denn

> »fast überall besorgten die Männer die Hauptarbeit auf den Feldern, auch wenn es bei den Hopi die Frauen waren, denen das Land gehörte. Diese in anderen Teilen Nordamerikas unübliche Form der geschlechtlichen Arbeitsteilung hängt wohl mit dem Bewässerungsfeldbau zusammen – so gruben und reinigten die Männer auch die Kanäle.

---

tion. Im alltäglichen Leben erkennt man das in abgeschwächter Form, wenn Männer nach dem Orgasmus mitunter verstimmt oder übel gelaunt sind.

Die Frauen der Hopi dagegen bauten die Häuser und hielten sie instand« (Bender 2000, 378).

Außerdem ist die Verwandtschaftsstruktur matrilinear organisiert, das heißt die mütterliche Abstammungslinie ist die entscheidende und nicht die väterliche. – Die Hopi sind eine typische Pflanzergesellschaft und haben demzufolge eine besondere Beziehung zum Boden, den sie bebauen. Diesem werden oftmals weibliche Attribute zugeschrieben, denn er verkörpert das Prinzip des Pflanzens, Wachsens und der Ernte, ähnlich wie es sich mit dem Entstehen, Werden und der Geburt eines Kindes im Mutterschoß verhält.

Hauptanbaupflanze für die Hopi und die meisten anderen Kulturen des Südwestens ist der Mais. Er ist ihnen heilig, und jedem Neugeborenen wird ein makelloser Maiskolben beigelegt, der »Maismutter« genannt wird und den man ein Leben lang aufbewahrt, und zwar zur Erinnerung an zwei mythische Schwestern, Blaumaisfrau und Weißmaisjungfrau, welche einst den Hopi die Pflanze gebracht haben. Außerdem ist es üblich, bei zeremoniellen Anlässen die Tänzer mit Maismehl zu besprenkeln, und auch im Zusammenhang mit Riten, welche helfen sollen, üppige Ernten sicherzustellen, spielt die Pflanze eine herausragende Rolle. Da die Völker des Südwestens, wie fast alle Indianer, keine Schriftsprache kannten, werden, um den Göttern Botschaften zu vermitteln, Symbole verwendet, die mit Maismehl auf den Boden gestreut werden und um die herum man heilige Maiskolben in einer bestimmten Ordnung aufstellt (Bender 2000, 379; Hetmann 1996, 10f.; 185f.).

Es ist daher denkbar, dass es sich bei dem Zaubermehl, welches die Spinnenfrau auf das Gewand des göttlichen Zwillings streut und durch das später der Adlermann wie Phönix der Asche neu entsteigt, um Maismehl handelt. Die in dem Märchen genannten Kiefern dürften ebenfalls als ein Hinweis auf reale Verhältnisse zu deuten sein, da Youth in den San Francisco Mountains – circa 500 Kilometer vom Land der Hopi entfernt – auf sie trifft. Dort, am Rande des Großen Beckens, ist es feuchter als im Südwesten, und dort wachsen neben Wacholderarten in der Tat vor allem Kiefern (Hetmann 1996, 183). Die Samen der im Text genannten Piñonkiefer sind essbar und stellen im Großen Becken die einzige Form der Nahrung dar, die in genügender Menge vorhanden war; sie sind pistaziengroß, schmackhaft und reich an Nährstoffen. Das Sammeln der Piñonnüsse im Herbst war der soziale Höhepunkt des Jahres und stand in Zusammenhang mit religiösen Zeremonien (Kammler 2000, 326; Feest 2000, 453). Da die Piñonkiefer für die Völker des Großen Beckens einen ähnlichen Wert hat wie der Mais für die Hopi und andere Stämme des Südwestens, wird man den Piñonkiefer-Mädchen eine den Maisschwestern vergleichbare mythologische Bedeutung beimessen können. – Das Holz der Kiefer ist sehr harzreich, so dass die Piñon Maids keine allzu große Mühe gehabt haben werden, daraus das Gewand für den Zwilling herzustellen. Möglicherweise ist die Imitation des Hirschgeweihs, mit dem der Adlermann Youth austricksen wollte, ebenfalls aus einer Kiefer angefertigt worden, da ihr Holz zumeist leicht, weich und problemlos spaltbar ist.

Man mag den Hinweisen auf mögliche materielle Grundlagen der Erzählung entgegenhalten, dass es auf diese gar nicht ankäme, weil ein Märchen eben diese Grundlagen transzendiert. Das ist auch richtig, und es wäre durchaus denkbar gewesen, dass die Spinnenfrau ein magisches Gewand durch einfaches Schnipsen mit den Fingern herbeizaubert; nur hat sie das nicht getan, sondern hat es aus einheimischen bzw. bekannten Produkten herstellen lassen, und ich glaube, dass die Erzählung für die Zuhörer interessanter ist, wenn sie einen Bezug zu ihrer Umwelt herstellt, weil dadurch der »Wiedererkennungswert« höher ist. Um so reizvoller ist es, wenn dann das Reale mit dem Phantastischen gepaart wird.

Die Spinnenfrau und ihr Enkel sind Kulturheroen, weil sie die destruktiven Gelüste des Adlermannes überwinden und ihn innerlich befrieden. Dadurch kultivieren sie mittelbar auch die Umwelt, denn wenn es nicht mehr notwendig ist, sich vor einem übermächtigen Feind zu schützen, ist man imstande, die eigenen Energien vermehrt auf produktive Bereiche zu lenken. Der Kampf gegen den Adlermann, der als Donnervogel die unberechenbaren Seiten der Natur verkörpert, steht auch für den Kampf um die Bebauung und Pflege des Bodens als der entscheidenden materiellen Bedingung des Überlebens in einer feindlichen Umwelt. Wenn in einer Halbwüste erst einmal ein funktionsfähiges Bewässerungssystem eingerichtet ist, kann die Ernte nicht mehr so leicht durch Dürre oder starke Regenfälle zunichte gemacht werden. Die Hopi haben vor allem deswegen als unabhängige Pflanzer und Gärtner überlebt, »weil sie die Erfahrungen aus vielen Jahrhunderten Bewässerungsfeldbau wortgetreu im Jahresablauf« beherzigen (Bender 2000, 395). Sie waren darin so erfolgreich, dass sie immer wieder den Neid anderer Stämme auf sich zogen, vor allem der Apache, Navajo und Ute, die oft Raubzüge unternommen haben. Die Gefahren, die in dem Märchen vom Adlermann ausgehen, sind daher auch ein Sinnbild für reale menschliche Feinde. Um ihnen zu entgehen, siedelten die Hopi im 13. Jahrhundert von den Tälern am Little Colorado River auf Tafelberge (»Mesa«) um, die die Ausläufer des Colorado-Plateaus bilden. Sie mussten zwar nun zum Wasser und zu ihren Feldern anstrengende Wege unternehmen, aber dafür waren sie vor Räubern sicher – in erhabener Höhe mit Fernblick, ähnlich dem »weißen Haus« des Adlermannes. Weitsichtig war auch ihr internes Krisenmanagement, da in mehrjährigen Dürreperioden oder bei politischen Zwistigkeiten innerhalb des Dorfes in der Regel keine offenen Feindseligkeiten ausgebrochen sind, sondern sich Gruppen abgespalten und ein neues Dorf gegründet haben (Bender 2000, 394). Auch wenn die Friedfertigkeit, die den Hopi nachgesagt wird, nicht immer mit den Tatsachen übereinstimmt (ebd., 394f.), haben ihre defensive Haltung gegenüber feindlichen Stämmen und die maßvolle Art, innere Probleme zu bewältigen, dazu beigetragen, dass sich ihre Kultur bis heute weitgehend erhalten hat. Der Rückzug auf die Tafelberge kann daher auch verstanden werden als Besinnung auf sich selbst und als Stärkung der eigenen Kultur, weil die Gefahr durch äußere Feinde minimiert und eine abgeschlossene Welt errichtet worden ist.

Bezogen auf die Erfahrungen der Hopi zeigt das Märchen im Symbol des Adlermannes verschiedene Bedrohungen auf, denen sie ausgesetzt waren: eine lebensfeindliche Halbwüste als natürliche Herausforderung, Raubzüge feindlicher Indianerstämme und nicht zuletzt die Gefahren, welche innere Zwistigkeiten – innerhalb des Dorfes genauso wie aggressive Regungen im Einzelnen – heraufbeschwören, wobei der in eine mythische Vorzeit verlegte Kampf gegen das Ungeheuer all diese Gefahren in sich vereint.

Zwischen traditioneller Wirtschaft und Religion, die sich großteils bis heute erhalten hat, sind enge Berührungspunkte vorhanden, weil in dörflichen Zeremonien die Verbindung zwischen Menschen und Göttern gefestigt werden soll, um so insbesondere für ausreichenden Regen zu sorgen. Für ihre Durchführung sind verschiedene Zeremonialbünde zuständig, die mit einem bestimmten Clan verbunden sind. Bei diesen handelt es sich um eine Abstammungsgruppe mit einem gemeinsamen mythischen Ahnen, von dem sie auch ihren Namen ableiten (Bender 2000, 395; vgl. Campbell 1996, Bd. 1, 200). Einer von ihnen ist der Spinnen-Clan, und seiner Geschichte wollen wir uns nun zuwenden und auch die Vorgeschichte miteinbeziehen.

»Die ersten Menschen lebten in der Unterwelt und waren dort glücklich. Aber dann kam mit der Gier nach Macht und Besitz Streit auf, und mit dem Streit Mord und Totschlag. Sie verpesteten die Untere Welt damit so sehr, dass sie nicht mehr darin leben mochten. Da versammelten sich die Häuptlinge und sprachen zueinander: Lasst uns erkunden, ob es nicht außer dieser Welt noch eine andere gibt« (20). Sie erkennen, dass eine Oberwelt existiert, welche sie nach Überwindung einiger Schwierigkeiten erreichen. Sie siedeln zunächst in der Nähe der Öffnung, durch die sie hinaufgelangt sind. »Niemand weiß mehr zu sagen, wie lange sie an diesem Ort lebten. Aber nach vielen Jahren war die Bevölkerung beträchtlich gewachsen, und es begann wieder Streit unter den Menschen« (27). Daher wird beschlossen, den Menschen verschiedene Sprachen zu geben, so dass sie nicht mehr miteinander zanken können. Man holt die Spottdrossel, und diese lehrt die Menschen die verschiedenen Sprachen. Da sie nun einander nicht mehr verstehen, beschließen sie, sich zu trennen, und brechen auf. Während sie unterwegs sind, stößt eine Gruppe auf einen toten Bären und nennt sich fortan »Bären-Clan«. »Nicht sehr lange darauf kam (...) eine weitere Gruppe Indianer zu dem toten Bären. Inzwischen hatte über sein Skelett eine Spinne ihr Netz gezogen, und nach ihr nannte sich diese Gruppe der ›Spinnen-Clan‹ (...). Eines Tages nun stieß der Spinnen-Clan auf eine Spinne, die ihre Höhle verlassen hatte. Die Anführer ließen anhalten, weil sie hofften, die Spinne werde zu ihnen reden. Der Häuptling versammelte alle Leute um sich, und sie starrten gebannt zu der Spinne hin. Da begann die Spinnenfrau zu sprechen. Sie nannte sie ihre Kinder und Enkelkinder. Sie sagte, wenn sie Hilfe brauchten, würde sie ihnen helfen« (31f.). Diese nehmen sie dankbar an, denn sie hätten liebend gerne etwas, mit dem sie schneller und bequemer vorankommen. Daraufhin erschafft die Spinnenfrau aus dem Schmutz, der beim Baden vom Körper der Leute gespült wird, ein Maultier und zusätzlich einen Menschen, der sich um das Tier kümmern soll. Doch dieser hält sich nicht an die Befehle der Spinnenfrau und stiehlt das Maultier, worüber die Hopi verständlicherweise wütend und traurig sind. »Später begegneten sie einer anderen Spinnenfrau, und die erzählte ihnen: Der Mann, der das Maultier gestohlen hatte, sei ein Spanier gewesen. Unterdessen dachten die Leute dieses Clans überhaupt nicht mehr an die übrigen Hopi. Die ganze Zeit über hatten sie nichts mehr von ihnen gehört. Sie reisten immer hinter ihnen drein, kamen aber nur langsam voran, weil sie immer wieder Land kultivieren und Mais anbauen mussten, mit denen sie sich für ein paar Jahre versorgten« (34). Wenn sie weiterziehen, lassen sie Häuser und Töpfe zurück, um anzuzeigen, dass das Land ihnen gehört – eine Vorsichtsmaßnahme, weil sie erfahren haben, was Betrug ist. Im weiteren Verlauf der Erzählung wird vom Spinnen-Clan nicht mehr berichtet, doch erfahren wir, wie die Hopi zunächst am Little Colorado River sesshaft werden und ihre Dörfer später, um die Mitte des 13. Jahrhunderts, auf die Tafelberge verlegen, um räuberischen Angriffen zu entgehen. Es wird auch von der Gründung Oraibis, des heutigen Hauptorts der Hopi, durch den Bären-Clan berichtet und von Auseinandersetzungen mit Spaniern und Navajo (Hetmann 1996, 20-58; vgl. zur Geschichte Bender 2000, 376f.; 382f.; 394f.).

Nach Auffassung der Hopi und vieler anderer Völker des Südwestens liegt der Ursprung der Menschheit in einer Welt, die sich unterhalb des nordamerikanischen Kontinents befindet. Nicht nur die Indianer kommen von dort, sondern auch alle anderen Völker inklusive der »Weißen«. Manche Indianer lehnen daher, ähnlich wie westliche Kreationisten, die Auffassung ab, dass sich die Wiege der Menschheit in Afrika befindet und Amerika über die einstmals landtrockene Beringstraße besiedelt wurde. Sie sehen dadurch sowohl ihre Mythologie infrage gestellt als auch die eingeborenen Landrechte gefährdet (Feest 2000, 14f.).

Die ersten Menschen, welche in der Unterwelt lebten, waren, wie es im Text heißt, »glücklich. Aber dann kam mit der Gier nach Macht und Besitz Streit auf, und mit dem Streit Mord und Totschlag« (Hetmann 1996, 20). Ähnlich wie in der Genesis oder in vielen anderen Mythen und Ideologien steht am Anfang das Paradies, aus dem die Menschen vertrieben werden, weil sie »mehr wollen« als andere. Adam und Eva verlangen nach Erkenntnis, und bereits Kain, der dritte Mensch, erschlägt seinen Bruder, weil er eifersüchtig ist, da Gott Abels Opfer höher schätzt als das seinige (1. Mose 4, 3-8). Er erfährt das als Einbuße von Geltung und somit von Macht, und er glaubt das Problem aus der Welt zu schaffen, indem er seinen Kontrahenten tötet. Erinnert sei in dem Zusammenhang auch an jene Geschichte aus Sierra Leone, in der am Anfang die Tiere friedlich zusammenleben, aber dann in alle Richtungen verstreut werden, weil die Spinne beginnt, mit Hilfe des Gewehrs und scheinbarer Magie eine Willkürherrschaft zu errichten.

Das Phänomen Macht ist in der Interpretation Alfred Adlers, des Begründers der Individualpsychologie, anthropologisch begründet, weil in allen Kulturen Kinder zunächst mit ihrer Kleinheit konfrontiert sind, die sehr lange anhält und ihnen den Eindruck vermittelt, den Anforderungen des Daseins nur schwer gewachsen zu sein, weswegen »am Beginn jedes seelischen Lebens ein mehr oder weniger tiefes *Minderwertigkeitsgefühl* steht« (1987, 71), das den Wunsch nach *Kompensation*, das heißt nach Entwicklung von Fähigkeiten erweckt, die das Ziel haben, Ansehen, Geltung und damit auch Macht zu erlangen. Macht ist bei Adler zunächst kein negativer Begriff, sondern wertfrei und beschreibend gemeint. Problematisch wird es erst im Fall der *Überkompensation*, wenn das kindliche Minderwertigkeitsgefühl als besonders drückend erlebt wurde. Dann entgleist die Entwicklung, und das Streben nach Macht wird zum Selbstzweck und geht auf Kosten anderer. Das ist nicht nur in der Genesis bei Kain, sondern auch in der Mythologie der Hopi bereits bei den ersten Menschen der Fall. Auch später, als sie bereits in der Oberwelt sind, brechen nach einiger Zeit Zwistigkeiten aus, wobei die Ursache diesmal in konkreten Lebensbedingungen zu sehen ist, nämlich in der beträchtlich angewachsenen Bevölkerung (Hetmann 1996, 27). Zu Mord und Totschlag kommt es allerdings nicht mehr, weil die Menschen wahrscheinlich schon zivilisierter geworden sind, und sie tun das, wovon bereits im Zusammenhang mit der letzten Geschichte die Rede war, wenn interne Zwistigkeiten drohen: Sie trennen sich, auch wenn das vom Häuptling nicht intendiert war. Der greift nämlich, wenn ich das einmal so formulieren darf, zu einer »verhaltenstherapeutischen Intervention«, indem er aversive Reize – die Möglichkeit zu direkter Kommunikation – unterbindet. Dadurch hat er allerdings das Kind mit dem Bade ausgeschüttet, weil die Menschen konsequenterweise beschließen, sich nun auch räumlich zu trennen, woran man sieht, dass die Folgelasten von Radikalkuren mitunter höher sind als ihr innovativer Wert. Die Spottdrossel, die die Sprachverwirrung ermöglicht hat, hört auf den lateinischen Namen Mimida, die einer Familie zumeist unauffällig braun oder grau gefärbter Singvögel angehört, welche durch das Vermögen, artfremde Gesangs- oder Lautmotive zu übernehmen, Berühmtheit erlangt hat und in der vorliegenden Erzählung daher als Sprachlehrerin der Menschheit auftritt. Während in der Genesis die »Sprachverwirrung« nicht intendiert, sondern Folge des Turmbaues zu Babel ist (1. Mose 11, 1-9), wird sie von den Hopi bewusst herbeigeführt, doch die Konsequenzen, die sich daraus ergeben, sind gleich, da sich in beiden Fällen die Menschen in alle Himmelsrichtungen zerstreuen.

»Ehe sie sich trennten«, heißt es in der Erzählung der Hopi, »verabredeten sie, ihre Reise am vierten Tag zu beginnen« (Hetmann 1996, 30). Die Vier hat eine große Bedeutung in ihrer Mythologie, denn sie ist ihre heilige Zahl (ebd., 51): Viermal müssen die Menschen, welche auf der Oberwelt angekommen sind, den Erdgott Masauwu anrufen, damit er mit ihnen spricht (ebd., 25), und die Spottdrossel kommt erst, nachdem vier Gesänge nacheinander angestimmt worden sind (ebd., 28; vgl. 23; 24). In der vorigen Erzählung muss der göttliche Zwilling viermal darauf bestehen, das unechte Geweih nehmen zu wollen, um die Macht seines Kontrahenten zu brechen, und selbst in einem unrühmlichen Zusammenhang spielt die Zahl eine Rolle, da der Adlermann vier Nächte lang mit seinen Opfern zu schlafen pflegt, ehe er sie auffrisst. Die mythologische Bedeutung der Vierzahl steht sicher in Verbindung mit der engen Abhängigkeit von der Natur und ihrer intensiven Beobachtung, wie sie in traditionellen Kulturen üblich und notwendig ist. Der Orientierung im Raum dienen die vier horizontalen Himmelsrichtungen, und für die Abfolge im Jahreslauf bieten die vier Jahreszeiten Anhaltspunkte. Doch nicht nur in Hinsicht auf die elementaren Anschauungsformen Raum und Zeit kommt der Vierzahl elementare Bedeutung zu, sondern auch durch die Organisation der alltäglichen, dinglichen Welt, da Felder oder Äcker, Wohnhäuser und ihre Räume sowie Möbel – Tische und Stühle – in der Regel eine rechteckige oder quadratische Form haben, das heißt der alltägliche Raum, in dem man ständig lebt, ist nach der Vierzahl geformt. Darüber hinaus hat der menschliche Körper vier Extremitäten und die meisten Säugetiere vier Beine. Und vielleicht hängt die Verehrung der Spinne auch damit zusammen, dass sie die einzigen sind, welche im Stamm der Gliederfüßer über vier Beinpaare verfügen, aber das ist zugegebenermaßen Spekulation. – Die Vier verkörpert für eine Kultur, die sich vorwiegend an sinnlich-haptischen Qualitäten orientiert, Vollständigkeit, und deshalb kann man nachvollziehen, dass sie für die Hopi eine heilige Zahl ist. Sie ist übrigens auch in der Archetypenlehre C.G. Jungs ein Symbol für Ganzheit und Vollkommenheit (Jung 1995, 546f.; ders. 1996, 249ff.). Man kann daher mit gutem Grund der Vier eine ähnliche Bedeutung beimessen, wie es in der europäischen Kultur mit der Drei der Fall ist – von der christlichen Religion (Trinität) über die philosophische Anthropologie (Leib – Seele – Geist) bis zur in europäischen Volkserzählungen besonders häufigen Dreigliedrigkeit von Episoden (vgl. Heinz-Mohr 1998, 337f.; Lüthi: Drei, Dreizahl, EM, Bd. 3, 1981, 851-868; ders.: Dreigliedrigkeit, ebd., 879-886). Welcher Zahl man einen besonderen Stellenwert zuschreibt, hängt also von der Gesellschaft mit ab, in der man lebt, weswegen es nicht unproblematisch ist zu behaupten, die Drei sei »die für das menschliche Denken, Empfinden und Handeln bedeutsamste Zahl« (Lüthi: Drei, Dreizahl, EM, Bd. 3, 1981, 851), denn diese Aussage gründet sich primär auf die europäische Kultur mit ihren abstrakten Denksystemen.

Der Spinnen-Clan hat seinen Namen von jener Spinne, welche ihr Netz über das Skelett des toten Bären gewebt hat. Sie bezeichnet die Angehörigen des Clans als ihre Kinder bzw. Enkel, und sie hilft ihnen, indem sie ein Maultier nebst Aufpasser erschafft. Sie ist das Totemtier des Clans, da er sich nach ihr benennt und sie sich als Mutter oder Großmutter bezeichnet, was mythologisch zu verstehen ist als gemeinsamer Ahn, dessen Geist in jedem Mitglied der Gruppe vorhanden ist (vgl. Hernegger 1978, 117-122). Insofern ist sie auch Kulturheros, denn einen gemeinsamen Namen von einem Totem zu erhalten, bedeutet, kollektive Identität vermittelt zu bekommen, sich als soziale Einheit zu fühlen und als Gruppe aktiv zu werden. So versuchen sie nun nicht mehr, den übrigen Hopi, die vor ihnen beim Bären waren, nachzureisen; sie verlieren sie aus dem Gedächtnis und konzentrieren sich mehr auf die eigene Gruppe, indem sie Häuser bauen, Land kultivieren und Töpfereiprodukte erzeugen (Hetmann 1996, 34). Nachdem sie sich als Einheit konstituiert haben, werden demnach ihre Handlungen nicht mehr von äußeren Faktoren bestimmt, sondern aus dem Bedürfnis, gemeinsam etwas Produktives zu leisten. Unterstützung könnten sie im Maultier finden, denn es potenziert ihre Arbeitskraft und verleiht ihr höhere Effizienz, doch leider ist der Nutzen nur von kurzer Dauer, da der Spanier mit dem

Tier verschwindet. Ist die Spinne in dem Fall Kulturheros oder Trickster? Sie wäre Letzteres, wenn sie das Maultier nur erschaffen hätte, damit es der Spanier rauben kann, aber das ist nicht der Fall, weil es ausdrücklich heißt, dass er entgegen ihrem Befehl mit dem Tier auf und davon ist. Dann könnte man jedoch die Frage stellen, wieso sie nicht jemanden erschaffen hat, der folgsam ist und das tut, was man ihm aufträgt, aber dem ist zu erwidern, dass das nicht einmal die Götter vermögen – geschweige denn ein Kulturheros; sogar der Gott der christlichen Religion hat Luzifer erschaffen.

Im Grunde genommen hat es die Spinne gut gemeint, als sie den Aufpasser für das Maultier erschaffen hat, weil die Indianer in der Realität große Erwartungen in die Spanier setzten, als diese im 16. Jahrhundert den Südwesten eroberten, und in der Tat haben sie bis dato unbekannte Pflanzen und Tiere – Weizen, Weintrauben, Hühner, Schafe, Pferde – in die Neue Welt mitgebracht, die von den Einheimischen dankbar angenommen wurden. Auch das Maultier ist in Wirklichkeit auf das Wirken der Spanier zurückzuführen, da es ein Produkt aus Pferdestute und Eselhengst ist. Gleichzeitig überzogen sie allerdings das Land mit Gewalt und religiöser Unterdrückung, mit Zwangsarbeit und Verschleppung wahrscheinlich Tausender Indianer in die Sklaverei (Bender 2000, 376; 383; Feest 2000, 18-24). Die Folgen der Missionstätigkeit beschreibt Vine Deloria junior, ein Sioux-Schriftsteller, so: »Als sie kamen, hatten sie nur die Bibel, und wir hatten das Land; jetzt haben wir die Bibel, und sie haben das Land« (Feest 2000, 23).

All das hat die Spinnenfrau natürlich nicht voraussehen können. Sie wollte ihren Schützlingen durch neue kulturelle Errungenschaften das Leben erleichtern, hat sie damit aber beinahe ausgerottet; die Absicht war lauter, die Folgen indes katastrophal, doch wird sie deswegen in der Erzählung nicht angeklagt: Es war nun einmal so, es hat sich so ergeben. In einer anderen, thematisch ähnlichen Geschichte ist der Ton hingegen schärfer.

> Nachdem die Göttinnen des Ostens und des Westens die ersten Vögel und aus Ton das erste Menschenpaar erschaffen haben, möchten sie weitere Menschen entstehen lassen. Doch als die Spinnenfrau davon erfährt, beschließt sie, den beiden anderen zuvorzukommen und erschafft ebenfalls einen Mann und eine Frau, die sich allerdings als Ahnen der Spanier entpuppen und denen sie zwei Esel dazugibt. In der Folge stellt sie aus Ton weitere Paare her und verleiht jedem seine eigene Sprache. Einmal vergisst sie jedoch, für einen Mann die Frau zu erschaffen und etwas später für eine Frau den Mann, doch sie empfiehlt ihr, ihn suchen zu gehen. Sie finden zueinander, er baut ein Haus, in dem sie wohnen können, doch nach kurzer Zeit beginnen sie sich zu zanken. »Die Frau sagte: ›Ich will hier allein wohnen. Ich kann selbst für mein Essen sorgen‹. ›Schön‹, erwiderte der Mann, ›aber wer wird Holz für dich holen? Wer dir das Feld bestellen? Wir sollten lieber beisammenbleiben‹. Sie vertrugen sich wieder, doch der Friede währte nicht lange. Bald zankten sie sich von neuem, trennten sich für eine Weile, kamen wieder zusammen, gingen wieder auseinander und so fort. Hätten es die beiden nicht so getrieben, würden alle Hopi heute in Frieden leben; aber andere machten es ihnen nach, und das ist der Grund, warum es so viel Streit zwischen den Männern und ihren Frauen

gibt. So waren die Menschen beschaffen, die die Spinnenfrau gemacht hatte« (Krickeberg 1924, 320-324; Zitat: 323f.).

Die Spinnenfrau aus dieser Geschichte bringt den Hopi nicht allein Unheil von
außen in Gestalt der Spanier, sondern macht ihnen auch das Leben schwer, indem Zwietracht innerhalb des Stammes gesät wird. Der Grund dafür ist der Egoismus der Spinne, weil sie schneller sein möchte als die beiden anderen Göttin-
nen. In der Sprache der westlichen Gesellschaft würde man sagen, sie steht unter
Druck oder Stress und macht deswegen Fehler, in mythologischer Hinsicht
könnte man die Vermutung äußern, dass sie der Hybris verfallen ist – zumindest
ist sie nachlässig. Sie bemüht sich zwar, ihren Fehler wieder gutzumachen, indem sie der allein stehenden Frau empfiehlt, den Junggesellen zu suchen, doch
hat die Frau anscheinend das Alleinsein bereits so sehr liebgewonnen, dass sie
nicht mehr bereit und willens ist, sich an den Mann zu gewöhnen. Aus westli-
cher, individualistischer Sicht mag das in Anbetracht der vielen Single-
Haushalte nachvollziehbar sein, doch aus der Perspektive einer Gesellschaft, in
der kollektive Identifikationsmuster dominieren und das Zusammenleben vieler
Menschen auf engem Raum die Regel ist, ist Kritik am Verhalten der beiden
nicht zu überhören.

Der Mann kontert mit der bemerkenswerten Frage, wer ihr denn im Fall seines Auszugs das Holz holen und das Feld bestellen soll – bemerkenswert deswegen, weil, wie bereits erwähnt, bei den Hopi im Gegensatz zu anderen Indianervölkern die Männer die Hauptarbeit auf den Feldern besorgten. Und obwohl
in dem Märchen der Mann das Haus gebaut hat, verlangt seine Frau, es ihr zu
überlassen, während er darauf drängt zusammenzubleiben. Jedenfalls trennen sie
sich nicht voneinander, sondern bleiben im Zank vereint oder besser: im Netz
wechselseitiger Abhängigkeit verstrickt, um auf die Spinnenmetaphorik Bezug
zu nehmen. Jeder webt an seinem eigenen Netz, und doch können sie nicht voneinander lassen, da dieser Zustand beiden zum Vorteil gereicht: Sie kocht weiterhin für ihn, und er bestellt die Felder. An der Ehe als Zweckgemeinschaft
braucht man nicht unbedingt Anstoß zu nehmen; schließlich ist das Dasein in
traditionellen Kulturen stärker am materiellen Überleben ausgerichtet als in den
industrialisierten Gesellschaften der Gegenwart; und zum anderen ist die »ro-
mantische Liebe«, die Heirat primär aus Gründen wechselseitigen Hingezo-
genseins, ein Produkt der europäischen Kultur des ausgehenden 18. Jahrhunderts. Aber das bedeutet noch lange nicht, dass man das Leben im Zwist bestreiten muss, und genau das ist der Punkt, an dem die Erzählung Anstoß nimmt. Die
Ursache, welche sie aufdeckt, ist, wie schon erwähnt, im Egoismus der Spinnenfrau zu sehen, wobei der Schatten, der auf sie fällt, noch dadurch vergrößert
wird, dass sie, aus welchen Gründen auch immer, den Spanier erschaffen hat.

Die Spinne erscheint zwar in den Erzählungen der Hopi als Kulturheros – im
letzten Beispiel sogar als Erschaffer der Menschheit, der ihnen zudem die Sprachen lehrt –, aber sie erfährt nicht ausschließlich positive Wertschätzung. Die
Mehrschichtigkeit eines Phänomens ist gewiss nichts Ungewöhnliches, doch

bemerkenswert an der folgenden Erzählung der Navajo ist, dass der Charakter der Spinne in der gleichen mythologischen Überlieferung völlig konträr geschildert wird, weil aus verschiedenen Quellen geschöpft wurde (vgl. Literaturhinweise zu 140-172 bei Hetmann 1996, 190 und zu Nr. 47 bei Krickeberg 1924, 411).

> In der Urzeit sind die Navajo von monströsen Ungeheuern bedroht, doch dann werden zwei Kinder gleichzeitig gezeugt – das eine von der Sonne, das andere vom Wasser –, die als göttliches Zwillingspaar den bedrohlichen Unholden den Garaus machen. Im Laufe ihrer Abenteuer begegnen sie unter anderem der Spinnenfrau (Hetmann 1996, 140-172; Krickeberg 1924, 332-353).

Während diese in der Fassung Krickebergs ein freundliches, hilfsbereites »altes Weib« ist, das ihnen neben magischen Formeln einen Zauberreifen mit zwei Adlerfedern und eine weitere Lebensfeder überlässt (336f.), herrscht in Hetmanns Variante eine unklare Atmosphäre der Bedrohung. Sie nennt die Zwillinge zwar ihre »Enkelkinder« (143), doch ist sie in keiner Weise bereit, ihnen zu helfen und versucht sogar, sie von ihrem Vorhaben abzubringen:

> »Als sie nun ins Freie wollten, rannten sie in die Netze, die Spinnen-Frau zuvor gesponnen hatte, und diese warfen sie zurück. Nun bemerkten sie, dass da Knochen hingen. Einige waren trocken, an anderen befand sich noch Fleisch; und wieder andere stammten von Gesichtern, die noch lächelten. Als sie sich der Gefahr bewusst wurden, bliesen sie Staub von schwarzen, weißen, blauen und gelben Feuersteinen auf die Spinnennetze. Da erkannte Spinnen-Frau, dass sie mehr Kraft besaßen als sie selbst« (143).

Das Irritierende an dieser Schilderung ist die Konsequenz, mit der eine an konkreten Dingen orientierte Haltung zu Ende gedacht wird: Wenn eine Spinne so groß ist wie ein Mensch, braucht es nicht in Erstaunen zu versetzen, dass sich in ihrem Netz tatsächlich Menschen verfangen, und das genauso unvermittelt und überraschend für das Opfer wie in der Natur, da das Lächeln der Gefangenen quasi zu Stein erstarrt ist.

Die Gegensätzlichkeit der Überlieferung ist begründet in den vielfältigen Möglichkeiten, Assoziationen zum Phänomen Spinne herzustellen, was in dem Beispiel bedeutet, entweder eher auf ihre »göttlichen« oder eher auf ihre »irdischen« Eigenschaften zu rekurrieren. Wollte man den Gründen für die verschiedenartige Schilderung genauer nachgehen, müsste man einiges über die Tradierungsbedingungen und den biographischen Kontext der Erzähler in Erfahrung bringen – ein unmögliches Unterfangen bei Geschichten, die vor 100 oder mehr Jahren aufgezeichnet wurden. Begnügen wir uns daher mit dem Faktum der Mehrdeutigkeit von und der Ambivalenz gegenüber den Phänomenen.

In den folgenden, zumeist kürzeren Beispielen ist die Spinne hingegen in ein eindeutig positives Licht gerückt. Bei den zu den Südwestindianern gehörenden Pima, die im südlichen Arizona siedeln und ursprünglich Pflanzer waren, ist die Spinne eine göttliche Instanz, die die Ränder des Himmels und der Erde mit ihrem Gewebe verbunden hat.

Als der »Erddoktor«, die Hauptgottheit der Pima, neben der Erde auch den Himmel erschaffen hat, stellt er fest, dass jene ständig hin- und herschaukelt und deshalb zur Besiedlung nicht geeignet ist, weswegen er eine graue Spinne ins Leben ruft und ihr befiehlt, mit ihrem Gewebe der Erde Stabilität zu verleihen (Krickeberg 1924, 306).

Da die Pima durch ein ausgedehntes und ausgeklügeltes Kanalbewässerungssystem hohe Erträge erwirtschafteten und in der Wüste sogar zwei Ernten pro Jahr einbringen konnten, wurden sie wohlhabend und zogen dadurch das Interesse und den Neid der Apache auf sich, die sie immer wieder mit Überfällen und Plünderungen heimsuchten. Doch die Pima schlossen sich enger zusammen, es wurden ein allgemeiner Waffendienst eingeführt und Strafaktionen organisiert. Nach der mythologischen Überlieferung vermochten sie sich jedoch der Feinde zu erwehren, weil die graue Spinne durch Magie die Waffen der Apache unschädlich machte (Bender 2000, 399f.; van Deursen 1931, 334; Knortz 1910, 114f.; Krickeberg 1924, 306).

Vom göttlichen Ursprung des Vermögens, Fäden zu produzieren, berichtet ein Märchen der Wiyot-Indianer, die einst im Nordwesten Kaliforniens siedelten und heute nur noch wenige hundert Angehörige zählen.

»Eines Tages (kam) eine Spinne zum Schöpfer und klagte, dass sie kein Mittel wisse, Fliegen und andere Insekten zu fangen und mithin darben müsse. Dieser hielt ihr einen langen Faden vor den Mund und bat sie, ihn zu verschlingen. Dies tat sie so lange, bis sie den Bauch voll hatte. Als sie nun keinen Weg sah, auf dem sie vom Himmel zur Erde gelangen konnte, nahm sie das eine Ende des Fadens aus dem Mund, band es fest und ließ sich dann an dem sich langsam abwickelnden Faden zur Erde hinab. Dort angekommen machte sie ein Gewebe daraus, in dem sie allerlei Insekten fing« (Knortz 1910, 116).

Die am anschaulichen Denken orientierte Vorstellung, die Spinnen hätten ihre Fäden vom Schöpfer bekommen, statt sie mittels der Spinndrüsen zu produzieren, wie es die Naturwissenschaft lehrt, ist nicht unbedingt abstrus, sondern hängt wahrscheinlich mit der Beobachtung ihres Verhaltens beim Netzbau zusammen, da alte Radnetze einfach aufgefressen werden und bei der Produktion neuer Netze während der Verfertigung der endgültigen Fangspirale die zuvor hergestellte Hilfsspirale verzehrt wird (Bellmann 1984, 14; Heimer 1997, 58; vgl. auch Kap. 1). Dadurch wird der Eindruck erweckt, dass sie immer wieder denselben Faden verwenden, und tatsächlich ist der Materialverbrauch äußerst gering, aber natürlich nicht gleich Null. Um Spinnen beim Netzbau zu beobachten, werden die Wiyot sicher mehr Gelegenheiten gehabt haben als etwa die Hopi oder andere Völker des Südwestens, da das Küstengebiet im Norden Kaliforniens außerordentlich niederschlagsreich und mit dichten Wäldern bewachsen ist (Kammler 2000, 337f.).

Etwas weiter südlich, oberhalb des heutigen San Francisco, befindet sich die Heimat der sieben Pomo-Völker (vgl. ebd., 338f.; 356). Aus dem Gebiet der Clear-Lake-Region kommt die folgende Geschichte.

Einst lebten in No-napo-ti (Kelseyville) zwei Schwestern zusammen mit ihrer Großmutter abgesondert von der übrigen Bevölkerung des Dorfes, obgleich sie sich allgemeiner

Wertschätzung erfreuten. Einer ihrer Bewohner war Kojote, und allzu gern hätte er eine der beiden geheiratet, doch wollten sie nichts von ihm wissen. Als eines Tages die Großmutter mit anderen Leuten die Nacht draußen verbringt, ohne dass die Schwestern davon Kenntnis haben, verkleidet sich Kojote als Großmutter und dringt in das Haus ein. Das Essen wird serviert, doch Kojote sagt, er könne sich nicht aufrichten. »›I want to sit up and eat‹. The elder of the two sisters sat at the old woman's back to hold her up, but Coyote said, ›I cannot sit up when only one of you holds me up. One of you must sit in front of me‹« (38). Doch dann erkennen die Schwestern Kojote, beginnen mit ihm zu kämpfen, und sofort eilen andere Frauen herbei, die ihm mit Steinen und Keulen zusetzen. Da werden ihm vier Kinder geboren.[4] Die ersten zwei verstaut er in einem Sack und kann verschwinden, doch die beiden anderen werden von den erbosten Frauen getötet. Als die Kinder heranwachsen, macht ihnen die Bevölkerung das Leben schwer; sie werden beschimpft und mit Steinen oder Stöcken, ja sogar mit glühender Kohle beworfen. Kojote beschließt sich zu rächen und entfacht einen Weltenbrand, bei dem alle Menschen umkommen. Nur er kann sich mit seinen Kindern retten, indem er die ausgestreckten Finger seiner Hand viermal in die Höhe reckt und »e-« ruft, woraufhin die Spinne, welche als Himmelswächterin fungiert, ein Fadenseil herablässt, an dem er mit den Seinen sicher nach oben gelangt. Dort macht ihm sein älterer Bruder Madumda – Hauptgottheit der Pomo – die erbittertsten Vorwürfe ob seiner Untaten. Er muss zurück auf die Erde, erschafft dort die Menschen neu sowie den Clear Lake und raubt, weil die Welt noch zu dunkel ist, die Sonne. Da die Menschen ihn jedoch provozieren, verwandelt er sie in »Tiere und Vögel« (47), wobei er ihnen allen bestimmte Eigenschaften mitgibt und den entsprechenden Lebensraum zuweist (Barrett 1906, 37-48).

Der Kojote ist der auf Erden lebende jüngere Bruder des himmlischen Hauptgottes, ist Kulturheros und gleichzeitig ein übler Gauner – ein Trickster in Reinkultur. Die Geschichte wird den Zuhörern fern und nah zugleich gewesen sein: zeitlich fern, weil es eine mythologische Erzählung aus der Vorzeit ist, doch emotional wahrscheinlich nahe gehend, da vom Ursprung und den Folgen zwischenmenschlicher Konflikte berichtet wird, wie sie wohl überall vorkommen: der abgewiesene Freier, der mit Tücke sein Ziel erreichen will; Kinder unliebsamer Dorfbewohner, die diskriminiert werden etc. Die Probleme eskalieren allerdings nicht immer derart, wie es hier der Fall ist, weswegen die Geschichte wohl auch als Mahnung zu verstehen ist, friedlich miteinander zu leben.

Im Gegensatz zum Kojoten gehört die Spinne hier ganz zur göttlichen Sphäre, denn sie lebt im Himmel und entscheidet darüber, wer eingelassen wird und wer nicht. Das setzt unbedingtes Vertrauen in ihre Integrität und ihr Urteilsvermögen voraus. Daneben vermag sie den Kontakt zum irdischen Bereich zu »knüpfen« mittels ihrer Eigenschaft, Spinnfäden herzustellen. So kann sie Kojote vor dem Desaster retten und ihn später wieder zur Erde hinunterlassen, damit er den von ihm angerichteten Schaden wieder gutmachen kann.

---

[4] Die ein wenig unklar geschilderten Bedingungen des Entstehens der vier Kinder mag man vielleicht als eine verschleierte Umschreibung für den Geschlechtsverkehr zwischen dem Kojoten und den beiden Schwestern deuten (vgl. das englischsprachige Zitat), doch sind in der Mythologie Befruchtungen auf übernatürliche Art mit sofortiger Geburt nichts Ungewöhnliches.

Mitunter greift sie durch ihr Spinnvermögen noch stärker in das mythologische Weltgeschehen ein, um den Menschen zu Diensten zu stehen. Bei den Jicarilla, einem Apachestamm in Neu Mexiko und Colorado, sind es vier ihrer Artgenossen, die den Tod des Großen Elches herbeiführen, eines Ungeheuers, das den Menschen in der Frühzeit das Leben schwer macht. Die Spinnen versperren die vier Himmelsrichtungen mit ihren Netzen, und trotz heftigster Attacken vermag er sie nicht zu zerreißen und fällt am Ende beim nördlichen Netz vor Erschöpfung tot zu Boden (Russell 1898, 256). Wenngleich es sich um eine mythologische Geschichte handelt, entspricht die extreme Reißfestigkeit der Netze der Realität, da Spinngewebe widerstandsfähiger als Stahl entsprechender Größe ist (vgl. Kap. 1).

Etwas friedlicher als in dieser Geschichte der Apache – die ihren Lebensunterhalt mit Sammeln, Jagen und Rauben bestritten haben (Bender 2000, 414) – geht es in einer Erzählung missionierter Indianer Kaliforniens zu.[5]

> Als Ouiot, ihr mythischer Vater, stirbt, trägt er ihnen auf, einen Hirsch zu töten und sein Fleisch zu essen. Anschließend sollen sie die kleinen Knochen aus dessen Beinen nehmen und daraus Ahlen (= nadelartige Werkzeuge zum Stechen von Löchern in diverse Werkstoffe, B.R.) herstellen. Mit deren Hilfe soll die Spinnenfrau Körbe flechten. Sie macht, was ihr aufgetragen worden ist, wobei der erste Korb, den sie anfertigt, dafür bestimmt ist, Ouiots Knochen aufzubewahren (Goddard Du Bois 1906, 60).

Das Korbflechten war und ist zum Teil auch heute noch die bedeutendste und bekannteste Kunstform der in Kalifornien ansässigen Indianerfrauen. Die in der Erzählung erwähnten Ahlen werden in der Tat aus Knochen hergestellt, und man benötigt sie, um Löcher für die Nähte aus Binsen- oder Riedgrasfäden zu stechen (Kammler 2000, 358f.).[6] »Das Korbflechten selbst ist nicht nur eine künstlerische und handwerkliche Angelegenheit, sondern auch eine spirituelle. Oft waren es Träume, in denen die Frauen die Anregungen zu bestimmten Mustern und Techniken erhielten. Viele Menschen trugen Medizinkörbchen gewissermaßen als Talismane bei sich. Starb eine Korbmacherin, wurden alle ihre Körbe in ihrem Besitz mit ihr verbrannt« (ebd., 359).

Die Herstellung von Körben verbessert nicht nur die materielle Situation, sie ist auch eine Tätigkeit, durch die man der Welt der Götter näher kommt. Wenn der mythische Vater Ouiot die Spinne als Ahne aller Korbmacherinnen erwählt, zeugt das vom Respekt, den man ihr zollt.

In hohem Ansehen steht die Spinne auch bei den Cherokee, in den südlichen Appalachen siedelnden Feldbauern des Südostens.

> Am Anfang herrscht nur Dunkelheit, so dass die Menschen immerfort zusammenstoßen und sich blindlings vorwärts tasten müssen. Da aber der Fuchs weiß, dass es Menschen gibt, welche auf der anderen Seite der Welt leben und über genug Licht verfügen, be-

---

⁵ Keine weiteren Angaben.

⁶ In Europa wurden Ahlen vor allem zum Stechen von Löchern in Leder, Pappe, Stoff oder Holz verwendet (vgl. Palla 1994, 19ff.).

schließen die Tiere es zu stehlen. Zunächst versucht es das Opossum, da es glaubt, die Sonne in seinem buschigen Schwanz verstecken und so davontragen zu können, doch es scheitert, weil sein Fell verbrennt. Seitdem ist sein Schwanz kahl. Dann probiert es der Bussard, aber er hat genauso wenig Erfolg und kommt, da er die Sonne auf seinen Kopf legen wollte, kahlköpfig zurück. Daraufhin geht Großmutter Spinne ans Werk. Zunächst formt sie einen dickwandigen Topf aus Ton, spinnt dann ein Netz, das bis hinüber auf die andere Seite der Welt reicht. Dort angekommen steckt sie die Sonne in den Tontopf und klettert zurück. »Die Spinnenfrau brachte den Cherokee nicht nur die Sonne, sondern gleichzeitig auch das Feuer. Außerdem lehrte sie das Volk der Cherokee die Kunst der Töpferei« (Erdoes und Ortiz 1997, 183f.).

Im Gegensatz zu Opossum und Bussard geht die lebenserfahrene, weil betagte Spinne umsichtig ans Werk, indem sie spezifische Vorbereitungen trifft, um die Sonne ohne Probleme nach Hause zu schaffen. Um das bewerkstelligen zu können, verfügt sie über handwerkliches Talent: Nicht nur beherrscht sie die hohe Kunst des Netzbaus, sie ist auch im Töpfern versiert. So entpuppt sie sich als Kulturheros par excellence, der den Menschen neben der Sonne und dem Feuer auch die Kunst der Töpferei vermittelt und so zur Erleichterung des alltäglichen Lebens beiträgt. – Die in den Appalachen vorherrschenden Roterdeböden ermöglichen aufgrund der langen Vegetationsperiode und häufiger Sommerregen nicht nur intensiven Bodenbau (Kasprycki 2000, 153; 181), sondern sind wegen ihres Silikatreichtums auch eine günstige Basis zur Herstellung von Töpfereiprodukten, weswegen es kein Zufall ist, dass neben der Sonne und dem Feuer dieses Handwerk als Ergebnis des Einfallsreichtums der Spinne genannt wird, zumal das Feuer unabdingbare Voraussetzung dafür ist, Töpfereiwaren herzustellen.

Als Kulturheros entpuppt sich bei den Cherokee auch die »Wasserspinne«, indem sie der Welt ebenfalls das Feuer bringt.

> Am Anfang war die Welt kalt, weil es kein Feuer gab. Als eines Tages ein Blitz in einen auf einer Insel stehenden Baum einschlägt, möchten die Tiere in den Besitz des Feuers gelangen, doch wissen sie nicht, wie sie es holen können, ohne dass es erlischt. Zunächst versuchen es verschiedene Vögel und Schlangen, aber sie alle müssen unverrichteter Dinge wieder abziehen, weil es ihnen zu heiß ist und sie Verbrennungen davontragen. Die Federn des Raben sind, ebenso wie die Haut der »großen Natter«, schwarz geworden und die Augen der Schleiereule ganz rot; Bart- und Horneule haben durch die Asche weiße Ringe um die Augen bekommen. Nun ist guter Rat teuer, aber dann erklärt sich die Wasserspinne bereit zu gehen. »Sie kann auf dem Wasser laufen oder auf den Grund tauchen, so dass sie keine Schwierigkeiten haben konnte, zur Insel zu gelangen. Die Frage war nur, wie konnte sie das Feuer tragen? ›Ich weiß, wie ich es mache‹, sagte die Wasserspinne und spann einen Faden aus ihrem Körper und machte davon ein rundgewebtes Gefäß, das sie auf ihrem Rücken befestigte. Dann schwamm sie zur Insel und kam durch das Gras bis zu dem noch brennenden Feuer. Sie tat eine kleine feurige Kohle in ihr Gefäß und kam damit zurück« (Dähnhardt, Bd. 3, 1910, 104f.; Kurzfassung bei Knortz 1910, 115).

Abgesehen von den ätiologischen Motiven ist die Geschichte interessant, weil die Spinne aus dieser Erzählung die Netzbaukunst mit der Fortbewegung im

Wasser verbindet. Das Zusammenspiel der beiden an sich gegensätzlichen Fähigkeiten ermöglicht es, das Feuer von der Insel zu holen: Sie webt eine kleine Schale für die Kohle und holt sie schwimmend an Land.

Auch die echten Wasserspinnen verbinden den Netzbau mit dem Leben im Wasser. Zwar kann sie auch auf dem Landweg neues Terrain erobern, doch die meiste Zeit verbringt sie unter Wasser, indem sie eine Taucherglocke webt, die als Luftblase fungiert (Bellmann 1997, 138f.). Dennoch ist es fraglich, ob mit dem Tier aus unserer Erzählung tatsächlich eine echte Wasserspinne gemeint ist. Von ihrer Familie gibt es nämlich nur eine einzige Art (Argyroneta aquatica), und die existiert ausschließlich in Nord- und Mitteleuropa sowie in Sibirien bis zum 62. Breitengrad und in Zentralasien (Yarkand), nicht aber in Amerika (Crome 1951, 5). Entweder harrt in den USA eine weitere Art der Entdeckung durch Arachnologen, oder es handelt sich bei der erwähnten Spinne um einen Vertreter der Wassermilben (vgl. Bellmann 1997, 258f.), oder – was am wahrscheinlichsten ist – um jene »normalen« Webspinnen, die sich zumindest zeitweilig im oder unter Wasser aufhalten können, um dort zu jagen, wie es etwa bei einigen Wolf- oder Trichterspinnen der Fall ist (Crome 1951, 4).

Um eine im zoologischen Sinn eigene Familie von Webspinnen geht es auch in der folgenden Erzählung, mit der wir uns gleichzeitig von den Kulturheroen verabschieden und uns – nun wieder etwas ausführlicher – monströsen Spinnen zuwenden. Das Märchen stammt von den Zuni, den südöstlichen Nachbarn der Hopi.

»Es war einmal ein Häuptlingssohn, der lebte vor langer, langer Zeit in Kiakime. Es war seine Gewohnheit, jeden Morgen seine Festkleider anzulegen und vor Sonnenaufgang um die Donnerberge herumzulaufen, ehe er sein Gebet verrichtete. Er war jung und schön und hatte ein prächtiges Festkleid. Nun wohnte aber am südlichen Ende der Donnerberge ein alter, hässlicher Unhold, der hieß Tarantel. Der hörte eines Tages die Glocken am Gürtel des Jünglings klingen, sah ihn vorbeilaufen und dachte bei sich: ›O, wenn ich doch das schöne Kleid haben könnte, wie herrlich wäre das! Ich will ihm das nächste Mal auflauern‹ (165). Als Tarantel am anderen Morgen die Glocken des Jünglings hört, kommt er aus seiner Höhle heraus und fragt ihn, ob er nicht gerne wissen möchte, wie er, der Häuptlingssohn, aussehe. Ja, antwortet er, aber er wisse nicht wie. »›Nun, nicht anders als so‹, war die Antwort; ›du ziehst all deine Kleider aus, und ich meine, dann zieh ich die deinigen an, und du wirst sehen, was für ein hübscher Kerl du bist‹« (ebd.). Der Häuptlingssohn ist damit einverstanden, doch nachdem Tarantel dessen Kleider angezogen hat, verschwindet er in seiner Höhle, und es bleibt dem jungen Mann nichts anderes übrig, als das schmutzige Gewand des Tarantel zu nehmen und in seine Siedlung zurückzukehren. Die folgenden Versuche der Dorfbewohner, mit Hilfe von Greifvögeln das Festkleid zurückzuerhalten, schlagen fehl, weswegen der Jüngling die Kriegsgötter bittet, ihm mit Hilfe der Magie beizustehen. Sie geben ihm aus Steinmehl geformte Miniaturen von Rehen und Antilopen mit, um Tarantel aus der Höhle zu locken, indem sie seine Jagdlust anstacheln. Und tatsächlich fällt er darauf herein. Als er die »Tiere« sieht, geht er ihnen nach, doch werden sie, nachdem er sie gefangen hat, zu Stein. Unterdessen haben die Dorfbewohner den Eingang zur Höhle versperrt und schlagen ihn mit vereinten Kräften nieder. Da jedoch die Priester seine Macht fürchten, entzünden sie ein großes Feuer und werfen ihn hinein. »Der zerbarst mit einem schrecklichen Krach, und die Stücke seines Körpers wurden über die ganze Erde zerstreut. Sie gewannen Gestalt und ähneln jetzt noch dem alten Tarantel. Die krummen Beine und das Rückwärtsgehen hat jedes dieser Tiere, nur ist es viel, viel kleiner als der alte Tarantel, der am Donnerberge lebte« (Dähnhardt, Bd. 3, 1910, 165ff.).

Mit »Tarantel« ist wahrscheinlich eine Vogelspinne gemeint, weil echte Taranteln im Mittelmeerraum und in Südosteuropa heimisch sind und in Amerika alle großen Spinnen als Taranteln bezeichnet werden (Bellmann 1997, 8; 156f.; Heimer 1997, 78). Von den großen Arten sind Vogelspinnen die verbreitetsten, und sie leben, wie das Exemplar in dieser Geschichte, in Schlupfwinkeln oder Höhlen, wobei sie aus Spinnenseide eine Art »Hängematte« weben, um sich vor Feuchtigkeit am Boden zu schützen. Radnetze stellen sie dagegen nicht her; sie sind Lauerjäger, die auf ihre Beute warten – wie es auch hier der Fall ist –, und sie töten eher mit der Kraft ihrer gewaltigen Beißwerkzeuge als durch Gift (Bellmann 1997, 8; 156f.; Heimer 1997, 78-82; Wirth 1999, 4-7; 42ff.). Möglich also, dass die optisch präsenten Vogelspinnen einen gewissen Abscheu oder Respekt bei den Einheimischen erwecken; sicher ist auf jeden Fall, dass positive Assoziationen, hervorgerufen durch den Spinnfaden als Verbindungsglied zwischen irdischer und himmlischer Sphäre, bei den Tieren natürlich nicht evoziert werden können. Ganz im Gegenteil werden das »Lauern« in einem »Hinterhalt«, sprich in einer Höhle, und das »brutale« Überwältigen der Opfer wohl als besondere Verschlagenheit und Heimtücke gewertet werden. Das ätiologische Motiv der »krummen Beine« dürfte kein Spezifikum des Tarantels und seiner Nachfolger sein, denn die Gliederung der Extremitäten ist bei allen Spinnentieren gleich (Kullmann und Stern 1996, 250; 253) – vielleicht ist sie aber aufgrund der Größe bei den Vogelspinnen augenfälliger, zumal wenn sie sich aufbäumen. Das »Rückwärtsgehen« kann bei Laufspinnen zumindest dann vorkommen, wenn sie vor einer Gefahr zurückweichen; ein dauerhaftes Verhaltensmerkmal ist es hingegen nicht.

Vor allem aber sind die krummen Beine und das Rückwärtsgehen der Artgenossen im Kontext der Erzählung zu sehen, nämlich als Strafe für das unbotmäßige Verhalten des Untiers. Schließlich hat es dem jungen Mann das Festkleid gestohlen und ihn dergestalt in arge Bedrängnis gebracht. – Warum hat er sich sein Gewand eigentlich abschwatzen lassen? Primär, um zu sehen, wie es ausschaut, wenn es jemand trägt. Ganz logisch erscheint mir das nicht, denn selbst wenn man annimmt, die Zuni hätten keine Spiegel gehabt, ist es möglich, etwa auf einer glatten Wasseroberfläche sein Spiegelbild zu betrachten. Wie ist diese Inkongruenz zu erklären? Man könnte das Entkleiden und die Übergabe des Gewands an den Tarantel aus den Bedingungen der Erzählung ableiten, die auf etwas Bestimmtes hinausläuft, nämlich die Geschichte der Tötung des Unholds nebst ätiologischer Motive darzustellen. Dazu sei es notwendig, dass der Häuptlingssohn es nicht ablehnt, sich auszuziehen. Anderenfalls hätte die Geschichte an dem Punkt abbrechen müssen. Dem ist jedoch entgegenzuhalten, dass es sich bei dem Tarantel um ein großes, mächtiges und schlaues Wesen handelt, dem es nicht schwer fallen sollte, dem jungen Mann auf andere Art und Weise das Gewand abzulisten oder es sich notfalls mit Gewalt anzueignen. Wenn demzufolge die *freiwillige* Entkleidung für den Fortgang der Erzählung nicht unbedingt notwendig ist, aber doch an ihr festgehalten wird, obzwar dadurch logische Probleme aufgeworfen werden, kann man ihr einen besonderen Stellenwert beimessen. Worin ist er begründet? Als Sohn des Häuptlings ist der junge Mann wahrscheinlich empfänglich für Botschaften, welche ihm signalisieren, er sei etwas Besonderes, in dem Fall ein besonders »hübscher Kerl«. Daher dürfte die Geschichte neben anderem die Funktion haben, Kritik an narzisstischer Zurschaustellung und an eitlem Gebaren zu äußern, da es wahrscheinlich auch bei den Zuni nicht üblich war, jeden Morgen im Festkleid zu erscheinen. Der Tarantel spielt die Schwachstelle des Häuptlingssohnes aus, und sogleich wird er schwach. Darüber hinaus ist der Gegensatz zwischen dem hässlichen Alten und dem schönen Jüngling auffällig. Dieser zieht sich zuerst aus und bleibt so lange nackt, bis der Alte in seiner Höhle verschwunden ist. Ob dabei exhibitionistische Bedürfnisse eine Rolle spielen oder gar atavistische Instinkte, aufgrund deren man den Ekel und Abscheu darüber genießt, dass die Blicke eines hässlichen Alten den eigenen makellosen Körper treffen und berühren? Ganz abwegig erscheint mir das nicht, weil die Faszination des Gegensätzlichen, die bereits im wechselseitigen Angezogensein zwischen Mann und Frau zum Ausdruck kommt, eine mächtige Antriebskraft im Verhalten und Erleben ist.

Das sind Dinge, über die man nicht gerne redet; man verdrängt sie lieber und schiebt sie an den Rand, ähnlich wie sich die Begebenheit auch im geographischen Sinn am Rande der Zivilisation abspielt, außerhalb des Dorfes, am Südende der Donnerberge. In der nächsten Erzählung, die bereits aus einer gänzlich anderen Kultur stammt, ist es ähnlich, denn dort lebt das monströse Wesen, das ungleich mehr Schaden anrichtet als der Tarantel, mitten in der Wildnis.

2.3.2 Prärie- und Plainsindianer

»Viele Dörfer waren im Lande, und die Menschen hatten Büffel und Mais in Hülle und Fülle. Aber im Nordosten der Dörfer lebte die Spinnenfrau, und jedes Mal, wenn ein Jäger ein Dorf verließ und in die Nähe ihrer Behausung kam, setzte sie ihm vergiftete Speise vor, so dass er starb. Dann schnitt sie ihm den Kopf ab, den sie in ihrem Hause aufhing, und schlitzte ihm den Leib auf, den sie in den benachbarten Bach warf, so dass die Fische ihn fraßen. Aus dem Kopfe entfernte sie das Gehirn und ließ es in der Sonne trocknen; die Ohren aber zog sie auf eine Schnur und ließ sie gleichfalls in der Sonne trocknen, so dass sie wie kleine Stückchen Kürbis aussahen. So schwanden die Menschen dahin (...). Also beschloss man, die Jäger sollten künftig andere Wege gehen. Aber die Spinnenfrau kam nun selbst in die Dörfer, fing viele und brachte sie in ihr Haus. Irgendein geheimnisvolles Tier in der Erde schien ihr Macht verliehen zu haben« (155f.). Tirawahat,[7] das höchste göttliche Wesen, »blickte auf sein Volk hinab und wur-

---

[7] Bei Krickeberg 1924, 156 *Tirawa*, bei Feest 2000, 458 und Gugel 2000, 224 *Tirawahat*.

de traurig; er hatte Mitleid mit den Menschen und befahl Sonne und Mond, ihre beiden Knaben hinabzusenden, damit sie dem Volke beistünden und die Spinnenfrau verdürben. Einst hatte Tirawa der Spinnenfrau Samen gegeben, auf dass sie sie pflanze und ernte und sie dann, wenn sie viele hätte, unter die Menschen verteile. Aber statt dessen tat sie die Samen in Säcke, grub Löcher in den Erdboden und legte die Säcke hinein. Nicht ein Korn gab sie einem andern, sondern behielt alles für sich« (156). Nachdem die Brüder einige Zeit im Dorf gelebt haben, machen sie sich auf den Weg zur Spinnenfrau. Weil sie darum weiß, schickt sie ihnen nacheinander Klapperschlangen, Berglöwen und Bären; doch es ist vergebens, die Zwillinge können sie bezwingen und treffen, nachdem sie einen dichten Wald durchquert haben und in ein Tal hinabgestiegen sind, auf die Spinnenfrau, die sie vor ihrem Haus begrüßt und sie ihre Enkel nennt. Sie bittet die Brüder hinein und trägt ihren Mädchen auf, etwas zu kochen. Zunächst sind es vergiftete Menschengehirne, welche sie ihnen vorsetzt, und anschließend ein ebenfalls vergiftetes Kürbisgericht, doch können sie sich der letalen Folgen der Mahlzeiten durch Erbrechen erwehren. Dann schlägt sie vor, nach draußen zu gehen und an einem Platz nahe an einer steilen Böschung mit ihr zu tanzen. Mit ihrem Gesang entfacht sie einen Schneesturm mit klirrendem Frost, doch die beiden Jungen verwandeln sich in Schneevögel, so dass ihnen weder die Kälte etwas anhaben kann noch der Abgrund gefährlich wird. Als die Spinnenfrau einsieht, dass sie keine Macht über die Brüder hat, beendet sie ihr Treiben und verspricht, fortan gut zu ihnen zu sein, doch nun gehen *sie* zum Gegenangriff über, indem *sie* die alte Frau zum Tanze auffordern und gleichzeitig ihren Vater, die Sonne, beschwören, damit er unerbittlich herabscheint, um ihre Gegnerin, die keine Hitze verträgt, zu schwächen. Dann zaubern sie eine ganze Wolke Heuschrecken herbei, die die Spinnenfrau nehmen und zum Mond emportragen, wo man sie heute noch sehen kann, wenn Vollmond ist. Nun können die Brüder zur Hütte zurückgehen und die Mädchen befreien. Diese nehmen so viel Samen mit, wie sie tragen können, und da sie von guter Art sind, werden sie von den vier Stämmen der Pawnee aufgenommen. »Von nun an hatten alle vier Stämme Samen zur Aussaat« (Krickeberg 1924, 155-161).

Wenn es zu Beginn der Erzählung heißt, Büffel (= Bison) und Mais seien im Überfluss vorhanden, dann klingt das zwar nach paradiesischen Urzeiten, doch hat die Aussage einen wahren Kern, weil die Pawnee, von denen die Geschichte stammt, ihren Nahrungsbedarf zu etwa gleichen Teilen aus Jagd und Bodenbau – Mais, Bohnen und Kürbis – deckten. Sie gehören zu den Prärie- und Plainsindianern, die als Bisonjäger und stolze Krieger das Bild vom »eigentlichen« Indianer geprägt haben, wie es durch populäre Medien vermittelt wird, vor allem durch Western- und Indianerspielfilme, Bücher (in Europa Karl May) oder Comics (Walt Disney). Das Gebiet, in welchem sie wohnten, ist eine der größten Graslandschaften der Erde und erstreckt sich in Nordsüdrichtung von Zentralkanada bis Texas. Der östliche Teil, die Prärien mit ihren fruchtbaren Schwarzerdeböden, die heute die Kornkammern der USA sind, wurden vor allem in den Flusstälern von sesshaften Völkern bewohnt, unter anderem von Sioux, Iowa, Pawnee und Wichita. In den westlich gelegenen Great Plains war Feldbau hingegen wegen geringer Niederschlagsmengen und extreme Temperaturunterschiede zwischen Sommer und Winter nicht möglich. Das Gebiet war dünn besiedelt, doch gelegentlich kamen Pflanzer der Prärie und Jäger des Großen Beckens dorthin, um dem Wild nachzustellen. – Mit der Einsamkeit war es zu Ende, als durch die Übernahme des Pferdes von den Spaniern die Bisonjagd zu Beginn des 18. Jahrhunderts intensiviert wurde. Aus Norden, Osten und Westen drangen verschiedene Völker in die Plains, welche die Jagd auf das Wildrind zu ihrer Lebensgrundlage schlechthin machten. Da sie den Herden hinterher zogen, wohnten sie in rasch auf- und abzubauenden Zelten, den Tipi (= »Wohnung« in der Lakota-Sprache). Mobilität, Konkurrenz um Jagdgründe und das Aufeinanderprallen von Reiter- und Bodenbauvölkern bedingten, dass Krieg ein bestimmender Faktor im Leben der Prärie- und Plainsindianer war. So waren etwa Lakota und Pawnee auch dann noch die erbittertsten Feinde, als die »Weißen« durch die Besiedelung des Westens bereits die weitaus größere Bedrohung darstellten (BE, Bd. 17, 1992, 451f.; Gugel 2000, 187-199; 202ff.; 210-214).

In der Erzählung ist von den vier Stämmen der Pawnee die Rede. Das sind vier Gruppen[8] im Gebiet des Platte River in Nebraska, die unabhängige politische Verbände bildeten, sich aber durch eine ähnliche Kultur und den Gebrauch derselben Sprache miteinander verbunden fühlten. Ihr Areal lag im Grenzbereich zwischen Great Plains und Prärie. Die ertragreichen Schwemmböden in den Flußauen des Platte River ermöglichten den Bodenbau, während die nahen Bisonherden sie mit Fleisch versorgten. Die Jagd war Angelegenheit der Männer und fand zweimal im Jahr statt: von Mitte Juni bis September, wenn die Ernte ins Haus stand, und von Ende Oktober bis zum Frühjahr, wenn der Mais ausgesät wurde. In den Verantwortungsbereich der Männer fielen neben der Jagd auch Krieg, Handel und politische Angelegenheiten, während die Frauen für die Sammelwirtschaft, Nahrung, Kleidung und vor allem für die Versorgung und Erziehung der Kinder zuständig waren. Da die Männer häufig auswärts ihren Tätigkeiten nachgingen, kam der Frau nicht nur im häuslichen, sondern auch im öffentlichen Leben eine beachtliche Bedeutung zu, was insbesondere daran deutlich wird, dass sie Bünde bildeten, denen neben anderem rituelle Aufgaben oblagen. Sie waren für die Fruchtbarkeit der Tiere und Pflanzen zuständig und betreuten im Verein mit politischen Führern die so genannten heiligen Bündel, rituelle Gegenstände, welche auf übernatürliche Wesen zurückgingen, die in Visionen erschienen waren (Feest 2000, 443; Gugel 2000, 197; 206f.; 215; 224; Krickeberg 1924, 382). Eines dieser Rituale war das Opfer für den Morgenstern:

> »Der Schöpfergott Tirawahat hatte den männlichen Morgenstern damit beauftragt, mit dem weiblichen Abendstern den ersten Menschen zu zeugen. Abendstern versuchte vergeblich, dies zu verhindern: Ein Mädchen wurde geboren. Die Niederlage beendete Abendsterns Herrschaftsanspruch, und als Zeichen der nunmehrigen männlichen Vorherrschaft forderte Morgenstern von Zeit zu Zeit die Opferung eines Mädchens« (Gugel 2000, 224).

In gewissen Zeitabständen erschien er daher einem Krieger in einer Vision und befahl ihm, ein ungefähr 13-jähriges Mädchen von einem feindlichen Stamm zu

---

[8] Skidí – von ihnen stammt die Geschichte –, Chauí, Kit'kaháxki und Pítahauírata (Gugel 2000, 224; Krickeberg 1924, 387).

rauben, das dann im Rahmen einer Zeremonie mit einem Pfeilschuss durch das Herz getötet wurde. Obwohl bereits zu Beginn des 19. Jahrhunderts von Seiten verschiedener Pawnee Kritik an dieser Praxis laut wurde – die die Vorstellungen der »Weißen« von der Grausamkeit der Indianer bestätigte –, wurde daran zumindest bis 1838 festgehalten (ebd., 224f.).

Der Krieg bestimmte das Leben der Prärie- und Plainsvölker in einem höheren Ausmaß als anderswo. Einen besonderen Stellenwert besaß dabei die Ehre, die man nicht nur durch Besitz und Jagderfolg, sondern auch und insbesondere durch mutigen Einsatz im Kampf zu erlangen vermochte (ebd., 210). Als Anlass dienten Tötung oder Raub eigener Angehöriger, Diebstahl, Beleidigungen, Konkurrenz um dieselbe Bisonherde und ganz allgemein – in Anbetracht des Zustroms verschiedener Völker – die Verletzung »territorialen Abstandhaltens« (Eibl-Eibesfeldt 1995, 584; vgl. Ardrey 1972). – Die Kehrseite des Krieges ist allerdings Unsicherheit. Es war nicht möglich, die Dörfer zum Beispiel auf unzugängliche und gut zu sichernde Plateauberge zu verlegen, wie es die Hopi taten. Die Siedlungen lagen an den Flüssen und konnten jederzeit angegriffen werden, so dass man weder in der freien Natur noch innerhalb der Dörfer sicher war. Durch Kriegstaten Mut zu beweisen sowie Ruhm und Ehre zu erlangen, ist die eine Seite; die andere ist – oft verdrängt und geleugnet – Angst. Sie kann zwar in verschiedenen Kulturen unterschiedlich stark entwickelt sein, aber primär ist sie ein anthropologisches Phänomen, da sie zu den grundlegenden Bedingungen der Selbst- und Arterhaltung gehört. Sie ist gleichbedeutend mit der Fähigkeit, in Hinsicht auf mögliche Gefahren hellsichtig zu sein, um daraus Konsequenzen zu ziehen, etwa Vorsicht, Befriedung, Flucht oder Angriff. Letzteres bestätigt den ethologisch begründeten Zusammenhang zwischen Angst und Aggression (vgl. Eibl-Eibesfeldt 1995, 565-588; Lorenz 1975; Rieken 2000, 140f.), der in der Individualpsychologie seine Entsprechung im Konnex zwischen Minderwertigkeitsgefühl und Geltungs- oder Machtstreben findet, sofern man akzeptiert, dass Aggression nicht etwas a priori Negatives ist, sondern in allgemeiner Form und mit Blick auf die wörtliche Bedeutung des lateinischen Verbs »aggredi« das Vermögen meint, sich den Anforderungen der Welt zu stellen.

Dass Angst auch ein ständiger Begleiter der Prärie- und Plainsindianer war, zeigt sich an ihren umfangreichen rituellen Kampfvorbereitungen, indem sie, sich Mut zusprechend, Kriegslieder sangen, Tänze abhielten und die Kraft der Medizin wachriefen. Wurde man schlechter Vorzeichen gewahr, etwa eines Unheil verkündenden Traumes, versiegte der Mut, und der Aufbruch wurde verschoben. Einige Völker zogen sogar nur dann aus, wenn zuvor das gute Gelingen des Unternehmens in Visionen vorhergesagt worden war (Gugel 2000, 212). Es gingen aber nicht nur von feindlichen Indianern Gefahren aus, denn auch die Jagd barg Gefahren in sich, weil mit den großen und kräftigen Wildrindern nicht zu spaßen war und die Möglichkeit bestand, von ihnen zu Tode getrampelt zu werden.

Ich glaube daher, dass die Erzählung von der Spinnenfrau etwas von den existentiellen Bedrohungen und Ängsten mitteilt, denen die Krieg treibenden und Großwild jagenden Völker der Prärie ausgesetzt waren. In dem Märchen kommen die Männer nicht nur ums Leben, während sie auswärts sind, sondern werden, als sie versuchen, dem Unhold aus dem Weg zu gehen, von ihm sogar in den eigenen Dörfern heimgesucht, wie es in der Realität beim Eindringen feindlicher Stämme in das eigene Territorium der Fall war. Und ähnlich wie diese unter anderem Nahrungsmittel rauben, enthält das monströse Wesen den Pawnee den Samen vor, den Tirawahat zur Aussaat bestimmt hat.

Mit dieser knappen Deutung ist der Symbolgehalt der Spinnenfrau gewiss nicht erschöpft, denn wenn es nur darum gegangen wäre, der Angst vor den Gefahren des Krieges bildhaften Ausdruck zu verleihen, hätte wahrscheinlich eine männliche mythologische Gestalt besser gepasst. So aber geht es auch um eine subtilere Angst.

Die Spinnenfrau ist eigentlich göttlichen Ursprungs, genauer eine Mondtochter, die bei den Pawnee »sonst als ein Wesen (gilt), das den Menschen günstig gesinnt ist, ihnen Saatkorn gibt, sie vor der Flut rettet, die Quellen hütet usw. Offenbar ist sie hier mit einer der bösartigen Hexen verschmolzen, die bei den Pawnee, wie überall in Nordamerika, sehr gefürchtet waren, weil sie auf Menschenraub ausgingen und Menschen fraßen«, schreibt Walter Krickeberg im Rahmen seiner ausführlichen Anmerkungen zu den Indianermärchen Nordamerikas (1924, 386). Die Doppelgesichtigkeit ein und derselben Gestalt haben wir bereits im Zusammenhang mit jener Spinnenfrau aus dem Erzählgut der Navajo kennen gelernt, die den göttlichen Zwillingen während ihres Unternehmens gegen mythische Ungeheuer begegnet und ihnen in der einen Fassung wohlwollend, in der anderen hingegen feindlich gesinnt ist. Die gegensätzliche Schilderung kann mit unterschiedlichen Überlieferungsbedingungen zusammenhängen, aber auch mit der Vielschichtigkeit des menschlichen Charakters und seines Tuns. Das gilt für die Motive, den Vollzug und das Ergebnis seines Handelns mit natürlichen Mitteln ebenso wie mit übernatürlichen Kräften. Magie ist ein Werkzeug, ein Mittel, und als solches weder gut noch böse; sie kann zum Nutzen genauso wie zum Schaden anderer verwendet werden. Doch sind diejenigen, welche »mehr können als andere«, leichter dem Verdacht ausgesetzt, ihre Macht zu missbrauchen, weil ihr Tun mit dem Schleier eines Geheimnisses umhüllt ist und sie eher im Stillen wirken. Diese Art der Stärke steht im Gegensatz zu jenen Formen der Selbstdarstellung und -inszenierung, die auf Beweise von Mut, auf Ruhm, Ehre, Tatendrang und martialisches Gebaren Wert legen, wie es in der Männerwelt der Prärie- und Plainsindianer üblich war. Die Macht der Frauen zielte demgegenüber eher auf Bereiche, die nach außen weniger sichtbar sind, nämlich die häuslichen Tätigkeiten und in Sonderheit die Erziehung der Kinder, zumal diese wegen der häufigen Abwesenheit der Väter stärker auf ihre Mütter zentriert waren und umgekehrt Frauen wegen der Schwangerschaft und Stillzeit in der Regel eine engere emotionale Bindung zu ihren Sprösslingen haben als

Männer. Die lebensspendenden Kräfte des weiblichen Geschlechts haben in einer traditionellen Kultur einen höheren Stellenwert, der spirituelle Dimensionen mitumfasst. Darlene Young Bear, eine Lakota-Frau, äußert sich in dem Zusammenhang folgendermaßen:

> »Wenn weiße Frauen dem Lebensabschnitt näherkommen, in dem sie nicht mehr länger ihre Menstruation haben, werden sie depressiv und bekommen Angst. Viele von ihnen glauben, ihr Leben sei zu Ende (...). Unserer Art entsprechend freuen wir uns darauf, da es die Zeit ist, in der wir uns vollkommen anderen Dingen widmen können; Medizinfrau oder Künstlerin werden, wenn es unsere Berufung ist. Vor dieser Zeit sind unsere lebensspendenden Kräfte zu stark. *Da wir Kinder gebären können, sind unsere spirituellen Kräfte größer als die der Männer.* Nach dieser Zeit können wir die Heilige Pfeife bewahren, mit Kranken arbeiten oder Heilerinnen werden, wenn dies unsere Berufung ist« (Gugel 2000, 209 – eigene Hervorhebung, B.R.).

Wenn die Macht der Männer stärker nach außen und auf das Sichtbare gerichtet ist, sie aber wegen ständiger Bedrohungen mit einem erhöhten Angstpotential konfrontiert sind, steht die Selbstinszenierung, wenn man in tiefere Schichten des Individuums vordringt, auf einem relativ labilem Untergrund. Im Gegensatz dazu sind die Frauen in ihrem Tätigkeitsbereich – sieht man von der Sorge um das Wohlergehen der Männer und um Überfälle auf das Dorf ab – weniger mit Angst konfrontiert, da die Risikofaktoren bei der Kindererziehung, der Herstellung von Kleidung oder dem Sammeln und Zubereiten von Nahrung weitaus geringer sind als bei Kriegszügen oder während der Bisonjagd. Außerdem schöpfen die Frauen Kraft aus dem spirituellen Wissen um die lebensspendenden Kräfte sowohl des eigenen Körpers als auch des Bodens, welchen sie bebauen. Ihre stärkere innere Präsenz kann demzufolge Gefühle der Angst, der Unsicherheit und des Misstrauens in den Männern hervorrufen, wobei ich hier von Vorgängen spreche, die sich im Unbewussten abspielen und nicht an der Oberfläche. Man sollte sich nicht vom schönen Schein inszenierten Machtgebarens täuschen lassen, denn wenn etwas besonders betont wird, schaut es dahinter ganz anders aus. Das, was so sehr nach Kraft und Stärke aussieht, ist immer nur die eine Seite der Medaille; ihre Kehrseite ist das Minderwertigkeitsgefühl bzw. die Angst, welche nach Kompensation verlangt. Wäre es anders, dann hätten die Pawnee nicht so lange an dem Opferritual für den Morgenstern festgehalten, dessen Ziel es war, die männliche Vorherrschaft zu sichern, das heißt die Macht der Frauen in Schach zu halten.

Deshalb ist die Spinnenfrau in unserem Märchen nicht nur ein Symbol für die Fährnisse in der Prärie und den Plains, sondern sie verleiht auch spezifischen Männerängsten Ausdruck, die gegenüber Frauen in einer Gesellschaft vorhanden sind, welche besonderen Wert auf kriegerische Tugenden legt. Die Mittel und Kräfte der Spinnenfrau sind von außerordentlicher Qualität, denn sie werden aus Quellen gespeist, die von der Unterwelt über die alltägliche Welt bis in den Himmel reichen: Ein »geheimnisvolles Tier in der Erde schien ihr Macht verliehen zu haben« (Krickeberg 1924, 156) – was man auch im Zusammenhang mit den Frauen als Hüterinnen des Bodens sehen kann –, während sie *auf* der

Erde Kraft aus den getöteten Männern bezieht (ebd., 155). Darüber hinaus ist ihr Tirawahat zunächst wohl gesonnen gewesen, denn anderenfalls hätte er ihr nicht den für die Menschen vorgesehenen Samen anvertraut. Außerdem ist sie eine Tochter des Mondes, was ebenfalls für ihre Bedeutung spricht, da die Astralmythologie bei den Pawnee eine große Rolle spielt (Gugel 2000, 218f.; Krickeberg 1924, 381; Schier: Astralmythologie, EM, Bd. 1, 1977, 921-928).

Der Mond mit seinen vier Phasen kann als Symbol für zyklische Vorgänge angesehen werden und steht daher in enger Beziehung zu weiblichen Eigenschaften, etwa dem Menstruationszyklus und der Empfängnisbereitschaft, sowie zu Vorgängen, die mit weiblichen Attributen assoziiert werden: der Fruchtbarkeit des Bodens mit Aussaat, Wachstum und Reife, die in den jahreszeitlichen Zyklus eingebettet sind (vgl. Bries, Mondmythologie, EM, Bd. 9, 1999, 807f.). Außerdem kann der Mond mit etwas Geheimnisvollem assoziiert werden, denn das fahle Licht, das er wirft, und die Dunkelheit, in der er am intensivsten leuchtet, erwecken das »Gefühl für das Besondere, Geheime, Verborgene« (Stegemann: Mond, HDA, Bd. 6, 1935, 481).

Die mythischen Zusammenhänge, in denen die Spinnenfrau steht, machen deutlich, dass sie mit spezifischen Eigenschaften weiblicher Macht ausgestattet ist. Die Männer sind ihr schutzlos ausgeliefert, denn wenn sie in die Nähe ihrer Behausung gelangen, setzt sie ihnen vergiftete Speise vor, und sie sterben, heißt es lapidar im Text (Krickeberg 1924, 155). Sehr präzise ist diese Stelle nicht, weil man nicht genau weiß, ob die Männer freiwillig das Haus betreten, indem sie angelockt werden, oder gezwungenermaßen. In jedem Fall spricht daraus aber die Macht der Spinnenfrau, weil die männlichen Opfer sich ihres Einflusses nicht zu entziehen vermögen und sich quasi in ihrem Netz verfangen. Die aufgeschlitzten Leiber der Männer wirft sie einfach in den Bach, doch Gehirn und Ohren behält und konserviert sie, indem sie sie in der Sonne trocknen lässt. – Warum ausgerechnet diese Teile des menschlichen Körpers? Vielleicht kann sie dadurch klüger werden und ihre Sinne schärfen, denn offenkundig hat sie es darin bereits zur Meisterschaft gebracht hat, da sie genau weiß, wann die Brüder zu ihr kommen. Die Gliedmaßen ihrer Opfer zu verspeisen, um dergestalt an Körperkraft zuzunehmen, hat sie jedenfalls nicht nötig, da ihre Kraft inneren bzw. übernatürlichen Quellen entspringt. Durch menschliche Anstrengung vermag sie nicht bezwungen zu werden, weswegen der höchste aller Götter aktiv werden muss und die Söhne von Sonne und Mond auf die Erde schickt.

In Hedwig von Beits »Symbolik des Märchens« verkörpert die Spinnenfrau aus dieser Erzählung die »Große Mutter«, welche in der Analytischen Psychologie C.G. Jungs ein spezieller Aspekt des Mutter-Archetypus ist (Beit 1952, 125).

> »Seine Eigenschaften sind das ›Mütterliche‹: schlechthin die magische Autorität des Weiblichen; die Weisheit und die geistige Höhe jenseits des Verstandes; das Gütige, Hegende, Tragende, Wachstum-, Fruchtbarkeit- und Nahrungspendende; die Stätte der magischen Verwandlung, der Wiedergeburt; der hilfreiche Instinkt oder Impuls; das Geheime, Verborgene, das Finstere, der Abgrund, die Totenwelt, das Verschlingende, Verführende und Vergiftende, das Angsterregende und Unentrinnbare« (Jung 1996, 97).

In der Entwicklung des Kindes spielt nach Auffassung Jungs nicht nur die persönliche Mutter mit ihren spezifischen Eigenschaften eine Rolle, sondern auch der Archetypus, der auf sie projiziert wird, wodurch sie mythologische Qualitäten erhält und ihr Autorität und Numinosität verliehen werden (ebd., 98). Wenn etwa bei infantilen Phobien die Mutter als Hexe oder Menschenfresserin erscheine, so gehe das weit über ihr tatsächliches Verhalten hinaus (ebd.). Man wird die Überlegungen auch dann cum grano salis teilen können, wenn man der Archetypenlehre skeptisch gegenübersteht, denn es lässt sich wohl Einigkeit darin erzielen, dass die Phantasien, welche um eine Person kreisen, diese oftmals in einem verzerrten, übertriebenen oder verfälschenden Licht sehen. Wenn man allerdings der Frage nachgeht, wieso es spezifische Vorstellungen sind, die auf Frauen oder Mütter projiziert werden, kann der Rekurs auf die Jungsche Theorie von Diensten sein, weil sie einen möglichen Erklärungsansatz bietet, der angesichts der Ähnlichkeit bestimmter Vorstellungen in unterschiedlichen Kulturen nicht einer gewissen Plausibilität entbehrt.

Der Terminus »Große Mutter« ist durch den Jung-Schüler Erich Neumann bekannt geworden und geht einen Schritt weiter, indem er von konkreten Erfahrungen mit einer wirklichen Mutter absieht und darunter ein Urbild versteht, das in der menschlichen Psyche wirksam ist und seinen symbolischen Ausdruck unter anderem in den weiblichen Gottheiten diverser Mythologien findet (Neumann 1997, 19). Neumann unterscheidet zwischen dem Wandlungscharakter, der auf Dynamik und Erneuerung abzielt (ebd., Kap. 2B), und dem Elementarcharakter, worunter er elementare Erfahrungen versteht: von der Mutter geboren und ernährt werden, Geborgenheit und Schutz, aber auch Beherrschung, Zerstückelung oder Verschlungen-Werden (ebd., Kap. 2A).

Wenn man all jene Spinnenfrauen Revue passieren lässt, die bisher vorgekommen sind, wird man unzweifelhaft verschiedene Übereinstimmungen mit positiven und negativen Eigenschaften des Mutter-Archetypus feststellen können, wobei die besondere Prägnanz derselben in diesem Märchen nach meinem Dafürhalten auch in Zusammenhang steht mit dem spezifischen Männerbild als Krieger und Bisonjäger, in dessen Kontext latente Angst eine wesentliche Rolle spielt. Demgegenüber erleben die Pawnee-Jungen die Welt ihrer Mütter als weniger beunruhigend; sie vermitteln ihnen Schutz und Geborgenheit, und sie verkörpern eine geheimnisvolle Macht, stark und numinos zugleich, eine Erfahrung, an die sie sich auch im späteren Leben erinnern werden, wenn sie mit den Fährnissen der Prärie konfrontiert sind. Falls sich dann neben die objektiven Bedrohungen auch persönliche Unsicherheit gesellt, kann das, was früher an der Mutter als angenehm und beruhigend erlebt wurde, sich im Umgang mit Frauen rasch ins Gegenteil verkehren: Aus dem Gefühl des Getragen-Werdens und der Geborgenheit wird dann das des Ausgeliefertseins, der Verführung, des Verschlungen-Werdens oder der Zerstückelung, wie es in der vorliegenden Erzählung der Fall ist.

Meines Erachtens kann man daher mit einem gewissen Recht behaupten, dass die Spinnenfrau die negativen Anteile des Mutter-Archetypus und wohl auch der Großen Mutter versinnbildlicht. Wenn Hedwig von Beit allerdings schreibt: »Die Tiergestalt der Spinne charakterisiert die böse Mutter, *denn die Spinne ist ein tückisches Raubtier*« (1952, 125 – eigene Hervorhebung, B.R.), dann begeht sie den für viele Tiefenpsychologen, die sich mit geisteswissenschaftlichen Themen befassen, typischen Fehler, Traditionen der europäischen Kulturgeschichte unreflektiert auf außereuropäische Verhältnisse zu projizieren, denn vor allem die nordamerikanischen Beispiele machen deutlich, dass die Spinne bei verschiedenen Völkern in hohem Ansehen steht. Außerdem kann man nicht menschliche Moralbegriffe auf Tiere übertragen und deren Verhalten als »tückisch« bezeichnen, und das ausgerechnet von Seiten einer Wissenschaft, zu deren Selbstverständnis es gehört, Projektionen aufzudecken.

Abschließend noch einige Worte zu etwas profaneren, weil botanischen und zoologischen Facetten der Erzählung. Bei dem Samen, welchen die Spinnenfrau den Pawnee vorenthält, könnte es sich möglicherweise um Kürbissamen handeln, da sie den göttlichen Brüdern eine Kürbisspeise vorsetzt und diese Frucht neben Mais und Bohnen zu den Grundnahrungsmitteln zählte, aber in der Geschichte nur von Mais die Rede ist, von dem sich die Pawnee neben dem Bisonfleisch ernähren. – Mit dem Bogen aus »Heckendorn«, den der Häuptling den Brüdern mitgibt, ist der Osagedorn gemeint – benannt nach dem gleichnamigen Indianerstamm in Oklahoma –, ein dorniger Baum aus der Familie der Maulbeerbaumgewächse, der im südlichen Nordamerika beheimatet ist und daher von weither geholt werden muss (BE, Bd. 16, 1991, 295; Krickeberg 1924, 387). Daher war sein Gebrauch durch die Pawnee ungewöhnlich, weswegen er als eine besondere Waffe in der Hand der Brüder anzusehen ist, mit der sie dann die Klapperschlangen, Berglöwen und Bären vertreiben, typischen Raubtieren der Plains. – Bei den Schneevögeln, in die sich die Jungen verwandeln, dürfte es sich um eine Finkenart handeln, die bei Schneestürmen oft in großen Schwärmen erscheinen (ebd.), um sich vor den Unbilden der Natur in Sicherheit zu bringen. – Die Heuschrecken, welche die Spinnenfrau forttragen, sollen nach der Vorstellung der Pawnee durch ihren Zaubergesang – anstelle der Sonne – die Hitze des Tages bewirken (ebd.). Dem kann die Beobachtung zugrunde liegen, dass Insekten um so aktiver sind, je wärmer es draußen ist.

2.3.3 Eskimo / Inuit

In der nächsten Geschichte geht es ebenfalls um die Beziehung zwischen den Geschlechtern und um den Mutter-Archetypus, doch sie führt uns in eine ganz andere Gegend, in den hohen Norden, genauer nach Westgrönland und Baffin Island, der größten und Grönland am nächsten gelegenen Insel Kanadas. Eskimo und Indianer werden zwar oft als zwei getrennte Völker angesehen, doch weisen sie nicht mehr Gemeinsamkeiten oder Unterschiede auf als die Indianervölker untereinander. Weite Verbreitung im Erzählgut der Eskimo finden Geschichten von Helden, die im Kajak davonfahren und große Gefahren überwinden, von denen Kivioq einer der bekanntesten ist (Kleivan: Eskimo, EM, Bd. 4, 1984, 460). Das folgende Märchen aus Westgrönland erzählt von seinen Abenteuern. Die Spinne kommt zwar nur in der Variante vor, doch werden beide Fassungen nacherzählt, weil Motive und Symbolgehalt in dieselbe Richtung weisen und spezifischen Männerängsten Ausdruck verleihen.

Nachdem Kivioq seine Frau verloren hat, beschließt er, seinem Leben durch Erfrieren ein Ende zu setzen, lässt aber davon ab, weil er seinen Sohn nicht allein lassen möchte. Als ihm dieser jedoch eines Tages mitteilt, dass draußen seine Mutter mit einem fremden Mann spazieren geht, tötet er beide, begräbt sie und begibt sich, seinen Sohn nun doch zurücklassend, zu seinem Kajak, um davonzurudern. In der »wilden See« (27) entgeht er nur knapp einem Wirbel, und auch den »garstigen Seeläusen« (ebd.), die ihm zu schaffen machen, vermag er nur mit Mühe zu entkommen. Auf einem langen Streifen verfilzten Tangs kann er sich schließlich zur Nachtruhe begeben. Anderentags muss er durch zwei Eisberge fahren, die sich abwechselnd öffnen und schließen; nur knapp schafft er es hindurchzugelangen. Dann trifft er auf Land und geht zu einer Behausung, aus deren Schornstein Rauch steigt. Die dort mit ihrer Tochter lebende Frau lädt ihn zum Essen ein, das ihm zunächst wohl mundet, doch als er erfährt, dass das Fett von einem »ganz jungen Burschen« (28) stammt, wendet er sich voller Entsetzen ab, und ihm wird gewahr, dass er sich im Haus einer Hexe befindet. In der Nacht legt er sich als Vorsichtsmaßnahme einen flachen Stein auf die Brust, und in der Tat springt die Frau, als sie glaubt, er sei eingeschlafen, von der oberen Schlafbank auf ihn drauf und verletzt sich infolge des harten Aufpralls so sehr den »Steiß« (ebd.), dass sie stirbt. Die Tochter beschimpft ihn – »Du Schuft! Wie gern hätte ich mir deine hübschen Wangen schmecken lassen!« (ebd.) –, woraufhin er sie tötet und verschwindet. Nach einer Weile landet er auf einer Insel, wo er wieder auf ein Haus trifft, in dem ebenfalls Mutter und Tochter leben, doch diesmal hat er Glück, weil es friedliche Menschen sind. Er bleibt geraume Zeit dort und hilft ihnen beim Fischfang – obgleich er zu Anfang fast ertrunken wäre –, aber dann beginnt die Erinnerung an seinen Sohn ihn so zu schmerzen, dass er nach Hause zurück möchte. Dort angekommen sieht er, wie einige Boote einen getöteten Wal ans Ufer ziehen, wobei auf einem davon ein kräftiger junger Mann steht: sein Sohn, der mittlerweile ein berühmter Jäger geworden ist (Krickeberg 1924, 26-30).

Von Baffin Island stammt die folgende Variante:

Eine arme Frau lebt mit ihrem Enkel in einer kleinen Hütte. Da sie weder Mann noch Sohn hat, der für sie sorgt, ist sie sehr arm. »Die Kleider des Knaben waren daher nur aus Bälgen von Vögeln gemacht, die sie in Schlingen fing. Wenn der Knabe aus der Hütte gehen und sich zu seinen Gespielen gesellen wollte, lachten die Leute über ihn und zerrissen ihm sein Kleid. Nur ein Mann, namens Kiviung, war freundlich zu dem Jungen; er konnte ihn aber nicht vor den andern schützen« (30). Die Großmutter schwört Rache und verwandelt ihren Enkel in einen Seehund, der seine Peiniger weit auf das Meer hinauslockt und sie in einem Sturm umkommen lässt. Als das geschehen ist, wird er zurückverwandelt und gelangt trockenen Fußes heim. Einzig Kivioq hat die schwere See überlebt, muss sich aber noch durch kochende Strudel kämpfen, bevor er wieder Land erreicht. Dort trifft er in einem Steinhaus auf eine alte Frau, die ihn zunächst freundlich empfängt, sich dann allerdings als Hexe entpuppt, woraufhin er unter Zuhilfenahme seines Schutzgeistes, eines Bären, schleunigst das Weite sucht. Etwas später trifft er auf eine Mutter mit ihrer Tochter, die mit einem »Stubben Treibholz mit vier Ästen« (33) verheiratet ist und der bei Ebbe an Land geholt wird, während er bei auflaufendem Wasser davonschwimmt, um die Familie mit Robben und Treibholz zu versorgen. Nachdem er jedoch eines Tages verschwunden ist und nicht mehr zurückkehrt, heiratet Kivioq die junge Witwe. Das Glück ist jedoch nicht von langer Dauer, da die Mutter ihn gerne selbst geheiratet hätte, weswegen sie ihre Tochter tötet, ihr die Haut abzieht und in dieselbe hineinschlüpft. Doch Kivioq bemerkt den Betrug und macht sich eilends davon. Er gelangt noch einmal zu einem Haus, aber diesmal ist er vorsichtiger und schaut zunächst durch das Fenster hinein, wer da wohl wohnt. Auf einer Schlafbank sieht er die Spinnenfrau sitzen. »Als diese die dunkle Gestalt vor dem Fenster erblickte, glaubte sie, eine Wolke zöge an der Sonne vorüber, und da das Licht nicht mehr genügte, um dabei arbeiten zu können, wurde sie ärgerlich. Mit ihrem Messer schnitt sie ihre Augenbrauen ab, aß sie und achtete nicht des tropfenden Blutes, sondern nähte weiter. Als Kiviung das sah, dachte er bei sich, dass sie ein sehr schlechtes Weib sein müsse, und ging von dannen« (34f.). Nach einiger Zeit gelangt er in seine Heimat und erblickt – wie in der ersten Geschichte – heimkehrende Walfänger, von denen einer sein mittlerweile erwachsener Sohn ist, der das Tier getötet hat. Kivioqs Frau hat während seiner langen Abwesenheit zwar wieder geheiratet, kehrt nun jedoch zu ihm zurück (Krickeberg 1924, 30-35).

Spezifische Männerängste können im Symbol der Spinne ihre Verdichtung finden. Zoologisch betrachtet verfangen sich Beutetiere in ihrem Netz, werden durch Giftbiss gelähmt, mit Seide umsponnen und ihr Inneres ausgesaugt – Vorgänge, die vorzüglich zu den Negativaspekten des Mutter-Archetypus passen, zum Angelockt-, Umgarnt-, Verführt-, Beherrscht-, Ausgesaugt-, Verschlungen-[9] und Zerstückelt-Werden. In der vorliegenden Geschichte und ihrer Variante wird diesen Ängsten Ausdruck verliehen durch die Gefahren, mit denen Kivioq konfrontiert ist. Er entgeht nur knapp den Strudeln, die ihn in die Tiefe reißen könnten, sowie den »Seeläusen« – vermutlich asselartigen Krebstieren, die die arktischen Meere zuhauf bevölkern (Krickeberg 1924, 370) –, welche sein Kajak zu verschlingen drohen, und schließlich den Eisbergen, die ihn beinahe erdrückt hätten. Die Hexe und ihre Tochter haben ihn im wörtlichen Sinn »zum Fressen gern«, wobei der Hinweis auf die »hübschen Wangen« von Seiten der Tochter eine erotische Nuance mitumfasst. Die Alte scheint besonders bedrohlich zu sein, weil sie über einen »Steiß« verfügt, bei dem es sich nach Krickeberg um einen Schwanz handelt (ebd.), wodurch ihrem bedrohlichen Wesen auch noch phallische Qualitäten hinzugefügt werden, analog dem Beißmechanismus der Webspinnen. Kivioq schützt sich vermöge des flachen Steines und schirmt somit Brust und Herz ab. Wenn man das symbolisch nimmt, hält er jene Emotionen in Schach, die durch die verführerischen Seiten der Frauen evoziert werden; sie

---

[9] Dieses Motiv zeigt sich deutlich in einem Eskimo-Märchen, in welchem ein Junggeselle eine Frau besucht und während des Geschlechtsaktes in ihr verschwindet: »Behutsam begann er sie zu streicheln, liebkoste sie überall, wurde immer leidenschaftlicher, bis ihm so war, als verschwinde er in ihren Achselhöhlen, zwischen ihren Brüsten und in ihren Kniekehlen. Und plötzlich stöhnte er auf und war ganz in ihr verschwunden« (Barüske 1991, 280).

prallen einfach an ihm ab, ohne ihm in bedrohlicher Weise zuzusetzen. Hätten die Frauen nur Abneigung in ihm erzeugt, wäre er nicht über Nacht geblieben, sondern gleich nach dem Essen aufgebrochen, das ihm wegen des beigemengten Jünglings-Fettes so sehr gemundet hat. Von dem zweiten Mutter-Tochter-Paar, auf das er später trifft, geht zwar keine Gefahr aus, doch wäre er beinahe im auflaufenden Wasser ertrunken, als er ihnen beim Fischfang helfen wollte, weswegen diese zumindest mittelbar als Ursache für die gefahrvolle Situation anzusehen sind. Das mysteriöse Wiedergängermotiv zu Beginn der Erzählung – das Erscheinen seiner verstorbenen Frau – kann vielleicht als Versuch gedeutet werden, ihn in das Totenreich nachzuziehen (vgl. die Deutung bei Beit, Bd. 1, 1952, 137).

Auch in der zweiten Erzählung sind mannigfache Bedrohungen vorhanden, die in Zusammenhang stehen mit der Angst des Mannes vor der Frau. Die Großmutter handelt zwar aus verständlichen Motiven, wenn sie sich für die Peinigungen, denen ihr Enkel ausgesetzt ist, rächt, doch zeigt ihr Verhalten, dass sie eine immense Macht über Leben und Tod der Männer hat, dem Kivioq nur zu entrinnen vermag, weil er sich gegenüber dem Kind gut verhalten hat, denn er hätte genauso wie die anderen im Sturm und in den Wasserstrudeln umkommen können. Seine nun folgenden Abenteuer sind allerdings Strafe genug, denn dreimal begegnet er Hexen, deren Macht er einzig und allein durch Flucht entgeht, wobei er der ersten nur unter Zuhilfenahme seines Schutzgeistes, eines Bären als Symbol für Kraft, Stärke und Potenz, entrinnt. Als außergewöhnlich perfid entpuppt sich die zweite Hexe, da sie eifersüchtig ist und ihr eigenes Kind tötet, um Kivioq zu heiraten. Wenn sie in die Haut ihrer Tochter schlüpft, ist das Wunsch- und Alptraum so mancher Männerphantasien, nicht nur erotische Wünsche verwirklichen zu können, sondern gleichzeitig der Mutterliebe teilhaftig zu werden, um das wiederzubeleben, was in der Kindheit als beglückend erlebt wurde: rundherum versorgt zu sein. Doch Kivioq ist Manns genug, um nicht in die ödipale Falle zu tappen. An der dritten Hütte ist er bereits vorsichtiger. Dort sieht er eine Frau, die nicht allein eine Spinne, sondern auch Spinnerin ist, versorgend, Wärme spendend – durch das Nähen von Kleidern – und umgarnend zugleich. Das allein hätte möglicherweise eine Verlockung darstellen können, doch die nun folgende Selbstverstümmelung widert ihn so sehr an, dass er verschwindet. – Warum schneidet die Hexe sich die Augenbrauen ab und isst sie? Im Text heißt es, sie wird ärgerlich, weil sie Kivioqs Schatten vor dem Fenster irrtümlich für eine dunkle Wolke hält, die an der Sonne vorüberzieht, so dass das Licht nicht mehr reicht, um arbeiten zu können. Daher wird sie ärgerlich und schneidet sich die Augenbrauen ab. Das ist eine schwer zugängliche Textstelle. Den Ärger zu entladen, indem sie eine aggressive Handlung setzt, ist noch nachvollziehbar, auch wenn sie sich dadurch selbst schädigt, denn es ist kein anderer vorhanden, auf dem sie ihre Wut abladen könnte. Die Frage ist jedoch, ob das Abschneiden der Augenbrauen in irgendeinem Zusammenhang steht mit dem Wunsch nach mehr Licht. Wenn das nicht der Fall ist, näht sie trotz Dunkelheit weiter, was für ihre Verbissenheit, mit der sie ihrer Arbeit nachgeht, zeugen könnte, zumal Kivioq recht bald verschwindet und es wieder heller wird. Aber das kann die Frau zunächst noch nicht wissen. Es könnte auch sein, dass sie durch den Verzehr der abgeschnittenen Teile auf magische Weise ihre Sehkraft stärkt. Falls sie sich jedoch die Augenbrauen wegschneidet, weil diese die Sicht behindern, würde daraus folgen, dass sie oberhalb der Augen außerordentlich behaart ist. Ähnlich wie die Hexe mit dem »Steiß« würde sie dann über bemerkenswerte männliche Attribute verfügen, denn starke Behaarung gilt als Zeichen der Macht, Potenz und Stärke (vgl. Rieken 2000, 159). Augenbrauen, die so lang sind, dass sie die Sicht einschränken, mögen zwar ungewöhnlich erscheinen, sind aber als Erzählmotiv belegt. In einer Erzählung aus »1001 Nacht« hängen sie dem greisen Derwisch bis auf die Nasenspitze herab, und bei den Warao-Indianern Südamerikas sind die Augenbrauen der Waldgeister so lang und schwer, dass sie sie zurückwerfen müssen, um sehen zu können (Ranke: Augenbraue, Augenlid, EM, Bd. 1, 1977, 1003). Es könnte also sein, dass im Fall der Spinnenfrau die Verhältnisse ähnlich liegen. – Belassen wir es bei diesen Überlegungen, die als Deutungsvorschläge zu verstehen sind, nicht jedoch als gesicherte Interpretationen.

Eine Schlussfolgerung kann man aber trotzdem ziehen: Die Spinnenfrau verkörpert in geradezu extremer Weise weibliche und männliche Attribute: Sie geht zur Gänze in ihrer Arbeit auf und lässt sich durch nichts beirren, nicht durch Fremde, nicht durch Schmerzen. Sie ist so sehr in ihr Tun verstrickt, dass sie die Umwelt nur schemenhaft wahrnimmt, denn es bedarf eigentlich keiner großen Mühe, eine Gestalt vor dem Fenster von einer Wolke zu unterscheiden. Die Konsequenz, mit der sie arbeitet, nötigt einen gewissen Respekt ab, denn sie tut es mit einer Zähigkeit und Verbissenheit, die ihresgleichen sucht und der sie alles andere unterordnet. Sie lebt männliche Eigenschaften – oder sagen wir lieber: Eigenschaften, die man gemeinhin Männern zuschreibt – des Durchhaltens, Weitermachens, der Konsequenz und Härte aus, doch gleichzeitig ist es eine zutiefst weibliche Tätigkeit, welcher sie nachgeht. Sie ist auf ihre Weise unangreifbar, denn in ihrer Welt entfaltet sie unendliche Kraft und ist dort souveräne Regentin – einer Webspinne gleich, die gefangen in ihrer kleinen Welt des Radnetzes ist und doch mit Allgewalt darüber herrscht.

Die Spinnenfrau ist nicht nur eine mythologische Gestalt, denn sie erzählt auch von den realen Verhältnissen in der Arktis, da das Nähen von Kleidung eine unerlässliche Voraussetzung für das Überleben in der extremen Kälte ist. Es ist kein Zufall, dass die eskimoischen Bezeichnungen für wetterfeste Jacken – nämlich Parka und Anorak – von europäischen Sprachen übernommen wurden. Bei den Ureinwohnern handelt es sich dabei um Kleidungsstücke, die passgenau auf den individuellen Träger aus Einzelteilen zugeschnitten wurden; nirgendwo sonst in Nordamerika wurde das Gewand so genau der Körperform angeglichen wie hier. Einem Mann nützte sein ganzes Geschick bei der Jagd nichts, wenn er keine Frau hatte, die ihn mit Kleidung versorgte (Lührmann 2000, 46-49). Daher schreibt Bessie Ericklook, eine Eskimofrau aus Alaska: »Wenn eine Mutter einen Ehemann verliert, kann sie nähen, oder sie kann sich Essen beschaffen, indem sie darum bettelt oder arbeitet. Aber wenn ein Mann eine Ehefrau verliert, kann er nichts machen« (ebd., 46).

Jetzt wird auch verständlicher, wieso am Anfang der ersten Erzählung Kivioq seine Heimat verlässt, obwohl er dadurch seinen Sohn einem ungewissen Schicksal überantwortet. Es ist nicht allein Egoismus, es ist die schiere Verzweiflung, welche ihn treibt, weil er glaubt, ohne eine Frau nicht überleben zu können. Erst das Gewahrwerden des Rivalen während des Wiedergängererlebnisses verwandelt seine Todessehnsucht bzw. Lebensangst in aggressives Potential, indem er die Untoten erschlägt und dann verschwindet.

Die Befürchtung, ohne eine Frau nicht überleben zu können, ist nicht die einzige existentielle Bedrohung, mit denen die Männer konfrontiert sind; eine weitere droht von der Jagd auf hoher See. In der zweiten Geschichte wird Kivioq in die weite Welt hinausgetrieben, als er gemeinsam mit den anderen Dorfbewohnern dem vermeintlichen Seehund folgt. Die Erzählung wirft daher ein Licht auf jene Gefahren, die den Männern auf dem Meer drohen: neben Stürmen, Strudeln, Strömungen und hoch auflaufender Flut Eisberge, die den Weg versperren, oder größere Beutetiere wie Wale oder Walrosse, welche die Kajaks unter Umständen mit sich reißen – der Tod durch Ertrinken oder Erfrieren war ein ständiger Begleiter der Jäger (Lührmann 2000, 34, 36ff.). Die relativ hohe Anzahl der in beiden Erzählungen vorkommenden Frauen, die allein stehend sind, kann man vielleicht auch als einen diesbezüglichen Hinweis werten. Ihre Arbeit kann man, ähnlich wie bei den Prärie- und Plainsindianern, kaum als gefährlich bezeichnen, so dass auch hier das Angstpotential der Männer wesentlich größer war als das ihrer Partnerinnen. Das Gefühl der Bedrohung ist also nicht nur aus dem Blickwinkel der Psychologie zu sehen – im Kontext des Mutter-Archetypus –, sondern auch im Zusammenhang mit der gesellschaftlichen Realität, das heißt den Gefahren der Jagd und der Bedeutung der Frauen als Kleidungsproduzentinnen, was wiederum mit geographischen und klimatischen Bedingungen zu tun hat: dem Meer als Nahrungslieferanten und der extremen Kälte in der Arktis.

Zum Schluss soll noch auf eine merkwürdige und kurios anmutende Episode aus der Variante eingegangen werden. Bei der zweiten Familie, die Kivioq erreicht, ist die Tochter mit einem »Stubben Treibholz mit vier Ästen« (Krickeberg 1924, 33) verheiratet. Ehen mit Tieren sind zwar im Naturvölkermärchen nichts Ungewöhnliches, doch hier handelt es sich um ein eigentümliches Mischwesen aus dem Bereich der Flora, das botanisch betrachtet tot ist, da Baumstümpfe (»Stubben«) keine lebenden Gewächse mehr sind, es aber doch ein Eigenleben entfaltet, da es aktiv schwimmt, auf Robbenjagd geht und Treibholz besorgt, wobei die vier Äste wahrscheinlich den vier Gliedmaßen entsprechen. An Land scheint der Stubben allerdings weniger beweglich zu sein, da er zur Ebbezeit von den Frauen ins Trockene gebracht werden muss. Ob mit solch einem Wesen ein Zusammenleben oder gar der Vollzug der Ehe möglich ist?

Und wie würden dann die Kinder aussehen? All das ist kaum vorstellbar, aber irgendeinen Sinn wird es geben. Zunächst ist Holz in der Arktis etwas sehr Seltenes und Wertvolles. Man wäre zum Beispiel nie auf die Idee gekommen, es zu verheizen; vielmehr hat man es für Schnitzereien oder zur Herstellung von Werkzeugen und Waffen verwendet (Lührmann 2000, 41; 58; 34 [Abb.]). Der Stubben steht aber nicht allein aufgrund seiner inneren Beschaffenheit in hohem Ansehen, denn er ist vor allem in funktionaler Hinsicht außerordentlich wichtig, weil er die Frauen mit Frischfleisch und Treibholz versorgt. Die Ehe als Zweckgemeinschaft ist unter so extremen klimatischen Bedingungen, wie sie in der Arktis herrschen, sicher nichts Ungewöhnliches, doch die ausschließliche Reduktion auf Funktionalität birgt die Gefahr des Missbrauchs in sich: Man wird ausgesaugt, ist in seinen individuellen Möglichkeiten gelähmt und seines Eigenlebens beraubt, womit wieder die negativen Seiten des Mutter-Archetypus und der Spinnenfrau angesprochen sind. Vielleicht verschwindet der Stubben deswegen sang- und klanglos, weil Kivioq seine Aufgaben zu übernehmen beginnt und er darum befürchtet, nutzlos zu werden oder im Extremfall als Schnitzarbeit zu enden, wenn nicht gar als Brennholz verheizt zu werden. Auch in streng funktional geregelten Gesellschaften wird es so gewesen sein, dass man dem attraktiveren von zwei gleich arbeitsfähigen Männern den Vorzug gegeben hat, weswegen die Tochter in der Erzählung wahrscheinlich Kivioq als einen »richtigen« Mann dem Stubben vorzieht. Außerdem ist die Mutter seinetwegen wohl nie eifersüchtig gewesen, wohl aber wegen ihres neuen Schwiegersohnes, und das mit der Begründung, er sei »ein gewaltiger Jäger« (ebd., 34), das heißt ebenfalls aus funktionalen Gründen und nicht aufgrund etwaiger romantischer Regungen. Aber attraktiver als der arme Stubben ist er allemal. – Vielleicht ist die Episode nun ein wenig verständlicher. Ob sie es in hinreichendem Maße ist, vermag ich indes nicht zu entscheiden, zumal auch das Staunen und die Fassungslosigkeit zu jenen Reaktionen gehören, welche durch das Märchen hervorgerufen werden sollen.

Nicht weniger merkwürdig und rätselhaft ist die Welt, in die uns die nächste Geschichte führt, die von Knud Rasmussen in Alaska aufgezeichnet wurde.

> Ein Ehepaar macht sich Sorgen, weil ihr einziges Kind, eine Tochter, nicht heiraten will, obwohl sie sehr schön ist. Der Vater macht ihr Vorhaltungen, da er, wenn er alt und schwach sei, niemanden habe, der seine Frau und ihn versorgt. Durch diese Worte traurig gestimmt, wandert sie hinaus in die Tundra, wo sie den Kopf eines schönen Mannes ohne Körper entdeckt. Er sagt zu ihr, er wisse, dass sie keinen Mann wolle, aber nun sei er gekommen, um sie zu holen. Zunächst einmal nimmt sie ihn jedoch hocherfreut mit nach Hause und verliebt sich in ihn, »weil er nicht wie andere Männer« (122) ist. Sie, die zuvor nie in ihrem Leben gelacht hat, verbringt nun fröhliche Stunden zu Hause, wo sie sich gemeinsam mit dem Jünglingskopf auf der Schlafbank aufhält. Als aber das Mädchen eines Tages draußen ist, entdeckt der Vater den Kopf, jagt ihm einen Fleischspieß durch das Auge und wirft ihn mit den Worten: »Ich habe keine Verwendung für einen Schwiegersohn ohne Körper« (122f.) auf den Abfallhaufen. Daraufhin rollt er zum Meer und verschwindet, eine Blutspur zurücklassend, darin. Die Tochter ist gleichermaßen traurig wie empört – ihr Freund, sagt sie, sei ein tüchtiger, außer-

gewöhnlicher Mensch gewesen – und verlässt ihre Eltern, ohne je wiederzukehren. Sie folgt der Blutspur, vermag jedoch nicht in die Wogen einzutauchen, weil sie hart wie Holz sind. Daraufhin geht sie einen weißen Lemming suchen, und mit Hilfe seiner Zauberkraft öffnet sich das Meer bis auf den Grund, wo sie ein kleines Haus sieht. Darin wohnt ein altes Ehepaar mit seinem Sohn, der jüngst ein Auge verloren hat – ihr Freund. Der junge Mann ist verbittert, und trotz aller Liebesbeteuerungen von Seiten des Mädchens will er nichts mehr von ihr wissen. Sie wird schwermütig, verlässt das Haus, und, ohne zu wissen, was sie tut, umrundet sie es dreimal, woraufhin sich ihr zwei Wege öffnen, von denen der eine zur Erde und der andere in den Himmel führt. Sie entscheidet sich für Letzteren; ihr Freund warnt sie davor und bereut gleichzeitig, dass er sie so schroff zurückgewiesen hat; allein es ist vergebens, sie steigt immer höher und gelangt schließlich durch eine Deckenöffnung in eine Gegend, in der es wieder Land und Wasser gibt. Auf einem See hört sie einen Mann, der in einem Kajak aus Kupfer dahinrudert, ein Liebeslied singen, von dem sie so verzaubert ist, dass sie ihr Bewußtsein verliert und erst wieder erwacht, als sie völlig nackt an der Seite des Mannes in seinem Kajak sitzt. Nachdem sie an ein Ufer gelangt sind, befiehlt er ihr, in das große Haus am Ortsrand zu gehen, doch als sie eintritt, erscheint eine kleine Frau, die ihr dringend rät, zu ihr und ihrer kleinen Tochter zu kommen, weil der Mann der mächtige Mondgeist sei, der sie sicher töten werde. Er »ist unberechenbar und kann gefährlich werden; er nimmt, aber er gibt auch, und die Menschen müssen ihm opfern, um teilzuhaben an allen Gütern, über die er herrscht« (127). Sie nimmt sich die Worte der kleinen Frau zu Herzen und folgt ihr. Etwas später begeben sie sich wieder in das Haus des Mondgeistes, wo dieser mit Hilfe eines Zaubermittels von der kleinen Frau für eine gewisse Zeit unschädlich gemacht wird. Da gerade Neumond ist, ist er ohnehin geschwächt – während er bei Vollmond, der wie Kupfer glänzt, seine ganze Kraft entfaltet. Durch eine Öffnung im großen Haus können die Frauen zur Erde hinabblicken und den Menschen zuschauen, wie sie den Mondgeist anbeten und ihn um einen guten Fang oder ein langes Leben bitten. Dem jungen Mädchen kommt das alles wie ein Traum vor; »sie konnte nicht begreifen, wie sie selbst mitten in all das hineingekommen war, was sie so gut aus der Erzählung alter Menschen kannte« (127). Da sie, nachdem sie das Treiben auf der Erde durch die Öffnung betrachten konnte, Heimweh bekommt, hat die kleine Frau Mitleid mit ihr und flicht ein Seil aus Sehnen, an dem sie auf die Erde zurückgelangen kann. »»Du sollst deine Augen schließen und dich hinunterlassen, aber in demselben Augenblick, in dem du die Erde berührst, sollst du die Augen schnell wieder öffnen. Wenn du das nicht tust, wirst du nie wieder zum Menschen werden‹. Das junge Mädchen band das Ende des Seiles oben im Himmelsland fest, und sie nahm das große Knäuel von geflochtenen Sehnen und fing an, sich hinunterzulassen. Sie glaubte, dass der Weg sehr weit sei, aber sie fühlte die Erde wieder unter ihren Füßen, schon ehe sie es erwartet hatte. Es kam so plötzlich über sie, dass sie die Augen nicht schnell genug öffnete, und da wurde sie in eine Spinne verwandelt. Von ihr stammen alle Spinnen der Erde; alle stammen von dem Mädchen, das sich vom Himmelsland an einem Seil aus geflochtenen Sehnen zur Erde herniederließ« (Rasmussen 1937, 121-129).

Es ist eine traurige Geschichte, und das wohl für die Eskimo genauso wie für uns, weil ihre Thematik in allgemeine Dimensionen der menschlichen Existenz vorstößt. Wir wollen sie daher zunächst vom Kontext gelöst betrachten und uns darum bemühen, sie in unserer Sprache zu verstehen. – Ein junges Mädchen möchte mit Männern nichts zu tun haben, wodurch es in einen inneren Konflikt gerät, da ihr Vater einen Schwiegersohn erwartet, der ihn und seine Frau im Alter ernähren kann. Sie findet jemanden, der ihr zusagt und mit dem sie glücklich ist, doch da er als Versorger aufgrund körperlicher Unzulänglichkeit nicht in Frage kommt, verstößt der Vater ihn auf brutale Weise. Das Mädchen sagt sich daraufhin von den Eltern los und macht sich auf die Suche nach ihrem Freund. Als sie ihn findet, weist er sie jedoch wegen der Demütigung durch ihren Vater schroff zurück, so dass sie völlig verzweifelt ist und nichts anderes als fort möchte. Sie trifft dann auf einen Mann, dem sie sich wie betäubt hingibt, doch später erfährt sie von einer alten Frau, dass er ein äußerst gefährlicher Mensch ist, der sie umbringen wird. Dann erinnert sie sich an das Land, in dem sie aufgewachsen ist, bekommt Heimweh und möchte zurück, doch als sie es endlich erreicht, ist sie keine Frau mehr, die einen Mann lieben kann, weil sie in eine Spinne verwandelt worden ist.

Durch diese Wiedergabe des Inhalts, die weitgehend auf eine Deutung verzichtet, wird deutlich, wieso die Erzählung über den Kontext der Lebenswelt, in der sie entstanden ist, hinausweist: Es geht um den grundlegenden Konflikt zwischen gesellschaftlichen Normen und individuellen Bedürfnissen, um die erste Liebe und um Enttäuschungen in der Beziehung zwischen den Geschlechtern. Der Text ist daher in besonderer Weise für Deutungen geeignet, welche für sich beanspruchen, Kultur übergreifende menschliche Grundprobleme zu thematisieren, wie etwa die ausführliche jungianische Interpretation Hedwig von Beits zeigt, auf die wir weiter unten eingegangen werden soll (Beit 1952, Bd. 1, 638-646). Wir beschränken uns auf einige Bemerkungen aus tiefenpsychologisch-psychoanalytischer Sicht. Zunächst kann davon ausgegangen werden, dass das junge Mädchen an einer langdauernden depressiven Verstimmung leidet, weil es heißt, sie habe noch nie in ihrem Leben gelacht und bisher keinerlei Interesse an Männern gezeigt, obgleich sie längst im heiratsfähigen Alter ist. Depressionen und auch ihren milderen Formen liegen in der Regel unbewusste Konflikte zugrunde, die einen belasten und die man nicht zu lösen oder zu mildern vermag. Nehmen wir an, sie hat ein gestörtes Verhältnis zu ihrem Vater. Ein Anhaltspunkt ist sein unmenschliches Verhalten gegenüber dem Jünglingsschädel, weil es auf Sadismus, Jähzorn und mangelndes Einfühlungsvermögen schließen lässt. Ein weiterer Anhaltspunkt ist die ablehnende Haltung des Mädchens gegenüber Männern und ihre plötzlich entflammte Liebe zu dem körperlosen Schädel. Da die Eltern durch ihr Verhalten zu einem Großteil das Bild mitformen, welches einem Heranwachsenden vom anderen Geschlecht vermittelt wird, hängt ihre ablehnende Einstellung gegenüber Freiern wahrscheinlich mit dem Verhalten ihres Vaters zusammen, mit seiner rohen Art, seiner Impulsivität und aggressiven Triebhaftigkeit. Wenn man darüber hinaus das erhöhte Angstpotential der Männer in Erwägung zieht, das mit der Rollenverteilung zwischen den Geschlechtern sowie den unterschiedlichen Risikofaktoren zusammenhängt – wodurch unbewusste Ressentiments gegenüber Frauen evoziert werden –, kann es durchaus sein, dass der Vater seine daraus resultierenden Aggressionen an der Tochter als dem schwächeren weiblichen Part in der Familie abreagiert. Ihre depressive Verstimmung dürfte daher in dem bereits lange Zeit schwelenden Konflikt zwischen der Ablehnung des Vaters und der moralischen Verpflichtung, seine Eltern zu lieben und ihnen zu gehorchen, begründet sein, wobei er akut verschärft wird durch die Forderung, sich einen Mann als künftigen Ernährer der Eltern zu suchen. Und tatsächlich stellt sie sich dem Drängen des Vaters nicht völlig entgegen, da sie zum ersten Mal in ihrem Leben auf einen jungen Mann trifft, der ihr zusagt, weil er aufgrund fehlender männlicher Attribute keine Bedrohung für sie bildet und keine Forderungen an sie stellt; er ist ganz anders als ihr Vater. Er kann nicht, wie dieser es im übertragenen Sinn tut, in sie eindringen und ihr Gewalt zufügen, so wie er es mit dem Jünglingsschädel macht – wodurch der Vater nota bene das verhindert, was er erreichen will, nämlich einen Schwiegersohn zu bekommen, und außerdem die eigene Tochter verliert. Denn hätten die beiden mehr Zeit füreinander gehabt, wäre in dem Mädchen wahrscheinlich genügend Vertrauen entstanden, um sich ihm hinzugeben; dann hätte sie seine Körperlichkeit wahrnehmen können, von der sie bisher noch nichts bemerkt hat oder bemerken wollte – sofern man akzeptiert, dass man die Körperlosigkeit nicht allein real, sondern auch symbolisch verstehen kann als ihre Art, ihn zu sehen, und als seine Art, sich ihr zunächst »schonend« zu präsentieren.

Nachdem sie das Haus ihrer Eltern verlassen hat, ist sie, weil die Zeit für das junge Paar zu knapp bemessen war, zunächst noch zu »verhärtet«, um sich dem Meer als Symbol des Unbewussten und der verdrängten Bereiche anzuvertrauen (= die Wogen, welche hart wie Holz sind). Das ermöglicht erst die Begegnung mit dem Lemming; da diese extrem fruchtbar sind und zur Massenvermehrung neigen, kann er meines Erachtens die Bereitschaft versinnbildlichen, sich der Sexualität zu öffnen. Im kulturellen Kontext – um dem vorzugreifen – wird man in ihm deswegen ein Zauberwesen sehen, weil er aufgrund seiner weißen Farbe – offenbar handelt es sich um einen Albino – etwas Besonderes ist. Seine Fähigkeit, das Meer zu öffnen, hängt möglicherweise damit zusammen, dass Lemminge während der Suche nach einem günstigen Lebensraum mitunter an Meeresküsten gelangen, wo sie sich dann ins Meer stürzen.

Die Bereitschaft für die Sexualität ist ein gewaltiger Schritt für das bisher völlig unerfahrene Mädchen, und man versteht ihre Verzweiflung über die Zurückweisung durch den Freund um so mehr. Auch mit dem nächsten Mann, dessen Verhalten sie wahrscheinlich an das ihres Vaters erinnert, hat sie kein Glück, da er ein unberechenbarer und mächtiger Herrscher ist, der sie schließlich auch noch im Schlaf vergewaltigt. Nach all dem ist es kein Wunder, dass sie, wieder auf der Erde, das heißt auf dem Boden der Realität angekommen, dieser nicht ins Auge zu blicken wagt: Was soll sie denn tun? Allein zu leben traut sie sich wahrscheinlich nicht zu, und nach Hause wird sie auch nicht zurückkehren wollen, wenn man sich vor Augen hält, was der Vater ihr angetan hat. Schließlich könnte sie auf Partnersuche gehen, doch das dürfte nach ihren negativen Erfahrungen mit Männern – Vater, Jüngling und Mondgeist – jenseits aller Vorstellungskraft liegen. Deswegen zieht sie es vor, allein und darum durch niemanden verletzbar ihr Dasein als Spinne zu fristen: zwar gefangen in ihrer kleinen Welt, kann sie darin doch schalten und walten, wie es ihr behagt, ohne von irgend jemandem belästigt zu werden. Der Preis des Geschütztseins sind jedoch die Einsamkeit und die Einbuße an Realitätsbezug. Möglich also, dass sie im übertragenen Sinn zu »spinnen« anfängt und sich in »Hirngespinste verstrickt«; günstigenfalls wird sie ein Sonderling, im schlimmsten Fall verrückt, doch ein »spinster« – das englische Wort für »alte Jungfer« – wird sie auf jeden Fall (vgl. Beit, Bd. 1, 1952, 646).

Diese Überlegungen werfen ein neues Licht auf die Spinnensymbolik, denn die bisherigen Beispiele zeigen entweder ihr territorial-aggressives Verhalten – wenn man insbesondere an die Machenschaften des Tricksters Anansi denkt – oder ihre transzendenten Eigenschaften als Knüpferin eines Bandes zwischen irdischer und göttlicher Sphäre und ihre Tätigkeiten als Kulturheros. Hier ist sie hingegen weder antisozial noch prosozial »existierend« – im wörtlichen Sinn »hinausstehend« in die Welt –, sondern aus Angst vor dem Leben und seinen Anforderungen in sich zurückgezogen. Bemerkenswert ist in dem Zusammenhang, dass die Erzählung die Bedingungen andeutet, welche das Verhalten, die Entwicklung und die letztendliche Verwandlung des Mädchens in eine Spinne erklären können, wodurch gleichzeitig ein gewisses Verständnis für die junge Frau geweckt zu werden vermag. Das soll deswegen betont werden, weil eine am Kontext orientierte Deutung, die nun in Umrissen skizziert werden soll, eher zu gegenteiligen Ergebnissen führt, doch zuvor soll noch auf Hedwig von Beits Interpretation eingegangen werden. Da für sie die Spinne ein »tückisches Raubtier« ist und daher die »böse Mutter« symbolisiert (1952, 125), ist nach ihr der Schluss der Erzählung konsequenterweise ein Beleg für die negativen Auswirkungen des Archetypus der Großen Mutter, der sich »in Form einer bösen blutsaugenden Spinne (zeigt); mit anderen Worten: Die Heldin wird eine hexenhafte, in sich ›versponnene‹ Persönlichkeit, getrieben, die Umwelt in ihre unbewussten Pläne und Wahnideen (Netze!) zu verstricken« (ebd.).

Das möchte ich bezweifeln, weil nach meinem Dafürhalten der Aspekt der Einsamkeit und des Rückzugs im Vordergrund steht, der nach allem, was man von dem Mädchen weiß, besser zu ihrem Charakter passt als die Aggressivität, die Beit ihr unterstellt. Dafür sprechen unter anderem die ihr ganzes bisheriges Leben begleitende depressive Grundstimmung sowie die Tatsache, dass sie sich zum willfährigen Objekt des Mondgeistes machen lässt. Die Ablehnung ausdrückende Beurteilung als Hexe hängt damit zusammen, dass Beit die Spinne ausschließlich als Verkörperung der negativen Anteile der Großen Mutter ansieht, was, wie bereits erwähnt, mit der eurozentrischen Perspektive der Autorin zu tun hat. Es nimmt daher nicht wunder, wenn sie einzelne Episoden ganz anders interpretiert, als es hier der Fall ist. So deutet sie die erwachte Liebe zu dem körperlosen Jüngling als Ausdruck »wirklichkeitsfernen Wachphantasieren(s)« (ebd., 639), zumal »das Mädchen seit dem Funde des Kopfes meist auf der

Schlafbank bleibt« (ebd.). Weniger problematisch erscheint einem das, wenn man sich vor Augen hält, dass Frischverliebte sich oftmals am Anfang zurückziehen, um einander kennen zu lernen, und wenn man die Körperlosigkeit als das deutet, was man zunächst sehen möchte und verkraften kann. Aber genau diese ist für Beit ein wesentlicher Beleg für die Wirklichkeitsferne der jungen Frau, und sie beruft sich dabei auf die Überlieferung, weil lebende Schädel in der nordamerikanischen Mythologie der Indianer und Eskimo Dämonen bzw. Vertreter des Totenreiches sind, deren Bestreben dahin geht, Menschen ins Jenseits zu befördern (ebd., 638). Mit der Bezugnahme auf traditionelle Motive hat die Autorin durchaus recht; Kopfdämonen sind Teil der Mythologie (vgl. Krickeberg 1924, 161-165; 291-298), und etwas davon klingt auch in diesem Märchen an, wenn es heißt, der Schädel sei gekommen, um sie zu holen, da er ein großes und mächtiges Geschlecht repräsentiere (Rasmussen 1937, 122), doch entscheidend ist, dass davon im Folgenden keine Rede mehr ist, weil das Mädchen – zum ersten Mal in ihrem Leben – aktiv wird, den Kopf an sich nimmt, ihn nach Hause trägt und sich mit ihm ausgezeichnet versteht, weil er in keiner Weise fordernd ist. Hätte er sie wirklich holen wollen, dann frage ich mich, welchen Sinn es gehabt hätte, sich über einen längeren Zeitraum in Geduld zu üben und bei ihr zu bleiben, statt sie kurzerhand in sein Reich mitzunehmen, wie es bei derartigen Dämonen normalerweise üblich ist. Meines Erachtens ist ein traditionelles Motiv – der rollende Schädel als Abgesandter des Totenreiches –, das in der vorliegenden Erzählung noch in Rudimenten vorhanden ist, auf produktive Weise umgeformt und neu gestaltet worden.

Damit sind wir bereits bei Fragen des Kontextes angelangt, in dem das Märchen steht. Der Konflikt zwischen Vater und Tochter ist mit Blick auf die kulturellen Bedingungen gewiss ganz anders zu bewerten als aus der zuvor skizzierten psychoanalytischen Perspektive, da für den Vater die Forderung nach einem Schwiegersohn eine Frage des puren Überlebens im Alter ist und sich wohl zudem aus der Logik des Do-ut-des-Prinzips ergibt, das in vielen traditionellen Kulturen Gültigkeit hat: Da er seine Tochter als Kind und Jugendliche ernährt hat, muss sie sich um ihn kümmern, wenn er alt ist. Kein Wunder also, wenn er den »nutzlosen« Schädel kurzerhand hinausbefördert. Schließlich geht es nicht um »Selbstverwirklichung«, wie in den individualistischen Gesellschaften des Westens, sondern um den Zusammenhalt in einer Region, die durch extreme klimatische Verhältnisse gekennzeichnet ist. Kurzum: Man ist unter solchen Bedingungen dazu angehalten, persönliche Wünsche gegenüber Familien- oder Gruppenforderungen hintanzustellen, doch genau das macht die junge Frau nicht, und sie ist auch am Schluss nicht dazu bereit, weswegen ihr als Strafe ein Leben in der Einsamkeit beschieden ist, wie es sich wahrscheinlich für die Eskimo im Symbol der Spinne ausdrückt.

Das nun zwei Textdeutungen diametral gegenüberstehen, könnte man die Frage stellen, welche davon falsch und welche richtig ist, aber derartige Wünsche nach klaren Akzentuierungen führen meistens auf Holzwege, weil kulturelle Phänomene in der Regel vielschichtig interpretierbar sind. Denn man richtet das Augenmerk stets nur auf bestimmte Aspekte, und das ist auch legitim, solange gewisse Plausibilitätskriterien eingehalten werden, ganz abgesehen davon, dass das »Ding an sich« aus erkenntnistheoretischen Gründen nicht erfassbar ist. In diesem Fall ergibt sich der Gegensatz der Deutungen aus der unterschiedlichen Gewichtung individueller und sozialer Interessen, die wiederum mit der Frage in Verbindung steht, ob man eher psychologische oder eher soziokulturelle Schwerpunkte setzt; beides erscheint mir legitim (vgl. Rieken 2000, 36-39). Es kann aber auch der Gegensatz zwischen den Deutungen gemildert werden, wenn man den körperlosen Schädel symbolisch als einen Akt reduzierter Wahrnehmung interpretiert, denn wenn man das tut, hätte sich der Jüngling zu einem wirklichen Mann mit ganzem Körper entwickeln können, wenn der Vater dem Liebespaar nur mehr Zeit gelassen hätte. Im Übrigen waren die einzelnen Eskimofamilien in Wirklichkeit nicht völlig auf sich allein gestellt, weil es in der Regel Netzwerke von Partnerschaften gab, durch die die Menschen über Verwandtschaftsgruppen hinaus verbunden waren (Lührmann 2000, 53).

Rätselhafter erscheint hingegen die Reise des Mädchens in himmlische Sphären. Sie ist Ausdruck der besonderen Verehrung, welche die Eskimo dem Mond zollen. Er stellt die höchste Kraft im Universum dar; ihn verehren die Menschen, und von seiner Gesinnung hängt ihr Wohlergehen ab, wie es auch in dem Märchen deutlich zum Ausdruck kommt. Er vermag sogar die Unfruchtbarkeit der Frauen zu beseitigen, indem er sie in sein Haus holt und solange bei sich behält, bis sie schwanger sind (Schmücker 1937, 10). – Somit wissen wir jetzt auch, warum von der jungen Frau alle Spinnen der Welt abstammen: Der Mondgeist hat sie nicht nur vergewaltigt, sondern auch geschwängert.[10] – Abgesehen von der zyklischen Veränderung der Gestalt, durch die der Mond in Zusammenhang gebracht wird mit Fruchtbarkeit, mit Werden und Vergehen, dürfte die Verehrung mit der visuellen Präsenz in der Arktis in Verbindung stehen, da er während der langen Zeit des Winters die einzige natürliche Lichtquelle ist.

Die Reise des Mädchens zu ihm kann man etwas besser verstehen, wenn man sie in Beziehung setzt zu schamanistischen Erlebnissen. Schamanen sind Mittler zwischen der Welt der Geister und der menschlichen Gesellschaft. In Trance oder Ekstase treten entweder diese in den Schamanen ein, oder er begibt sich in das Land der Geister. Zu seinen Aufgaben gehören die Sicherung der Nahrungsversorgung, Beeinflussung des Wetters, Krankenheilung, Geleitung der Totengeister und anderes mehr. Besonders verbreitet ist der Schamanismus in Sibirien und bei den Eskimovölkern (Feest 1998, 134f.; Heelas 2000, 216f.). Schamanis-

---

[10] Ob der Mondgeist mit dem rollenden Schädel »geheim identisch« ist, wie Beit meint (1952, Bd. 1, 642), wage ich zu bezweifeln. Zwar werden rollende Schädel als Symbole des Mondes aufgefasst (Krickeberg 1924, 387 – Anmerkung zu 20b), doch aus dieser Erzählung lässt sich nicht entnehmen, dass der körperlose Kopf irgendetwas mit dem Mondgeist zu tun hätte. Vielmehr warnt der Jüngling das Mädchen davor, in den Himmel zu steigen.

tische Techniken treten bereits in Kivioqs Abenteuern auf, und zwar die Beschwörung des Schutzgeistes zur Abwehr der Hexe und das Auf-dem-Wasser-Gehen des von den Dorfbewohnern schlecht behandelten Kindes (Krickeberg 1924, 370). Auch die Reise des Mädchens ähnelt schamanistischen Erlebnissen, die mit dem Mond zusammenhängen, etwa die Beschreibung des Mondgeistes, seines Hauses und seines Inventars (vgl. Krickeberg 1924, 2f. mit Rasmussen 1937, 126ff.).

2.4   Märchen aus Mittel- und Südamerika

Auf den folgenden Seiten sollen Spinnengeschichten aus weiteren traditionellen außereuropäischen Kulturen vorgestellt werden, jedoch bis auf wenige Ausnahmen nicht mehr in der bisherigen Ausführlichkeit. Das hat sachliche und praktische Gründe. Zum einen sind Erzählungen aus Afrika, vor allem im Westen des Kontinents, und aus Nordamerika, insbesondere des Südwestens, in großer Anzahl überliefert, weswegen es mir sinnvoll erschien, sie ausführlich zu interpretieren und Vergleiche anzustellen, um so der Vielschichtigkeit der Spinnenmotive gerecht zu werden. Es würde jedoch den Rahmen dieses Buches sprengen, in der gleichen Weise mit dem »Rest« der Welt zu verfahren, zumal die mir zugänglichen Quellen im Hinblick auf das Thema weitaus weniger ergiebig sind als für Afrika und Nordamerika. Daraus den Schluss zu ziehen, dass in anderen Teilen der Welt weniger Spinnengeschichten vorhanden sind, wäre wahrscheinlich etwas voreilig, denn abgesehen davon, dass bei Feldforschungen immer auch der Zufall eine Rolle spielt, ist es nicht allzu wahrscheinlich, dass in Gebieten wie Südamerika oder Australien, wo es teils außergewöhnlich große, teils sehr gefährliche Spinnen gibt, nur wenige Erzählungen über sie existieren sollten.[11] Das einzige, was man mit relativer Sicherheit sagen kann, ist, dass in Afrika und Nordamerika überdurchschnittlich viele Geschichten vorhanden oder, vorsichtiger formuliert, überliefert sind. Kurzum, ich werde daher im Folgenden auf weniger Material zurückgreifen bzw. zurückgreifen können und dieses nur zum Teil so ausführlich interpretieren wie bisher.

Aus Teotihuacán, einer klassischen mesoamerikanischen Kultur und einer der größten Stadtanlagen der Neuen Welt aus den ersten nachchristlichen Jahrhunderten, die nördlich von Mexiko Stadt gelegen ist (vgl. Martin 2000), sind Wandgemälde mit dem Abbild einer Spinnenfrau vorhanden, bei der es sich nach den Untersuchungen Karl Taubes um eine Göttin der Erde, der Unterwelt, des Wassers und der Schöpfung handelt, wobei sie auch mit Krieg, Hellseherei

---

[11]   In den klassischen Sammlungen ist, abgesehen von einem kurzem Hinweis bei Krickeberg (s.u.), keine einzige Spinnengeschichte vorhanden (vgl. für Mittel- und Südamerika Karlinger 1992, Karlinger und Freitas 1993, Karlinger und Zacherl 1992, Koch-Grünberg 1927, Krickeberg 1928 und für Australien Berndt und Berndt 1989, Löffler 1996).

und mächtigen Schamanen-Wesen in Verbindung steht (Taube 1983, 108; 135; 140). Da eine Vielzahl von Übereinstimmungen mit den Spinnenfrauen der südwestlichen Indianer Nordamerikas vorhanden sind, hält Taube eine Wanderung dieses Vorstellungskomplexes für wahrscheinlich, zumal ein reger Handel zwischen den Gebieten existiert habe. Den Ursprung sieht er in Teotihuacán, weil es ein mächtiges urbanes Zentrum war und älter als die Indianerkulturen sein soll (ebd., 140f.).

Der göttlichen Sphäre zugeordnet ist die Spinne auch im Reich der Azteken, da sich ihr Schöpfergott Tezcatlipoca an einem Seil aus Spinnenfäden vom Himmel herablässt, um seinen Widersacher Quetzalcoatl, den historisch-mythischen Herrscher der Tolteken, zu vertreiben, indem er sich in einen Jaguar verwandelt und ihm nachstellt (Krickeberg 1928, 50f.; vgl. 337f.). Krickeberg glaubt, dass Tezcatlipoca beim Herabsteigen vom Himmel die Gestalt einer Spinne annimmt, weil sich im Codex Borgia, einer altmexikanischen Bilderhandschrift, teuflische Wesen – Tzitzimitl genannt – als Spinnen vom Himmel herablassen und sich in Jaguare verwandeln, ähnlich wie es im Krickeberg'schen Text mit dem Schöpfergott der Fall ist. Die Tzitzimitl sind Dämonen der Dunkelheit, die an Kreuzwegen hausen, viel Unheil anrichten und die Menschen beim Weltuntergang vernichten. Daran wird deutlich, dass die Spinne auch in mesoamerikanischen Kulturen von ambivalenter Natur ist. Das gleiche gilt für den Jaguar, der als größtes und gefährlichstes Katzenraubtier Amerikas wegen seiner Kraft und Stärke zwar bewundert wird, aber als Unhold auch gefürchtet ist, weil er als Dämon der Dunkelheit gilt, bei Sonnenfinsternissen die Sonne auffrisst, und böse Zauberer sich in ihn verwandeln können (ebd., 313f.; 319; 338; Neumann 1997, 179; Taube 1983, 111).

Ein ähnlich ambivalentes Bild in Bezug auf die Eigenschaften der Spinne bieten auch die mir zur Verfügung stehenden Texte aus Südamerika. Von den Warao, einem Indianervolk aus dem Orinoco-Delta Venezuelas, stammt die folgende Geschichte.

> Ein Mann hat zwei Frauen, von denen die ältere eifersüchtig auf die jüngere ist. Da die Streitigkeiten immer mehr eskalieren, schickt er die Jüngere nebst ihrem Säugling weg. Sie geht solange, bis es dunkel wird, und klettert dann auf eine Palme, um zu übernachten. Dort muss sie jedoch Todesängste ausstehen, da immer wieder Jaguare sie zu holen versuchen, mit ihrem Vorhaben allerdings scheitern, weil sie nacheinander von der Palme herunterfallen und dabei mit der nächstfolgenden Raubkatze zusammenstoßen, die sie daraufhin zerfleischt, weil sie jene für die Frau hält, so dass am Ende alle tot sind. Am nächsten Abend erklimmt sie wieder einen Baum, und auch diesmal kommen Jaguare, wobei sie nun die Wurzeln ausgraben, so dass der Baum um- und in ein riesiges Spinnennetz hineinfällt. Die Frau und ihr Baby landen daher weich und sind gleichzeitig vor den Raubkatzen geschützt. Am anderen Morgen eilt ihr Vater herbei – aufgerüttelt durch einen Traum, der ihm die Gefahr mitgeteilt hat, in der seine Tochter schwebt. Er erschießt die umherstreifenden Jaguare und nimmt Kind und Enkel mit nach Hause (Wilbert 1970, 399f.).

Die von Arizona bis Mittelpatagonien vorkommenden und ausschließlich nachts jagenden Jaguare verbreiten auch in dieser Geschichte Angst und Schrecken, scheitern jedoch an ihren mangelnden Kletterkünsten – was real kaum denkbar ist – und an dem gewaltigen Spinnennetz, das sich wie eine mütterliche Hand schützend um die junge Frau und ihren Säugling legt. Im Gegensatz zu jenen vertikalen Netzen, die wohlwollende Spinnen vor Höhlen anbringen, um einen Verfolgten zu retten, fungiert das horizontale Gewebe dieser Erzählung für die Mutter als Schutzraum und Auffangnetz zugleich. Geschützt war sie auch am Anfang der Erzählung durch ihr Leben als Ehefrau, und sie ist es ebenfalls am Ende, nämlich durch ihren Vater. Dieser wird als eine »berühmte« Persönlichkeit bezeichnet (ebd., 400), und auch ihr Ehemann dürfte angesehen sein, da die Warao in der Regel monogam leben und ausschließlich ältere und sozial höherstehende Männer zwei oder drei Frauen heiraten dürfen (ebd., 24). Das »soziale Netz« der Frau ist daher außerordentlich stabil und passt in dieser Hinsicht zum realen Netz, in das sie fällt: Der soziale Status verleiht ihr – wenn man das Geschehen symbolisch nimmt – ein so großes Gefühl der Sicherheit, dass die Fährnisse der Wildnis ihr nichts anhaben können. Weder vermögen die Jaguare trotz ihrer Kletterkünste sie zu erreichen, noch fällt sie hart zu Boden, sondern landet »weich gepolstert« in einem Spinnennetz, das nicht erst hergestellt werden muss, sondern schlicht und einfach für sie da ist.

Als aktive Heldin tritt die Spinne hingegen in einer Erzählung der Bororo in Erscheinung, einer Indianergruppe in Zentralbrasilien.

> Nachdem Toribúgu, ein junger Mann, von seiner Stiefmutter verführt wurde, beschließt sein Vater ihn auf indirekte Weise zu töten, indem er ihm Aufgaben stellt, die noch nie jemand lösen konnte und die bisher alle, welche sich daran wagten, mit dem Leben bezahlt haben. Durch die Ratschläge seiner leiblichen Großmutter und mittels hilfreicher Tiere vermag er jedoch sämtliche Gefahren zu meistern, und am Ende tötet er seinen Vater sowie dessen zwei Frauen. – Eine jener Aufgaben besteht darin, die Nüsse einer bestimmten Palmenart zu beschaffen, welche sich inmitten eines Sumpfes befindet, der von todbringenden Geistern bewacht wird. Auf Anraten seiner Großmutter bittet er die des Schwimmens mächtige Spinne Ieragádu, das Eichhörnchen Kodokódo auf ihrem Rücken dorthin zu transportieren, damit es die Nüsse einsammeln und herbeischaffen kann, was nach Überwindung einiger Schwierigkeiten auch gelingt (Wilbert und Simoneau 1983, 198-204).

Da Toribúgu als Opfer seiner Stiefmutter dargestellt wird und sein Vater ihm die wahre Absicht der Aufgabenstellung verschweigt – wodurch die Tötung desselben plausibel erscheinen soll –, ist er positiver Held und Sympathieträger, weswegen auch ein günstiges Licht auf die ihm behilfliche Spinne fällt.

In einem besonders hohen Ansehen steht sie bei den Mataco-Indianern des Gran Chaco, einer Großlandschaft im zentralen Südamerika, an der Argentinien, Bolivien und Paraguay Anteil haben.

> »In alten Zeiten war die Spinne eine Frau, die den Mataco-Mädchen das Weben lehrte. Als sie es erlernt hatten, verwandelte sich die Spinne, die noch immer eine Frau war, in ein Tier. Die Mataco lernten von der Frau, ihre Ponchos (= traditionelle Oberbekleidung

der Indianer Mittel- und Südamerikas: eine rechteckige Decke mit Kopfschlitz, B.R.) und Gürtel zu weben« (Wilbert und Simoneau 1982, 121 – eigene Übersetzung).

Der Gran Chaco ist eine parkähnliche Landschaft, die nach Norden und Westen in Trockenwald und Dornbuschsavannen übergeht. Prägend sind die sommerlichen Starkregenfälle, welche die von vielen Sümpfen begleiteten Hauptflüsse anschwellen lassen und zu Überschwemmungen führen. Neben dem Fischreichtum der Gewässer sind die Wälder ein bedeutender Nahrungslieferant. Die wertvollsten Gewächse sind Bromelia-Arten, deren Früchte essbar sind und deren Blätter zu Faserbündeln verflochten werden, aus denen die Indianer Netze und Taschen aller Art herstellen, aber auch die im Text genannten Gürtel und Ponchos. Wilbert schreibt, dass *net bags* das charakteristischste Kennzeichen der materiellen Kultur der Mataco-Indianer sind und eine Industrie hervorgebracht haben, die extrem arbeitsintensiv und deren Produkte allgegenwärtig sind – von fein gearbeiteten Beuteln für Tabak und Zünder bis zu schweren Fisch- und meterlangen Tragnetzen (ebd., 5). In Anbetracht der Allgegenwart dieser Produkte und ihrer Bedeutung, die sie für den Nahrungserwerb, für Kleidung und als Mittel zum Tragen unterschiedlichster Gegenstände haben, werden die Mataco der Spinne als Lehrmeisterin der Webkunst vermutlich eine hohe Achtung entgegenbringen, auch wenn das expressis verbis nicht im Text steht. Ein indirekter Hinweis sind indes jene zahlreichen Erzählungen aus Wilberts Sammlung, in denen die Spinne einem bedrängten Helden hilfreich zur Seite steht, indem sie etwa Frakturen des Beines oder Fußes heilt (ebd., 167f.; 181; 182f.; 188f.; 189f.; 192; 197).

In einer anderen Geschichte desselben Volkes besucht ein Schamane das Reich des Todes und der Krankheiten, um Letztere nach seiner Rückkehr erfolgreich bekämpfen zu können.[12] Als er in der Unterwelt das Haus seiner verstorbenen Familienmitglieder betritt, reicht ihm seine Mutter Beeren (»mistol berries«) zur Begrüßung, die sich jedoch, als er sie essen möchte, in Spinnen verwandeln, weil alle Toten von Spinnen leben. »He did not want to eat them, however, because he was not dead« (273). Auch Wildkartoffeln und gekochten Leguan, der sich als Schlangenfleisch entpuppt, verschmäht er, weil es sich dabei ebenfalls um Nahrung handelt, die von Toten verzehrt wird (ebd., 273).[13]

In der Erzählung zeigt sich eine gewisse Ambivalenz gegenüber Spinnen. Einerseits sind sie wie die Schlangen – die in vielen traditionellen Kulturen keineswegs ein so negatives Ansehen haben wie bei uns, sondern geschätzt werden, da sie wegen ihrer Eigenschaft, sich zu häuten, ein Symbol für menschliche Entwicklungsfähigkeit sind – wertvoll genug, um den Toten als Nahrung zu dienen,

---

[12] Der Herrscher des Totenreiches, Tokhuah, gebietet über die Krankheiten, die als reale Personen verstanden werden. Er entscheidet darüber, welche davon er in die Welt hinausschickt, um Menschen krankzumachen.

[13] Was die Wildkartoffeln angeht, bin ich auf Vermutungen angewiesen. Entweder sind die nicht kultivierten Formen weniger schmackhaft, oder es sind nicht die Knollen, sondern die giftigen, weil Solanin enthaltenden Früchte gemeint, was möglicherweise mit einem Übersetzungsfehler aus der Indianersprache ins Englische zu tun haben könnte.

andererseits würde anscheinend kein Lebender auf die Idee kommen, sie zu verspeisen.

Von einer potentiellen Bedrohung durch eine riesige Spinne wird in einer Erzählung der Gê berichtet, einer indianischen Sprachfamilie, deren Mitglieder vor allem im brasilianischen Bergland leben.

> Während ihrer Abenteuer gelangen ein alter und ein junger Mann unter anderem zu einem haushohen Spinnennetz, in welchem sich Vögel – Baumwachteln und Papageien – verfangen haben. Der alte Mann beschließt, um es herumzugehen, und der junge verwandelt sich in einen Moskito und durchfliegt es. Dann setzen sie ihre Wanderungen fort (Wilbert 1978, 402).

Die Spinne tritt zwar nicht in Erscheinung, doch die Gefahr, die von ihr ausgeht, manifestiert sich in ihrem gigantischen Netz, das die beiden Männer wohlweislich nicht berühren. – Eine besondere Macht soll man auch den großen Vogelspinnen Brasiliens nachsagen, da »sie durch ihren Blick die Kolibris an sich ziehen, die so leicht ihre Beute werden« (Seligmann, Bd. 1, 1910, 135). Möglicherweise kann man diese zugegebenermaßen spärlichen Hinweise im Kontext der südamerikanischen Spinnenfauna sehen, weil dort nicht allein die größten – wenngleich keine Radnetze webenden – Vogelspinnen existieren, sondern auch die giftigsten Webspinnen, allen voran die zu den Kammspinnen zählenden Phoneutria-Arten (etwa die »Bananenspinne«) und Unterarten der Schwarzen Witwe, die von der Bevölkerung sicher als besonders machtvoll erlebt werden.

Bevor wir Amerika verlassen, soll noch ein Blick auf ein Märchen aus der Karibik geworfen werden.

> Ein Mann lebt zusammen mit seiner Tochter auf dem Land. Er besitzt zwei Sklaven – den Skarabäus und die Spinne. Eines Tages findet er in weiter Entfernung von seinem Haus einen gewaltigen Goldklumpen, und er verspricht demjenigen der Sklaven seine Tochter zur Frau, der es schafft, das wertvolle Metall nach Hause zu befördern. Beide versuchen es, indem sie zu singen anfangen, doch während die Spinne keinen Erfolg hat, weil sie heiser ist, beginnt sich das Gold in dem Moment zu bewegen, da der Skarabäus mit seinem Gesang anhebt. Daraufhin eilt die Spinne zum Medizinmann, um ihre Heiserkeit loszuwerden. Dieser empfiehlt ihr, das Kauen der Zuckerrohrstücke zu unterlassen, doch weil sie ihr so gut schmecken, ist sie dazu nicht bereit. Als der Skarabäus fast sein Ziel erreicht hat und das Gold der Eingangstür des Anwesens entgegenrollt, läuft die Spinne so schnell zum Haus hin, dass sie es als Erste erreicht, weswegen sie ihrem Herrn weismachen kann, sie habe das ersehnte Metall herbeigeschafft. Als es jedoch in Strömen zu regnen beginnt, fordert der Herr sie auf, das Gold ins Haus zu holen. Weil ihr das nicht gelingt, wird der Skarabäus gerufen. Er bewältigt die Aufgabe und bekommt die Tochter zur Frau, während die Spinne mit Schimpf und Schande verjagt wird und unter den Blättern der Kokospalme Zuflucht suchen muss (Karlinger und Pöge 1983, 162f.).

Das Märchen nimmt auf die Sklaverei Bezug und erzählt davon, dass der wohlhabende Herr noch vermögender wird und einer der beiden Sklaven mit List versucht, den anderen, obgleich ebenfalls unterprivilegiert, auszutricksen, um am Reichtum seines Gebieters Anteil zu haben und darüber hinaus dessen Tochter zu ehelichen. Letztlich wird ihm jedoch seine Gefräßigkeit zum Verhängnis, so dass er am Ende mit noch leereren Händen als am Anfang dasteht. Die Spinne erinnert an die afrikanischen Trickstergestalten, und es ist zu vermuten, dass sie nicht indianischer Herkunft, sondern mit den Sklaven über das Meer in die Neue Welt gelangt ist.

2.5 Traumzeitmythen und Volkserzählungen der australischen Aborigines

Wenn wir nun einen großen Sprung über den Stillen Ozean wagen und uns Australien zuwenden, werden wir ähnliche Verhältnisse vorfinden wie in Südamerika, da trotz der Verbreitung hochgiftiger Spinnen nur sehr wenige Geschichten aufgezeichnet sind, die von diesem Tier handeln. So sind im Typen-Verzeichnis zur mündlichen Überlieferung der Aborigines insgesamt nur drei Erzählungen aufgelistet (Waterman 1987, 90; 113; 118), während von den meisten anderen Tieren ungleich mehr Geschichten existieren.

Was für die Indianer Amerikas gilt, gilt auch für die australischen Ureinwohner, da es nicht *die* Aborigines gibt, sondern ungefähr 600 Stämme, die jeweils eine eigene Sprache oder einen eigenen Dialekt sprechen (Capell 1965; Löffler 1996, 243; Massola 1968, 13). Im Hinblick auf ihre Überlieferung ist zu unterscheiden zwischen heiliger Mythologie und Volkserzählungen im engeren Sinn. Zu Letzteren gehören Ätiologien, Warn- und Schreckgeschichten, Erzählungen von Verstößen gegen das Sittengesetz sowie Tierfabeln, in denen die Grenzen zwischen Mensch, Tier und Pflanze fließend sind. Während diese der Belehrung und Unterhaltung dienen, gehört die religiöse Mythologie in den Rahmen feierlicher Rituale, die für die Aufrechterhaltung der Naturabläufe und den sozialen Zusammenhalt notwendig sind. Zumeist wird die Geschichte von Naturschöpfern oder Kulturheroen nachgespielt, die aus der Erde gekommen sind und die Landschaft formten sowie Pflanzen, Tiere und Menschen entstehen ließen (Boltz 1999, 160-163; Löffler 1996, 244-255; Tonkinson: Australien/Autochthone Mythologie, EM, Bd. 1, 1977, 1065-1071).

> »Auf ihren Wanderungen durch das Stammesgebiet mutieren die Vorfahren immer wieder in bestimmte Tiere und Pflanzen – die so genannten Totems –, deren Aussehen und Gewohnheiten sie annehmen. Sie werden zu grasfressenden Kängurus, stellen als Eidechsen Fliegen nach oder verwandeln sich in früchtetragende Bäume und Sträucher. Im Denken der Aborigines ist diese Beziehung so eng, dass sie die Schöpfergestalten voll und ganz mit ihren jeweiligen Totems identifizieren, also nur noch von Känguru-, Eidechsenahnen etc. sprechen« (Boltz 1999, 157).

Das wohl bekannteste mythologische Wesen ist die Regenbogenschlange, welche die Schöpferin der Flüsse und jener Straße ist, auf der die Seelen der Ungeborenen sich zu den Müttern begeben, um von ihnen geboren zu werden. Die mythologischen Erzählungen werden aus einer Zeit abgeleitet, die vor der Existenz der Menschen liegt und »Traumzeit« genannt wird, weil die Aborigines das

Nacherleben der Vorgänge aus jener Epoche als »träumen« bezeichnen, da sie nicht rational fassbar sind, sondern allein im spirituellen Erleben eine Annäherung möglich ist (vgl. Löffler 1996, 244-252).

Der Totemismus hat nicht nur religiöse Bedeutung, sondern ist auch konstituierend für die traditionelle Gesellschaftsordnung mit ihrer Einteilung in Stämme, Klane und Horden. Der Stamm ist die größte soziale Gruppe mit ungefähr 500 bis 1000 Mitgliedern, die eine gemeinsame Sprache sprechen. Er ist unterteilt in kleinere Einheiten von einigen hundert Menschen, den Klanen, die verschiedene Totemtiere und -pflanzen verehren, welche einem bestimmtem Gebiet zugeordnet sind, das von den Mitgliedern verwaltet wird. Die nächstkleinere Gruppe ist die Horde, die gemeinsam auf Nahrungssuche geht, miteinander lagert und umherzieht. Da die Aborigines keinen Angehörigen aus dem eigenen Klan heiraten dürfen, leben Mitglieder verschiedener Klane in Horden zusammen. Zusätzlich zur Gruppenidentifikation mit einem Totem wird jeder einzelnen Person ein zweites, individuelles Totem zugeordnet, das durch die elterliche Abstammung bestimmt wird (Lawlor 1993, 302-308; vgl. Berndt und Berndt 1988, 227-258; Stanner 1965; Strehlow 1970). Aus all dem ergibt sich ein hochkomplexes soziales Räderwerk, das die Stellung des Einzelnen sowie seine Rechte und Pflichten genau festlegt. »Ein Emumann darf etwa keine Kängurufrau, sondern nur eine Partnerin aus der Eidechsen-Totemgruppe heiraten« (Boltz 1999, 157).

Die beiden folgenden Erzählungen handeln von Geschehnissen aus der »Traumzeit«.

> Als Menschen und Tiere noch eins waren, wurde Purra, das Känguru, von Doan, dem fliegenden Fuchskusu (Fuchskusu sind Kletterbeutler mit einer Länge von 35 bis 60 Zentimetern, die vor allem in den Wäldern Australiens leben und auch »Australisches Opossum« genannt werden, B.R.) verfolgt. Bevor Doan jedoch das Känguru töten kann, kommt ihm die Spinne Wembulin,[14] ein grausames und blutrünstiges Wesen, in die Quere. Doan versucht zwar zunächst im Wald zu entkommen, doch nachdem die Spinne einen Baum nach dem anderen umgefällt hat, sitzt er in der Falle, wird getötet und aufgefressen. Nur einige Knochen und ein Stück vom Fell bleiben von ihm übrig. Danach beginnt Wembulin das Känguru zu verfolgen, das allerdings bereits weit entfernt ist und mit seiner Spur das Bett des Wimmera River geformt hat. Da es sich sicher fühlt, bleibt es dort, wo es gerade ist, eine Weile, frisst den ganzen Platz leer und erschafft so den Lake Hindmarsh. In weiterer Folge formt es außerdem den Lake Albacutya und einige Kanäle. – Unterdessen warten zwei Brüder, welche Doans Onkel sind, auf seine Rückkehr. Da er nicht kommt, gehen sie ihn suchen und finden alsbald seine sterblichen Überreste. Sie verfolgen Wembulins Spur, machen ihn ausfindig und töten ihn. Dann schneiden sie ihm den Kopf ab und spielen damit, indem sie ihn, auf dem Boden rollend, einander zuspielen, wodurch die Senke entsteht, welche Lake Wonga genannt wird. Die beiden gut aussehenden Töchter der Spinne nehmen sie zunächst in erotischer Absicht auf, doch da sie, wie sie bald beobachten können, genau wie ihr Vater imstande sind, Bäume aus eigener Kraft zu fällen, erscheinen sie den Brüdern doch zu gefährlich,

---

[14] Im Text nur als »Wembulin the Triantelope« bezeichnet, aber »Triantelope« ist ein Oberbegriff für verschiedene Spinnenarten (vgl. Mascord 1991, 32-38; 112).

weswegen sie die Mädchen ebenfalls umbringen. Sie schlagen ihnen Gehirn, Zähne und Kiefern aus, die man heute noch als klumpenförmige Kalksteine bei Wirringe erkennen kann. – Die Brüder erleben dann noch weitere Abenteuer – zum Beispiel töten sie die Große Weiße Eule nebst ihren Söhnen, weil sie gerade dabei sind, die eigene Frau bzw. Mutter aufzufressen –, doch am Ende steigen sie in den Himmel auf, wo sie als jene zwei Sterne zu beobachten sind, welche die Längsachse im Kreuz des Südens markieren (Massola 1968, 3-8 – Erzählung der Wotjobaluk).

Während die Spinne in dieser Geschichte als ein blutrünstiges Wesen dargestellt wird, spielt sie in der folgenden »Traumzeit«-Erzählung eine passive und untergeordnete Rolle.

> Der alternde Soldier Bird begleitet den Habichtsadler auf seiner Jagd nach Emus, die dieser mit Netzen fängt, welche mehrere hundert Meter lang sind. Nachdem der Habichtsadler reichliche Beute gemacht hat, schlägt Soldier Bird vor, eines der Emus selber nach Hause zu tragen, und er erbittet sich ein Bein von dem Vogel als Nahrung für seine Familie und sich. Um zu demonstrieren, dass er schneller als der Habichtsadler wieder daheim und trotz seines Alters noch ein »ganzer Mann« ist, geht er zum Eingang der Falltürspinne, um eine unterirdische Abkürzung zu nehmen. Die Spinne gewährt ihm Einlass, verlangt aber das halbe Emu, worüber sich Soldier Bird von vornherein im Klaren ist. Unterdessen bemerkt der Habichtsadler das Verschwinden des Alten, wittert Betrug und eilt zum anderen Ende des unterirdischen Gangs der Falltürspinne, in dessen Nähe Soldier Birds Familie wohnt. Er tötet zunächst seine zwei Töchter, dann seine Frauen und schließlich ihn selbst, als er wieder an der Oberfläche erscheint. Mit Dieben habe er kein Erbarmen, denn schließlich sei er der Anführer der Habichtsadler und darüber hinaus der Morgenstern (Reed 1987, 22-26 – keine Herkunftsangabe).

In einer ansonsten identischen Variante tritt Soldier Birds Absicht, das Emu zu stehlen, noch deutlicher zutage, weil er sich mit *allen* gefangenen Vögeln auf und davon macht (Parker 1896, 108-114, hier 111; deutsche Fassung in Boltz 1999, 86-95 – Erzählung der Narran).

Auffallendes Merkmal beider Erzählungen aus der »Traumzeit« sind die Brutalität, Grausamkeit und Unerbittlichkeit der handelnden Wesen, die kein Erbarmen kennen. Es ist eine Welt jenseits menschlicher Maßstäbe, weswegen es auch nicht möglich ist, die Spinne aus der ersten Erzählung mit kritischer Elle zu messen, da ihr Verhalten nicht anders ist als das der meisten übrigen Handlungsträger. Und dennoch sind die Verhaltensweisen nicht vollkommen fremd für die Zuhörer, da sie zum Teil mit Beobachtungen aus der Natur in Einklang stehen. So tut das Känguru niemandem etwas zuleide, sondern ist im Gegenteil ausschließlich ein Verfolgter, weil es als Pflanzenfresser andere tierische Wesen in Ruhe lässt. Und wenn Wembulin und seine Töchter ganze Bäume zu durchschneiden vermögen, entspricht das in Relation zur tatsächlichen Größe der Spinnen ihrem Vermögen, mit Hilfe der Cheliceren – dem ersten meist als Schere entwickelten Extremitätenpaar des Vorderkörpers – beim Zubeißen außergewöhnliche Kräfte zu entwickeln (Heimer 1997, 16). In ähnlicher Weise ist die Falltürspinne keine Erfindung der »Traumzeit«, da alle Arten derselben (Familie der Nemesiidae und Ctenizidae) in Erdhöhlen leben, die sie mit einem runden Deckel aus Spinnseide und Erdklumpen verschließen. Dieser ist passgenau angefertigt und wird häufig mit kleinen Ästen, Blättern oder Moos versehen, um verborgen zu bleiben. Seine gute Tarnung spiegelt sich auch in der Geschichte wider, weil es heißt, dass der Habichtsadler, als er Soldier Bird zu suchen beginnt, den Eingang der Falltürspinne nicht zu entdecken vermag, da er von Steinen halb bedeckt ist (Reed 1987, 24). Auch die Länge der Wohnröhre sowie der zweite Ausgang entsprechen insofern der Realität, als es sich dabei oft um kunstvolle Höhlensysteme mit Fluchttunneln handelt (Bellmann 1997, 34-37; Heimer 1997, 77; Taylor 2000, 30f.). – Doch auch spezifisch Menschliches findet seinen Niederschlag in den Mythen, wenn man etwa an Soldier Birds Eitelkeit denkt, der das Älter-Werden nicht zu akzeptieren vermag, weil Körperkraft und Ausdauer nicht nur in vielen traditionellen Kulturen, sondern auch in seiner Welt besondere Attribute der Männlichkeit sind. Darüber hinaus ist die uns befremdlich erscheinende Tötung des Alten und seiner Familie besser zu verstehen, wenn man bedenkt, dass die gerechte Aufteilung der Jagdbeute und das strikte Verbot, etwas davon zu rauben, zu den grundlegenden ethischen Prinzipen der Aborigines zählt, um nicht Hunger leiden zu müssen bzw. wenigstens ein Minimum an Nahrungszufuhr sicherzustellen.

»Traumzeit«-Wesen haben spezifische Merkmale bei ihren Nachfolgern hinterlassen und, für alle deutlich sichtbar, Spuren ihres Wirkens, indem sie der Landschaft ihre heutige Gestalt gegeben haben. Das Känguru formte Flüsse und Seen, die noch vorhanden sind, besonders bedeutende mythische Wesen leuchten heute als Sterne vom Himmel herab, und selbst die Ermordung der Spinnentöchter vermag man noch nachzuvollziehen, da ihre Überreste – Gehirn, Zähne und Kiefer – als Kalksteine in der Landschaft weiterexistieren. Es ist eine Welt, in der alles seine Bedeutung und seinen bestimmten Platz hat und in der Mensch, Natur und Kosmos als organische Einheit verstanden werden.

Neben mythologischen Überlieferungen aus der »Traumzeit« sind auch einige wenige Volkserzählungen vorhanden, in denen man der Spinne begegnet. Darauf soll nun das Augenmerk gelenkt werden.

> In einem Tiermärchen verabreden sich Kakadu und Spinne, die Schabe zu überlisten, indem sie behaupten, dass die Maden, welche der Kakadu mit Hilfe einer Steinaxt aus einem großen Baum herausgeschlagen hat, von der Schabe verspeist worden seien. Zur Strafe wird sie getötet und aufgefressen (Massola 1968, 68 – Victoria).

Ob es sich bei dem Gebrauch des Werkzeugs durch den Kakadu um ein Überbleibsel aus der »Traumzeit« handelt oder um ein vermenschlichendes Motiv im Tiermärchen, vermag ich nicht zu entscheiden, doch kann es als sicher gelten, dass die böswillige Unterstellung von Seiten der Spinne und des Kakadus auf profane Machenschaften aufmerksam macht, die vorwiegend Unterhaltungswert haben soll. Gleichzeitig weist die Rechtfertigung indirekt auf das Vorhandensein ethischer Prinzipen hin, weil sie deutlich zeigt, dass man ohne weiteres ein »Beutetier« nicht fressen darf, sondern zumindest irgendeine, wenngleich fadenscheinige Begründung dafür benötigt.

In einer anderen Geschichte bemächtigt sich ein böser Geist einer alten Frau und befiehlt ihr, aus Gräsern Beutel zu flechten. Da sie sich weigert, bindet er sie frei hängend zwischen zwei Bäumen fest und verschwindet daraufhin. Als er zurückkommt, findet er zwischen den Bäumen nur ein Netz vor, in dem eine Spinne sitzt (Waterman 1987, 113 – Nguluwongga-Erzählung).

Während in der ersten Geschichte die Spinne eine aktive, dem Trickster ähnliche Rolle spielt, ist sie hier als Opfer anzusehen, das die Gestalt des Tieres nur annimmt, um dem bösen Geist zu entfliehen. Die Verwandlung kann mit der Form der Bestrafung zusammenhängen, nämlich damit, dass die Art und Weise ihrer Fesselung Assoziationen an ein Spinnennetz hervorruft, aber auch mit dem Umstand, dass der Geist sie auf die bloße Rolle einer Weberin reduzieren will, weswegen sie es vorzieht, die entsprechende Gestalt anzunehmen und sich gleichzeitig so ihrem Schicksal zu entziehen: Wenn sie schon weben muss, dann ausschließlich für sich, nicht aber für den Unhold. – Die Ineinssetzung von Frau und Webspinne ist auch für die folgenden Erzählung aus New South Wales im Südosten Australiens charakteristisch, wenngleich in einem anderen Bedeutungszusammenhang.

> Die alte, hässliche Hexe und Kannibalin Murgah Muggui lebt allein in einem durch Stachelgestrüpp[15] geprägten Gebiet. Immer wenn junge Männer auf der Jagd in ihre Gegend gelangen, verwandelt sie sich in eine schöne, junge Frau, lädt sie zum Essen ein und überredet sie, eine Liebesnacht mit ihr zu verbringen, was ihr auch dann jedes Mal gelingt, wenn zu Hause auf den jungen Mann eine Frau wartet. Ist er nach dem Geschlechtsverkehr eingeschlafen, nimmt sie ihren Jamswurzel-Grabstock, der an einem Ende spitz zuläuft, und sticht, nachdem er aufgewacht ist, zu, wobei er, kurz bevor er stirbt, statt des jungen Mädchens eine alte Hexe über sich gebeugt sieht. Auf diese Weise tötet sie viele Männer und verspeist jedes Mal deren sterbliche Überreste. – Doch eines Tages kommt ein starker und kluger Mann daher, der ihr Spiel durchschaut. Zwar willigt auch er ein, in der Nacht bei ihr zu bleiben, doch täuscht er den Schlaf nur vor und reißt ihr, als sie ihn töten will, den Grabstock aus der Hand und sticht ihn ihr durch das Herz. Daraufhin verwandelt sie sich in die Spinne Murgah Muggui, die auf den Kiefern lebt und ihr feines Netz von Baum zu Baum webt, in deren Maschen sich viele Opfer verfangen (Parker 1930, 15f.).

Ähnlich wie bei Kivioq, dem Eskimo, und bei der männermordenden Spinne der Pawnee-Indianer treten in dieser Erzählung die negativen Aspekte der »Spinnenfrau« und des Mutterarchetypus deutlich zutage. Murgah Muggui führt als Hexe im Grunde das gleiche Leben wie nach ihrer Verwandlung, weil ihr Dasein ganz

---

[15] Im Text steht »pine tree scrub«, wörtlich »Fichtengestrüpp« oder »Kieferngestrüpp«. Wahrscheinlich ist die schwer zugängliche Scrub-Landschaft gemeint. Boltz schreibt im Hinblick auf die Flora des Südostens (und Südwestens), dass die Eukalyptus- und Akazienwälder in Richtung Norden schon bald übergehen »in eine offene Savannenlandschaft mit ihren typischen australischen Zwergeukalypten und Grasbäumen. Auf diese pflanzen- und wildreiche Randzone des so genannten *bush* oder *outback* folgt ein breiter Steppengürtel, der über weite Strecken hinweg unter einem dichtverfilzten, undurchdringlichen Stachelgestrüpp, dem berüchtigten *scrub*, verschwindet« (Boltz 1999, 151f.).

darauf ausgerichtet ist, – sei es im wörtlichen oder übertragenen Sinn – Netze zu weben, um Opfer einzufangen, welche sie aussaugt oder »zum Fressen gern« hat. Während sie als Spinne ein wirkliches Netz verwendet, muss sie als menschliches Wesen zu subtileren Methoden greifen, indem sie in Gestalt einer schönen, jungen Frau Männer anlockt und sie mit der Aussicht auf orale und sexuelle Befriedigung gefügig macht, was ihr auch jedes Mal gelingt. Interessanterweise tötet sie ihre Opfer nicht im Schlaf, sondern wartet, bevor sie zusticht, darauf, dass sie erwachen, damit sie ihrer wahren Gestalt ansichtig werden. Sie verzehrt die Männer nicht nur, sondern kostet auch – ganz die sadistische Feinschmeckerin – das Schreckmoment zur Gänze aus, das ihre Opfer überfallen muss, wenn kurz zuvor noch Männerträume von mütterlicher Versorgung und sexueller Befriedigung durch ein und dieselbe Person wahr wurden und plötzlich eine alte, hässliche und mordlüsterne Hexe über ihnen erscheint.

Murgah Muggui verkörpert aber nicht nur die negativen Seiten des Mutterarchetypus und kulturübergreifende Männerängste, sondern wirft auch ein Licht auf die Beziehung der Geschlechter und ihre Rollenverteilung in der Welt der Aborigines – ähnlich wie es am Beispiel der Prärie- und Plainsindianer sowie der Eskimo deutlich wurde (zum Folgenden vgl. C.H. Berndt 1965; Berndt und Berndt 1988; Lawlor 1993; Supp 1985). Während die Frauen beim täglichen Wirtschaften Autonomie besaßen und auch den größten Anteil der Nahrung für die Gruppe beschafften, lag die religiöse und politische Herrschaft bei den Männern. Ihre Geheimbünde waren »so etwas wie die Legislative und Exekutive der Aborigines« (Supp 1985, 162), da es ihre Aufgabe war, in wichtigen Fällen Recht zu sprechen, Krieg zu führen, Frieden zu schließen, den Kalender der Wanderungen festzulegen oder Frauen zu tauschen (s.u.) (ebd.). Und nur die Männer waren in die Mythen der »Traumzeit« eingeweiht, spielten die Hauptrolle bei der Durchführung der Rituale und waren die Wächter der heiligen Embleme. Das Wissen um die Bedeutung und den Hintergrund der Religion verschaffte ihnen eine privilegierte Position in der Gesellschaft, weil die Mythologie, wie bereits erwähnt, keine längst vergangene Epoche beschrieb, sondern direkten Einfluss auf die Gegenwart ausübte. Es wäre allerdings ein fälschliches Bild, die Frauen nur als passive Wesen und Opfer einer von Männern dominierten Gesellschaftsordnung zu sehen, da die Machtverhältnisse, wenn man etwas genauer hinsieht, komplizierter waren. So konnten zwar in fast ganz Australien die Männer Liebschaften unterhalten, ihre Frauen verstoßen oder einem anderen ganz beziehungsweise eine Zeit lang überlassen, doch wurde verheirateten Frauen ebenfalls das Recht zugestanden, sich mit anderen Männern einzulassen, sofern sie das Verhältnis nicht an die große Glocke hängten.[16] Doch auch in Bezug

---

[16] Negative Konsequenzen aus der Möglichkeit, von einem fremden Mann ein Kind zu erwarten, waren in der Regel nicht zu befürchten, weil nicht die reale, sondern die spirituelle Zeugung von Bedeutung war, bei der der Geist des Kindes vom Vater vor der Befruchtung aufgespürt wird, der dann in den Leib der Frau eindringt, während sie schläft oder Geschlechtsverkehr hat (Lawlor 1993, 170-176; Supp 1985, 181).

auf das rituelle Leben ergibt sich ein differenziertes Bild. Einerseits existierte eine Vielzahl von Verboten für Frauen: Abgesehen davon, dass sie nicht in die »Traumzeit«-Mythen eingeweiht waren, mussten sie in vielen Bereichen Obacht geben, um nicht bestimmte Tabus zu verletzen. So war es bei Todesstrafe verboten, etwa einen Weg zu kreuzen, auf dem ein geheimes und heiliges Objekt transportiert wurde. Auch durften sie nicht aus einem verbotenen Wasserloch trinken oder einem geheimen Versammlungsort der Männer zu nahe kommen (C.H. Berndt 1965, 275), doch auf der anderen Seite hatten auch sie ihre eigenen Rituale, von denen die Männer ausgeschlossen waren und durch die sie das Leben derselben zu beeinflussen trachteten. Zu einem großen Teil handelt es sich dabei um Liebeszauber, mit dessen Hilfe sie die Zuneigung eines Mannes auf sich lenken oder einen unerwünschten Bewerber von sich weisen wollten. Auch galt es, den Geschlechtstrieb des Mannes, je nach eigenen Bedürfnissen, zu hemmen oder anzustacheln, oder ihn zu dämpfen, wenn der Partner zu viele außereheliche Beziehungen unterhielt. Darüber hinaus waren die Frauen als Heilerinnen und als Schlichterinnen im Fall von Auseinandersetzungen tätig, oder sie sorgten mit Hilfe der Magie dafür, dass ihr Mann unversehrt von der Jagd oder einer Reise zurückkehrte (ebd., 242f.).

Besonderes Misstrauen auf Seiten der Männer erregte indes die Monatsblutung. Wie in zahlreichen anderen Kulturen (vgl. Hovorka und Kronfeld, Bd. 2, 1909, 615-624) war das Menstruationsblut auch bei den Aborigines-Männern sehr gefürchtet. Kam man einer Frau, welche die Periode hatte, zu nahe, bestand zum Beispiel die Gefahr, dass man, wenn man auf das Meer hinausfuhr, um zu fischen, von einem Hai oder Stechrochen bedroht wurde. Doch auch für Leib und Leben der Kinder bestand Gefahr, wenn sie sich einer menstruierenden Frau zu sehr näherten, weil durch ihr Blut die Regenbogenschlange angelockt wurde und die Gefahr drohte, dass sie die kleinen Jungen oder Mädchen tötet. So konnten die Frauen durch ihre Menses Leid und Elend verbreiten, und es bestand durchaus die Möglichkeit, dieses Vermögen als Waffe bewusst einzusetzen (C.H. Berndt 1965, 273f.).

Noch deutlicher zeigt sich ihre potentielle Macht ausgerechnet in jenem Bereich, von dem sie ausgeschlossen waren, nämlich den Mythen der »Traumzeit«, weil in Australien der Glaube weit verbreitet war, dass *ursprünglich die Frauen über die heiligen Riten und Embleme geherrscht hatten,* sie ihnen jedoch später von den Männern geraubt wurden. Man könne dieses Phänomen, schreiben Berndt und Berndt, als symbolischen Ausdruck der untergeordneten Rolle der Frauen deuten, aber genauso gut als Abhängigkeit der Männer von ihnen und als Zeichen dafür betrachten, dass deren Rolle als Wächter der heiligen Mythen auf einem sehr fragilen Grund ruhe (1988, 288). Zwar imitieren sie zum Beispiel im Verlauf ihrer Riten physiologische Vorgänge des weiblichen Körpers (ebd., 263), aber in der Realität bleibt dieses Vermögen nun einmal Frauen vorbehalten, genauso wie die Sichtweise, sie seien die ursprünglichen Herrscher, die Wirklichkeit insofern widerspiegelt, als sie es sind, in deren Leib neues Leben heranwächst, und sie darüber hinaus in der Hauptsache für die Erziehung der Kinder zuständig sind. Diese erleben ihre Mütter bei der relativ ungefährlichen Haus- und Feldarbeit, während die Männer sich oftmals auf riskante Jagden oder Kriegsabenteuer begeben, weswegen auch bei den Aborigines – ähnlich wie wir es bei anderen Kulturen gesehen haben – die Kinder die Welt ihrer Väter als angstbesetzter erleben denn die der Mütter.

Die Geschichte von Murgah Muggui erzählt ebenfalls von solchen Fährnissen, weil die jungen Männer stets während der Jagd vom Tode heimgesucht werden. Und sie kehren deswegen nicht nach Hause zurück, weil sie einem Gegner anheimfallen, der weitaus mächtiger als ihre Beutetiere ist, denn sie verfangen sich unweigerlich im Netz des Liebeszaubers, den eine scheinbar junge und attraktive Frau auf sie auszuüben vermag.

Um das Opfer zu töten, greift Murgah Muggui dann allerdings zu einem wesentlich brutaleren Mittel, dem Grabstock. Dieser ist in Australien einerseits ein typisch weibliches Sinnbild (Schlatter 1985, 60), da er zur Feldarbeit – in dem Fall für das Freilegen der Jamswurzeln – herangezogen wird, doch gleichzeitig ähnelt er aufgrund seiner Form, indem er an einem Ende spitz zuläuft, dem Speer, der in der Kultur der Aborigines ein typisches Symbol der Männer ist, da nur sie Tötungswaffen verwenden dürfen. Außerdem wird der Speer von ihnen »bewusst als phallisches Symbol der Macht erlebt« und gilt auch in weiblichen Mythen als zentrales Mittel der Unterwerfung (Supp 1985, 176).

Während männliche Macht eher nach außen gerichtet ist – sie haben sich die Mythen unterworfen, bestimmen die Rechtsvorschriften und legen sie aus, jagen das Wild, was spektakulärer ist, als Feldfrüchte auszugraben, sie führen Kriege, fixieren Wanderrouten und anderes mehr –, kommt die der Frauen »auf leiseren Sohlen« daher und ist von eher potentieller Natur: Wenn sie die ursprünglichen Herrscher waren, besteht die Gefahr, dass sie es einmal wieder sein könnten. Als Menstruierende werden sie zwar isoliert, doch was passiert, wenn sie sich nicht an die Regeln halten? Sie spinnen die Fäden des Liebeszaubers, und die Männer verfangen sich in ihren Netzen: Was geschieht, wenn sie sich ihrer phallischen Qualitäten bewusst werden und »zustechen«? Man braucht kein orthodoxer Freudianer zu sein, um sich auszumalen, dass solche Gedanken, seien sie nun bewusst oder unbewusst, massive Kastrationsängste auszulösen vermögen, und es ist darum auch nicht auszuschließen, dass ein möglicher Grund für die Abscheu gegenüber dem Menstruationsblut in der Angst vor einem ähnlichen Schicksal begründet ist: dass man den Penis verliert und ausbluten muss, wie es die Frauen Monat für Monat in abgemilderter Form tun. Das ist im wörtlichen Sinn zu verstehen und gleichermaßen in übertragener Hinsicht, da der Penis ein Symbol der Macht, der Männlichkeit und der Manneskraft ist wie kaum ein anderes.

Murgah Muggui hat zwar kein männliches Glied, aber eine Art Speer als phallisches Attribut, und mit dem kann sie die Männer töten und anschließend aussaugen. Demnach kann man das Vermögen der Spinne, mit Hilfe der Cheli-

ceren Gegenstände zu durchtrennen und Gift zu verabreichen, das Opfer zu ver-
flüssigen und auszusaugen, als Symbol für die männlich-phallischen Anteile der
Frau betrachten. So gesehen erscheint diese den Männern mitunter als verführe-
rische, junge Liebhaberin, aber in kritischen Phasen unter Umständen auch als
alte, böse und hässliche Hexe, wenn man, bezogen auf den Text, die Fähigkeit
Murggah Mugguis, sich dergestalt verwandeln zu können, als Symbol dafür versteht, wie Frauen aus dem Blickwinkel der Männer erlebt werden. Möglicherweise erzählt uns ihre Geschichte auch etwas über die ursprüngliche Macht der
Frauen während der »Traumzeit« und davon, dass sie diese im Laufe der Zeit
eingebüßt haben. Denn Murggha Muggui hat schließlich die Rechnung ohne den
Wirt gemacht, da am Ende ein mächtiger Jäger kommt, der ihrem Treiben einen
Riegel vorschiebt. An ihre ursprüngliche Macht erinnert nur noch die Spinne, in
deren Netz sich Beutetiere verfangen. Das wirkt beruhigend, und doch bleibt die
Erinnerung an das, was sie einst vermochte, infolge ihrer Verwandlung präsent.

Die Erzählung ist, wenn ich es einmal so formulieren darf, ein typisches
Männer-Märchen, weil sie vom Sieg des »starken« über das »schwache« Geschlecht berichtet, deren Macht die Männer in Wirklichkeit fürchten. Weil Frau
und Spinne gleichgesetzt sind, fällt auch auf diese und ihr augenfälligstes
Merkmal, das Spinnennetz, ein negatives Licht. Dass das Netz und seine Eigenschaft, etwas zu fangen, auch aus einer positiven Perspektive betrachtet werden
kann, wurde anhand einiger Erzählungen bereits deutlich. Das zeigt auch eine
Episode aus dem Bericht der amerikanischen Ärztin Marlo Morgan über ihre
Erlebnisse mit einer Gruppe Aborigines, die sie mehrere Monate lang auf ihrer
Wanderung durch den australischen Busch begleitet hat. Eines Tages gelangen
sie zu Zwergbäumen, in deren Zweigen sich verschiedene Spinnennetze befinden. Eine Frau aus der Gruppe, die so genannte Seelenfrau oder Traumfängerin,
nimmt eine Art Handtrommel, die sie zuvor angefertigt hat, reibt sie mit einem
Aromaöl ein und legt das Spinnennetz auf die Haut derselben. Solchermaßen
präpariert dient das Tamburin als Hilfsmittel, um bei Zeremonien Träume einzufangen. »Man bat das Universum auf diese Weise um eine Führung durch die
Welt der Träume. Die Seelenfrau half dem Träumenden dann, die Botschaft in
seinem Traum zu deuten« (Morgan 1998, 157). Ähnlich wie in der westlichen
Zivilisation seit Freud, jedoch auf einem anderen theoretischen Hintergrund,
enthalten Träume für die Aborigines eine tiefe Wahrheit, welche ein besseres
Verständnis für die reale Welt des Träumers und seiner Probleme ermöglichen.
Das ist konsequent gedacht, weil die Mythen der »Traumzeit«, wenn sie in Ritu-
alen nachempfunden werden, in ähnlicher Weise die Welt und die Stellung des
Individuums in ihr verständlicher machen. Da die Wertschätzung für den Traum
eine so hohe ist und dieser mit Hilfe eines Spinnennetzes »eingefangen« werden
kann, ist es klar, dass auch diesem und ihrer Produzentin große Achtung erwiesen wird.

Interessant ist an dem Beispiel das einträchtige Miteinander innerer und äuße-
rer Phänomene. Das Fangen der Träume mit Hilfe eines Netzes kann in einem

ganz wörtlichen Sinn als eine Handlung in der Außenwelt verstanden werden, während die Begegnung mit dem Traum, jedenfalls für uns, in einer minder handgreiflichen, weil inneren Welt angesiedelt ist. Die Aborigines empfinden das wahrscheinlich weniger als Gegensatz denn wir, da der Traum für sie die innere Seite der greifbaren Welt repräsentiert und daher genauso viel Realität hat wie die äußere (Lawlor 1993, 286).

Ein ähnliches Motiv ist uns bereits in einigen afrikanischen und nordamerikanischen Märchen begegnet, in denen durch das Spinnvermögen eine Verbindung zwischen irdischer und himmlischer Sphäre erfolgt. Während in der Episode, die Morgan schildert, Innen- und Außenwelt durch das Netz verknüpft werden, ist es in den anderen Beispielen der einzelne Spinnfaden, an dem man von einer Welt in die andere gelangt.

Dieses Motiv findet sich des Öfteren auch im Glauben der Maori, der einheimischen polynesischen Bevölkerung Neuseelands (Best 1982, 96; 427), und in ihrem Erzählgut, wie die folgende Geschichte zeigt.

> Weil eine Frau von ihrem Ehemann misshandelt wird, ruft sie die Götter um Hilfe an. Sie schicken ihr zwei Spinnen, die sich an ihren Fäden zur Erde hinablassen und dann mittels Spinnseide einen Korb flechten. Als er fertiggestellt ist, klettern die Frau und ihr kleiner Sohn hinein, woraufhin sie in den Himmel gehoben werden und dort viele Jahre leben. Als ihr Mann stirbt, kommt seine Seele ebenfalls dorthin. Er trifft seine Familie wieder, die unerfreuliche Vergangenheit ist schnell vergessen, »and in the world of spirits they lived happily together, for it is a place of peace and goodwill« (Reed 1964, 19; Variante in Best 1982, 580f. – ohne Herkunftsangaben).

Die beiden Spinnen sind Abgesandte göttlicher Instanzen und helfen einer in Bedrängnis geratenen Frau, weil das Spinnvermögen es ihnen ermöglicht, sich zur Erde »abzuseilen« und darüber hinaus einen Korb zu flechten, weswegen sie möglicherweise als Ahnen der Webkunst angesehen werden. Einigermaßen überraschend ist das rundum glückliche Ende, aber es spiegelt wohl den Wunsch wider, für die Mühsale, Plagen und Ungerechtigkeiten des irdischen Daseins und die Widrigkeiten des Ehelebens dermaleinst entlohnt zu werden und in paradiesähnlichen Zuständen zu leben.

Aus Mikronesien stammt hingegen die Erzählung zweier Kulturheroen, welche die Erschaffung des Menschen zum Thema haben.

> Aus einer Muschel erschafft Old Spider die Welt, doch vermag er nicht Himmel und Erde zu trennen, ein Problem, das erst Young Spider mit Hilfe des Aals Riiki löst. Daraufhin erschaffen sie gemeinsam Sonne, Mond und Sterne sowie einen großen Baum, von dem die Menschen stammen (Owens 1994, http://www).

Die Rolle als Weltenschöpfer hängt sicher zusammen mit der Zwitterstellung der Spinne als eines Wesens, das sowohl an der irdischen als auch der himmlischen Sphäre Anteil hat. Die Bedeutung des Meeres für die Bewohner Mikronesiens kann man daran ablesen, dass die Welt einer Muschel entstammt und die Trennung von Himmel und Erde mit Hilfe eines Aals gelingt. Um so bemerkenswerter ist es, wenn ein Landtier, nämlich die Spinne, als bedeutendster Kulturheros auftritt.

2.6 Märchen aus Asien

Auf der nördlichsten japanischen Insel Hokkaido – und früher auch auf Sachalin und den Kurilen – lebt das Volk der Ainu (»Menschen«), das möglicherweise europiden Ursprungs ist. Es ist wahrscheinlich bereits am Ende der Altsteinzeit, vor ungefähr 12.000 Jahren, vom ostasiatischen Festland auf die japanischen Inseln übersiedelt. Bis ungefähr 1850 lebten die Ainu isoliert, doch mit der wachsenden Anzahl japanischer Einwanderer übernahmen sie deren Sprache, und ihre traditionelle Kultur verlor allmählich an Bedeutung; heute kann ihre eigene Sprache als tot bezeichnet werden (Dettmer 1986, 183; Kayano 1985, V; Ozawa: Japan, EM, Bd. 7, 1993, 490; Kreiner 1993; Shinichiro 1960). Die mündliche Überlieferung wird von der Wissenschaft in zwei literarische Gattungen unterteilt, von denen die erste der *yukar* (*Gesang* mit Texten) ist, der als wörtlich offenbarte Rede einer Gottheit verstanden und daher in der ersten Person gesungen wird. Bei der zweiten Gattung handelt es sich um *Prosa-Erzählungen*, die als eigene Erlebnisse einer Gottheit oder eines Menschen ebenfalls in der Ich-Form vorgetragen werden (Ozawa ebd., 390f.). Je ein Beispiel soll präsentiert werden. Das erste ist ein *yukar* der Naturgötter.

In dem »Lied der Spinnengöttin« sagt diese von sich:

> »Stickend saß ich,
> Nichts sonst tuend als
> stickend,
> Nur eifrig stickend.
> So verbracht' ich die Tage,
> Alle Tage.
> Einzig allein nur
> Mit Nadelarbeit.«

Doch eines Tages ist es mit der Ruhe vorbei, denn sie wird von einer göttlichen Stimme davor gewarnt, dass Poro nite kamui, der Gott der Dämonen, in sie verliebt sei und sie zu besuchen gedenke. Als er bereits im Anzug ist, trifft sie Vorkehrungen gegen den unwillkommenen Eindringling, indem sie den »schmalen dünnen Nadelmann« auf ihrem Sitzplatz postiert, den »Kastanienmann« in die Herdasche legt, den »Hummelmann« ins Fenster sowie den »Schlangenmann« ins Wasserfass setzt, den »Reisstampfkeulenmann« über dem Balken ihrer Zimmertür und den »Reismörsermann« über dem Haustor postiert, während sie selbst sich in ein Schilfrohr verwandelt und sich im Schilfdach ihres Hauses versteckt. Als der Dämon kommt, wird ihm von den Getreuen der Spinnengöttin so sehr zugesetzt, dass er an den Folgen der ihm zugefügten Verletzungen stirbt.

> »Dann wurde es still.
> Und ich stieg hinunter,
> Hinunter zum Herdplatz,
> Um dort zu sticken.

> Nichts sonst tuend als Sticken,
> Nur eifrig stickend,
> Einzig allein nur
> Mit Nadelarbeit beschäftigt,
> Leb' ich so weiter,
> Ohne Veränderung«
> (Hammitzsch 1976, 277-280).

Der Name der Spinnengöttin ist Programm, denn sie tut von morgens bis abends nichts anderes als zu sticken, wie sowohl die Eingangs- als auch die Schlussverse zeigen. Ähnlich wie Arachne existiert sie ausschließlich dazu, ihr Handwerk auszuüben, und es wäre ein Verstoß gegen die göttliche Ordnung, sie an ihrem Tun zu hindern, wie es der Fall wäre, würde sich der Gott der Dämonen ihr in ungebührlicher oder gebührlicher Weise nähern. Es ist eine von menschlichen Bedürfnissen entrückte Welt, die als besonnen und in Ruhe befindlich dargestellt wird, was sich auch im ruhigen Rhythmus der Verse widerspiegelt. Es handelt sich um eine Welt, die wahrscheinlich Berührungspunkte mit bestimmten Ideen ostasiatischer Religionen wie dem Konfuzianismus aufweist, für den die Tugenden der Bescheidenheit und Zuverlässigkeit konstitutiv sind oder die erstrebte Harmonie von Mensch und Kosmos (vgl. Smart 2000, 66-71).

Weniger entrückt – und um so prosaischer – geht es in einer Prosaerzählung, dem zweiten Beispiel, zu, in welcher der Gott der Weißen Füchse von seinen Erlebnissen mit der Spinnengöttin berichtet.

> Diese lebt abgeschieden am Ende der Welt und ist die schönste Göttin von allen. Viele Freier haben bereits um sie geworben, doch war bisher keinem ein Erfolg beschieden, da sie an der von der Göttin gestellten Aufgabe, aus der Unterwelt einen Fisch zu holen, gescheitert sind und dabei starben. Dass sie so vielen Freiern den Tod gebracht hat, ärgert den Weißen Fuchs über alle Maßen, und er beschließt sie zu bestrafen. Er macht sich auf den Weg zu ihr und vermag tatsächlich einen Fisch aus der Unterwelt heraufzubringen – dieser wiegt doppelt so viel wie ein Mensch und hat weder Augen noch Schuppen –, so dass sie jetzt tatsächlich ihrer Verpflichtung nachzukommen hat und ihm bangen Herzens in sein Haus folgt. Dort befindet sich, von ihm herbeigezaubert, eine unermessliche Menge an Unrat und Gerümpel, das aufzuräumen sie tagelang beschäftigt. Als sie es geschafft hat, stellt der Weiße Fuchs den ursprünglichen Zustand seines Hauses wieder her, und es erstrahlt im alten Glanz, so wie es einer Gottheit entspricht. Die Spinnengöttin ist empört ob der gar nicht notwendig gewesenen und ihr trotzdem aufgebürdeten Arbeit, doch er erklärt ihr, dass er sie wegen ihrer Selbstbezogenheit, aufgrund deren so viele Götter ihr Leben lassen mussten, zu bestrafen gedachte, und er fügt hinzu, er werde sie in die Unterwelt stürzen, wenn sie sich für ihre Untaten nicht entschuldigt und Reue zeigt. Sie erweist sich als einsichtig, und fortan leben beide einträchtig und glücklich zusammen (Kayano 1985, 87-92).

In beiden Erzählungen leben die Spinnengöttinnen von der Welt entrückt, doch während im ersten Beispiel die Heldin sich selbst genug ist und nur für ihre Tätigkeit lebt – weswegen sie jede Störung ihrer Existenz vermeiden möchte –, gleicht die zweite Heldin einem Magneten, der die Männer unweigerlich in seinen Bann zieht und ins Verderben reißt. Sie spielt mit ihnen und nimmt ohne

Skrupel deren Tod in Kauf, nur um in dem Gefühl leben zu können, begehrt zu sein – pubertären Phantasien gleich, die man im Tagebuch einer in sich selbst verliebten Jungfrau finden könnte. Dahinter stehen Angst vor Nähe und wahrscheinlich auch vor Sexualität, denn der große schuppen- und augenlose Fisch aus der Unterwelt, den herbeizuschaffen Voraussetzung für die Heirat ist, kann durchaus als ein Phallussymbol gedeutet werden. Beziehungsfähig wird die Spinnengöttin erst, als sie ihrem Egozentrismus entsagt und Reue zeigt. Sie erkennt, dass sie Schuld auf sich geladen hat, und zwar nachdem sie zum ersten Mal in ihrem Leben etwas für einen anderen getan, nämlich das Haus des Weißen Fuchses aufgeräumt hat. Ähnlich wie im Fall jener Eskimofrau, die sich in den körperlosen Mann verliebt und sich nach vielen Enttäuschungen in eine Spinne verwandelt, ist auch in dieser Ainu-Erzählung die Spinnensymbolik mit dem In-sich-Versponnenen und Welt-Abgeschiedenen verbunden, wobei hier allerdings die moralische Verurteilung aufgrund der Unbekümmertheit, mit der Männer in den Tod getrieben werden, hinzukommt.

Eine gänzlich andere mythologische Erzählung stammt aus Japan und handelt von der monströsen *Erdspinne*.

> Zwei Krieger verfolgen ein gigantisches fliegendes Skelett, doch verlieren sie seine Spur. Am nächsten Morgen entdeckt Yorimitsu, einer der beiden Helden, weißes Blut auf seinem Schwert, welches ein sicheres Merkmal der Erdspinne ist. Er folgt der blutig-weißen Spur tief ins geheimnisvolle Gebirge hinein und schlägt dem Wesen, als er es findet, den Kopf ab. Daraufhin entstehen zwar an derselben Stelle 1990 neue Köpfe, doch schafft er es, sie unschädlich zu machen, indem er sie verbrennt (Asian Horror Encyclopedia 2002, http://www).

Leider waren mir keine weiteren Informationen zu dieser Überlieferung zugänglich, doch tritt hier, im Gegensatz zu den beiden vorigen Erzählungen, die dunkle, monströse und bedrohliche Seite der Spinne wieder einmal deutlich hervor. Sie ist ein Wesen, von dem offenkundig Tod und Verderben ausgehen, und sie lebt weitab jeglicher Zivilisation, tief in den Wäldern.

Während mir von dem nur wenige Angehörige zählenden Volk der Ainu immerhin zwei Erzählungen zugänglich sind, scheinen die Quellen auf dem ostasiatischen Kontinent, namentlich in China, ungleich rarer zu sprudeln. Wegen ihrer Sonderstellung haben die Ainu ein reges Interesse bei Völkerkundlern gefunden, und da braucht es nicht wunder zu nehmen, wenn auch die eine oder andere Spinnengeschichte dabei ist, aber dass für ganz China ebenfalls nur zwei Texte existieren sollen, wie dem Typenverzeichnis chinesischer Volksmärchen zu entnehmen ist, ist schwer verständlich. Das kann mit dem Zufallscharakter der Überlieferung zusammenhängen, sicher aber nicht damit, dass nur eine geringe Anzahl von Texten aus den sinotibetischen Sprachen ins Englische oder Deutsche übertragen worden sind, denn das Typenverzeichnis greift auf Originalquellen zurück (Eberhard 1937).[17] Die eine der darin erwähnten Geschichten handelt von einer Spinne, die sich in einen Mann verwandelt und im Laufe ihres Kontaktes zu Menschen getötet wird (ebd., 167-170), die andere von einer zauberkundigen Spinne, mit deren Hilfe man Perlen zu fangen vermag, doch erfolglos ist, weil der falsche Tag gewählt wurde (ebd., 220-223).

Aus Vietnam liegen mir immerhin zwei Märchen vor, und in denen geht es um die Beziehung zwischen einer Spinne und ihrem Hausherrn.

> Die Spinne beklagt sich beim Erdgott darüber, dass der Hausherr stets ihre mit viel Fleiß und Mühe fertig gestellten Netze entfernt. Dieser erwidert: »Du lebst im Haus anderer Leute und doch tust du nichts Nützliches für sie. Im Gegenteil, dadurch, dass du überall deine Netze aufhängst, beschmutzt du ihr Haus und schädigst so ihr Ansehen« (231). Da sie aber in irgendeiner Weise den Menschen zu Diensten sein möchte, gibt der Erdgott ihr die Aufgabe, zukünftiges Geschehen anzuzeigen: »Steigt sie herab, bedeutet es Gutes, steigt sie hinauf, Schlechtes« (232; Karow 1972, 231f.).

> Auch in der anderen Erzählung beklagt sich die Spinne darüber, dass der Hausherr stets ihre Netze entfernt. Der Adressat ihres Kummers ist diesmal die Schabe, ihre Freundin, und sie entgegnet, dass sie den Hausherrn sehr schätze, weil in der Küche stets genug Öl und Fett als Nahrung vorhanden seien. Als sich einige Zeit später jedoch der Hausherr eine Schwarzdrossel kauft, die alle Schaben zu fressen beginnt, sagt die Spinne zu ihrer Freundin, dass nun sie im Vorteil sei, weil der Herr zwar ihre Netze zerstöre, aber nicht nach ihrem Leben trachte. Als die Schabe das hört, fühlt sie sich beschämt und verkriecht sich in einem Loch. Seither herrscht Feindschaft zwischen ihr und der Spinne (ebd. 243f.).

Typische Volksprosamotive sind die Ätiologie, welche die Feindschaft zwischen zwei Tieren erklärt, sowie – in der ersten Erzählung – das prophetische Vermögen der Protagonistin, ein Motiv, das weltweit vorkommt und auch in Europa weite Verbreitung findet (vgl. Kap. 3.2.1 und 4.2). Interessant ist die Beziehung zwischen dem Hausherrn und der Spinne, weil man sie vielleicht auch politisch deuten kann als Beziehung zwischen Obrigkeit und Untertan in einem autoritären Herrschaftssystem. Zwar beklagt sich die Spinne über ihr Schicksal, doch bleibt sie in der ersten Erzählung ganz auf den Menschen zentriert, da sie ihm weiterhin zu Diensten sein möchte. In der zweiten Geschichte arrangiert sie sich mit ihrem Schicksal nach dem Motto: Es könnte alles noch viel schlimmer kommen – denn es werden nur meine Netze zerstört, nicht aber mein Leben angetastet. Vielleicht ist das der Ausdruck einer Kultur des Erduldens, das »auferlegte Schicksal getreu der Lehre des Erleuchteten von dem Kreislauf und der Vergänglichkeit aller Dinge still zu tragen« (ebd., 262). Das zweite Märchen ist darüber hinaus bemerkenswert, weil es eine menschliche, allzu menschliche Einstellung problematisiert, nämlich ein Phänomen nicht möglichst objektiv zu betrachten, sondern im Hinblick auf den Nutzen, den es uns bringt: Während die

---

[17] Im entsprechenden MdW-Band ist keine Spinnengeschichte vorhanden (vgl. Wilhelm 1990).

Spinne den Hausherrn verflucht, weil er ihre Netze zerstört, schätzt die Schabe ihn sehr, weil sie sich von seinen Küchenabfällen ernähren kann.

Die nächsten Erzählungen stammen aus Indien, und auffällig bei ihnen ist die oftmalige Verbindung zwischen irdischer und himmlischer Sphäre.

> Der Schöpfer erschafft den Fischer, doch dieser weiß nicht, wie man Netze knüpft. Daher erschafft er auch noch die Spinne, damit sie diesem zeigen kann, wie man es macht (Elwin 1954, 259f. – Text aus Pinnajangar/Orissa; vgl. Pfeiffer 1978, 710f.).

Um ein ähnliches Motiv geht es auch in der folgenden Geschichte.

> Da es dem Schöpfer nicht behagt, dass die Menschen nackt umhergehen, veranlasst er die Erschaffung der Spinne. Von ihr lernen sie, wie man Kleidung herstellt (ebd. 261 – Text aus Rajuput/Orissa).

Eine Verbindung zwischen Himmel und Erde im wörtlichen Sinn stellt die Spinne in der folgenden Erzählung her. Darüber hinaus spielt sie eine bemerkenswerte Rolle für den Reifungsprozess der Frau.

> Die sieben Töchter des mythischen Herrschers Raja Indal möchten die Erde besuchen. Er bittet die Spinne Makramal Kshattri, die in ihrem zwischen Himmel und Erde gelegenen Netz sitzt und von der jeweils vier Beine zum Himmel und vier zur Erde reichen, den Wunsch seiner Töchter zu erfüllen. Als diese zu ihr kommen, spinnt sie Netze um sie herum und lässt sie hinab. Dann produziert sie einen Faden, der von Blut umflossen ist, und träufelt es in die geöffneten Münder der Mädchen. Es fließt durch ihren Körper hindurch, und seither haben die Frauen allmonatlich ihre Blutungen (ders. 1949, 276f. – Text aus Mukam/Mittelindien).

Auch in dem nächsten Märchen existiert eine besondere Beziehung zwischen der Spinne und den weiblichen Genitalien.

> Nirantali leidet unter den vielen Fliegen und Stechmücken, von denen sie pausenlos gequält wird. Als sie eines Tages baden geht, verliert sie eines ihrer Schamhaare. Da sie Angst davor hat, dass es eine Hexe zu fassen bekommt, nimmt sie es mit zu sich nach Hause und versteckt es unterm Dach. Dort verwandelt es sich in eine Spinne; sie webt ein Netz und fängt darin Fliegen und Stechmücken, um sie zu essen (ders. 1954, 262 – Text aus Palki/Orissa).

Hinter der Angst vor der Hexe, die das Schamhaar entwenden könnte, steht das magische Prinzip des *pars pro toto*, aufgrund dessen man die Herrschaft über jemanden oder etwas erlangt, wenn man eines Teiles von ihm habhaft wird. Und Nirantalis Vorsicht wird sogar noch belohnt, da die Spinne, die am Dachboden ihres Hauses entsteht, sie von der lästigen Insektenplage befreit.

Interessant an den beiden letzten Texten ist der intime Zusammenhang zwischen der Spinne und den geschlechtsreifen weiblichen Genitalien: Im einen Fall ist sie die Ursache für die Monatsblutung, im anderen ist sie aus dem weiblichen Schamhaar entstanden. Das bestätigt wieder einmal die Gleichsetzung von Frau und Spinne sowie – aufgrund der Geschlechtsreife – ihren engen Zusammenhang mit weiblicher Sexualität. Da die ersten drei Erzählungen die ebenfalls oft vorkommende Verbindung zur göttlichen Sphäre bestätigen, messen alle Texte zusammen einen breiten Kosmos möglicher Spinnenmetaphorik aus.

Die letzten zwei Märchen führen uns in nördliche Gefilde, genauer nach Sibirien.

Der Triton-Mann entführt die Frau des Ememqut. Daraufhin folgt er ihm, befreit sie während seiner Abwesenheit, doch wird er auf dem Rückweg von ihm getötet und seine Frau wieder mitgenommen. Seine Schwager holen den Leichnam, und der Große Raabe, ihr Schwiegervater, erweckt Ememqut zum Leben. Er beschließt erneut, seine Frau zu holen, und wiederum wird er getötet und danach vom Großen Raben wiederbelebt. Nachdem er auch ein drittes Mal gescheitert ist, ist er ratlos und geht zunächst einmal auf die Jagd. Als er sich, nachdem er ein Rentier getötet hat, zur Ruhe legt, bemerkt er unter der Erde Stimmen, und er hört, dass die alte Spinnenfrau ihrer Enkelin von ihm und davon erzählt, dass er seine Frau zurückbekommen könne. Er begibt sich in das unterirdische Haus der Spinnenfrau und erfährt von ihr, dass er das Herz des Triton-Mannes, das in einer sich in seinem Zelt befindlichen Schachtel aufbewahrt wird, an sich nehmen und verbrennen müsse. Dadurch werde dieser sterben. Ememqut schenkt der alten Frau als Dank sein Rentier und befolgt ihren Rat; der Triton-Mann kommt um, und Ememqut kann nun wieder in Frieden mit seiner Frau zusammenleben (Kunike 1940, 228-236 – Text der Koryaken).

Die Dreigliedrigkeit der Handlung, nämlich die vergeblichen Versuche Ememquts, seine Frau zu befreien, wird ergänzt durch die vierte und entscheidende Episode – die Befreiung seiner Frau. Man kann das als Hinweis auf die Bedeutung der Vierzahl im Denken traditioneller Kulturen werten, wie bereits im Zusammenhang mit nordamerikanischen Indianermärchen festgestellt wurde.

Weil Ememquts »Problemlösungsreservoire« nur ein einziges einfaches Muster bereithält – die Frau befreien, wenn der Triton-Mann außer Haus ist – scheitert er, weil sein Gegner um einiges mächtiger ist: Er ist sensibel, das heißt, er spürt, dass die Frau zurückgeholt wird, und er ist schneller sowie stärker als Ememqut. Also gilt es seine Macht zu beschneiden, und den Hinweis darauf, wie das geschehen kann, erhält er von der Spinne als Verkörperung der weisen alten Helferin in der Not: Man muss den Triton-Mann in seinem Herzen treffen. Einerseits dürfte er deswegen so erfolgreich und brutal sein, weil er im wörtlichen Sinn »herzlos« handelt – ähnlich wie es in Wilhelm Hauffs bekanntem Märchen *Das kalte Herz* der Fall ist –, andererseits ist er auf dieses sensible Organ, auch wenn er es abzulegen vermag, angewiesen, und darum muss man es vernichten, wenn man ihn besiegen will.

Auch in der letzten Erzählung geht der entscheidende Hinweis auf die Wiederherstellung der rechten Ordnung von der Spinne aus.

Als Ememqut eines Tages in die Wildnis geht, gelangt er zum Haus der beiden Töchter des Riedgrasmannes. Sie fordern ihn nebst seinen beiden Söhnen zu einem Wettschießen auf, das für die drei Männer tödlich endet. Um nicht von deren Verwandten behelligt zu werden, bringen die beiden Mädchen diese auch noch um, unter anderem Ememquts Frau. Unterdessen sitzen seine beiden Töchter daheim und warten vergeblich auf ihre Mutter. Plötzlich kriecht eine Erdspinne über das Gesicht der einen Tochter, lässt sich zum Boden herab und verwandelt sich in eine Frau. Sie erzählt, was vorgefallen ist, und erteilt ihr den Rat, jenes Pfeils habhaft zu werden, den die Riedgrasmädchen im

Munde tragen. Erst dann könnten sie getötet und die Verwandten wieder zum Leben erweckt werden. Und so geschieht es auch (ebd., 249-252 – Text der Koryaken).

In beiden Geschichten erweist sich Ememqut als unklug und unvorsichtig, und in beiden Fällen sind es kluge Spinnenfrauen, welche die Weichen dafür stellen, dass die Folgen seines Verhalten bereinigt werden. Doch im Gegensatz zum ersten Märchen sind im zweiten alle entscheidenden Protagonisten weiblichen Geschlechts: die Riedgrasmädchen, die ihn nebst seiner Familie töten, sowie seine Töchter, welche das Geschehene rückgängig machen und die böswilligen Kontrahentinnen ausschalten. Einschließlich der alten Spinnenfrau erweisen sie sich gegenüber dem Mann als überlegen.

2.7 Gott, Kulturheros, Trickster und Dämon

Während die Spinne in Europa mehrheitlich als Tier angesehen wird, das Ekel und Abscheu hervorruft, wird sie in traditionellen außereuropäischen Kulturen gemeinhin differenzierter gesehen. In allen Kontinenten außerhalb der Alten Welt steht sie aufgrund ihres Spinnvermögens in hohem Ansehen: Sie hat als bedeutende kulturelle Tat den Menschen die Kunst des Webens beigebracht, tritt als Mittlerin zwischen irdischer und himmlischer Sphäre auf und steht Helden bei, die von bösen Mächten bedroht werden.

Mit besonderer Ehrfurcht wird sie von verschiedenen Indianervölkern Nordamerikas betrachtet, sei es, dass sie als Totem verehrt wird, Mutter der göttlichen Zwillinge ist, die Erde stabilisiert oder der Welt das Feuer bringt. Da Ehrfurcht leicht in Angst umschlagen kann, finden wir dort auch Erzählungen von »männermordenden« Spinnen, denen eine unheimliche Macht eigen ist. Das dürfte insbesondere dann der Fall sein, wenn das alltägliche Leben der Männer besonders gefährlich ist und den Frauen besondere Kräfte oder Fähigkeiten nachgesagt werden, wie es bei den Prärie- und Plainsindianern, den Eskimo und den australischen Aborigines der Fall ist. Die Spinne wird dort zum Symbol für verdrängte Ängste, welche sich aus den Fährnissen der Wildnis oder der vermeintlichen bzw. tatsächlichen Macht der Frauen erklären lassen.

Mitunter scheitern sie allerdings am unheilvollen Einfluss der Männer, wie das Eskimo-Märchen von der jungen Frau verdeutlicht, die sich in den Jünglingsschädel verliebt. Das Vermögen, andere zu umgarnen, richtet sich in dem Beispiel gegen sich selbst und wird zum Symbol für Entfremdung von der Gesellschaft; das Mädchen verstrickt sich in ihrer eigenen Gedankenwelt und ist am Ende ganz in sich selbst »versponnen«. – Positiv gewertet und als Selbstgenügsamkeit gedeutet wird das Nach-innen-gekehrt-Sein im *yukar* der Spinnengöttin, die von dem Dämon bedroht wird, während in der Prosaerzählung die andere Spinnengöttin durch den Gott der weißen Füchse von ihrem Egozentrismus befreit wird.

Für Afrika liegen die Verhältnisse anders, denn typisch für diesen Kontinent sind – abgesehen von einigen Märchen über hilfreiche oder der göttlichen Sphäre zugeordnete Spinnen – die Trickster-Geschichten, und die gehören gerade nicht zum Bereich des Tragischen, Ernsthaften oder Ehrfurchtsvollen, sondern in die Welt des Betrugs, der Überlistung, Täuschung, Lüge, aber auch der Gier und Unersättlichkeit, die man mit Humor und Lachen begleitet – sofern man nicht selbst als Opfer betroffen ist – und daher von hohem Unterhaltungswert sind.

Auf den ersten Blick ist es merkwürdig, dass ausgerechnet Spinnen als Trickster fungieren, denn in der Regel übernehmen jene Tiere diesen Part, die höher entwickelt sind, dem Menschen evolutionsbiologisch näher stehen und darum eher geeignet erscheinen, menschliche Schwächen zu symbolisieren. Typische Trickster sind primär Säugetiere, etwa der Fuchs in Europa, der Zwerghirsch in Indonesien und der Kojote in Nordamerika. Dessen Rolle in den Indianermärchen beschreibt Thomas Kaiser auf pointierte Weise so: »Er ist ein rechter Unflat. Manchmal zum Knuddeln (...), aber meist benimmt er sich schlimm daneben, jedenfalls dann, wenn er nicht gerade mit einer notwendigen Korrektur des Weltgeschehens beschäftigt ist. Er betrügt seine Freunde, beklaut Kinder und missbraucht junge Mädchen. Sein schier unglaublicher Appetit (...) und seine Geilheit treiben ihn ständig über alle Grenzen des Anstands« (1993, 6f.; vgl. Erdoes und Ortiz 1997, 381-440). In Bezug auf den realen Kojoten findet man in der anthropomorphisierenden Beschreibung aus *Brehms Tierleben* einige Gemeinsamkeiten, wenn es zum Beispiel heißt, er falle »mit unverschämter Frechheit« über kranke Bisons her (1915, 203), raube »alles, was er bezwingen kann, und gleicht auch hinsichtlich der Schlauheit vollständig unseren Wölfen und Füchsen« (ebd.). Seine »Dreistigkeit« sei so ausgeprägt, »dass jedes Stück Fleisch und jeder geschmierte Stiefel im Lager wohl verwahrt werden« müssten (ebd., 204f.). Doch auch in modernen Beschreibungen, die weitgehend darauf verzichten, menschliche Eigenschaften auf Tiere zu übertragen, werden phänomenologische Gemeinsamkeiten zwischen dem Kojoten als wirklichem Tier und als mythologischem Wesen deutlich. Im Gegensatz zum Wolf, der immer mehr zurückgedrängt werde, finde man, wie es in *Grzimeks Tierleben* heißt, den Kojoten dank seiner »großen Anpassungsfähigkeit« auch in Kulturlandschaften (1972, 233). »Da sich die Kojoten im Vergleich zu anderen Vertretern ihrer Familie recht wenig spezialisiert haben, konnten sie leichter neue Lebensräume besiedeln und sich an die verschiedensten Bedingungen anpassen«, liest man in einem Buch über die Tiere der Prärie und Pampa (Diener-Steinherr und Meder 1995, 127; vgl. auch 145f. und allgemein zur Biologie des Kojoten Bekoff 1978). Er hat aber nicht nur das Anpassungsvermögen und die damit verbundene Zähigkeit mit dem Trickster gemein, er ist dem Menschen auch deswegen nahe, weil er »seine Stimmungen mehr im Gesicht« zeigen könne als etwa der Fuchs (Grzimek 1972, 233). Gelegentlich beweise er sogar »einen ›regelrechten Sinn für Humor‹«, wenn er etwa mit einem Raben spiele, indem er über den Vogel springe und sich »mit sichtlichem Vergnügen« über denselben rolle (ebd., 234). Darüber hinaus verhält er sich mitunter auch recht »listig«, wenn er in kalten Wintern die Reste seiner Beute vergräbt oder versteckt, um sie nicht dem stärkeren Wolf zu überlassen (Diener-Steinherr und Meder 1995, 133). Aufgrund seines tatsächlichen oder vermeintlichen Verhaltens wird somit deutlich, wieso der Kojote als Trickster Einzug in die Mythologie und das Erzählgut nordamerikanischer Indianer gefunden hat.

Wie schaut es aber mit der Spinne aus, die dem Menschen evolutionsbiologisch so fern steht? Vielleicht ist es ihre solitäre Lebensweise, ihr »Einzelgängertum«, das als Egoismus interpretiert wird, oder ihr Vermögen, lange Zeit auf Beutetiere zu warten, um dann, wenn sich eines in ihrem Netz verfangen hat, schlagartig zuzupacken. Das kann als Zähigkeit und Überlegenheit gedeutet werden und auch als Eigenschaft, mit nichts anderem beschäftigt zu sein, als auf das Fressen zu warten, oder als Heimtücke, Verschlagenheit und Hinterhältigkeit, zumal sie sich immer wieder in dunkle Winkel und Ecken zurückzieht, aus denen sie gerade dann hervorkriecht, wenn niemand mit ihr rechnet. Vielleicht sind das einige Aspekte, welche die Verbreitung der Spinne als Trickster in Afrika erklären, und dennoch bleibt es für mich bis zu einem gewissen Grade erstaunlich, dass ein Tier aus dem Stamm der Gliederfüßer und nicht ein viel »menschlicheres« Säugetier diese Rolle einnimmt.

Andererseits kann jeder Gegenstand, auch der entfernteste, als Projektionsfläche menschlicher Regungen dienen, so dass biologische Nähe nur eine Erklärungsmöglichkeit von mehreren ist. Deshalb sind es möglicherweise andere spezifische Eigenschaften dieses Tieres, welche Emotionen hervorrufen, und da ist in erster Linie an das zu denken, was es im Tierreich von allen anderen abhebt, nämlich das Vermögen, Netze zu bauen. Dieses zeigt sich als positives Attribut in ihrer Eigenschaft als Ahne der Webkunst und negativ mit Blick auf den Trickster als Angst davor, sich in seinem Gespinst, in seinem Netz der Täuschungen, Lügen und Fallen zu verfangen. Gleichzeitig handelt es sich dabei, ähnlich wie beim Radnetz, um eine sehr begrenzte Welt, da der Trickster selber ein Gefangener ist, und so betrachtet ist es möglich zu verstehen, dass er nicht nur Täter, sondern am Ende mitunter Opfer seiner eigenen Täuschungsmanöver und Dummheiten ist. Da ihm nur ein begrenztes Repertoire an Handlungsmöglichkeiten zur Verfügung steht, nämlich samt und sonders aus dem Gebiet der Unehrlichkeit, ist sein Leben nicht auf solidem Grund gebaut, so dass er stets damit rechnen muss, den Folgen seines Verhaltens selber zum Opfer zu fallen, wie es in dem Märchen mit der Teerpuppe der Fall ist, an der er am Ende im wörtlichen Sinn kleben bleibt – und die deswegen aufgestellt wurde, weil er die Jamswurzeln gestohlen hat. Ähnlich wie das Spinnennetz stabil und fragil zugleich ist, ist der Trickster zählebig und führt doch eine fragile Existenz, die man auch als Spiegelbild der oftmaligen Hungersnöte ansehen kann, die Afrika immer wieder heimsuchen. Und ähnlich wie die Spinne immer wieder ihr Netz neu webt, bleibt auch den Menschen nichts anderes übrig, als stets von neuem

wieder anzufangen. So gesehen verkörpert sie zum einen die allgemeine Brüchigkeit des ökonomischen Daseins in diesem Teil der Welt und zum anderen
ein spezifisches Reaktionsmuster auf diese Situation, nämlich sich mit Tricks
und Kniffen über Wasser zu halten.

3 Europäische Grundlagen der Spinnenrezeption

3.1 Biblische Einflüsse

Wenn wir uns nun der europäischen und deutschsprachigen Überlieferung zuwenden, ist es sinnvoll, zunächst einen Blick auf Spinnenmotive in der biblischen und antiken Tradition zu werfen, da sie die Grundlagen unserer Kultur bilden. Während die Christianisierung Europas im Großen und Ganzen mit dem Ende des ersten Jahrtausends abgeschlossen war und das Christentum seine vorherrschende Stellung als öffentliche Religionsgemeinschaft durch »ein allgegenwärtiges Netz der Lehrverkündigung, Schulung, Überwachung und Strafe« festigen und wahren konnte (Hartinger 1992, 5f.), wurden die Überlieferungen des griechischen und römischen Altertums im lateinischen Mittelalter bruchlos übernommen und an die Neuzeit weitergegeben oder, wie in der karolingischen und ottonischen Renaissance, wiederentdeckt bzw. durch Humanismus und Renaissance des 16. Jahrhunderts neu rezipiert.

In der Bibel sind nur wenige Textstellen vorhanden, die sich mit unserem Thema befassen, und diese beziehen sich auf das Spinnennetz.

> Da Gott nicht glaubt, dass Hiob sich jemals von ihm lossagen wird, erlaubt er Satan, Hiobs Besitz und seine Gesundheit zu zerstören. Als das geschehen ist, klagt dieser sein Leid, doch Bildad von Schuach, einer seiner drei Freunde, entgegnet ihm, dass es mit dem, der Gott vergisst, ein böses Ende nehmen werde, denn »ein Spinngewebe ist seine Zuversicht, ein Spinnennetz sein Verlass« (Hiob 8, 14).

> Im dritten Teil des Buches Jesaja, einer Sammlung prophetischer Einzelstücke, heißt es in Bezug auf Hindernisse, die künftiges Heil vereiteln könnten, dass Gott zwar stets bereit sei zu hören und zu helfen, dies aber unmöglich gemacht werde, wenn die Menschen seine Gebote übertreten. Der Prophet warnt sie davor, sich gottlos zu verhalten: Wenn sie sündigen, stützen sie sich auf Nichtigkeiten und bringen der Welt Verderben. »Schlangeneier brüten sie aus und weben Spinnengewebe. Wer von ihren Eiern isst, muss sterben; zerdrückt man eines, kriecht eine Natter heraus. Die Fäden, die sie spinnen, taugen nicht zu Gewändern, man kann sich nicht bekleiden mit dem, was sie erzeugen. Ihre Taten sind Taten des Unheils, Gewalttat ist in ihren Händen« (Jes. 59, 5f.).

In beiden Textstellen ist das Spinnennetz ein Symbol für Gottesferne und sich daraus ergebende Haltlosigkeit, welche zu Sünde und ewiger Verdammnis führen. Während ein gottesfürchtiges Leben sich an »haltbaren«, sprich ewigen Werten ausrichtet, steht das Spinnennetz für ein Dasein, das sich an vergänglichen, flüchtigen und nichtigen Dingen orientiert. Aus der Perspektive des Alten Testaments ist es etwas Geringes, das bereits durch einen Windhauch zerstört wird, und seine Fäden sind so klein und anfällig, dass aus ihnen keine Kleidung hergestellt werden kann. Die Bezugnahme auf die Webkunst ist die Gemeinsamkeit der Textstelle mit jenen Naturvölkermärchen, in denen die Spinne als Ahne dieses Handwerks fungiert, doch die Bewertung desselben könnte nicht unterschiedlicher sein: Das, was sie produziert, ist nicht nur nichts wert, sondern von geradezu diabolischer Qualität, denn sie wird mit der Schlange gleichgesetzt, die bereits in der Genesis ein Symbol des Teufels ist, womit auch *ihre* Rezeption eine ganz andere ist als in außereuropäischen Mythen, da sie dort wegen ihrer Eigenschaft, sich mehrmals zu häuten, in vielen Fällen als ein Sinnbild der Reifung oder Verjüngung gilt.

Darüber hinaus existiert ein weiterer Unterschied zu den bisherigen Texten, denn diese entstammen allzumal der populären Tradition, während die Bibel ein Werk gelehrter Autoren ist. Jene aber sind stärker am konkreten Denken orientiert, die Heilige Schrift verwendet hingegen abstrakte, von der tatsächlichen Realität losgelöste Vorstellungen. Es geht in den zitierten Textstellen nicht um das Spinnennetz als solches, sondern um das, wofür es steht, nämlich Nichtigkeit und Sündhaftigkeit, während in den Naturvölkermärchen stets vom konkreten Gegenstand ausgegangen wird, von den Spinnen und ihrem Vermögen, Netze zu bauen. Der Schritt von der konkreten zur abstrakten Ebene – vom Spinnen als tierischem Vermögen zum Handwerk des Menschen – ist zwar auch dort vorhanden, aber erst sekundär; Ausgangspunkt ist die unmittelbare Realität.

Das Spinnennetz als Symbol der Nichtigkeit finden wir auch bei späteren gelehrten Autoren, die der christlichen Tradition verpflichtet sind. Zwei Beispiele mögen dafür genügen. Abraham a Santa Clara, der berühmte Geistliche und Schriftsteller der Barockzeit, vergleicht in einem Predigtmärlein Spinne und Seidenwurm, um den Gegensatz zwischen Egoismus und Nächstenliebe anschaulich zu vermitteln.

> Die Spinne hält sich für gescheiter, weil sie ihr Netz ausschließlich für eigene Zwecke webt – um Insekten zu fangen –, während der Seidenwurm ein Narr sei, weil er sich für andere abplage. Dieser hält ihr entgegen, dass sie »eine bekannte giftige Bestie (ist) und (...) keine einzige Liebe zum Nächsten (hat). Weißt du nicht, dass die Ochsen für andere ackern, die Schafe für andere Wolle tragen, die Bäume für andere Früchte bringen?« (Lindemann und Zons 1990, 72; auch bei Kulessa 1991, 23f.).

Das gleiche Thema greift der pietistische Pfarrerssohn, Theologe und Schriftsteller Christian Fürchtegott Gellert in einem Gedicht auf.

> »Hochmütig über ihre Künste
> Warf vom durchsichtigen Gespinste
> Die Spinne manchen finstern Blick
> Auf einen Seidenwurm zurück.
> So aufgebläht wie ein Pedant,
> Der itzt, von seinem Wert erhitzet,
> In Werken seiner eignen Hand
> Bis an den Bart vergraben sitzet.
> Und auf den Schüler, der ihn grüßt,
> Den Blick mit halben Augen schießt.
>   Der Seidenwurm, den erst vor wenig Tagen
> Der Herr zur Lust mit sich ins Haus getragen,
> Sieht dieser Spinne lange zu
> Und fragt zuletzt: ›Was webst denn du?‹
> ›Unwissender!‹ lässt sich die Spinn' erbittert hören,

›Du kannst mich noch durch solche Fragen stören?
Ich webe für die Ewigkeit!‹
    Doch kaum erteilte sie den trotzigen Bescheid,
So reißt die Magd, mit Borsten in den Händen,
Von den noch nicht geputzten Wänden
Die Spinne nebst der Ewigkeit.
    Die Kunst sei noch so groß, die dein Verstand besitzet,
Sie bleibt doch lächerlich, wenn sie der Welt nicht nützet.
›Verdient‹, ruft ein Pedant, ›mein Fleiß denn keinen Dank?‹
Nein! Denn er hilft nichts mehr als andrer Müßiggang«.
(Lindemann und Zons 1990, 83f.)

In beiden Texten kommt das grundlegende Selbstverständnis des Christentums als einer Religion zum Ausdruck, die für Mitmenschlichkeit und für Handlungen wirbt, welche der Allgemeinheit dienen. Das wird durch den Seidenwurm symbolisiert; seine Tätigkeit steht ganz im Dienste der Menschen, während die Spinne zwar der gleichen »Arbeit« nachgeht, aber ausschließlich an ihren eigenen Nutzen denkt. Die damit angedeutete Nichtigkeit ihres Tuns wird im Gedicht von Gellert verdeutlicht, indem sie sagt, sie webe für die Ewigkeit, woraufhin im nächsten Moment die Dienstmagd das Netz mit einem Handgriff wegwischt. Ihre Erzeugnisse sind daher nicht nur unnütz, sondern schaden auch, indem sie menschlichen Reinlichkeitsvorstellungen zuwiderlaufen.

Im Vergleich zu Spinnenmotiven der Naturvölkermärchen kann als Zwischenergebnis notiert werden, dass die Entfernung bzw. Entfremdung des Menschen von der Natur, welche für den europäischen Prozess der Zivilisation (Elias 1992) charakteristisch ist, sich auch in der Einstellung gegenüber diesen Tieren niederschlägt. Die zunehmende Distanz zeigt sich ganz elementar am Schritt von der konkreten zur abstrakten Ebene und darüber hinaus an der anthropozentrischen Perspektive, der zufolge die Eigenschaften des Spinnennetzes ausschließlich an menschlichen Maßstäben gemessen werden, wodurch es als fragil und nichtig erscheint und nicht als außergewöhnlich reißfest und robust im Hinblick auf seine Funktion und Größe. Auch die offensichtliche Eigenschaft, als Insektenvertilger nützlich zu sein, kommt gar nicht in das Blickfeld, da im Haus vorhandene Spinnennetze nur unter dem Aspekt der mangelnden Sauberkeit betrachtet werden.

Doch nicht nur das Netz steht aus traditioneller christlicher Sicht als Sinnbild der Nichtigkeit und des Schmutzes in einem schlechten Licht, sondern konsequenterweise auch seine Urheberin, wie bereits das Zitat aus dem dritten Buch Jesaja zeigt, das sie in die Nähe der Schlange als Urbild des Bösen rückt. In einem Buch über christliche Symbole wird kurz und bündig festgestellt, dass die Spinne »als todbringender Aussauger Bild des bösen Triebes« sei (Heinz-Mohr 1998, 293). Ergänzend wird hinzugefügt, dass eine Spinne über dem Kelch das Attribut der beiden Heiligen Norbert von Xanten und Konrad von Konstanz ist. Die Legende sagt, dass diesen während der Kommunion eine Spinne in den Kelch gefallen sei, sie ihn jedoch ausgetrunken und trotzdem überlebt hätten (ebd.; Rathgeber 1959, 97f.; Wimmer 1993, 190; 227). In Bezug auf Konrad wird noch erwähnt, dass er »aus Ehrfurcht vor dem heiligen Blut des Herrn« (Rathgeber 1959, 98) die Spinne nicht einfach aus dem Kelch genommen habe – was normalerweise das nächstliegende wäre, wenn »Ungeziefer« in einen Trinkbehälter fällt. Nach der Messe soll sie während der Danksagung wieder aus seinem Mund herausgekrochen sein (ebd.). Unbefangene Leser werden höchstens Ekelgefühle ob dieses Vorkommnisses verspüren oder schmunzeln, denn für sie dürfte es kurios erscheinen, wenn das Verschlucken einer Spinne als besondere Tat aus dem Leben eines Heiligen gepriesen wird, aber die Legende zeigt, dass die Handlung als heldenhaft und von hoher Aufopferungsbereitschaft zeugend angesehen wurde, was wiederum deutlich macht, wie sehr aus der Perspektive der christlichen Tradition die Spinne mit Ungenießbarkeit, Giftigkeit und Tod in Verbindung gebracht worden ist. Ähnlich verhält es sich mit der folgenden gelehrten, im Originaltext lateinischen Erzählung des Mittelalters.

> Eine vornehme Witwe lebt im Haus eines Verwandten. Nachdem er mit ihr ein Verhältnis begonnen hat, gebärt sie einen Jungen, tötet ihn jedoch aus Furcht vor der öffentlichen Meinung. Mit dem zweiten und dritten Kind, das sie von ihm bekommt, verfährt sie ebenso, doch dann ist sie derart verzweifelt, dass sie sich umzubringen versucht. Zunächst nimmt sie einen Strick, doch dieser reißt. Dann versucht sie es mit einem Messer, um sich in die Brust zu stechen, aber auch das schlägt fehl. Als letztes und entscheidendes Mittel fängt sie eine Menge Spinnen und verschluckt sie gierig. Als sie bereits fast bewusstlos ist, erinnert sie sich an die Barmherzigkeit der Mutter Gottes und daran, dass sie trotz ihrer Sündhaftigkeit manches gute Werk getan hat. Sie ruft daher Maria an, die wirklich erscheint und ihr zu bedenken gibt, dass die Barmherzigkeit ihres Sohnes größer sei denn alle Sünden der Welt, woraufhin die Witwe Besserung gelobt. Sie gesundet, beichtet ihre Taten einem von Maria gesandten Priester und führt fortan ein frommes Leben (Klapper 1914, 115f. [lat. Urtext 318f.]).

Bis zu ihrer Wandlung ist das Leben der Witwe durch grobe Fehler und Halbheiten charakterisiert. Sie beginnt ein verbotenes Verhältnis mit einem Blutsverwandten (»cognatus«), statt sich einen unproblematischeren Liebhaber zu suchen. Sie passt beim Geschlechtsverkehr nicht auf – auch im Mittelalter waren bereits Möglichkeiten zur Empfängnisverhütung bekannt – und wird dreimal hintereinander schwanger. Dann tötet sie, um das Maß voll zu machen, ihre Kinder. Der nächste und letzte Fehler ist der Suizidversuch, doch die Halbherzigkeit, mit der sie ihn unternimmt, rettet ihr schließlich das Leben. Wegen der Bedeutung der Dreizahl in der europäischen Kultur kulminiert das Geschehen im dritten Versuch, dem Verschlucken der Spinnen, das »todsicher« dazu geführt hätte, dass sie gestorben wäre, hätte sie nicht die Heilige Jungfrau angerufen. Diese macht im letzten Moment die Spinnen unschädlich, und ihr Wirken kann als Kampf zwischen Gut und Böse verstanden werden, wobei die Gesundung der Frau nach dem magischen Grundsatz der Gegensatzregel erfolgt, welche besagt, dass man dem vermeintlichen Urheber eines Leidens seinen Widersacher gegenüberstellen muss (Bach 1960, 301; K.E. Müller 1987, 202f.).

Die Inbezugsetzung von Spinne und bösen Mächten ist ein bei christlich inspirierten Autoren weit verbreitetes Motiv. Die beiden folgenden Beispiele machen zudem deutlich, dass die Verbindung mit dem Teufel oftmals das Ziel verfolgt, die Frau und ihre vermeintliche Macht zu diskreditieren. – Über die Zauberkünste der Hexen schreibt Paracelsus in seinem Traktat über die Pest (1530) Folgendes:

> »Eine jede Hex so einen bezaubern will/es sey an seiner Mannheit/Gesicht/Item an Henden od' Füssen/od sonst an andern Gliedern des Leibes/so macht sie dz also: Sie nimbt einen dicken starcken *Svvindafnerz*, vnd vergifftet den mit sonderlichen darzu bereitten Gifft/als mit Spinnengifft/weil die Spinnen vberal gemein zu bekommen sind (...).
>
> Also wissent/dass die Spinnen alle auß dem Menstruo Mulierum, welches ist ein Lufftig vnd Fewrisch Gifft/von den Teuffeln in dem Lufft außgebrütet vnd geboren werden/vn die Geister machen solche Spinnen zu nichts anders dann zu solcher Zauberey gehörig. Vn wie keine lebendige Creatur ohne eine geberde vnd anzeigung ist/warzu diß zu gebrauchen nutz ist: Also ist auch das geberde der Spinnen/wann sie das Rad machet/ein anzeigung der Zauberey« (Lindemann und Zons 1990, 51f.; 54).

Paracelsus ist einer der bedeutendsten Mediziner der Neuzeit. Einerseits ist er zwar noch ganz der Tradition mit ihren astrologischen, alchemistischen und magischen Vorstellungen verpflichtet, doch andererseits weist sein Wirken in die Moderne, da er auf »Erfahrung und Vernunft« pocht und gegen den Vorlesungsbetrieb seiner Zeit Stellung bezieht, der ganz im Bann der klassischen antiken sowie der arabisch-mittelalterlichen Autoritäten steht (Eckart 1998, 154ff.; Heidelberger und Thiessen 1981, Text zu Abb. 16, 54f.). Sein ethisches Denken ist religiös inspiriert, denn für ihn sind Seelsorge und leibliche Sorge, Erlösung und Heilung, aufs engste miteinander verbunden (Eckart 1998, 161f.; Rothschuh 1978, 140f.), aber mit seiner Einbindung in die christliche Ideenlehre steht er auch in der Tradition ihres Dämonen- und Zauberglaubens, wie die Zitate aus dem Traktat über die Pest zeigen.

Interessanterweise ist der erste Körperteil, der Paracelsus einfällt, wenn die Hexe einem Mann durch schwarze Magie Leid antun möchte, sein Penis (»Mannheit«), und erst danach nennt er den Kopf. Nicht dieser mit seinen sensiblen Hirnfunktionen scheint das primäre Objekt männlicher Angst zu sein, sondern sein »bestes Stück«. Und das wichtigste Mittel, mit dem ihm Schaden zugefügt werden kann, ist Spinnengift, weil seine Wirkung besonders kräftig sei, da Spinnen, wie Paracelsus meint, aus der Menstruationsflüssigkeit entstehen, welche ein »luftiges und feuriges Gift« ist, das die Teufel in der Luft »ausbrüten«. Deutlicher, als er sich hier im christlichen Kontext präsentiert, kann man wohl den Zusammenhang zwischen Spinne, Dämon und Frau nicht herstellen. Auf ähnliche Verhältnisse sind wir bereits im Zusammenhang mit dem Frauenbild der australischen Ureinwohner gestoßen, weil dort die Frauen in wichtigen Bereichen des Kultes diskriminiert werden, da man sie für die ursprünglichen Herrscher hält, wobei auch dort eine große Angst gegenüber dem Menstruationsblut auf Seiten der Männer besteht. In der christlichen Mythologie ist den Frauen dagegen von vornherein ein niederer Rang zugewiesen, denn Eva entsteht sekundär aus Adams Rippe (1. Mose 2, 21f.), und auf ihr Konto geht die Vertreibung aus dem Paradies, weil sie der listigen Schlange auf den Leim gegangen ist (1. Mose 3, 1-6). Als Strafe müssen Frauen nun unter Schmerzen gebären (1. Mose 3, 16) und Männer sich »im Schweiße ihres Angesichts« mit der mühsamen Urbarmachung der Äcker herumplagen (1. Mose 3, 17ff.). An Evas Vergehen erinnert außerdem die Menstruation, denn nach der kirchlichen Lehrmeinung des Mittelalters ist wegen des Sündenfalls die Frau unrein, weswegen ihr Blut periodisch zu reinigen ist.

Diskriminierung ist stets mittelbarer Ausdruck der Kompensation des Minderwertigkeitsgefühls, denn das Bedürfnis, jemanden herabzusetzen, wird unbewusst aus der Angst gespeist, der andere könne einem überlegen sein. Indirekt zeigt sich das auch in der Genesis, weil letzten Endes Eva als Motor der menschlichen Entwicklung fungiert, denn indem Adam und sie vom Baum der Erkenntnis essen, werden beide recht eigentlich erst zu Menschen. »Ihr werdet wie Gott und erkennt Gut und Böse«, sagt die Schlange zu ihr (1. Mose 3, 5). Das, was in der Bibel als weibliche Schwäche angesehen wird – das Verführt-Werden durch die Schlange –, ist genauer betrachtet eine aktive Entscheidung Evas: Sie hört sich das Argument der Schlange an und gelangt zu dem Schluss, dass es gut ist, vom Baum der Erkenntnis zu essen, weil er klug macht. Sie nimmt daher die Frucht und gibt auch ihrem Mann davon (1. Mose 3, 6), das heißt sie spielt eine aktive Rolle bei der Menschwerdung, während Adam ohne sie wahrscheinlich weiterhin genügsam im Paradies gelebt hätte, ohne den Wunsch nach Veränderung zu äußern. In dieser Perspektive ist der eigentliche Verführer das von Gott geschaffene Paradies, denn es scheint auf den ersten Blick ungleich attraktiver zu sein, sorglos in den Tag hineinzuleben – wie es während der Kindheit oder im Urlaub mitunter möglich ist –, als unter Aufwendung seiner Kräfte sich das tägliche Brot selbst erarbeiten zu müssen. So gesehen bedeutet die Entscheidung Evas der Schritt zum Erwachsen-Werden und zu einem aktiven Leben.

Wenn der Frau in der Bibel ein so großer Einfluss auf den Mann attestiert und ihr mit der Spinne ein typisches Symbol zugewiesen wird, erhält das Radnetz eine spezifische Funktion als Sinnbild der Verführung: Der Mann verfängt sich im Netz der Frau wie das Insekt im Radnetz der Webspinne. Das zeigt sich auch bei Paracelsus, wenn es heißt, dass die »geberde« (»Gebärde« im Sinn von »Erzeugnis«) der Spinne das Netz und dieses stets von zauberkräftiger Wirkung sei. Übernatürliche Eigenschaften hat es, wie wir bereits gesehen haben, auch in einigen Naturvölkermärchen, aber ansonsten könnten die Gegensätze nicht größer sein. Die in der Regel vertikale Ausrichtung dient dort als Bild der Verknüpfung zwischen irdischer und himmlischer Sphäre, und die Spinne tritt als Vermittlerin oder Helferin für jene auf, die von der einen in die andere Welt möchten. Das Netz wird als ein äußerst kunstvolles Produkt gewürdigt – was es, wie die Arachnologie lehrt, tatsächlich auch ist –, und seine Produzentin wird als Ahne der Webkunst angesehen und verehrt. Pointiert formuliert ist sie dort vielfach eine Lichtgestalt, während sie in der christlich-patriarchalischen Hochkultur Europas den »Mächten der Finsternis« zugeordnet wird. Eines der markantesten Beispiele für die Ineinssetzung mit Teufel und Frau ist Jeremias Gotthelfs Erzählung *Die schwarze Spinne* aus der literarischen Epoche des bürgerlichen Realismus (vgl. Bausinger 1962, Brunner Ungricht 1998, 108-116; Graber 1925, Lindemann 1983).

Während des Tauffestes auf einem reichen Bauernhof kommen die Teilnehmer auf einen »wüste(n), schwarze(n) Fensterpfosten« zu sprechen (34), der in einem eigenartigen Gegensatz zur Gepflegtheit und Schönheit des übrigen Hauses steht. Der Großvater erzählt daraufhin, was es damit auf sich hat. Zur Zeit der Kreuzzüge verpflichtete ein deutscher Ordensritter namens Hans von Stoffeln die ansässigen Bauern dazu, ihm in kürzester Zeit und unter unmenschlichen Strapazen ein Schloss in Fronarbeit zu errichten. Als er jedoch am Ende auch noch einen Schattengang aus 100 Buchen binnen eines Monats verlangt, verzweifeln die erschöpften Bauern. Da erscheint der Teufel in Gestalt eines grünen Jägers und bietet ihnen an, für sie die Arbeit zu verrichten, wenn er als Lohn das erste ungetaufte Kind bekommt. Sie scheuen davor zurück, aber eine verwegene Frau namens Christine besiegelt den Pakt durch einen Kuss, welchen sie auf die Wange bekommt, wobei sie hofft, den »Grünen« überlisten zu können. Nachdem aber zwei Kinder geboren und vom Priester unter Einsatz seines Lebens getauft worden sind, sieht man auf ihrer Wange ein Mal entstehen und immer größer werden, aus dem schließlich Tausende von Spinnen herauskriechen, die Menschen und Vieh töten. Als ein drittes Kind geboren wird, will sie es dem Teufel endlich geben, doch der Priester entreißt es ihr, woraufhin sie »zischend, flammensprühend« zu einer grauenerregenden schwarzen Spinne zusammenschrumpft und giftstrotzend dem Gottesmann »zornige Blitze« entgegensprüht (92). Diese tötet nun alles, was sie fassen kann, bis die Mutter jenes dritten Kindes sie ergreift und in einem Loch in dem besagten Fensterpfosten verpfropft.

Die nachfolgenden Generationen leben in christlicher Demut, doch nach fast 200 Jahren wird »ein schlau und kräftig Weib hier Meister«, die »Christine in vielen Stücken« gleicht. »Sie war auch aus der Fremde, der Hoffahrt, dem Hochmute ergeben«(114f.). Den einzigen Sohn hält sie unter ihrer Kuratel, »meisterte ihn jeden Schritt und Tritt« und sucht ihm ein Frau aus, die ihrer Verwandtschaft entstammt, eine »nach ihrem Sinn«, so dass er nun »zwei Meister statt nur einen« hat (115). Die Folgen sind gravierend, denn wenn »kein Meister draußen und drinnen die Zügel hält« (118), macht das Gesinde, was es will. Es verhöhnt Gott, wird faul, lebt in Unzucht, und es wird »bald der der Größte, welcher am wüstesten tut« (118). Dieser ist es auch, der den Pfropfen löst, und wieder zieht mordend die schwarze Spinne durch die Lande. Der Hausherr erkennt daraufhin seine Verantwortung, fängt die Spinne ein und sperrt sie unter Opferung seines Lebens in das Loch (Gotthelf 1987).

Durch die Rahmenerzählung vermittelt der Autor eine gewisse Distanz, so dass zwar die unmittelbare Illusion – das Sich-Hineinversetzen in die Handlung – etwas reduziert, aber gleichzeitig das Nachdenken über die sie gefördert wird, zumal durch das zweiteilige Binnengeschehen und die Wiederholung der Hauptmotive die Kernaussage verstärkt wird, nämlich gottesfürchtig zu leben. Gotthelfs Anliegen ist ein volkspädagogisches. Er sieht den Menschen als ein labiles und gefährdetes Geschöpf an, das nur durch die Wahrung traditioneller religiöser Werte den rechten Weg zu bewahren vermag. Als Möglichkeit schlummert das Böse auch weiterhin im Verborgenen: Das harmlose Taufgeschehen findet direkt neben jenem Fensterstock statt, in welchem das Verderben nur darauf wartet, wieder losgelassen zu werden.

Gotthelf war Pfarrer von Lützelflüh im Emmental (Kanton Bern) und heißt eigentlich Albert Bitzius. Sein Pseudonym ist Programm, denn während Jeremias den Untergang des judäischen Staates vorhersagte, weist der Nachname auf den Adressaten hin, dem es im Kampf zwischen Gut und Böse zu folgen gilt. Gotthelfs schroffer Dualismus tritt auch in dieser Erzählung deutlich zutage. Neben der Möglichkeit zum Guten steht das Schreckgespenst der schwarzen Spinne. Sie ist Teufelswerk und hat eine unheimliche Macht, die sie dann in Gang setzt, wenn man der »Hoffahrt« verfällt, statt in Demut zu leben.

Ähnlich wie Arachne, von der im nächsten Kapitel die Rede sein wird, will Christine Menschenunmögliches vollbringen und wird zur Strafe in eine Spinne verwandelt. Sie ist eine selbstbewusste Frau, denn »sie war nicht von den Weibern, die froh sind, daheim zu sein, in der Stille ihre Geschäfte zu beschicken, und die sich um nichts kümmern als um Haus und Kind« (49f.). Den Männern ist sie unheimlich, weil sie den Gesetzen des gottgefälligen Patriarchats nicht folgt. Daher muss sie mit dem Bösen im Bunde stehen, und als der »Grüne« erscheint, stieben die Bauern auseinander, während sie in der Tat bleibt und mit ihm handelseinig wird: »Schöne Worte begann er zu reden, und zu den Worten zwitscherte lüstern sein rot Bärtchen auf und ab« (51). Dann gibt er ihr den Kuss auf die Wange, »und ein gelber Blitz fuhr zwischen ihnen durch und zeigte Christine freudig verzerrt des Grünen teuflisch' Gesicht« (55). Wenn man sich diese Zitate vor Augen hält und vergegenwärtigt, dass an derselben Stelle, auf die der Teufel sie geküsst hat, die schwarzen Spinnen »geboren« werden, dann liegt der Schluss nahe, in dieser Szenerie eine nur schwach verhüllte Metapher für Geschlechtsakt und Schwängerung zu sehen. Wieder einmal begegnen wir der Ineinssetzung von (starker) Frau, Teufel, Sexualität – und Spinne, wobei Letzteres nicht einmal in symbolischer Darstellung erfolgt, sondern buchstäblich, da Christine sich tatsächlich in das schwarze Untier verwandelt.

Ein ähnliches Bild wie im ersten Teil der Binnenerzählung erwartet den Leser auch im zweiten. Wiederum ist es eine selbstbewusste Frau, welche das Unglück heraufbeschwört, wenngleich in indirekter Weise. Sie und ihre Schwiegertochter dominieren das berufliche und private Leben des Mannes so sehr, dass er seinen Aufgaben als Herr im Haus nicht gewachsen und daher für das nachfolgende Unglück verantwortlich ist. Seine Mutter erscheint demnach als Verkörperung der negativen Seiten des archetypischen Mutterbildes, und insofern hat sie auch eine gewisse Nähe zur schwarzen Spinne.

Aufgrund seiner volkspädagogischen Bestrebungen holt Gotthelf, um es im Sinne der modernen Erziehungswissenschaft zu formulieren, die Menschen dort ab, wo sie stehen. Er knüpft an dem an, was sie verstehen, und daher kommt in seiner Novelle eine Fülle an Motiven aus dem Bereich des Volksglaubens bzw. der Volkssage vor: Pakt mit dem Teufel und Prellung desselben, Verpflockung eines Dämons, Gleichsetzung von Frau und Dämon, Menschenopfer sowie Verwandlung des Menschen in ein Tier (vgl. Riegler 1926, 62). Was seine Erzählung von der Volksprosa unterscheidet und zu einem Produkt der so genannten Hochkultur macht, sind unter anderem die kunstvolle Einbettung der Geschichte in eine Rahmenhandlung sowie die ausführliche und beeindruckende Schilderung des Geschehens. Die Zweiteiligkeit der Binnenhandlung ist ebenfalls ein bewusstes Stilmittel, denn indem die schwarze Spinne trotz aller Warnungen ein zweites Mal ihr Unwesen treiben kann, wirkt das Plädoyer für ein gottesfürchtiges Leben eindringlicher: Die Leute haben es gewusst und trotzdem gesündigt! Das solltet ihr als Mahnung annehmen! Die Wiederholung des Geschehens birgt aber nicht, wie es im Märchen mitunter der Fall ist, die Gefahr in sich, auf die Leserschaft ermüdend zu wirken. Zwar ist die Begründung für das Erscheinen der schwarzen Spinne jeweils ähnlich, nämlich das gottferne Treiben der Menschen, aber andererseits nicht vollkommen gleich, da im ersten Teil der Teufelspakt die Ursache ist, im zweiten jedoch die Saumseligkeit des Hausherrn. Dadurch läuft der Autor einerseits nicht Gefahr, sein Publikum zu langweilen, kann aber andererseits seinem pädagogischen Anliegen mehr Nachdruck verleihen.

Ein weiterer Bezugspunkt, der die Erzählung für die Bevölkerung interessant gemacht hat, dürfte die Anknüpfung an lokale Überlieferungen zu mittelalterlichen Seuchen bzw. Tierseuchen und insbesondere an die große Pestepidemie im Emmental des Jahres 1434 sein, an die man sich zu Gotthelfs Zeiten noch erinnert hat. Das legen die Beschreibungen der Beulen und Schwellungen nahe, welche durch die Spinnen hervorgerufen werden, und die Bezeichnung der Pest als »schwarzer Tod« (Lindemann 1983, 15). Darüber hinaus kommt vielleicht ein weiterer Traditionsstrang in Betracht, denn nach dem bereits zitierten Traktat des Paracelsus soll diese Seuche aus dem »menstruosischen gifft« entstehen (Lindemann und Zons 1990, 54), womit die Angst vor der Monatsblutung einen kaum noch überbietbaren Höhepunkt erreicht.

3.2   Griechisch-römische Antike

3.2.1   Naturkunde

Von antiken Autoren sind vor allem Beiträge zur Zoologie der Spinne überliefert. Beschreibungen von Naturphänomenen existieren zwar auch aus früheren Hochkulturen, doch seit dem Ende des sechsten vorchristlichen Jahrhunderts entstehen auf griechisch-römischem Boden wissenschaftliche Traktate; es entfalten sich Einzeldisziplinen und schließlich ganze Systeme, wobei auch Querverbindungen zwischen ihnen hergestellt werden. Dabei handelt es sich allerdings noch nicht um Wissenschaft im modernen Sinn, denn das naturkundliche Denken der Antike ist charakterisiert durch den Gegensatz zwischen Erfahrung und Spekulation; dieser aber kommt stets der Vorrang zu. »Auf der einen Seite beherrschte der (...) Hang zum Theoretisieren und Abstrahieren in hohem Maße das Denken; auf der andern Seite aber ist die reiche praktische Erfahrung im zunächst durchaus unwissenschaftlichen Bereich nicht zu übersehen, die sich durch eine ausgesprochene Liebe zum Detail, eine Neugierde zum Erproben und Entdecken ständig mehrte« (Stückelberger 1988, 130).

Daher finden wir auch bei jenen Autoren, welche sich der zoologischen Beschreibung der Spinnen widmen, ein eigentümliches Miteinander aus mehr oder weniger präzisen Beobachtungen und zum Teil recht kurios anmutenden Vorstellungen, die eher in den Bereich des Volksglaubens gehören. Die beiden bedeutendsten Quellenwerke sind die *Historia animalium* (HA) des Aristoteles und, auf römischer Seite, die *Naturalis historia* (NH) des älteren Plinius (dazu ebd. 77-84; 116-120; zum Folgenden Kroll und Mittelhaus 1929, 1786-1801). Aristoteles erwähnt zwar nicht das spezifische Charakteristikum der Arachniden – die Achtzahl der Beine –, doch liefert er richtige Beobachtungen etwa in Bezug auf den Größenunterschied zwischen Männchen und Weibchen (HA IV 11, 538 a, 27f.), die Begattung (HA V 8, 542 a, 12ff.) oder das Netzbauverhalten (HA IX 39, 623 a, 7). Bei der Frage nach dem Ursprung der Spinnfäden irrt er allerdings, da er meint, der Spinnstoff werde äußerlich von der Körperoberfläche abgesondert (ebd., 31f.). Demgegenüber kommt Plinius der Realität näher, wenn er in Erwägung zieht, dass die Spinne »im Innern eine gewisse Fruchtbarkeit aufweist, Wolle zu erzeugen« (NH XI, 80). Er rühmt die Geschicklichkeit, mit der sie den Faden führt, sowie die gleichzeitige Elastizität und Festigkeit des Netzes (ebd. 81f.). Die Auffassung jedoch, dass sich darin auch Schlingen verbergen, um Tiere zu fangen (ebd., 82), kann man getrost als Täuschung ansehen, genauso wie die Behauptung, Spinnen würden jungen Eidechsen nachstellen, indem sie zunächst ihr Maul einwickeln, um dann ihre Lippen durch einen Biss festzuhalten (ebd., 84).

Sowohl Aristoteles als auch Plinius unterscheiden zwischen bissigen, giftigen Spinnen (»Phalangia«) und nicht bissigen, ungiftigen (»Araneae«, «Aranei«), wobei Letzterer allerdings fälschlicherweise behauptet, in Italien seien Phalangien unbekannt (NH XXIX, 84). Namentlich erwähnt werden von beiden Autoren unter anderem die Schwarze Witwe (»Malmignatte«) und Wolfspinnen (»Lupus«) als besonders giftige Vertreter ihrer Art (vgl. Keller 1913, 461-463). Wegen der schmerzhaften Folgen des Malmignattenbisses waren beißende Spinnen generell sehr gefürchtet, und man wollte am liebsten nichts mit ihnen zu tun haben (Kroll und Mittelhaus 1929, 1795). Die Angst vor den unheimlich erscheinenden Tieren äußert sich auch in recht abstrusen Vorstellungen, die sich um sie ranken. So heißt es bei Plinius, dass der Biss einer Spinne namens Rhox einen Harnfluss verursacht, der dem Spinnengewebe ähnlich ist (NH XXIX, 86), während eine andere Art »den Blick verdunkelt und Erbrechen verursacht, das wie Spinnengewebe aussieht. Aber noch viel gefährlicher«, fährt er fort, »ist die Spinne, die sich von der Hornisse nur durch das Fehlen von Flügeln unterscheidet; ihr Biss führt zur Abmagerung« (NH XXIX, 86f.).

Von der Gefährlichkeit der Giftspinnen zeugt auch eine Textstelle aus Xenophons *Erinnerungen an Sokrates*, in der es um die Gefahren geht, welche die homosexuelle Liebe zu einem Jüngling mit sich bringt. Folge man derartigen Neigungen, behauptet Sokrates, werde man bald ein Sklave seiner Triebe sein, statt sich um das Schöne und Gute zu kümmern (I 3, 11).

> »Weißt du denn nicht, dass die Giftspinnen, die noch nicht einen halben Obolus groß sind, nur durch die Berührung mit dem Munde die Menschen mit Schmerzen peinigen und ihnen alle Besinnung rauben? Durchaus beim Zeus, sagte Xenophon; denn die Giftspinnen flößen ihnen beim Biss etwas ein. Du Tor, meinte Sokrates, so glaubst du nicht, dass auch die Schönen beim Kuss etwas einflößen, was du nur nicht siehst? Weißt du nicht, dass dieses Tier, das man schön und jung nennt, um so viel schlimmer ist als die Giftspinnen, wie diese nur bei Berührung etwas einflößen, jenes aber ohne Berührung, wenn man es nur ansieht, und sogar aus sehr weiter Entfernung und derart, dass es rasend macht« (ebd., 12f.).

Die Gemeinsamkeit des Vergleiches betrifft die Berührung: auf Seiten der Spinne der Biss, auf Seiten des Jünglings der Kuss bzw. – im weiteren Sinn – sein Blick oder die angefachten Gefühle ihm gegenüber. Das Zitat macht daher eine Komponente der Spinnensymbolik deutlich, wie sie bereits in Gotthelfs Erzählung angeklungen ist: Der Biss der Spinne kann erotisch als Kuss oder sexuell als Geschlechtsverkehr gedeutet werden, und zwar in dem Sinn, dass man einem mächtigen Wesen, welches sich einem körperlich nähert, verfällt.

Wenn ein Tier Unglück heraufbeschwört, ist die Folgerung nicht weit, dass es dieses auch anzuzeigen vermag. Dazu einige Beispiele: Nach Plinius sollen Spinnen von Hauswänden herabfallen, bevor diese einstürzen (NH VIII, 103). Als Pompeius in der Schlacht bei Pharsalus Cäsar unterlag, war ihm das zuvor angekündigt worden, da seine Feldzeichen voller Spinnweben waren (Cassius Dio XLI, 14). Kurz bevor Alexander der Große Krieg gegen Theben führte, mehrten sich die Vorzeichen des herannahenden Unheils. Unter anderem habe eine Spinne im Demetertempel ihr Netz über dem Gesicht des Götterbildes gewebt, schreibt Claudius Aelianus in seinen *Bunten Geschichten* (12, 57). In Pausanias' Reisebericht über Griechenland ist die Geschichte etwas anders überliefert, denn in seiner Version haben Spinnen vor dem Tore des Heiligtums ein schwarzes Netz gesponnen. Als in der Schlacht von Leuktra hingegen die Thebaner zuvor über Sparta gesiegt hatten, haben Spinnen ein weißes Netz gewebt (IX, 6.6).

Abgesehen vom letzten Beispiel gilt die Spinne in der Antike als Unglücksstier. Dies ist nach *Paulys Realencyclopädie* auch der Grund dafür, dass sie weder als Motiv Eingang in die Kunst gefunden hat noch Darstellungen auf Münzen oder Gemmen (Schmucksteine) vorhanden sind (Kroll und Mittelhaus 1929, 1796; vgl. Hopf 1888, 223; Keller 1913, 469). Ihr negatives Ansehen hängt wahrscheinlich mit dem unzureichenden Wissensstand im Altertum zusammen und mit ihren wenigen wirklich giftigen Vertretern, allen voran der Schwarzen Witwe, die im Mittelmeerraum relativ oft vorkommt und deren Gefährlichkeit in einem krassen Missverhältnis zu ihrer Körperlänge steht, die beim Männchen 5-

7 Millimeter beträgt und beim Weibchen 10-15 Millimeter. Zwar zeigt die Färbung der Schwarzen Witwe ein für das Tierreich typisches Gefahrensignal – rote Flecken auf tiefschwarzem Untergrund –, doch glaube ich kaum, dass man in der Antike davon bereits gewusst hat; zumindest habe ich keine Textstelle gefunden, die das bestätigen könnte. Eher wird man der Meinung gewesen sein, dass größere Spinnen noch giftiger sind als sie, was uns nicht weiter zu wundern braucht, da heutzutage nach populärer Meinung große Vogelspinnen für besonders gefährlich gehalten werden.

Weniger negativ ist das Urteil über die Spinne in der medizinischen Überlieferung, wenn sie gemäß der Ähnlichkeitsregel als Mittel gegen Vergiftungen und Entzündungen verwendet wurde. Grundlegend war die Vorstellung, dass man jemandem, der von einer Spinne gebissen wird, »eine andere Spinne derselben Art zeigt, und deshalb bewahrt man sie tot auf«, schreibt Plinius (NH XXIX, 84). Nach der Arzneimittellehre des griechischen Arztes Dioskurides – dem bedeutendsten und umfangreichsten pharmakologischen Werk der Antike, das die Medizin bis weit in die Neuzeit hinein beeinflusst hat – heilt die Wolfspinne das dreitägige (= alle drei Tage auftretende) Fieber, wenn man sie unter einem Pflaster auf Stirn oder Schläfe legt. Das viertägige (= alle vier Tage auftretende) Fieber kann man heilen, wenn man »eine andere Art Spinnen, welche das weiße, zarte und dichte Gewebe verfertigt«, in eine Haut bindet und am Arm befestigt (II, 68, 172f.; vgl. Plinius NH XXX, 104). Mit dem drei- und viertägigen Fieber dürften die Verlaufsformen der durch die Anophelesmücke hervorgerufenen Malaria gemeint sein, da es dabei, abhängig vom unterschiedlichen Entwicklungsrhythmus der Erreger (Plasmodien), zu regelmäßigen Fieberanfällen jeden dritten (Malaria tertiana) oder jeden vierten Tag (Malaria quartana) kommt (Münch und Reitz 1996, 86ff.). Um dabei keine Missverständnisse aufkommen zu lassen, ist es notwendig zu wissen, dass das Fieber bis ungefähr 1850 als selbstständige Krankheit angesehen wurde, während es heute als bloßes Symptom einer Erkrankung gilt (vgl. I.W. Müller 1993, 225-244). Die traditionelle Sicht des Fiebers geht auf die Humoralpathologie, die Säftelehre des griechisch-römischen Arztes Galenus zurück, die das medizinische Denken in Europa bis zur Mitte des 19. Jahrhunderts beherrschte. Nach ihr besteht Gesundheit in einer rechten Mischung der vier Säfte Blut, Schleim, gelbe und schwarze Galle. Fieber ist in der Humoralmedizin eine Abwehr des Körpers, um verdorbene Säfte durch »Kochung« auszuscheiden (vgl. I.W. Müller 1993, 17-110; 225-245).

Dieselbe Spinne, welche das viertägige Fieber heilt, soll nach Dioskurides auch bei Ohrenleiden helfen, wenn man sie mit Rosenöl kocht und einträpfelt (II, 68, 173). Plinius kennt das Rezept im Zusammenhang mit Zahnschmerzen und fügt hinzu, dass man die Spinne mit der linken Hand zu fangen hat (NH XXX, 26). Als weitere Anwendungsgebiete nennt er Schmerzen der Milz (NH XXX, 52) sowie die Förderung bzw. Hemmung des Menstruationsflusses, je nach dem, ob die Spinne an einem Faden nach unten oder oben läuft, wobei man sie mit der hohlen Hand fangen und zerrieben auflegen muss (NH XXX, 129). Im Zusammenhang mit der Menstruation ist uns die Spinne bereits begegnet, doch hier kommt das Analogiedenken hinzu: Wenn das Blut nach unten abfließen soll, muss die Spinne nach unten laufen; soll der Fluss hingegen gehemmt werden, also rückläufig sein, muss sie sich nach oben bewegen.

Das Fangnetz ist nach Plinius ebenfalls von Nutzen. Es heilt angeschlagene Gelenke (NH XXX, 79) und bringt das Nasenbluten (NH XXX, 112) zum Stillstand, aber auch Tränenflüsse, wenn man »das Gewebe der Hausspinne und vor allem ihr Nest selbst in einem Pflästerchen über die Stirne von einer Schläfe zur anderen (legt), wobei es von einem noch nicht mannbaren Knaben abgenommen und aufgelegt werden muss und dieser sich dem, der geheilt wird, drei Tage lang nicht zeigen darf, und beide dürfen in diesen Tagen nicht mit bloßen Füßen die Erde berühren« (NH XXIX, 13). Dass das Spinnengewebe als eine Art Schwamm, der Flüssigkeit aufsaugt, verwendet werden kann, ist noch nachvollziehbar, doch das eigentliche Stoppen des Tränenflusses ruht auf magischen Prinzipien und hängt sicher mit Berührungszauber im Kontext der Gegensatzregel zusammen, indem der unschuldige, reine Knabe die »unreine« Krankheit auf sich nimmt, die ihm selbst – wegen seiner noch nicht erfolgten »Mannbarkeit« – nichts anhaben kann.

Schließlich berichtet Plinius auch von der Möglichkeit, durch die Beobachtung der Spinnen und ihres Verhaltens Rückschlüsse auf baldige Wetteränderungen ziehen zu können. So sollen sie ihre Netze höher legen, bevor Flüsse anschwellen, und »bei heiterem Wetter verfertigen sie kein Gewebe, bei trübem weben sie, und deshalb künden viele Spinnengewebe Regengüsse an« (NH XI, 84). Auf ihre Rolle bei Wetterveränderungen sowie ihre Bedeutung für die Volksmedizin soll weiter unten etwas genauer eingegangen und auch die Frage gestellt werden, was davon bloßer Volksglaube und was aus heutiger Sicht möglicherweise empirisch bestätigtes Wissen ist. Zunächst wollen wir uns jedoch einem poetischen Werk zuwenden, in dem es um die berühmteste Spinne des Altertums geht, die lydische Weberin Arachne aus den *Metamorphosen* des Ovid.

3.2.2 Arachnes Metamorphose

Ovid behandelt in 15 Büchern ein einziges Thema, nämlich die Verwandlung von Menschen in Tiere, Pflanzen und anderes, wobei die einzelnen Erzählungen in eine Art Weltchronik eingefügt sind, die von der Erschaffung der Erde bis zu Caesar und Augustus reicht. Wir erfahren zum Beispiel, warum die römischen Feldherren Lorbeer tragen: Sie tun es, weil Daphne sich, vor der Liebe Apollos fliehend, in einen Lorbeerbaum verwandelt hat und der Verschmähte zumindest als Erinnerung an sie ihrer Blüten ansichtig sein und das Gedenken an sie in optisch wahrnehmbarer Form auch der Nachwelt überliefern wollte (I, 452-567). Es wird uns auch, um ein anderes Beispiel zu nehmen, verständlich gemacht, wieso wir in den Bergen mitunter ein Echo hören. Es ist die Stimme der gleichnamigen Nymphe, die in unglücklicher Liebe zu Narziss entflammt war. Weil er sie nicht erhörte, verzehrte »nimmer ruhender Kummer (...) den kläglichen Leib« (III, 396), bis am Ende nur noch die Stimme übrig geblieben ist.

Die *Metamorphosen* sind ein beeindruckendes Werk, weil es oftmals bekannte Phänomene sind, welche einer – für uns Heutige – ungewöhnlichen mythologischen Deutung zugeführt werden. Das gilt auch für die Weberin Arachne, die am Ende von Pallas Athene in eine Spinne verwandelt wird.

> Sie ist die Tochter des Purpurfärbers Idmon aus Kolophon und lebt allein in der lydischen Stadt Hypæpa. Arachne ist »nicht berühmt durch Stand oder Abkunft, sondern allein durch die Kunst« (VI, 7f.), die sie so perfekt beherrscht, dass selbst die Nymphen der Weinberge und des Flusses Pactolus zu ihr kommen, um nicht nur ihre Produkte zu bewundern, sondern ihr auch beim Verfertigen derselben zuzusehen – »mit solcher Gefälligkeit übt sie ihr Können« (VI, 18). Auch Pallas Athene hört von dem einzigartigen Talent Arachnes, doch begegnet sie – als Göttin der Webkunst – ihrem Tun statt mit Wohlwollen argwöhnisch und rät ihr in der Verkleidung einer gebrechlichen Alten, es nicht mit den Göttern aufzunehmen, sondern sich damit zu begnügen, unter den Sterblichen die Erste zu sein. Zornig erwidert Arachne, sie sei jederzeit bereit, sich einem Wettkampf mit Athene zu stellen, woraufhin diese ihre Verkleidung ablegt und sich als Göttin zu erkennen gibt. Doch Arachne »beharrt, nach der Palme des Sieges verblendet begehrend, (und) stürzt ihrem Schicksal« zu (VI, 50f.). Schon stehen die Zwei vor ihrem Webstuhl. Athene stellt ein Werk her, das die griechischen Götter in ihrer ganzen Pracht und Herrlichkeit zeigt und daneben als abschreckendes Beispiel das Schicksal jener Menschen, welche sich gegen sie gestellt haben. Arachne hingegen webt ein Bild mit den Liebesabenteuern verschiedener Götter – zum Beispiel Zeus, der sich in Gestalt eines Schwans Leda nähert –, um sie in Misskredit zu bringen. Als Athene erkennt, dass Arachnes Werk nicht allein die Götter verunglimpft, sondern auch besser ist als ihr Bild, zerreißt sie es voller Zorn, woraufhin sich die lydische Weberin eine Schlinge um den Hals legt, um sich aus Gram zu erhängen. Da wird Athene von Mitleid erfasst; mit den Worten: »So lebe du zwar, doch hänge, du Schlechte« (VI, 136), nimmt sie ein Zauberkraut (dazu Turpet 1983) und sprengt es über Arachne, die dadurch in eine Spinne verwandelt wird, wobei auch alle ihre Nachkommen als Strafe in Gestalt derselben ihr Dasein fristen müssen. – Die Geschichte endet mit der Feststellung Ovids, dass man »Himmelsbewohnern zu weichen und kleinere Worte zu (ge)brauchen« hat (VI, 151).

Der mythologische Gehalt dieser Erzählung ist ein ähnlicher wie in den Naturvölkermärchen. Die Kunst des Webens steht in Verbindung mit dem Vermögen der Radnetzspinnen, Netze zu erzeugen. Doch während in außereuropäischen Kulturen am Anfang eine Lehrmeisterin mit oftmals göttlichen Attributen steht, die Tier und Mensch in eins ist und den Frauen das Weben beibringt, ist Arachne zu Beginn ein menschliches Wesen, das von der Göttin Athene in eine Spinne verwandelt wird und ihre Kenntnisse daher den Menschen nicht mehr vermitteln kann. Sie ist gewissermaßen zur Urmutter aller Spinnen geworden, da auch alle ihre Nachkommen dergestalt das Licht der Welt erblicken müssen, und sie wird in der Folgezeit so sehr mit der Spinne schlechthin identifiziert, dass selbst die zoologische Klassifizierung als Familie – Arachnidae – und der Name der entsprechenden Wissenschaft – Arachnologie – von ihr abgeleitet werden.

Im übertragenen Sinn ist sie allerdings bereits vor ihrer Metamorphose eine Spinne, weil sie ausschließlich durch das Weben *existiert*, in buchstäblicher Bedeutung *hervortritt, vorhanden ist* (aus lat. »ex-sistere« entlehnt). Sie ist, da ihr Vater einfacher Handwerker war, nicht durch ihre Herkunft berühmt, sondern einzig und allein aufgrund ihrer Kunstfertigkeit. Sie lebt mit niemandem zusammen; ihre Mutter ist bereits gestorben, und sie geht, wie die Spinnengöttin aus dem *yukar* der Ainu, voll und ganz in ihrer Arbeit auf, die sie so vollkommen beherrscht, dass sie den Zorn und Neid Athenes als Göttin der Webkunst hervorruft.

Im traditionellen Kontext ist die Bewertung ihres Verhaltens eindeutig. Ovid spricht klare Worte, wenn er sie der Hybris zeiht, sie verblendet nennt ((VI, 50) und die Meinung ausspricht, man müsse sich gegenüber Göttern zurücknehmen (VI, 151). Weil sie dazu nicht bereit ist, ist ihr weiteres Schicksal vorherbestimmt (»in sua fata ruit« – VI, 51): Sie wird kläglich enden. Auch aus psychologischer Sicht entbehrt das nicht einer gewissen Plausibilität, denn wer dem »Alles-oder-Nichts-Prinzip« huldigt (Adler 1976, 83f.), steht in der Regel am Ende mit leeren Händen da, weil die Risiken zu groß werden und sich Widerstände auftürmen, die man nicht vorhersehen kann. Psychologisch nachzuvollziehen ist auch der Antrieb, aus dem Arachnes Tun gespeist wird, wenn man davon ausgeht, dass Macht- und Geltungsstreben immer mit der Kompensation von Minderwertigkeitsgefühlen zu tun hat. Um Geltung und Prestige geht es auf jeden Fall, da sie in ihrer Kunst berühmt ist wie keine andere und weil sie die Missgunst der Göttin hervorruft, welche ihr Ansehen in Gefahr wähnt. Das Minderwertigkeitsgefühl kann aus ihrer niederen Herkunft gespeist werden, aber auch aus der Tatsache, dass sie als Frau in einer von Männern dominierten Welt lebt. Zwar ist Weben eine weibliche Tätigkeit, aber durch ihre Arbeit wird sie sicher auch den Neid und die Bewunderung jener Männer auf sich gezogen haben, die die politische und gesellschaftliche Macht innehatten.

Mit diesen Hinweisen dürften allerdings die psychologischen Deutungsmuster zunächst ausgeschöpft sein, denn in *einer* wesentlichen Hinsicht verlassen wir den Boden der Seelenkunde, nämlich in Bezug auf die Faktizität ihres Könnens, denn es ist einem menschlichen Wesen nicht gegeben, besser zu sein als die Götter. Selbst der viel beschworene Perfektionismus, dem sich besonders Leistungsmotivierte verschreiben, reicht nicht in die göttliche Sphäre hinein – allein deswegen nicht, weil der Aufwand zu groß wird, wenn man noch das letzte Quäntchen an Unvollkommenheit auslöschen möchte. Arachne aber schafft nicht nur das, sondern ist sogar besser als ihre göttliche Kontrahentin.

Darüber hinaus setzt sie auf einen Schelm anderthalbe, indem sie die Götterwelt dem Hohn und Spott preisgibt, und damit sind wir an einen Punkt gelangt, der wiederum psychologische, aber auch und vor allem politische, soziale und ökonomische Fragen thematisiert (vgl. Albrecht 1980). Es geht, ganz allgemein formuliert, um den Gegensatz zwischen oben und unten, zwischen Herrschern und Beherrschten, denn Athene verkörpert die oberste Stufe in einer hierarchisch gegliederten Gesellschaftsordnung, während Arachne von einfacher Geburt ist und zunächst sehr weit unten steht. Darüber hinaus wird die Frage aufgeworfen, wie Regierende und Regierte miteinander umgehen, das heißt ob es erlaubt ist, an den Mächtigen Kritik üben zu dürfen oder nicht. Man kann Athene durchaus als Repräsentantin eines autoritären politischen Herrschaftssystems ansehen, das auf Kritik empfindlich reagiert und ausschließlich »staatstragende« Kunst duldet, die der eigenen Glorifizierung dient, wie wir sie aus verschiedenen Epochen der Geschichte zur Genüge kennen. Arachne verkörpert demgegenüber eine systemkritische Haltung, wie sie Künstlern und Intellektuellen oftmals eigen ist, die nicht allein unter Zensur oder Bevormundung leiden, sondern auch darunter, dass es nicht unbedingt die Fähigsten, Klügsten und moralisch Unbescholtensten sind, welche sich an den Hebeln der politischen Macht befinden. Mitunter handelt es sich bei diesen um typische Überkompensationsschicksale, deren vordringlicher Lebenszweck darin besteht, Macht zu erlangen, weil sie sich aus der Angst heraus, zu kurz zu kommen, mit dem bloßen Ausgleich des Minderwertigkeitsgefühls nicht zufrieden geben können (Adler 1987, 77).

Ein wenig davon klingt auch im Verhalten Athenes an, denn sie ist nur dem Namen und dem Status nach Souverän, während sich dahinter massive Ängste und Unsicherheit verbergen. Erstens reagiert sie äußerst gereizt auf Kritik, und zweitens empfindet sie es als störend, dass jemand besser ist als sie. Wäre sie wirklich souverän, dann könnte sie es ohne weiteres akzeptieren oder zumindest ertragen, dass in *einer* Hinsicht eine Sterbliche mehr vermag, denn schließlich fungiert sie nicht nur als Göttin der Webkunst, sondern ist Patronin allen Handwerks und außerdem Kriegsgöttin sowie Schützerin der Städte (Cancik und Schneider 1997, 161-164). – In mythologischer Hinsicht mag es überzeugend sein, nicht am Image der Götter kratzen zu dürfen, doch wenn man sie »vom Olymp herunterholt«, symbolisieren sie weltliche Machthaber, und ihr Verhalten erscheint dann in einem ganz anderen Licht. Athene verkörpert daher ein autoritäres oder diktatorisches Regime, das Kritik im Keim ersticken muss, weil seine Macht auf tönernen Füßen steht, indem sie nicht auf Überzeugung ruht, sondern auf Gewalt.

Robert von Ranke-Graves meint, dass die Erzählung handfeste ökonomische Machtfragen thematisiert, nämlich die Rivalität zwischen Athen und den Karern, einem nichtgriechischen Volk im südwestlichen Kleinasien, das im kretischen Milet am Beginn des zweiten vorchristlichen Jahrtausends Textilindustrie in großem Ausmaß betrieben hat, wovon diverse Siegel mit einem Spinnenemblem Zeugnis ablegen. »Eine Zeitlang beherrschten die Mileser den gewinnbringenden Handel im Schwarzen Meer. Sie hatten auch Lagerhäuser in Naukratis in Ägypten. Athene hatte guten Grund, auf die Spinne eifersüchtig zu sein« (1992, 88).

Bei den Karern stand die Spinne offenkundig in einem höheren Ansehen als bei den Griechen, wenn ihre Embleme mit dem Bild derselben geschmückt wurden. Vielleicht war sie dort ursprünglich mythische Lehrmeisterin, vielleicht wurde sie aber auch nur als Symbol für die dort erfolgreich ausgeübte Webkunst angesehen. Dies allein reicht jedoch nicht aus, um für den griechischen Handel eine Gefahr darzustellen. Hinzukommen mussten neben der Kunstfertigkeit auch industrielle Produktion, Qualität, Fleiß und Ausdauer – Eigenschaften, die man, teils im wörtlichen, teils im übertragenen Sinn, der Spinne und ihrem Netz nicht absprechen kann, da dieses im Hinblick auf seine Funktion außergewöhnlich robust ist, sie selbst als »unermüdliche Arbeiterin« gilt und zu bestimmten Zeiten massenhaft in Erscheinung tritt.

Doch dieses Bild der Spinne ist nicht charakteristisch für die europäische Rezeption, sondern das durch die christliche und antike Tradition vermittelte. Arachne wird bestraft, weil sie das Ansehen der Götter infrage stellt und fähiger ist als Athene. Das fügt sich sehr gut in die christliche Sicht ein, für die Demut *die* grundlegende sittliche Haltung ist, während Hochmut (»Hoffahrt«) in der Moraltheologie als erste der sieben Hauptsünden angesehen wird, und zwar deswegen, weil die ersten Menschen wie Gott sein wollten, indem sie vom Baum der Erkenntnis aßen. Ein typisches Beispiel für die christliche Lesart der Erzählung Ovids sind die folgenden Zeilen des Schuhmachers, Meistersingers und Poeten Hans Sachs aus dem Jahre 1545, die seinem Gedicht »Aragnes wirdt inn ein spinnen verwandelt« entnommen sind:

> »Da soll man aber mercken inn,
> Wem Gott hat kunst, vernunfft und sinn
> Durch seine milte genad verliehen,
> Das er soll allen Hochmut fliehen
> Und keinen neben im verachten«
> (Lindemann und Zons 1990, 62).

Aus christlicher Sicht hat Arachne ihr Talent von Gott geschenkt bekommen, weswegen sie ihm dankbar sein soll und ihn nicht hochmütig verachten darf – eine Auffassung, die der modernen, individualistischen Sicht diametral entgegensteht, nach der Arachnes Kunstfertigkeit ein Produkt ihres eigenen Vermögens ist.

Fassen wir zusammen: Arachne kommt aus kleinen Verhältnissen und wird dennoch von den Menschen bewundert. Sie hat Talent, ist fleißig, ausdauernd, und sie stellt mythische bzw. politische Herrscher infrage. Außerdem ist sie eine Frau. Wenn man sich vor Augen hält, dass Religion, Gesellschaft, Ökonomie und Politik in Europa bis in die Gegenwart hinein von Männern kontrolliert werden, symbolisiert die lydische Weberin auch die Angst derselben vor der Macht der Frauen, und ihr Schicksal versinnbildlicht die Antwort des Patriarchats auf die vermeintliche Bedrohung, die sie darzustellen scheinen.

Die antike Rezeption der, wie Vergil sie in seiner Georgica nennt, »abscheuliche(n) Spinne« (IV, 247) ist nicht minder herabsetzend als die christliche; dort ist sie Sinnbild des Bösen, der Hexe und der Frau als eines von Natur aus verführerischen und verführbaren Geschöpfs, während sie in der griechischen Naturkunde primär als giftiges wie unheimliches Tier und bei Ovid als hochmütiges sowie Autorität zersetzendes Wesen angesehen wird. Beide Traditionsstränge ergänzen einander und bilden in der Folgezeit eine wesentliche Grundlage für die weitere Rezeption. Wenn man außerdem bedenkt, dass der Prozess der europäischen Zivilisation mit der Entfremdung von der Natur (Elias 1992) und einem mangelnden Verständnis für sie einhergeht, braucht es nicht wunder zu nehmen, dass die Spinne in unserer Kultur zu einem Ekeltier par excellence geworden ist.

3.3 Germanische Einflüsse?

Neben christlichen und antiken sind auch germanische Einflüsse denkbar, doch ist die Quellenlage eine gänzlich andere, da aus jener Zeit, als die Germanen ein einigermaßen geschlossenes Gebiet bewohnten, kein Schriftsystem vorhanden ist, mit dem man umfangreichere erzählende Texte hätte notieren können. Es existieren zwar Aufzeichnungen griechischer und römischer Autoren, aber dabei handelt es sich mit Ausnahme der geographischen Schriften des Plinius, welcher als Reiteroffizier an den Germanenkriegen teilgenommen hat, um Sekundärquellen, da keiner der anderen Autoren die von ihm beschriebenen Gebiete je besucht hat. Das gilt auch für die *Germania* des Tacitus – das einzige antike Werk, das sich *ausschließlich* mit Roms nördlichen Nachbarn beschäftigt –, denn er stützt sich in erster Linie auf Plinius. Die germanischen Eigenzeugnisse, allem voran die Isländersagas und die beiden Edden – sie befassen sich mit historischen bzw. mythologischen Themen –, sind erst im skandinavischen Mittelalter entstanden (13. Jahrhundert), weswegen es oftmals schwierig ist zu entscheiden, was an ihnen eigentlich germanisch und was spätere Hinzufügung oder Veränderung ist (Derolez 1963, 29-48; Kellermann 1966, 16ff.; Schier: Germanisches Erzählgut. In: EM, Bd. 5, 1987, 1072-1075; 1089).

Eine der interessantesten und rätselvollsten Gestalten der germanischen Mythologie ist der altnordische Gott Loki, über den in der Lieder-Edda – einer Sammlung von Götter- und Heldengeschichten – sowie in der Snorra-Edda berichtet wird, einem Lehrbuch für Skalden (Dichter), das bildliche Umschreibungen einfacher Begriffe enthält, und zwar zum Großteil aus dem Gebiet der Mythologie. Loki ist einerseits ein listenreicher Helfer der Götter, andererseits jedoch ihr entschiedenster Gegner. So beteiligt er sich am Bau des Göttersitzes Asgard, bringt Odins Pferd Slapnir zur Welt, begleitet Thor – den Gott des Donners, der die Ehen weiht und mit seinem Hammer Fruchtbarkeit bewirkt – auf seinen Reisen, und er hilft auch bei der Rückholung des Hammers, als er gestohlen wird. Auf der anderen Seite steht seine Boshaftigkeit, wenn er etwa Thors Frau Sif die Haare abschneidet oder die Götter beschimpft, als sie bei der Weltesche Rat halten. Zudem ist er gefährlich und bösartig, weil er drei Wesen zeugt, die sich als Feinde der Götter entpuppen (Fenriswolf, Midgardschlange, Hel).

Vor allem aber ist er für den Tod Balders, des integersten aller Götter, verantwortlich. Dieser ist der Sohn des Odin und der Frigg, und von seinem Leben hängt das Schicksal der Götter ab. Als Loki durch eine List erfährt, dass Balder nur durch die Mistel getötet werden kann, gibt er sie dem blinden Hödr als Wurfgeschoss und richtet es gegen ihn. Nachdem er gestorben ist, bricht der Kampf mit den feindlichen Mächten aus; die Götter gehen unter, und die Erde wird vernichtet (Ragnarök).

Der janusköpfige Charakter Lokis hat der Forschung viele Rätsel aufgegeben, doch scheint sich die Auffassung durchzusetzen, dass er wesentliche Züge eines Tricksters besitzt (Schier: Loki. In: EM, Bd. 8, 1996, 1687). An diesem Punkt setzt Anna Birgitta Rooth an, die dem merkwürdigen Gott ein eigenes Buch gewidmet hat.[18] Sie gelangt zu der Auffassung, dass es sich bei Loki ursprünglich um ein anthropomorphes Spinnenwesen handelt, wobei ihre Argumentation im Wesentlichen auf drei Pfeilern ruht (1961, 189-210). Zunächst schreibt sie zurecht, dass Trickster oftmals in Gestalt einer Spinne auftreten, doch dann beruft sie sich primär auf jene Indianermärchen Nordamerikas, in denen das Tier eine hilfreiche Rolle bei der Erschaffung der Welt spielt (208f.). Das tut es in der Tat, aber seine Rolle ist nur in einer Minderzahl von Beispielen die eines Tricksters, wie wir gesehen haben, weil es in der Regel kulturschöpferisch wirkt. Zielführender wäre es in dem Zusammenhang gewesen, auf die vielen Trickster-Geschichten der westafrikanischen Märchenwelt hinzuweisen, doch diese erwähnt Rooth nur in einer Fußnote (»Also in Africa the spider occurs as a trickster« – 208, Fn. 14). Die Berufung auf nordamerikanische Indianermythen führt auch deswegen ins Leere, weil dort als Trickster primär der Kojote auftritt, und es wäre wohl nicht sinnvoll, daraus den Schluss zu ziehen, bei Loki handele es sich ursprünglich um einen Kojoten.

Als Zweites weist sie darauf hin, dass in der populären Überlieferung Skandinaviens Loki oftmals »locke« genannt wird und »locke« in einigen skandinavischen Dialekten sowie in der mittelalterlichen schwedischen Sprache gleichzeitig die Bezeichnung für die Spinne ist.

Das dritte Argument betrifft bestimmte Geschehnisse aus dem Leben des Gottes, die in Zusammenhang stehen mit Fangnetzen. Diese Erzählungen kommen außerhalb der skandinavischen Überlieferung nicht vor, weswegen sie über sein ursprüngliches Wesen Auskunft geben.

> Weil Loki einen Otter getötet hat, werden seine Begleiter Odin und Hönir von dessen Sohn gefesselt. Um wieder befreit zu werden, muss Loki Gold beschaffen. Zu diesem Zweck erhält er von Ran – der Göttin des Meeres, die mit ihrem Netz alle zu fangen versucht, welche sich auf das offene Meer hinauswagen – ein Netz und nimmt damit den Zwerg Andvari in einem Wasserfall gefangen, der als Lösegeld sein ganzes Gold herausgeben muss (Dumézil 1959, 18-21; Rooth 1961, 28-34; Schier: Loki. In: EM, Bd. 8, 1996, 1179f.).

---

[18] Für diesen Hinweis danke ich Prof. Kurt Schier (München).

Nachdem er Balder getötet hat, versteckt sich Loki auf einem Berg, baut dort ein Haus und vertreibt sich die Zeit, indem er mit Hilfe von Flachsfäden Maschen knotet, »so wie man seitdem Netze macht« (Dumézil 1959, 35). Als seine Verfolger kommen, wirft er das Netz ins Feuer und verschwindet in Gestalt eines Lachses im Fluss. Anhand der verkohlten Überreste erkennen sie, dass es sich dabei um eine Vorrichtung für den Fischfang handeln muss. Sie fertigen ein Netz an, gehen damit zum Wasser, und Loki verfängt sich darin (Dumézil 1959, 35f.; Rooth 1961, 90-96; 156-161; Schier: Loki. In: EM, Bd. 8, 1996, 1182).

Lokis Abenteuer stehen in einem engen Zusammenhang mit Netzen. Während er in der ersten Geschichte eines von der Göttin Ran geschenkt bekommt, fungiert er in der zweiten als Erfinder desselben. Welche Schlüsse lassen sich daraus und aus den zuvor genannten Überlegungen Rooths ziehen? Ihre Argumente ergeben nach meinem Dafürhalten ein Bild, welches die *Möglichkeit* beinhaltet, dass Loki *auch* als Spinne in Erscheinung getreten ist, doch in Anbetracht der Vielfältigkeit seines Wesens kann er darauf nicht reduziert werden, und es ist auch nicht möglich zu behaupten, es handele sich bei ihm *ursprünglich* um dieses Tier. Die Gestalt einer Spinne kann keinesfalls als *sicher* angenommen werden, denn während sie in verschiedenen Mythen der außereuropäischen Welt ausdrücklich als Lehrmeisterin der Webkunst gilt, wissen wir von Loki nur, dass er von Ran ein Netz erhält und dass er aufgrund seines kreativen Vermögens aus Flachsfäden ein solches als Erster herzustellen vermag. Um daraus weitere Schlüsse in Bezug auf eine mögliche Identität mit der Spinne zu ziehen, müsste man wissen, ob nach germanischem Selbstverständnis eine Lehrmeisterin in Form eines Zwitterwesens aus Mensch und Spinne notwendig war, um die Webkunst zu erlernen, oder ob das eigene kreative Potential als dafür hinreichend angesehen wurde. Rooths erstes Argument – der Vergleich mit außereuropäischen Trickstergestalten – ist abgesehen von dem nicht treffenden Hinweis auf nordamerikanische Indianermärchen ein mögliches Indiz, jedoch keine zulängliche Begründung, und die sprachwissenschaftlichen bzw. -geschichtlichen Belege wären auch nur dann ein überzeugendes Argument, wenn man nachweisen könnte, dass ein innerer Zusammenhang mit Loki von Anfang an existiert, um auszuschließen, dass es sich um eine Namensgebung ex post handelt, denn es könnte genauso möglich sein, dass die Benennung deswegen erfolgt ist, weil spätere Generationen der Meinung waren, es habe für die Germanen eine Identität zwischen Loki und der Spinne bestanden, woraus natürlich nicht folgt, dass es tatsächlich so gewesen ist.

Wenn Rooth jedoch recht hat – was, wie gesagt, weder ausgeschlossen noch sicher ist – können wir mit Blick auf unser Thema mögliche Einflüsse aus der germanischen Loki-Überlieferung auf europäische Traditionen ausschließen, *denn als Trickster erscheint die Spinne in Europa nirgendwo.*

Auch sonst sind meines Wissens keine Hinweise vorhanden, die einen etwaigen Zusammenhang mit germanischem Erzählgut nahe legen würden. Zwar existieren in der älteren Literatur sporadische Andeutungen, doch die verlaufen allzumal im Sand. So behaupten etwa Adolf Wuttke und Elard Hugo Meyer, die

Spinne gehöre zu Frigg (= Frija), der Gemahlin Odins, und sei ein heiliges Tier, wobei sie als Beleg auf das Kapitel über Spinnen in Wolfs »Beiträge(n) zur deutschen Mythologie« hinweisen (1913, 113 und FN 4 ebd.). Dort aber sucht man einen Hinweis auf Frija vergebens (1857, 457f.). Da die Spinne auch in den einschlägigen Werken zur germanischen Altertumskunde nicht vermerkt wird (Beck 1973ff.; Neumann und Voigt 1973; Simek 1984; de Vries 1956f.), kann das Thema getrost ad acta gelegt werden. Dennoch sollte es aus zwei Gründen nicht unerwähnt bleiben. Zum einen hat Rooths Beitrag in der Forschung große Beachtung gefunden (vgl. Schier: Loki. In: EM, Bd. 8, 1996, 1187f.), und zum anderen sollte es für einen Volkskundler heutzutage wieder möglich sein, sich unbefangen mit der germanischen Altertumskunde zu befassen, auch wenn sie durch die nationalsozialistische Forschung in Misskredit geraten ist. Obwohl die Kontinuitätshypothesen der damaligen Zeit – die direkte Verbindung zwischen germanischen Mythen und deutschem Volksglauben – längst als haltlos erwiesen sind, kann man daraus nicht den Schluss ziehen, dass germanischer Einfluss prinzipiell nicht vorhanden ist. Dass auch ich nicht fündig geworden bin, steht auf einem anderen Blatt, kann aber als weiterer Beleg dafür gewertet werden, dass man in Anbetracht der dürftigen Quellenlage sehr vorsichtig argumentieren sollte, wenn es um mögliche Verbindungen zwischen germanischem Altertum und europäischer Moderne geht.

4   Die Spinne in der traditionellen europäischen Volkskultur

Da Christentum und Antike die hauptsächlichen Grundlagen der europäischen Kultur bilden, wird man vieles aus den vorigen Kapiteln auch auf den folgenden Seiten wiederfinden. Allerdings ist es kaum möglich, im Einzelfall zu entscheiden, ob ein direkter Einfluss bestimmter Autoren vorliegt oder nicht. Relativ sicher ist das bei Gelehrten, da sie sich großteils auf ihre Vorgänger beziehen. Deutlich zeigt sich das bei Autoren des Mittelalters, zum Beispiel in Conrads von Megenberg *Buch der Natur*, das antike Textstellen nahezu wörtlich übernimmt (1897, 250f.). Das hängt mit dem mittelalterlichen Wahrheitsbegriff zusammen, denn im Gegensatz zu heute galt zu jener Zeit etwas als wahr, wenn es durch Bibel, Kirchenväter oder antike Schriftsteller beglaubigt war. Doch auch in der Neuzeit bilden Christentum und Antike weiterhin eine wichtige, wenngleich nicht mehr ausschließliche Grundlage, wie etwa ein Blick in das Universallexikon des Leipziger Verlegers Johann Heinrich Zedler zeigt, das in der ersten Hälfte des 18. Jahrhunderts erschienen ist (1732/1993, 1111-1126).

In der populären Überlieferung liegen die Verhältnisse hingegen komplizierter. Gelehrte Texte stoßen in der breiten Öffentlichkeit kaum auf Interesse und konnten früher wegen des niederen Alphabetisierungsgrades auch gar nicht gelesen werden. Wissen und Kenntnisse wurden mündlich weitergegeben, weswegen stets mit Veränderungen aufgrund von Missverständnissen oder selektiver Wahrnehmung zu rechnen ist. Etwas Weiteres kommt hinzu, das das Bemühen um Herleitung bestimmter Phänomene aus historischen Quellen relativiert, nämlich die Vielzahl ethnographischer Parallelen. Da sie nicht allzumal durch Wanderung erklärt werden können, liegt der Schluss nahe, dass sie auch unabhängig voneinander entstanden sein können, weil ihnen elementare Vorstellungen zugrunde liegen, die mit der psychischen Grundstruktur und der Art und Weise zusammenhängen, wie die Welt rezipiert wird. Dazu zählt insbesondere das »Gesetz der Sympathie«, aufgrund dessen Mensch und Natur in einem geheimnisvollen Zusammenhang stehen und in der Natur alles miteinander verwandt ist. Dazu zählen auch die magischen Prinzipien, und zwar Ähnlichkeits- und Gegensatzregel sowie Berührungszauber, Analogiezauber und der Grundsatz *pars pro toto*, wovon an der einen oder anderen Stelle bereits die Rede war (Bach 1960, 288-307; Fiedermutz-Laun: Elementargedanke. In: EM, Bd. 3, 1981, 1312-1316; K.E. Müller 1987, 202ff.; Petzoldt: Magie. In: EM, Bd. 9, 1999, 2-13; ders.: Magisches Weltbild. In: ebd., 19-24; Rieken 2000, 193-203).

Die im Folgenden vorgenommene Differenzierung zwischen Volksmedizin, Volkssage und Volksglaube sollte nicht darüber hinwegtäuschen, dass es sich dabei um eine akademische Einteilung handelt, die von der Bevölkerung weniger strikt oder gar nicht wahrgenommen wurde und wird, da das populäre Denken einen minder großen Wert auf diesbezügliche Unterscheidung legt. So ist die Sage oftmals mit Volksglauben verbunden und unterscheidet sich von diesem nur durch die Erzählung, mit der er »angereichert« ist. Und genauso ist es längst nicht immer möglich, zwischen Volksmedizin und -glaube zu differenzieren, zumal in dem Bereich der Placeboeffekt eine große Rolle spielt.

4.1 Volksmedizin

Zu den elementaren Vorstellungen – bei den Naturvölkern genauso wie in der europäischen Volksmedizin – gehört es, Krankheit als etwas Dämonisches anzusehen, das auf unsichtbare Weise entsteht und von außen in den gesunden Körper eindringt. Sie »packt« den Menschen, »erwischt« ihn, kommt »angeflogen«. Wir fühlen uns »angegriffen« oder »angeschlagen«, wenn etwas in uns »nagt« oder uns »wurmt«, so als würden tatsächliche Lebewesen in uns ihr Unwesen treiben. Auch die Bezeichnung »Hexenschuss« zeigt, dass es nach alter Auffassung Dämonen waren, die es auf uns abgesehen hatten.

Diese Vorstellungen fügen sich gut in den christlichen Glauben ein, denn er lehrte, dass Krankheiten vom Teufel kommen, um dem Menschen Schaden zuzufügen, und andererseits von Gott geschickt sind, um sündhaftes Verhalten zu bestrafen. Über beiden Ansichten steht die Vorstellung von der Unreinheit und Sünde, welche dem Menschen seit Adam und Eva den Stempel aufprägen (Beitl 1974, 901; Rothschuh 1978, 21-72). Möchte er die Krankheit besiegen, kann er sich entweder von den Sünden lossagen und sein Leben nach christlichen Grundsätzen ausrichten, oder er versucht sie zu bekämpfen, wenn er der Meinung ist, sie sei dämonischen Ursprungs. Oft hilft auch beides, denn nach der Gegensatzregel lässt sich Böses durch Gutes vertreiben, während nach der Ähnlichkeitsregel Böses mit Bösem bekämpft werden kann.

4.1.1 Pest, Wahnsinn, Tarantismus

Da die Spinne als ein unheimliches Lebewesen angesehen wird, braucht es nicht wunderzunehmen, wenn man sie mit unheimlichen und tödlichen Krankheiten in Verbindung bringt, und das von der Antike bis in die Gegenwart. Im alten Griechenland glaubte man, sie sei aus dem Blut eines Ungeheuers entstanden, und Plutarch hält das massenhafte Auftreten von Spinnweben für ein sicheres Zeichen der drohenden Pest (Keller 1913, 469). In die gleiche Kerbe schlägt Paracelsus, wenn er schreibt: »Dann wie sich erhebt der Basiliscus auß dem gifft Menstrui des Weibes: Also erhebt sich auch die Pestis im Menschen von solchen Menstruosischen gifft« (Lindemann und Zons 1990, 54). Wenn wir uns daran erinnern, dass nach Auffassung des Paracelsus auch die Spinnen aus dem »Menstruo Mulierum« entstanden sind, liegt der Schluss nahe, in ihnen (und dem Basilisken als einem besonders gefährlichen Drachen) einen Verbreiter der tödlichen Krankheit zu sehen. Während bei Jeremias Gotthelf die Inbezugsetzung der Pest mit Frau und Spinne über den Kuss des Teufels auf Christines

Wange erfolgt, ist es hier die Menstruationsflüssigkeit. Aus der *populären* Überlieferung ist mir allerdings nur ein einziges Beispiel bekannt, das die Spinne mit der Seuche in Verbindung bringt. Es handelt sich um eine Sage aus dem niederösterreichischen Weinviertel, in der die gesamte Bevölkerung eines Dorfes durch das Wirken der »Pestspinne« hinweggerafft wird (Calliano, Bd. 5 1936, 78f.; auch in Petzoldt 1992, 93f. – vgl. Kap. 4.4). Von der »Pest-Mutter«, einer alten Hexe, die im Wassertal ihr Unwesen treibt, berichtet zwar eine rumäniendeutsche Sage, doch wird darin von der Krankheit nicht berichtet, sondern nur erzählt, dass derjenige in einen Stein verwandelt wird, welcher sich der Hütte der Hexe nähert (Stephani 1994, 141f.). In einer anderen rumäniendeutschen Geschichte aus Siebenbürgen erfährt man hingegen, was unternommen wurde, um von der Seuche verschont zu bleiben.

> »In alten Zeiten webten die Frauen, um Gergeschdorf vor der Pest zu schützen, ein *Pesthemd* (...). Dieses Hemd war aus weißem Leinen, und neun Witwen mussten es in einer Nacht spinnen, weben und nähen. Dabei durften sie kein Wort reden und weder essen noch trinken. Am Morgen wurde es vor Sonnenaufgang, doch nachdem die ersten Hähne gekräht hatten, an zwei Stöcken bei der Dorfeinfahrt aufgehängt – so konnte die Pest hier nicht ›einziehen‹« (ebd., 73).

Wenn das Leinengewebe – bis zur Einführung der Baumwolle der wichtigste wasch- und kochfeste Kleiderstoff – bei der Dorfeinfahrt befestigt wird, um die Pest am Eindringen zu hindern, liegt die ganz konkrete Erfahrung zugrunde, dass jeder Besucher in der Regel diesen Weg nimmt, sofern er in den Ort hinein möchte. Seine besondere Qualität erhält das *Pesthemd* durch die Art seiner Erzeugung: In einer einzigen Nacht wird es produziert, indem sich neun Witwen voll und ganz auf die Arbeit konzentrieren und sich durch nichts ablenken lassen, so dass es am Ende wie aus einem Guss zusammengenäht ist. Weil es Witwen sind, dürfte es sich um erfahrene und gleichzeitig um »reinere« Frauen als die anderen handeln, und dass es neun sein müssen, hängt wahrscheinlich mit der christlichen Zahlensymbolik zusammen, denn als Dreimaldrei steht die Neun in Beziehung zur Dreifaltigkeit und darüber hinaus mit Erlösungsgedanken in Zusammenhang, da man durch neun Planetensphären zum zehnten Bereich, dem Empyreum – dem Ort der Erlösten – gelangt (Heinz-Mohr 1998, 340). Hierbei zeigt sich das Wirken der Gegensatzregel genauso wie in der Farbe des Hemdes, denn weiß steht für Unschuld und Reinheit, weswegen die erwähnten Vorschriften eine gute Handhabe gegen den mit dem Teufel in Zusammenhang stehenden *schwarzen* Tod bieten sollen. Vielleicht spielt aber auch die Ähnlichkeitsregel eine Rolle, denn wenn mancherorts die Pest mit Spinnen in Zusammenhang gebracht wurde, liegt der Schluss nahe, sie mit gleichen Waffen schlagen zu können, indem man eine Art Netz produziert, in welchem sich die Seuche verfangen kann.

Nicht weniger bedrohlich als die Angst, infolge einer Epidemie zu sterben, ist die Vorstellung, verrückt zu werden oder an einer Schädigung des Gehirns zu leiden. Volkstümliche Redewendungen legen einen diesbezüglichen Zusammenhang mit der Spinne und ihrem Vermögen zu weben nahe, wenn es heißt, *jemand spinnt, spintisiert, leidet unter Hirngespinsten* etc. In Frankreich sagt man *avoir une araignée dans le plafonds*, wenn man glaubt, jemand sei geistig nicht ganz normal. Ähnlich der englische Ausdruck *cobwebbery* und die Redensart *to get cobwebs in one's brain*, das heißt *Spinnweben in seinem Hirn haben* (Riegler 1907, 278; ders. 1921, 134; ders.: Spinne. In: HDA, Bd. 8, 1937, 270f.; Röhrich 1994, 1507). Menschen, die man als *Spinner* bezeichnet, leben häufig in einer begrenzteren Welt als die Mehrzahl, denn ihre Gedanken kreisen um weniger Bereiche als üblich. Da in ähnlicher Weise das Leben der Spinne im Netz als begrenzter gegenüber anderen Tieren angesehen wird, liegt ein Vergleich zwischen ihr und jenen Menschen nahe, die im engen Netz ihrer Gedankenwelt »eingesponnen« sind. Eine weitere Parallele ergibt sich aus dem Akt des Netzwebens, wenn die Spinne scheinbar planlos hin- und herläuft, und aus der Beschaffenheit des Netzes, das manchem gleich einem unentwirrbaren Gespinst erscheint, woraus wohl Wendungen wie *ein Gewirr absonderlicher Gedanken zusammenspinnen* abgeleitet wurden.

Hinter dem metaphorischen Gebrauch steht nach Auffassung Richard Rieglers ursprünglich der Glaube an eine Wahnsinn hervorrufende Gehirnspinne, die in Zusammenhang zu sehen sei mit der allgemeinen Vorstellung, dass Insekten im menschlichen Hirn existieren, welche die geistigen Funktionen stören. Wahrscheinlich habe die durch einen Parasiten (Drehwurm) hervorgerufene Drehkrankheit der Schafe zu der Auffassung geführt, »auch die Erkrankungen des menschlichen Gehirns seien auf das Vorhandensein eines Wurmes oder eines anderen dämonischen Tieres im Hirn zurückzuführen« (1921, 130). Völlig überwunden dürften derartige Ängste auch heute nicht sein, denn wir finden sie in einer an die Gegenwart angepassten Form in einem Klassiker der Urban Legends wieder, der *Spinne im Haardutt*, in der das Tier ein Loch in die Schädeldecke seines Opfers beißt, woraufhin dieses an Meningitis erkrankt und stirbt (vgl. Kap. 5.5). Eine abgeschwächte Variante kursierte im Jahr 2002 durch die Medien, nach der sich eine 33-jährige Griechin aus Athen wegen anhaltender Kopfschmerzen an ihren Hausarzt wendet, der in ihrem Ohr eine Spinne nebst Netz entdeckt. »Wahrscheinlich, so vermutet der Arzt, gefiel es der Spinne aufgrund der angenehmen Temperatur im Ohr so gut, dass sie sich entschloss, dort zu verharren« (Factorynews 2002, http://www). Über die Herkunft des ungebetenen Gastes gibt es ebenfalls Mutmaßungen: »Die winzige Spinne dürfte der Frau bei einer Mopedfahrt ins Ohr geraten sein und sich dort wohl gefühlt haben« (Kronenzeitung, Archiv, 11.06.2002).

Um »Verrücktes« geht es auch bei einem anderen Phänomen, das uns aus Apulien, der südöstlichsten Region Italiens, überliefert ist: dem Tarantismus (zum Folgenden Katner 1956; Opela 1990, 103-144). Es handelt sich dabei um eine Art Tanzzwang, von dem man glaubte, er wäre durch den Biss einer bestimmten Wolfsspinne, der Apulischen Tarantel (Lycosa tarentula), verursacht worden. Die vermeintlichen Opfer suchten Heilung in ekstatischen tänzerischen

Bewegungen, die von einer bestimmten Musik begleitet wurden, um so das Gift aus dem Körper zu treiben. Seinen Höhepunkt erreichte das merkwürdige Phänomen im 16. und 17. Jahrhundert. Entgegen landläufiger Meinung und bestimmter Redensarten (»wie von der Tarantel gestochen«) ist die Giftwirkung von Lycosa tarentula eher harmlos und keinesfalls geeignet, ein veitstanzähnliches Krankheitsbild hervorzurufen (Bellmann 1997, 156; Kullmann und Stern 1996, 108). Dass sie dennoch zu ihrem zweifelhaften Ruf kam, kann mit ihrer starken Vermehrung im Spätmittelalter zusammenhängen, als infolge der Abholzung von Wäldern weite Landstriche Apuliens versteppten und damit beste Voraussetzungen zur Verbreitung der Wärme und Trockenheit liebenden Erdspinne boten. Daher wurde möglicherweise ein Zusammenhang zwischen dem zahlreichen Auftreten derselben und dem Tarantismus konstruiert. Wie aber ist er zu erklären? Da die Opfer Mitleid erweckten, waren sicher einige Simulanten darunter, vor allem nachdem die Tänze den Charakter von Volksfesten angenommen hatten. Auch werden sich manche von den Tänzen haben anstecken lassen, denn zwangsähnliche Tanzepidemien waren an der Grenze zur Neuzeit keine Seltenheit in Europa (Brunner 1987). Der Hauptgrund aber liegt nach Katner in den bereits erwähnten landschaftlichen Veränderungen des Mittelalters: Durch die Versteppung intensivierte sich die Sonneneinstrahlung und damit auch die Gefahr eines Sonnenstiches (Insolation) für die Menschen, und ein Vergleich mit den Quellen zeigt, dass die beschriebenen Symptome im Großen und Ganzen tatsächlich dieselben sind wie bei der Insolation (1956, 82-109; Opela 1990, 128-134).

Von Maßnahmen gegen die Folgen eines Tarantelbisses (der Autor schreibt irrtümlicherweise »Stich«) erfahren wir auch aus einem albanischen Bericht. Wenngleich es sich dort nicht um ein Massenphänomen wie beim Tarantismus handelt, wollen wir ihn dem Leser nicht vorenthalten, weil er bemerkenswert und kurios zugleich ist.

> »Wenn dort jemand von einer Tarantel gestochen worden ist, dann ist es für ihn eine gar üble Sache. Der Stich der Tarantel kann nur auf eine einzige Weise geheilt werden, und diese Art der Heilung mag dem Kranken nicht weniger schlimm erscheinen als das Uebel selbst. Die Tarantel heißt im Albanesischen, wie jede Spinne: Merimage. In der Beschwörungsformel braucht man statt dessen euphemistisch (= verhüllend, B.R.) das Wort Maro. Der von der Tarantel Gestochene wird auf einen Misthaufen gelegt, man ruft neun Frauen, die setzen sich zum Kranken und singen: ›Wir sind neun Maros, du bist nur eine einzige Maro; du arbeitest und es geht von Statten; wir arbeiten und es geht nicht von Statten; du hast Böses gethan, nun thue auch wieder Gutes, o Frau Spinne!‹. Und singen fort und fort, bis der Patient sich gesund erklärt...« (Stern 1903, 211).

Da der Norden Albaniens gebirgiges Waldland ist, wird es dort im Sommer kaum so heiß sein wie in Apulien. Die Diagnose Sonnenstich dürfte in dem Fall zwar nicht so häufig sein, doch das Gemüt des Betroffenen wird wohl allein schon durch die Aufregung, die der vermeintliche oder tatsächliche Biss mit sich brachte, hinreichend erhitzt gewesen sein, um auf dem Misthaufen liegend Abkühlung zu erfahren, zumal die Betreuung durch neun Frauen Verheißung genug ist. Interessant ist, dass diese sich als Spinnen bezeichnen und aufgrund ihrer zahlenmäßigen Übermacht die Urheberin des Leidens durch psychologisch geschickte Wortwahl – ihr wird Respekt gezollt, um sie dann für die eigenen Zwecke einzuspannen – dazu bewegen können, die von ihr verabreichte Giftwirkung aufzuheben. Es sind dies Vorstellungen, welche eine gewisse Nähe zu den Naturvölkermärchen mit ihrer engen und von gegenseitiger Anerkennung geprägten Beziehung zwischen Tier und Mensch aufweisen.

4.1.2 Fieber

Nach der Ähnlichkeitsregel kann die Spinne als dämonisches Wesen jene Geister vertreiben oder unschädlich machen, welche unseren Körper malträtieren, und genauso vermag sie als giftiges Tier giftige oder schädliche Substanzen zu neutralisieren. Das ist zwar einer der wenigen Bereiche der europäischen Kultur, in der der Spinne positive Seiten abgewonnen werden, doch geschieht dies aufgrund ihrer als negativ angesehenen Eigenschaften. Nun könnte man aus einer philosophischen Perspektive von der Dialektik des Bösen sprechen, das immer auch seine guten Seiten hat, genauso wie aus christlicher Sicht das Gute nur existieren kann, weil es sein Gegenteil gibt. Und in ähnlicher Weise heißt es im *Faust* von Mephisto, er sei »ein Teil von jener Kraft, die stets das Böse will und stets das Gute schafft« (Verse 1336f.). Doch handelt es sich dabei um elaborierte Gedankengänge, die populärer Anschauung eher fremd sind. Sie fragt primär nach dem Nutzen, und an dieser Elle gemessen ist es eindeutig, dass nach der Simile-Regel Schädliches mit Schädlichem bekämpft werden kann.

Hilfreich ist die Spinne beim Fieber, das, wie bereits erwähnt, früher als eigene Krankheit und nicht als Symptom derselben angesehen wurde. Die plötzlich auftretenden Fieberanfälle, der Wechsel von Frost- und Hitzegefühl und weitere Begleiterscheinungen wie Benommenheit, Kopfschmerzen, Unruhe oder Fieber-Phantasien hielten die Vorstellung lebendig, es sei durch böse Geister verursacht worden (vgl. Grabner 1997, 16).

Im Zusammenhang mit der Verabreichung von Spinnen ist die einfachste und eine recht verbreitete Maßnahme, sie zu verschlucken. Man nimmt eine oder mehrere ohne weitere Zutaten zu sich (Jühling 1900, 97; Wuttke 1900, 353), oder man entfernt aus einer Zwetschge den Kern, gibt eine lebende Spinne hinein und schluckt sie hinunter, so dass »das Fieber von der Spinne aufgefressen« wird (Th. Wolff 1905, 289; dgl. Hovorka und Kronfeld, Bd. 1 1908, 140; Jühling 1900, 96). Letzteres hilft laut Wolff gegen das »siebenundsiebzigerlei Fieber«, eine einstmals weit verbreitete Vorstellung, die alternativ auch 72 und 99 Fieber annahm und wohl das vielfältige Erscheinungsbild der Symptome zum Ausdruck bringen sollte (vgl. Grabner 1997, 18-27). Die Sieben gilt seit alters her als heilige Zahl, denn bereits die Babylonier sahen in den damals bekannten sieben Planeten ein Zeichen göttlicher Ordnung, und auch im christlichen Denken spielt sie eine Rolle, wenn man etwa an die sieben Schöpfungstage oder an die sieben Gaben des Heiligen Geistes denkt. Andererseits kann sie jedoch auch das Gegenteil bedeuten, zum Beispiel die sieben Todsünden oder als »Böse Sieben« eine Dämonengruppe in der babylonischen Religion. Die 77 Fieber können demnach als Strafe Gottes genauso wie als dämonischer Angriff verstanden werden. Was die Zwetschge betrifft, war sie in der Volksmedizin unter anderem als fiebersenkendes Mittel bekannt (Marzell: Pflaume. In: HDA, Bd. 6, 1935, 1718), weswegen man die gleichzeitige Einnahme von ihr und der Spinne als verstärkende Maßnahme ansehen kann oder als Möglichkeit, mehrere Arten des Fiebers bekämpfen zu wollen, ähnlich wie es heutzutage etwa bei der Verabreichung von Breitbandantibiotika der Fall ist. Möglicherweise wurde die Zwetschge aber auch einfach deswegen eingenommen, um das eigentliche »Medikament«, die Spinne, schmackhafter zu machen. Ein realer Hintergrund in Form von Erfahrungswissen könnte bestenfalls darin bestehen, dass Pflaumen, wie allgemein bekannt ist, die Darmtätigkeit anregen und somit pathogene Keime im Darm, die mit fiebrigen Erkrankungen in Zusammenhang stehen, rascher ausscheiden. Um eine tatsächliche Wirkung zu erzielen, bedürfte es allerdings einer Vielzahl an Früchten – und nicht nur einer, wie in diesem Beispiel.

Ähnlich wie heute existierte neben der innerlichen Verabreichung die äußerliche Anwendung. Dabei gab es die Möglichkeit, die Spinne zu tragen oder aufzulegen. Aus Tirol ist folgende Maßnahme gegen das »langwierige« Fieber bekannt, mit dem wahrscheinlich das kontinuierliche Fieber (Febris continua) gemeint ist, das zum Beispiel bei Typhus auftritt.

> »Man nimmt zwei genau aufeinander passende Nussschalen, bohrt auf der Seite ein Luftlöchlein, sperrt eine Spinne hinein und leimt die beiden Schalenhälften fest aufeinander, dann hängt man sich das Ganze neun Tage lang um den Hals. Nach Ablauf dieser Zeit ist die Spinne tot, denn sie hat alles Gift aus dem menschlichen Körper an sich gesogen. Nun entfernt man die Nussschale und wirft sie samt der Spinne in fließendes Wasser. Auch gegen Gebärmutterkrankheiten ist dieses Mittel sehr heilsam« (Dörler 1898, 178).

Der am Ende des Textes genannte Hinweis auf Gebärmutterkrankheiten, bei denen die Prozedur auch helfen soll, hängt möglicherweise mit der verbreiteten Gleichsetzung von Frau und Spinne zusammen. – Die Bedeutung der Neunzahl wurde bereits erwähnt, das Wegwerfen der Nussschale nebst der Spinne in fließendes Wasser ist eine elementare Vorstellung, nämlich durch Wegschwemmen sich unmittelbar und endgültig von etwas befreien zu können. Wie im letzten Beispiel hat sich die Spinne das Gift einverleibt, und es scheint daher gewiss, dass sie nach Ablauf der neun Tage tot ist. Interessant ist das Belassen eines Luftloches, da anscheinend ohne das Vorhandensein desselben die Gefahr eines zu frühen Todes bestünde, aufgrund dessen der Erfolg der Behandlung infrage gestellt würde. – Die Verwendung einer Nussschale mag aus praktischen Gründen erfolgt sein, um das Tier in geeigneter Weise aufbewahren zu können, doch steht dahinter vielleicht die allgemeine Vorstellung, dass der von einer Schale umhüllte Kern das Wesentliche ist. Das gilt im wörtlichen Sinn, da die Frucht und nicht die Schale gegessen wird, und auch in übertragener Hinsicht, wenn man vom »Kern« einer Sache spricht. Entsprechend symbolisiert im christlichen Kontext der Nusskern »das süße Innere der Gottheit, die Nahrung spendet« (Heinz-Mohr 1998, 240). Wenn daher – so könnte man folgern – in diesem Fall die Spinne an die Stelle des Kernes tritt, kann sie ihre wesentliche Qualität, Gift zu entziehen, voll entfalten. Im Übrigen könnte man entsprechende Überlegungen auch in Hinblick auf das Rezept mit der Zwetschge anstellen.

Eine ähnliche »Medikation« findet man bei Hovorka und Kronfeld aus Westböhmen, doch muss es dort eine *Kreuz*spinne sein, und es darf der Kranke von ihr nichts wissen (Bd. 1, 1908, 143f.; Bd. 2, 1909, 323; vgl. Heyl 1897, 787). Entgegen der in Europa üblichen Sichtweise wird die Kreuzspinne wegen ihres charakteristischen Rückenmusters in der traditionellen Überlieferung positiv gesehen (vgl. Kap. 4.4), weswegen in diesem Fall neben der Simile- auch die Gegensatzregel zum Tragen kommt, indem man ein »gutartiges« Tier gegen die »böse« Krankheit einsetzt. Dass der Kranke nichts von der Spinne wissen darf, könnte zwar ganz pragmatisch der Vermeidung von Ekelgefühlen dienen, aber da es sich um eine oft vorkommende und auch in anderen Zusammenhängen existierende Anweisung handelt, ist es wahrscheinlicher, sie im magischen Kontext zu sehen: Damit die Substanz ihre Kräfte zur Gänze entfalten kann, muss sie völlig unberührt von äußeren Einflüssen sein, wozu nach den Grundsätzen der kontagiösen Magie (Berührungszauber) auch Gedanken zählen.

In dem folgenden Rezept, das ebenfalls aus Böhmen stammt, kommt das Berührungsverbot gleich in dreifacher Hinsicht zur Anwendung.

> »Man näht drei Spinnen, *ohne sie mit der Hand anzufassen*, in ein Beutelchen, trägt es zwei Tage am Halse und wirft es dann *rückwärts* in ein Wasser und läuft, *ohne sich umzusehen*, nach Hause« (Wuttke 1900, 335).

Das rückwärtige Werfen und das Verbot, sich umzusehen, machen die Gefahren deutlich, welche der direkte Blickkontakt mit sich brächte: Das Fieber könnte zurückkehren, die Prozedur wäre vergebens gewesen. Dass die Spinnen nicht angefasst werden dürfen, wird wohl, wie im vorigen Beispiel, mit dem Wunsch nach voller Entfaltung der ihnen innewohnenden Kräfte zusammenhängen. – Im Hinblick auf die Zahlensymbolik liegt die Bedeutung der Drei im christlich-europäischen Kontext auf der Hand, doch was die Zwei angeht, bin ich auf Spekulationen angewiesen. Vielleicht ist es ein »empirisch« gewonnener Wert, vielleicht verweist sie auf den Dualismus zwischen Gut und Böse (Heinz-Mohr 1998, 336f.), vielleicht nimmt sie Bezug auf die vorangegangene Drei, um im Sinne des Analogiedenkens das abnehmende Prinzip zu verkörpern dergestalt, dass die Krankheit abnehmen soll wie die Zahlen – ich weiß es nicht genau. Sicher ist hingegen, dass in dem folgenden Beispiel Analogiezauber angewendet wird, und das in trauter Gemeinsamkeit mit christlichem Denken (Hovorka und Kronfeld, Bd. 1, 1908, 144). Es handelt sich dabei um einen so genannten Fieberzettel, der früher weite Verbreitung fand (siehe Abb. S. 143).

Er wurde mit dem Kranken in Berührung gebracht, um Heilung zu erreichen (vgl. Grabner 1997, 36f.). Eingebettet in jeweils drei Vaterunser ist der Name »Abraham Julita« nach dem »Schwindeschema« untereinander aufgeschrieben, wodurch im Verein mit der stilisierten Spinne die Krankheit abnehmen soll, wie es der Name tut (vgl. Bach 1960, 299f.; Beitl 1974, 20f.). Der Zettel muss neun Tage lang auf dem Rücken getragen und anschließend rückwärts in fließendes Wasser geworfen werden, ohne sich umzuschauen – allzumal Elemente, welche bereits bekannt sind, wobei die Vorschrift, den Zettel auf dem Rücken zu tragen, wahrscheinlich damit zusammenhängt, dass man ihn nicht anschauen darf, weil er anderenfalls seiner Wirkung verlustig ginge.

Abb. 84. Fieberzettel. „Wieder das kalte Fieber. Diesen Zettel neun Tage auf dem Rücken getragen und an denselben Tag und Stundte, wann man es im Fieber angehangen, eben in dieser Stundte wieder herabgenommen und rückwärts in ein flüssendes Wasser geworfen, ohne sich umzusehen." (Ein solcher Zettel wird eingenäht und um 10 auch 12 Kreuzer verkauft [340a]).

Ein ähnliches Rezept mit einer Kreuzspinne stammt aus Schwaben (Jühling 1900, 97). Neben der bereits bekannten Anweisung, das Tier einige Zeit um den Hals zu tragen und anschließend in fließendes Gewässer zu werfen, soll die ganze Prozedur bei abnehmendem Mond – als Ausdruck des Analogiedenkens – stattfinden. Weiter heißt es, dass die Spinne, bevor sie in »ein Stückchen Leinwand« gewickelt wird, in Kampfer eingelegt werden soll. Kampfer wird aus dem gleichnamigen Baum gewonnen und ist eine weiße, durchscheinende Masse von charakteristischem Geruch. Ihm wurden mannigfache Heilkräfte nachgesagt, und Paracelsus hat behauptet, dass eine Arznei gegen Fieber ohne Kampfer wie ein Soldat ohne Degen sei (Olbrich: Kampfer. In: HDA, Bd. 4, 1932, 958; vgl. Pahlow 2000, 387f.).

Abschließend seien noch zwei kürzere Rezepte erwähnt. Das eine stammt aus dem Oldenburgischen, und nach diesem muss man die Spinne in eine Walnuss und selbige dann auf die Herzgrube des Kranken legen (Wuttke 1900, 326) – wohl deswegen, weil das Herz seit jeher als Zentrum der Lebenskraft sowie als Sitz der Seele und Gefühle gilt. In dem anderen Beispiel soll das Tier in ein

»Tüchlein« gewickelt und dieses auf die nackte Haut »gehängt« werden. Anschließend legt man sich ins Bett und deckt sich fest zu, um zu schwitzen. Der Text endet mit der Bemerkung: »Es ist bewährt« (Jühling 1900, 96), was uns aufgrund der ausscheidenden Wirkung des Schwitzens nicht in Verwunderung zu setzen braucht.

Neben den Spinnen wurde früher auch ihre Seide als Mittel zur Bekämpfung des Fiebers eingesetzt, genauer gesagt des dreitägigen Fiebers, wie die beiden folgenden Rezepte deutlich machen. Das erste lautet: Man wickelt Spinnweben in ein Tüchlein und bindet diese über Stirn und Schläfe (Hovorka und Kronfeld, Bd. 1, 1908, 145; vgl. Bd. 2, 1909, 338). Wahrscheinlich spielt bei der Anwendung auch Erfahrungswissen eine Rolle, nämlich die fiebersenkende Wirkung kalter Umschläge auf der Stirn und die antiseptischen Eigenschaften der Spinnenseide, von denen im übernächsten Kapitel die Rede sein wird. Das andere Rezept ist hingegen komplizierter:

> »Nimm die Krume von Roggenbrot und Honig, jedes zu gleichen Teilen, ferner etliche alte Spinnengewebe, so viel du deren haben kannst, und ein wenig Salz und Weinessig. Alles dies hacke mit einem Hackmesser wohl untereinander und binde es dann dem Patienten an dem Tage, wo das Fieber sich einfinden will (geschehe dies auch erst in der Nacht), in der Mittagsstunde, gerade um 12 Uhr, auf die bloße Haut. Den anderen Tag um dieselbe Zeit nimm es ihm wieder ab und trage es in fließendes Wasser. Sollte das Fieber dennoch wiederkommen, was jedoch höchst selten geschieht, so wiederhole dieses Mittel, und es wird dann gewiss helfen« (ebd., Bd. 2, 1909, 323; vgl. Dörler 1898, 178).

Brot und Honig sind grundlegende Nahrungsmittel zur Sättigung bzw. zum Süßen und auch als Heilmittel bekannt (vgl. Marzell: Roggen. In: HDA, Bd. 7, 1936, 769ff.; Eckstein: Honig. In: HDA, Bd. 4, 1932, 306ff.). Sie spielen zudem in der christlichen Tradition eine große Rolle. Der Höhepunkt der Eucharistie ist die Austeilung von Brot und Wein, Jesus bezeichnet sich als »Brot des Lebens« (Joh. 6, 35), und er vermehrt es auf magische Weise, so dass er die 5000 speist (Matth. 14, 15-21) (Rieken 2000, 174). Der Spinne als »selbstsüchtiges« Tier wird oftmals die Biene als »uneigennütziger« Lieferant von Honig gegenübergestellt, der nachgerade mythische Qualitäten besitzt. Moses führt sein Volk in ein Land, wo »Milch und Honig fließen« (2. Mose 3, 8), und in der mittelalterlichen Mystik ist Christus die »süße Honigwabe« (Eckstein ebd., 292f.; vgl. Rißmann: Honig. In: EM, Bd. 6, 1990, 1233f.). Bei vielen Völkern ist Honig als allgemeines Kräftigungsmittel verbreitet. Er ist ein Antiseptikum und wirkt, wie allgemein bekannt ist, schleimlösend bei Erkältungen, wenn er mit heißen Getränken verabreicht wird.

Salz spielte bereits in prähistorischer Zeit eine wichtige Rolle, wie der Abbau desselben seit der jüngeren Bronzezeit deutlich macht, und es galt in vielen Kulturen als heilig. Im Alten Testament war es Bestandteil jeder Opfergabe (3. Mose 2, 13), und Jesus nennt seine Jünger das »Salz der Erde« (Matth. 5, 13). In der Volksmedizin wurden ihm zum Beispiel kontrahierende, reinigende und entzündungshemmende Wirkungen nachgesagt (Hovorka und Kronfeld, Bd. 1, 1908,

371-374), und im Volksglauben hatte es neben anderem eine Dämonen abwehrende Funktion (Olbrich: Salz. In: HDA, Bd. 7, 1936, 900-908), wobei sich manche Vorstellungen bis heute erhalten haben, etwa dass es Unglück bringt, Salz zu verschütten, dass man Gastfreundschaft durch das Hinstellen von Salz bekundet oder es Frischvermählten gibt.

Kochsalz (Natriumchlorid NaCl) ist der für Mensch und Tier mengenmäßig bedeutendste Mineralstoff zur Deckung des Bedarfs an Na^+- und Cl^--Ionen. Der Bedarf eines Erwachsenen liegt bei drei bis fünf Gramm, kann aber, zum Beispiel durch Schwitzen, auf bis zu 20 Gramm ansteigen, wie es etwa bei fiebrigen Erkrankungen der Fall ist.

Was schließlich den Essig betrifft, ist seine Bereitung so alt wie die Erkenntnis, dass sich Alkohol, wenn man ihn stehen lässt, in selbigen verwandelt. Er wurde und wird zur Bereitung saurer Speisen, zum Konservieren von Fleisch und Gemüse, verdünnt als Getränk und in der Volksmedizin bei diversen Krankheiten, unter anderem zur Wundbehandlung und bei Fieber, angewendet (vgl. Eckstein: Essig. In: HDA, Bd. 2, 1927, 1060-1064).

All die genannten Bestandteile sind mit *alten* Spinnweben zu vermischen, heißt es in dem Rezept. Das mag wenig hygienisch sein, hängt aber wohl mit der prinzipiellen Wertschätzung des Alten in traditionellen Kulturen zusammen. Ungewöhnlich mag auch die Mittagsstunde als Wahl des Zeitpunktes erscheinen, zu der die »Arznei« verabreicht wird. Gustav Jungbauer schreibt dazu im HDA: »Wenn auch der Tag, mit dessen Anbruch, mit dem Erwachen aus dem Schlafe, die Traumbilder verschwinden, im Allgemeinen das Wirken geheimnisvoller Kräfte ausschließt, da alsdann die natürliche Ordnung der Dinge lebt, waltet und schafft, so ist doch sein Höhepunkt und zugleich Wendepunkt, der Mittag, genauer die Mittagsstunde, in gar mancher Hinsicht ein Seitenstück zur Mitternacht« (Jungbauer: Mittag. In: HDA, Bd. 6, 1935, 398). Auch um diese Zeit zeigen sich nämlich allerhand Geister, in der Antike etwa Hekate, eine in der Unterwelt hausende Zaubergöttin, oder die Sirenen, welche durch ihren betörenden Gesang Menschen anlocken und ins Verderben reißen. Im europäischen Volksglauben sind es der wilde Jäger, der Wassermann, Rübezahl und andere Dämonen, die dann besonders bedrohlich sind. Es ist eine gefährliche Zeit, bei der man weder arbeiten noch den Friedhof betreten soll (ebd., 398-405; ders.: Mittagsgespenst. In: ebd., 414-418).

Derartige Vorstellungen gehen sicher auf reale Erfahrungen zurück, da die Hitze des Sommertages, die zu Mittag am größten ist, zu Illusionen (= verfälschte Wahrnehmungen realer Objekte) und Halluzinationen führen oder einen Sonnenbrand, Hitzschlag oder Sonnenstich hervorrufen kann, doch dürften auch unruhige Träume während des Mittagsschlafes in der heißen Sonne eine Rolle spielen (ebd., 399; 414). Man sollte sich daher zu dieser Zeit – im wörtlichen wie übertragenen Sinn – »bedeckt« halten, um nicht manches Unbill zu erleiden. Wäre es dann nicht besser, das Heilmittel zu einer anderen Zeit aufzulegen? Wenn man einen dämonologischen Hintergrund der Krankheit in Erwägung zieht, kann man genauso argumentieren, dass es nicht darum geht, Geister anzulocken, sondern sie zu vertreiben, und das ist gerade in der Zeit, da sie aktiv sind, möglich, weil »gute«, christlich inspirierte und in der alltäglichen Anwendung bewährte Mittel im Sinn der Gegensatzregel *und* Spinnweben als Simile-Maßnahme gemeinsam und einander verstärkend eingesetzt werden, wobei am Ende noch das Wegtragen und -schwemmen der Krankheit erfolgt.

Insgesamt betrachtet ist das Rezept eine interessante Mischung aus magischen Prinzipien, christlichen Vorstellungen und alltäglichen Erfahrungen, wobei mit Letzterem natürlich nicht gemeint ist, dass das Mittel wirklich hilft, sondern dass einzelne Ingredienzien in anderer Anwendung und Dosierung als reale Heilfaktoren bei fiebrigen Erkrankungen fungieren und man diese Erfahrungen auf die vorliegende Maßnahme übertragen hat. Es wäre ein falscher Schluss zu glauben, Volksmedizin bestünde ausschließlich aus »blühendem Unsinn«, auch wenn die bereits erwähnten Rezepte diesen Anschein erwecken mögen. Vielmehr ist sie ein eigentümliches Konglomerat aus Erfahrungswissen und tradierter Gelehrtenmedizin, das mit christlichen Vorstellungen und elementaren magischen Anschauungen durchmischt ist. Oftmals besteht der Fehler, wie in diesem Beispiel, in der falschen Anwendung. Honig zu verabreichen, ist wegen seiner antiseptischen Wirkung hilfreich, ihn jedoch, mit anderen Zutaten vermischt, bloß auf die Haut zu legen, nicht sinnvoll, weil man ihn oral einnehmen muss. Ähnliches gilt für das Salz und seine den Mineralhaushalt stabilisierende Funktion. Hier spielen jedoch auch magische Vorstellungen hinein, nämlich der Berührungszauber, weil man ihn für genauso wirkungsvoll hielt wie orale Verabreichung. Auch ihm liegen durchaus reale Erfahrungen zugrunde, das Berührt-Werden im weitesten Sinn, doch das bezieht sich weniger auf den physiologischen als den psychologischen Bereich, wenn man an Blicke denkt, die uns »berühren« oder an heilsame Umarmungen, um uns zu beruhigen – diese vermögen den ganzen Körper zu durchdringen, und es sind sicher auch solche elementaren Erfahrungen, welche dem magischen Denken ein so langes Leben beschert haben und es zum Teil heute noch tun (vgl. Rieken 2000, 196).

4.1.3 Andere Krankheiten

Im Folgenden trifft man zum Teil ganz ähnliche Maßnahmen wie bei der Vertreibung des Fiebers an, was zum einen damit zusammenhängt, dass es sich um Standardmedikationen handelt, und zum anderen, weil »Fieber« in der Volks- und Humoralmedizin eine allgemeine Umschreibung für ein vielfältiges Krankheitsbild ist. So braucht es auch nicht in Erstaunen zu versetzen, wenn man auf Rezepte stößt, die völlig undifferenziert bei »inneren Krankheiten« angewendet werden sollen. Dazu zählt die bereits bekannte Spinne in der Pflaume, die statt des Kerns eingesetzt und heruntergeschluckt wird (Eder 1907, 131 – Nordböhmen; Jungbauer 1934, 94), genauso wie die Spinne in der Schachtel (Hovorka und Kronfeld, Bd. 1, 1908, 401) oder Nussschale (Grabner 1997, 236f. – Steiermark), welche man dem Kranken umhängt. Letzteres soll auch gegen Gelbsucht helfen (Hovorka und Kronfeld, Bd. 2, 1909, 108; Jühling 1900, 96), womit wir uns spezifischen Krankheiten zuwenden.

Verbreiteter als heute war früher der Kropf (Struma), die Vergrößerung der Schilddrüse aufgrund von Jodmangel in der Ernährung. Auch wenn Jod vorwiegend aus Mineralien gewonnen wird und eine Spinne als Lieferant desselben nicht geeignet ist, wurde sie mangels besseren Wissens zur Therapie herangezogen, und zwar von den Roma in Siebenbürgen, sei es, dass das Tier einfach verschluckt, sei es, dass es im Rahmen einer umständlichen Prozedur eingenommen wurde, wie das folgende Beispiel zeigt.

> »Fängt man zu Pfingsten eine Kreuzspinne, wenn ein Regenbogen am Himmel ist und legt selbige in eine Schachtel und hängt sie hierauf sieben Tage lang über bzw. in Rauch, so ist es ein sicheres und unfehlbares Heilmittel gegen den Kropf und dicken Hals, wenn man diese Spinne verzehrt während dem Abnehmen des Mondes« (Wittich 1909, 271).

Dieses Rezept ist im Gegensatz zu vielen anderen nicht an der Simile-, sondern an der Gegensatzregel orientiert, weil es Bezug nimmt auf Phänomene, welche im christlichen Kontext stehen. Zu *Pfingsten*, dem Fest der Ausgießung des Heiligen Geistes über die Jünger Jesu, ist eine *Kreuz*spinne zu fangen, und zwar dann, wenn sich ein *Regenbogen* zeigt, der nach 1. Mose 9, 11ff. das Garantiezeichen Gottes an Noah ist, dass die Erde nicht mehr von einer Sintflut heimgesucht wird. Auch das *Räuchern* wird wahrscheinlich als reinigendes Ritual anzusehen sein, zumal es sich über *sieben* Tage erstreckt. Da zu allem auch noch der Analogiezauber wirkt (Einnahme bei abnehmendem Mond), braucht es nicht in Erstaunen zu versetzen, wenn die solchermaßen mit »Kraft« aufgeladene Spinne als ein »sicheres und unfehlbares Heilmittel« angesehen wird.

Auffällig zahlreich ist ihre Verwendung bei Krankheiten des Auges. Vielleicht glaubte man, die Spinne könne wegen ihres exzellenten Netzbauvermögens oder ihrer Zielsicherheit beim raschen Beutefang besonders gut sehen, und hoffte, diese Eigenschaft könne das erkrankte Auge heilen (Ähnlichkeitsregel). Ein Mittel gegen Augenleiden im Allgemeinen ist wieder einmal das Verschlucken des Tieres (Hovorka und Kronfeld, Bd. 1, 1908, 418; Wuttke 1900, 326 – Brandenburg), doch existieren auch Möglichkeiten, gezielt spezifische Erkrankungen zu heilen. Gegen Gerstenkorn hilft eine hinter dem *Altar* gefundene *Kreuz*spinne, die man auf das kranke Auge bindet. »Die Spinne muss alsdann das Gerstenkorn fressen« (Jühling 1900, 97). Bei Bindehautkatarrh infolge Skrufulose – einer Drüsenkrankheit, die Kinder nach einer Infektion mit Tuberkelbakterien befallen kann, wenn sie eine erhöhte Empfindlichkeit der Haut und Schleimhaut aufweisen – wird »auf das kranke Auge eine halbe Nussschale mit darunter gesteckter Kreuzspinne« gebunden (ebd.). Gegen Hornhauttrübung habe ich zwei Rezepte gefunden. Das eine stammt aus Unterfranken und lautet folgendermaßen:

»Findet man eine Feldspinne, welche hinten den Eierbeutel hängen hat, so bläst man ihr denselben weg; alsdann haucht man nur in die bösen Augen oder Blattern und spricht im Namen des Vaters, des Sohnes und des heiligen Geistes drei Vaterunser, und sie werden wieder gut« (Lammert 1869, 229).

Mit »Feldspinne« ist sicher nicht die zoologische Familie (Liocranidae) gemeint, da ihre Vertreter keinen Eikokon mit sich tragen, sondern ihn ablegen (Bellmann 1997, 172f.). Eher dürften Spinnen gemeint sein, die man auf Feldern antrifft, und dort ist die Auswahl größer, solche zu finden, die den Kokon mit sich führen, da dieses Merkmal bei einigen Familien tatsächlich existiert, wie bereits im ersten Kapitel gelegentlich der Brutpflege erwähnt wurde. – Dieser Kokon nun wird weggeblasen, um danach in das erkrankte Auge zu hauchen. Die Gemeinsamkeit beider Handlungen dürfte im Entfernen des »Bösen« bestehen, das heißt des Spinnennachwuchses und der Krankheit. Das Besondere an dieser Simile-Praktik ist, dass nicht die Spinne als aktive Krankheitsbekämpferin eingesetzt wird, sondern durch das Unschädlich-Machen ihrer Brut das Vermögen dazu im Menschen entsteht. Der Atem des Heilenden wird magisch aufgeladen, indem er das Band zwischen Eikokon und Muttertier entfernt. Dadurch aber wird das dann folgende *Gebet* in den Kontext einer *Beschwörung* gestellt, die *Bitte* an die gute Macht mutiert zum *Befehl* an die Krankheit bzw. den Krankheitsdämonen, den Körper zu verlassen. An dem Beispiel zeigt sich besonders deutlich das innige Miteinander zwischen Magie und christlichem Glauben, das die Kirche über die Jahrhunderte vergebens zu bekämpfen versuchte (vgl. Inauen 1995, 67ff.; Schubert und Wiegelmann 1994, 228).

Aus Pöttschach im südöstlichen Niederösterreich stammt das zweite Mittel gegen Hornhauttrübung, die im bairisch-österreichischen Mundartraum auch »Fell« genannt wird, weil man sich das Auge mit einem Fell überzogen dachte. Die entsprechende Arznei heißt »Fellpinkerl«, wobei mit »Pinkerl« in Ostösterreich ein Tuch bezeichnet wird, das man mit seinen vier Enden zu einem Beutel zusammenbindet und an einem Stock befestigt, den man über der Schulter trägt, so dass man darin bequem Dinge transportieren kann, die man unterwegs braucht.

»Das Fellpinkerl wird auf folgende Weise hergestellt: Eine Nuss wird in ihre Hälften gespalten. Aus der einen Nusshälfte wird der Kern herausgenommen und hinein – je nach dem Geschlechte des Augenkranken – ein lebendes Männchen oder Weibchen der ›Stollspinnerin‹ (Hausspinne) gegeben. Aus der anderen Nusshälfte wird ein ›Zecherl‹, das deutlich erkennbare Nusskernviertel, herausgenommen, und in den leeren Raum werden drei Stückchen ungebrauchtes Sohlenleder, die Nahrung der Spinnerin, gelegt. Die Nuss wird wieder zugemacht und in ein Leinwandstückchen (= Leinen, B.R.) eingebunden. – Das also verfertigte Pinkerl wird dem Patienten so um den Nacken gehängt, dass es zwischen die zwei Schulterblätter hinabreicht. – Verspürt der Kranke bald nach dem Umhängen des Fellpinkerls einen Schmerz im Auge, so beginnt es zu wirken. Das Fellpinkerl wird oft erneuert und insolange, bis die Trübung im Auge gewichen ist. Das abgelegte Pinkerl muss in ein rinnendes Wasser (Bach) geworfen werden. Verspürt man nach dem Umhängen des ersten Pinkerl keinen Schmerz im Auge, so hat das betreffende Auge nicht das ›Fell‹. Das Fellpinkerl darf nicht aufgebunden werden, um nachzusehen, was darin sei. Einmal, so erzählte mir mein Gewährsmann, öffnete ein Mann das Fellpinkerl, welches ihn vom ›Fell‹ geheilt hatte, um nach dem Inhalt zu sehen, da ist das vom Auge gewichene ›Fell‹ wieder zurückgegangen. – Nach einer zweiten Heilmethode lässt man nebst dem Fellpinkerl auch den Zahlenzauber wirken. Man hängt nämlich dem Patienten, sobald beim *ersten* Pinkerl keine Wirkung zu verspüren ist, drei, fünf, endlich sieben Pinkerl um und vermindert sie in verkehrter Ordnung auf die ursprüngliche Zahl« (Moses 1903, 215).

Die Bearbeitung der Nuss ist komplizierter als in den vorangegangenen Beispielen, da nicht nur der Kern aus *einer* Nusshälfte entfernt wird (zum Hineinlegen der Spinne), sondern auch der halbe Kern aus der zweiten Nusshälfte, um dort hinein drei kleine Lederstücke zu legen. Die als Heilmittel verwendete Nuss beinhaltet demnach die Spinne, das Leder und ein Viertel des Nusskerns, wobei das Leder nicht als direkter Wirkstoff fungiert (vgl. Tiemann: Leder. In: HDA, Bd. 5, 1933, 996f.), weil es die Spinne ernähren soll. Letzteres gibt einige Rätsel auf, denn in den bisher genannten Heilmitteln wurden keine Gedanken auf die Nahrung der Spinne verschwendet, da es ihre Aufgabe war, das Gift aufzusaugen, ganz abgesehen davon, dass Spinnen während eines längeren Zeitraums ohne Nahrungszufuhr auskommen, wie man sich leicht anhand von Fangnetzen überzeugen kann, die mehrere Tage lang ohne Beute bleiben. Da außerdem, wie es im Text heißt, das Fellpinkerl oft erneuert werden soll, wird das Leder kaum dem Überleben der Spinne dienen, sondern sie und ihre Heilwirkung stärken. Das mag absonderlich klingen, doch aus dem mehr oder weniger vorurteilsbehafteten Wissen heraus, dass Spinnen deutlich spürbar zubeißen und uns dadurch zu schwächen vermögen, liegt der Schluss nicht allzu fern, dass sie auch aus dem Leder »Kraft« absaugen können. Und damit ist auch klar, welche Funktion es als Nahrung der Spinne hat: Als enthaartes und gegerbtes Fell ist es von gleicher Substanz wie jenes »Fell«, das die Augen trübt, und kann demzufolge nach der Simileregel die Krankheit vertreiben. – Diese kommt ebenfalls bei der Vorschrift zur Anwendung, nach dem Geschlecht des Erkrankten entweder eine männliche oder eine weibliche Spinne auszuwählen, was in der Realität nicht allzu schwierig gewesen sein dürfte, weil das Begattungsorgan (Bulbus) in der Regel gut zu erkennen ist (Heimer 1997, 104f.).

Ob mit der »Stollspinnerin (Hausspinne)« ausschließlich die vorwiegend in Gebäuden vorkommende Hausspinne der Gattung Tegenaria (Tegenaria atrica) gemeint ist oder einfach jene Spinnen, welche man daheim findet, soll offen bleiben, zumal nicht ganz auszuschließen ist, dass dabei noch alte Vorstellungen von sozusagen domestizierten dämonischen Wesen mitspielen, die mit den Menschen zusammen in einem Haus leben und ihnen helfen, aber auch gefährlich werden können, wenn man sie beleidigt, wie es etwa im bekannten Motiv der Hausschlange der Fall ist (vgl. Petzoldt 1990, 91f.). Die Bezeichnung »Stollspinnerin« ist wohl ein Dialektausdruck für »Stallspinne«, wobei das Suffix »rin« die im bairisch-österreichischen Mundartraum geläufige Form für das weibliche Geschlecht im Familiennamen ist (zum Beispiel ist »Frau Huber« die

»Huberin«) – woran man wieder sieht, wie sehr die Spinne mit dem weiblichen Geschlecht identifiziert wird.

Nachdem das Fellpinkerl fertiggestellt ist, wird es dem Kranken so umgehängt, dass es zwischen den Schulterblättern zu liegen kommt – wohl weil zwischen Wirbelsäule, Rippen und Schulterblättern die »Kraft« der Medizin leichter zum Auge gelangen kann, weil sie dann nicht durch das harte Skelett hindurch muss.

Das Betrachten des Pinkerls nach der Behandlung ist verboten, heißt es, weil das »Fell« anderenfalls zurückkommt. Darin zeigt sich erneut die Wirkung des Berührungszaubers, in dem Fall infolge Blickkontaktes. Darüber hinaus spielt auch der magische Einfluss der Zahlen eine Rolle, nämlich bei den *drei* Lederstücken und den maximal *sieben* Pinkerln, welche es in der zweiten Heilmethode anzuwenden gilt. Dem liegt die Erfahrung zugrunde, dass es mitunter ratsam ist, die Dosis allmählich zu steigern, um sie anschließend wieder zu verringern.

4.1.4 Blutstillung und Wundbehandlung

Bei der vorwiegend manuellen Tätigkeit in der vorindustriellen Zeit war die Gefahr einer mechanischen Verletzung der Haut groß. Außerdem konnten Komplikationen infolge Wundinfektionen durch Krankheitserreger oder Keime auftreten, zumal die hygienischen Verhältnisse unzureichender waren als es heutzutage der Fall ist. Daher waren Mittel zur Blutstillung und Wundheilung besonders gefragt, und eines davon, das in ganz Europa verbreitet war, waren – Spinnweben. Sie wurden auf die offene Schnitt- oder Brandwunde gelegt und sollten den Heilungsprozess fördern (Bristowe 1945, 68f.; Dörler 1898, 178; Drechsler 1906, 220; Grabner 1997, 213; Hovorka und Kronfeld, Bd. 1, 1908, 259; Bd. 2, 1909, 358; 365; 374; 417; Jühling 1900, 52; Lammert 1869, 196; Manz 1916, 71; Pohl-Sennhauser 1996, 31f.; Schramek 1915, 280; Taube 1902, 66). Mitunter sind ausdrücklich frische und saubere Spinnweben gefordert (Dörler, ebd.), manchmal allerdings auch alte, wie Werner Manz schreibt: »In meiner Jugend holten wir solche, mit Staub völlig durchsetzte Gewebe vom Estrich und benutzten sie ohne jegliche Reinigung« (Manz, ebd.). Das ist kaum anders denn durch die Wertschätzung des Althergebrachten zu erklären, und eine solche Verwendung würde heute nicht mehr als ein müdes Lächeln hervorrufen. Bereits die medizinisch geschulten Autoren Hovorka und Kronfeld, die in ihrem umfangreichen volksmedizinischen Standardwerk aus dem beginnenden 20. Jahrhundert immer wieder darum bemüht sind, begründetes Erfahrungswissen vom bloßen Aberglauben zu trennen, halten von dieser Praktik, seien es nun saubere oder schmutzige Spinnweben, gar nichts: »Auf empirischem Wege können (...) Spinngewebe kaum einen Namen als gute Wundmittel gewinnen« (Bd. 2, 1909, 365), und »glücklicherweise« würden sie nicht mehr so oft verwendet wie früher (Bd. 1, 1908, 259). In die gleiche Kerbe schlägt Elfriede Grabner, die sich als Volkskundlerin in der Regel zwar etwas zurückhaltender in Bezug auf tatsächliche Heilwirkungen äußert, aber dann doch Spinnweben ein »seltsame(s) Heilmittel« nennt (1997, 213).

Und doch wissen wir heute aufgrund chemischer Analysen, dass unsere Altvorderen mit dieser Heilmethode gar nicht so falsch gelegen sind (zum Folgenden Heimer 1997, 47-50; vgl. Mechsner 1994). Wie allgemein bekannt ist, verdirbt Nahrung mit einem hohen Anteil an Eiweiß sehr schnell, etwa Fisch, Fleisch oder Käse. Alle Proteine sind anfällig gegen Schimmel und Fäulnis. Die Spinnenseide ist es hingegen nicht, obgleich sie zu beinahe 100 Prozent aus Protein besteht! Das ist erstaunlich und hängt wahrscheinlich mit drei Stoffen zusammen, die in der Seide aller Spinnen vorkommen: Pyrrolidin, Kaliumhydrogenphosphat und Kaliumnitrat. Pyrrolidin ist hygroskopisch; es zieht Wasser an und verhindert das Eintrocknen des Fadens, so dass er seine Struktur behält. Das Hydrogenphosphat bewirkt eine saure Reaktion der Seide, indem es im wässrigen Milieu Protonen freisetzt. Das Nitrat schließlich dürfte das Ausflocken der Proteine durch das saure Milieu – wie es von der Milch bekannt ist – verhindern, weswegen der Faden nicht brüchig wird.

Als Wundverband nimmt das Spinngewebe daher Blut- und Lymphflüssigkeit auf, ähnlich wie es Kleidungsstücke aus Seide tun, die den Schweiß aufsaugen und so für ein günstiges Mikroklima sorgen. Das Spinnennetz hält die Blutbestandteile fest und fördert die Krustenbildung, sorgt aber gleichzeitig dafür, dass die Wunde nicht austrocknet, wodurch die Gefahr der Narbenbildung verhindert wird, vergleichbar einem Gazeverband mit seinem feinmaschigen Gitternetz. Das saure Milieu hat eine antiseptische Wirkung; die Vermehrung von Bakterien und Keimen und somit die Gefahr einer Wundinfektion wird verringert. Zusammengefasst sind es die hygroskopischen Eigenschaften der Seide und das saure Milieu, welche es als Verband geeignet erscheinen lassen. Indem sie blutstillend wirkt und gleichzeitig Infektionen hemmt, schlägt man daher zwei Fliegen mit einer Klappe.

Das wird auch durch Arbeiten bestätigt, die vom Institut für Pflanzengenetik und Kulturpflanzenforschung in Gatersleben (Sachsen-Anhalt) durchgeführt wurden. Es ist nämlich gelungen, das Eiweiß des Tragfadens der Goldseidenspinne (Nephila clavipes) in genetisch veränderten Kartoffel- und Tabakpflanzen zu produzieren, um dadurch Fasern herzustellen, die »fester als Stahlseile, elastisch wie Nylon und leicht wie Watte« sind. Da das Material »beim Menschen keinerlei allergische Reaktion hervorruft, *eignet es sich auch hervorragend für medizinische Anwendung, etwa als Oberflächenbeschichtung von Implantaten und als Nähfaden für Chirurgen*« (Wirtschaftswoche, 20.09.2001, 160 – eigene Hervorhebung, B.R.; vgl. IPK 2001, http://www; Science Digest 2001, http://www).

4.2 Volksglaube

4.2.1 Glück und Unglück, Gut und Böse

Weil nach der Sympathielehre Mensch und Umwelt auf geheimnisvolle Weise miteinander verbunden sind, bekommen die Vorgänge, die um uns herum geschehen, eine zeichenhafte Bedeutung. Die Bezugnahme auf die eigene Person, der epistemologische Egozentrismus im Sinn Jean Piagets, jenes »Es gilt mir«, ist die ursprüngliche Form, um sich in der Welt zu orientieren und in ihr lebensfähig zu werden (vgl. K. E. Müller 1987, Piaget 1980). Im Volksglauben war und ist die Sympathielehre nach wie vor lebendig (Rieken 2000, 193-203).

Weit verbreitet und heute noch bekannt ist das Sprichwort: »Spinne am Morgen bringt Kummer und Sorgen. Spinne am Abend erquickend und labend« (Baumgart 1894, 82; A. John 1905, 221; Reichhardt 1900, 211; Reiser 1902, 427). Außerdem existiert eine auf die drei Tageszeiten erweiterte Variante: »Spinne am Morgen, ein Tag mit Sorgen; Spinne am Mittag, Glück auf den andern Tag; Spinne am Abend, erquickend und labend« (Manz 1916, 120; ähnlich Jahn 1999, 344f.; Schell 1914, 265). Lutz Röhrich ist allerdings der Meinung, es liege hier ein Missverständnis vor, weil »in Wirklichkeit (...) nicht die Spinne, sondern das Spinnen gemeint« sei. »Wenn sich die Frau nach der anstrengenden Tagesarbeit ans Spinnrad setzen konnte, so war das eine Feierabendbeschäftigung, die wenig Mühe erforderte und oft den Anlass zu geselligem und fröhlichem Beisammensein gab. Musste die Frau jedoch bereits am Morgen spinnen, bedeutete es größte Armut, denn sie versuchte durch diese Arbeit den ganzen Tag über etwas dazuzuverdienen. Sie musste das Garn verkaufen, statt es für den eigenen Haushalt zu verwerten« (Bd. 5, 1994, 1506). Das erscheint mir zwar plausibel, doch glaube ich, dass Röhrich gleichzeitig Recht und nicht Recht hat, denn was heißt schon »in Wirklichkeit«? Wenn das Sprichwort ursprünglich das Spinnen gemeint hat, es dann aber aufgrund von Missverständnissen auf die Spinne bezogen wurde, dann handelt es sich beide Male um eigene »Wirklichkeiten«, weil die Rezeption desselben eine eigene Dynamik entwickelt hat und beide Varianten schließlich für wahr gehalten worden sind. Wäre ausschließlich Röhrichs Deutung richtig, dann hätte er außerdem erklären müssen, wie die dritte Variante zu deuten ist, von der er sagt, sie sei die ursprüngliche. Für wen bedeutet »Spinnen am Mittag Glück für den andern Tag« bzw., wie es bei ihm heißt, »... bringt einen Glückstag« oder »... Glück für den dritten Tag«? Für die sozial Benachteiligten, die tagaus, tagein am Spinnrad sitzen? Für die Bevorzugten, die es nur abends tun? Beides ergibt kaum einen Sinn. Meines Erachtens dürfte die zweiteilige Form die ursprüngliche sein, die dann im Laufe der Zeit durch die »Mittagsvariante« ergänzt wurde, und zwar weniger aufgrund eines realen Hintergrundes, sondern eher aus der Freude am Spiel mit der Sprache.

Jedenfalls zeigt das Beispiel bereits die zwei Seiten der Spinne als Glücks- und Unglücksbotin, die im Volksglauben in mannigfachen Variationen vorhanden sind. Oftmals ist es die Kreuzspinne, welche als positives Vorzeichen oder als Glücksbringerin gilt. Dazu einige Beispiele.

> »Fährt man dem zu verkaufenden Vieh mit einer Kreuzspinne dreimal über den Rücken, so finden sich gleich Käufer, und das Vieh wird um einen hohen Preis losgeschlagen« (Schramek 1915, 245),

heißt es in Böhmen. Hier werden christliche Symbole – Kreuzzeichen und Dreizahl – eingesetzt, um im Rahmen eines magischen Rituals das gewünschte Ergebnis zu erzielen. Es braucht nicht zu erstaunen, dass die Kirche immer wieder gegen eine derartige Vermischung ihrer Lehre mit »heidnischen« Praktiken Sturm gelaufen ist, denn es geht aus ihrer Sicht nicht darum, das Wohl eines Einzelnen zu vermehren, sondern eine Ordnung allgemeiner Gerechtigkeit zu etablieren, und es ist für sie auch nicht angängig, Gott etwas zu *befehlen*, da es nur legitim ist, mit *Bitten* an ihn heranzutreten. Das einzusehen ist allerdings nicht immer leicht. Zum einen ist uns das eigene Hemd in der Regel am nächsten und das biblische »Macht euch die Erde untertan« gut vereinbar mit persönlichem Erwerbsstreben. Zum anderen sind christlich verstandene Bitte und magischer Befehl insofern ähnlich, als es darum geht, jemanden oder etwas zu einer Handlung zu veranlassen. – Um materiellen Gewinn geht es auch im folgenden Beispiel.

> »Kreuzspinnen wurden zuweilen von Lotteriespielern in Gläsern gehalten, in welche man die Zahlen 1 bis 90 auf kleinen Zettelchen hineingab. Man sah dann nach einiger Zeit nach, welche von diesen Zetteln die Spinne mit in ihr Netz verwob. Die darauf stehenden Nummern wurden dann in die Lotterie gesetzt« (John 1905, 221f. – Böhmen; dgl. Heyl 1897, 786 – Tirol; Schramek 1915, 245 – Böhmen; Wuttke 1900, 206).

Von einem ähnlichen Fall berichtet Bristowe, der 1924 in Monte Carlo einen Spieler kennen gelernt hat, der stets eine halbrote, halbschwarze Schachtel mit sich trug, in der sich eine Spinne befand. Um zu entscheiden, auf welche Farbe er setzen soll, hat er die Schachtel geschüttelt und gewartet, wohin die Spinne kriecht (1945, 54). – Zwei weitere Beispiele, die ebenfalls von Bristowe stammen: Ein berühmter Tätowierer in London hat ihm erzählt, dass er viel Zeit damit verbracht habe, kleine »Glücksspinnen« auf das Gesäß junger Frauen zu tätowieren. Und ein Einbrecher, zu dem er 1933 in Kontakt getreten ist, habe sich mehrere kleine Spinnen auf seine Stirn tätowieren lassen, weil er glaubte, sie brächten ihm Erfolg bei seinen unsicheren Unternehmungen (ebd.). Bekanntermaßen neigen Menschen, die Tätigkeiten nachgehen, welche mit großen Unsicherheiten verbunden sind, oftmals zu so genanntem abergläubischem Verhalten (vgl. Vyse 1999, 36-49). Dazu zählen etwa Sportler, Studenten in Prüfungssituationen und, wie es hier der Fall ist, Glücksspieler und Diebe. Auch für die jungen Frauen wird ähnliches gelten, da sie wahrscheinlich durch die Tattoos auf »exponierter« Hautpartie hoffen, den richtigen Partner zu bekommen. Tätigkeiten, die zu einem überwiegenden Teil der Kontrolle entzogen sind oder zu sein scheinen, erwecken in uns oftmals das Bedürfnis nach Sicherheit, und um diese wiederzuerlangen, fallen wir mitunter regressiven Verhaltensweisen anheim, die in den Bereich der elementaren Magie fallen. Das gilt auch für das folgende Beispiel aus dem traditionellen Volksglauben.

»Wenn eine Kreuzspinne über einer Haustüre ein Gewebe spinnt, so bedeutet dies Glück für das Haus, ist es aber eine andere Spinne, so ist das Gegenteil der Fall« (Bürli 1898, 281 – Kanton Luzern).

Die verschiedenartige Bewertung der Tiere hängt natürlich mit dem unterschiedlichen Symbolgehalt derselben zusammen, und auch die Anbringung des Netzes oberhalb der Eingangstür hat Zeichencharakter, weil Türen die Grenzscheide zwischen Innen und Außen, zwischen Geborgenheit und Unwirtlichkeit bilden und darüber hinaus als bevorzugter Eintrittsort der Dämonen gelten. Eine mögliche Gefahr stellen in dieser Hinsicht auch Fenster dar, wie das folgende Beispiel aus Tirol zeigt.

»Hat eine Kreuzspinne im Hause oder vor dem Fenster ein Netz gesponnen, so darf man sie von dort um keinen Preis vertreiben, denn sie saugt alle bösen Winde an sich und bewahrt daher die Hausbewohner vor Krankheiten« (Dörler 1898, 178).

Im Unterschied zum vorigen Text geht es hier darum, dem Bösen den Eintritt zu verwehren, womit zwei grundlegende Möglichkeiten genannt sind, was die Kreuzspinne vermag: Entweder zieht sie das Gute an, oder sie stößt das Böse ab. Im vorliegenden Fall ist ihr Einfluss besonders groß: Selbst wenn die »bösen Winde« bereits im Haus sind, können sie von ihrem Netz noch unschädlich gemacht werden, da ihr Gewebe nicht unbedingt vor dem Fenster sein muss, sondern irgendwo innerhalb des Gebäudes. Auch in anderer Weise vermag sie Schaden abzuwenden, denn »in Häusern, wo eine Kreuzspinne ist, schlägt der Blitz nicht ein« (Reiser, Bd. 2, 1902, 438; dgl. Wuttke 1900, 113). Das kann als Abwehrmaßnahme verstanden werden, wenn das Gewitter von böswilligen Hexen und Dämonen verursacht ist, oder als Schutz vor dem Zorn Gottes, da der Blitz seit der Antike als sichtbare Waffe göttlicher Allmacht gilt (Brednich: Blitz. In: EM, Bd. 2, 1979, 476; Rieken 2000, 176f.).

Wenn Spinnen negative Kräfte fernhalten oder vertreiben, ist auch der Umkehrschluss denkbar, dass diese dann anwesend sind, falls jene oder ihr Netz fehlen, wie die folgende Mitteilung aus der Innerschweiz belegt.

»Wenn das Vieh aus dem Stalle fortzieht, da zieht manchmal in den vereinsamten Ort das Gespenst hinein. Man kennt selbige Ställe jedoch daran, dass sie immer ganz frei sind von Spinngeweben. Vorübergehende spüren bisweilen, dass etwas ungeheuer ist, es weht ihnen etwa ein giftiger Wind zu, ein leises Frösteln überläuft sie, und schnell bekommen sie dann um den Mund herum ›Bläste‹ (= Blässe, B.R.)« (Lütolf 1862, 359f.; vgl. ebd., 167f.; Wuttke 1900, 113).

Ein fast archetypisches Bild, da leerstehende, verlassene Gebäude oftmals als Orte des Unheimlichen gelten. Sie bilden eine Art Vakuum, das wie ein Magnet auf die Umwelt wirkt, der ungebetene Gäste gewissermaßen magisch anzieht, vor allem »lichtscheues Gesindel« und Dämonen.

Es ist daher nicht verwunderlich, dass man Unglück geradezu heraufbeschwört, wenn man insbesondere Kreuzspinnen tötet (Drechsler 1906, 219; John

1905, 221; Schell 1914, 265; Wirth o.J., 28). Mitunter reicht es bereits, sie einfach nur zu stören, denn auch dann »geht das Glück vom Hause fort« (Reiser, Bd. 2, 1902, 438). Daneben existieren einige kurios anmutende Vorstellungen, etwa die, dass eine Frau während des Wochenbettes kein Brotbacken mit Hefeteig gelingt, falls sie eine Kreuzspinne tötet (John 1905, 221). Es könnte auch sein, dass es zu regnen beginnt, wenn man das Tier erschlägt (Schramek 1915, 245), oder die Erbsen nicht gedeihen, falls man Spinnweben entfernt (Drechsler 1906, 220).

Zweifelsohne hängen all die in dem Kapitel genannten Vorstellungen damit zusammen, dass die Kreuzspinne aufgrund ihres Rückenmusters als der göttlichen Sphäre zugehöriges Lebewesen angesehen wird. Bezeichnenderweise nennt man sie in Tirol »Muttergottestierchen« (Wuttke 1900, 113), und diese Rezeption steht eindeutig zu der gelehrten biblischen Tradition in Widerspruch, was man als ein weiteres Indiz für die relative Autonomie des Volksglaubens gegenüber der herrschenden kirchlichen Lehre ansehen kann.

Ähnliches gilt auch für die enge Beziehung zwischen Frau und Spinne, die zwar ebenfalls in der christlichen Tradition verankert ist, aber dort – aus männlicher Sicht – negativ gedeutet wird, während im Volksglauben auch die Perspektive der Frau zum Ausdruck kommt, welche eine ganz andere ist, wie die folgenden Beispiele zeigen. »Drückt ein Mädchen einem jungen Mann Spinneneier an die Kleider, so muss er bei ihr werben«, heißt es in der Mark Brandenburg (Prahn 1891, 182). Hier ist die Frau der aktive Part, wegen der typischen Rollenzuweisung in der patriarchalisch geprägten europäischen Kultur allerdings auf indirektem Weg, indem sie mit Hilfe des Berührungszaubers den Mann veranlasst, sie zu erhören. Die Spinneneier stehen wohl für Fruchtbarkeit als weibliches Attribut und Attraktivitätsfaktor, dem der Auserwählte sich kaum zu entziehen vermag. Er verfängt sich gleichsam in ihrem Netz, was für sie Verheißung bedeuten mag, für ihn unter Umständen jedoch anders aussehen kann. – Das Spinnennetz kommt in dem Kontext ebenfalls vor, aber nicht in abstrakter Weise, dass man sich in übertragenem Sinn verfängt und hängen bleibt, sondern in der konkreten Form, dass es potentielle Bewerber anzeigt: »Spinngewebe in der Stube bedeutet einen Freier im Haus haben. Einen Faden vom Spinngewebe nennt man deswegen ›einen Freier‹« (Wirth o.J., 37; dgl. A. John 1905, 253; E. John 1909, 75; Schell 1914, 265).

Bei all diesen Äußerungen des traditionellen Volksglaubens ist es nicht immer leicht zu entscheiden, ob sie als bloßes Anzeichen fungieren oder als magisch-kausale Beziehung. Wenn man, wie es in einem der vorigen Beispiele heißt, Spinnweben entfernt und daher die Erbsen nicht gedeihen wollen, dann liegt klarerweise eine kausale Relation vor. Wenn jedoch die Spinne am Morgen Kummer und Sorgen bedeutet, sind die Verhältnisse komplizierter, weil man nicht weiß, ob das Tier nur ein Zeichen dafür ist, dass etwas Negatives eintreten wird, oder ob ein Unglück passiert, *weil* sie in Erscheinung tritt. Ähnlich verhält es sich mit dem letzten Beispiel. Deutet das Spinngewebe nur das Eintreffen des

Freiers an, oder wirkt es als Ursache im Sinne magischen Angezogen-Werdens? Man könnte argumentieren, dass im Beispiel mit den Erbsen jemand etwas aktiv getan hat und dadurch eine kausale Beziehung in Gang gesetzt wurde, welche konstitutiv für magische Phänomene ist. Eine Ursache muss eine Wirkung haben; das ist eine grundlegende Erfahrung, die so alt ist wie das Denken selbst und bereits zum Erfahrungsrepertoire des Frühmenschen zählt: *Wenn* ich einen Pfeil auf ein Tier abschieße und es treffe, *dann* stirbt es oder ist zumindest verletzt. Im Beispiel mit der Spinne am Morgen oder den Spinnweben in der Stube liegt hingegen keine Wenn-dann-Beziehung im Sinne einer durchgeführten Handlung vor: Das Tier bzw. sein Netz sind einfach vorhanden. Daher, so könnte man argumentieren, fungieren sie nur als Anzeichen. Das ist möglich, gleichwohl nicht immer sicher. Im Fall der Spinnweben kann auch aktives Tun verantwortlich sein, nämlich im Sinn der Unterlassung: Entgegen dem Reinlichkeitsbedürfnis werden sie nicht weggewischt, was mit dem Wunsch nach einem möglichen Heiratskandidaten zusammenhängen kann, womit eine magische Relation hergestellt ist. Man könnte sogar noch einen Schritt weitergehen und behaupten, dass das Begehren, sich vermählen zu wollen, die Spinne veranlasst, ein Netz zu weben, wodurch dann der ins Auge gefasste Freier angezogen wird. Ob ihm das gefällt, ist eine andere Frage, die allerdings nur dann beantwortet werden kann, wenn man weiß, wie weitreichend magischer Einfluss ist. Falls alle widerstrebenden Elemente in seiner Seele »weggezaubert« werden, ist es in Ordnung, doch wenn sie am Ende nur schwächer als die anziehenden Kräfte sind, sieht es für ihn anders aus. Dann verfällt er ihrem Einfluss gegen seinen Willen und fühlt sich ihr ausgeliefert, was psychologisch betrachtet zur Kategorie der Ambivalenz gehört. – Des einen Glück kann auch des anderen Glück bedeuten, muss es jedoch nicht. Ähnlich wie im Beispiel des Bauern, der mit Hilfe der Kreuzspinne sein Pferd um teures Geld verkauft, kann es Sieger und Verlierer geben.[19] Dies ist ein weiterer Aspekt, der das dualistische Wesen der Spinne, ihr Vermögen zum Guten wie zum Bösen, erklärt: Glück kann auch durch das Unglück eines anderen erkauft sein.

Von ihrer dunklen Seite, der Verbindung mit Dämonie und Tod, zeugen die folgenden Beispiele.

> »Speisen, die mit dem Safte (= Gift, B.R.) der Spinnen in Berührung geraten, gelten als todbringend, ebenso gilt der, der von demselben berührt wird (...), als dem Tode geweiht« (John 1905, 221 – Westböhmen)

> »Wenn sich eine Spinne in der Milch befindet, so bedeutet das einen Todesfall« (Hirzel 1898, 218 – Kanton Zürich).

> »Wenn eine Spinne über das Bett eines Kranken oder an der Wand bei ihm hinläuft, zeigt sie dessen Tod an« (Wuttke 1900, 206).

---

[19] Dass eine Ehe nur glücklich wird, wenn beide zufrieden sind, steht auf einem anderen Blatt, denn hier geht es nur darum, jemanden für sich zu gewinnen. An die weiteren Konsequenzen ist dabei nicht gedacht.

Neben individuellen Todesfällen kann die Spinne auch kollektive Vernichtung bedeuten, denn wenn man sie im Februar »in den Galläpfeln der Eichen« findet, »kommt Krieg« (ebd. 207 – Vogtland). Galläpfel sind eigentlich die durch die Eichengallwespe verursachten kugelförmigen Gewebewucherungen (»Gallen«) auf Eichenblättern, -trieben und -früchten, weswegen es kaum denkbar erscheint, dass man darin eine Spinne findet, außer sie hat sich zufällig in eine einzige geöffnete Galle verirrt. Aber das im kalten Monat Februar? Äußerungen des Volksglaubens können sicher mehrheitlich auf überliefertes Wissen zurückgeführt werden, seien es nun in der Kultur verankerte Überlieferungen oder elementare Vorstellungen, doch ist es aufgrund seiner relativen Eigenständigkeit ebenso denkbar, dass sich zufällige Meinungen ergeben, wobei unter »zufällig« zum Beispiel Missverständnisse, Halluzinationen oder Illusionen, aber auch bewusste oder halbbewusste Falschmeldungen, Wichtigtuerei und ähnliches verstanden werden. Wenn ein Volkskundler Leute befragt, müssen sie ihm nicht unbedingt »authentisches« Wissen zur Verfügung stellen, sie können auch etwas erfinden. Das ist einer der wesentlichen Kritikpunkte an der älteren Forschung und ihrer kritiklosen Sammelleidenschaft, aber im Grunde ist die Frage der »Echtheit« für heutige Feldforschungen oder Befragungen genauso ein Problem. Der Grund, weswegen ich trotzdem auch auf die ältere Literatur zurückgreife, ist, dass dort das traditionelle Wissen noch verzeichnet ist und dass in der Vielzahl an Publikationen eine Fülle von Übereinstimmungen vorhanden sind, die nicht ganz zufällig sein können und daher in einem gewissem Ausmaß als »authentisch« zu bezeichnen sind. – Was die Spinne in den Galläpfeln angeht, bin ich indes geneigt, sie in der Rubrik »zufällig« einzuordnen, aber das ist primär nur eine Vermutung aufgrund der obgenannten Bedenken. Wie dem auch sei – die Beispiele machen jedenfalls die in Zusammenhang mit der gelehrten Tradition stehende enge Verbindung zwischen Tod und Spinne deutlich, wobei auch hier nicht immer ganz klar ist, ob sie nur Zeichencharakter hat oder eine magische Beziehung vorliegt.

Letzteres gilt sicher für die folgende Mitteilung: Wenn Spinnen über die Haare laufen, fallen sie aus (ebd., 314 – Erzgebirge), und dann besteht im Sinne des *pars pro toto* die Gefahr, dass Hexen Macht über einen erlangen. Denn Ausscheidungen im weitesten Sinn, zu denen auch Haare zählen, gelten weltweit als Träger der Lebenskraft (K.E. Müller 1987, 173f.; Rieken 2000, 175f.) – eine elementare Vorstellung, die auch in Zusammenhang steht mit einschlägigen Erfahrungen, etwa der, dass Haarausfall mit bestimmten Krankheitssymptomen einhergehen kann. In der Gegenwart scheint die Spinne ebenfalls in ähnlicher Weise Verwendung zu finden, denn im »Zauberbuch für neue Hexen« heißt es im Kapitel »Schadenzauber«, dass man mit ihrer Hilfe unliebsame Gegner loswerden kann:

> »Durchbohren Sie eine Spinne mit einer Nadel. Dann tauchen Sie sie in das Blut eines schwarzen Huhns. Der Tod Ihres Feindes wird genauso qualvoll erfolgen« (Morrison 1993, 195).

Die Spinne fungiert in diesem »Rezept« als *pars pro toto* des zu Ermordenden bzw. wird als Analogiezauber eingesetzt. Der Gegner soll so sterben, wie die Spinne es tut, und um ganz sicher zu gehen, wird sie nicht nur durchbohrt, sondern auch im Blut eines schwarzen Huhnes ertränkt, das im Gegensatz zu »normalen« Hühnern im Volksglauben als dämonisches Lebewesen gilt (vgl. Güntert: Huhn. In: HDA, Bd. 4, 1932, 454f.).

Zu guter Letzt wollen wir noch festhalten, dass Vampire unter anderem die Gestalt von Spinnen annehmen können (Veckenstedt 1880, 354 – Wenden), was wohl in der gemeinsamen Eigenschaft, kräftig zubeißen zu können, begründet ist. Außerdem sollen sich Hexen bisweilen von ihnen ernähren (Diederichs und Hinze 1993, 46). – Weitere Belege, welche die enge Verbindung zwischen der Spinne und dämonischen Mächten bestätigen, kann man in den beiden Kapiteln über Volkssagen und Urban Legends finden sowie im »Handwörterbuch des deutschen Aberglaubens« (Riegler: Spinne. In: HDA, Bd. 8, 1937, 265-282).

4.2.2 Wettervorhersage

Wenn man am Michaelistag Eicheln aufbricht und darin eine Spinne findet, so folgt ein Jahr mit schlechtem Wetter, heißt es in Schlesien (Drechsler, Bd. 1, 1903, 152). Der Erzengel Michael ist der Beschützer der christlichen Kirche und der Bekämpfer aller gottfeindlichen Mächte. Sein Festtag ist der 29. September, der in verschiedenen Landschaften als Sommerende und Ernteschluss gilt. Da mit ihm ein neuer Zeitabschnitt beginnt, ist er ein wichtiger Lostag, das heißt ein Tag, der als besonders bedeutsam für das künftige Wettergeschehen angesehen wird. In Anbetracht der herausgehobenen Stellung des Hl. Michael und der Aussicht auf ein trübes Jahr fällt somit, in Einklang mit der gelehrten Rezeption, auf die in den Eicheln gefundene Spinne ein schlechtes Licht.

Häufiger sind jedoch neutrale Beobachtungen anzutreffen, die vom *Verhalten* der Spinne Rückschlüsse auf das künftige Wettergeschehen zulassen sollen. So steht stürmisches Wetter bevor, wenn sie am Rande ihres Netzes sitzt (Reichhardt 1900, 211 – Nordthüringen), und wenn sie sich »unruhig« verhält, ist das das »Zeichen eines höchst ungünstigen Witterungswechsels« (Baumgart 1894, 82 – Mittelschlesien). Aussicht auf schönes Wetter hat man hingegen in den folgenden Fällen: Sie sitzt in der Mitte ihres Netzes (Bristowe 1945, 63 – Großbritannien, Dänemark; Reichhardt 1900, 211 – Nordthüringen); sie webt es abends zwischen 18 und 19 Uhr (Bristowe, ebd. 63 – Großbritannien); junge Spinnen lassen sich im Spätsommer vom Wind davontragen, eines der charakteristischen Merkmale des Altweibersommers (ebd., 64 – Großbritannien, USA); Trichterspinnen (Agelenidae) warten an der röhrenförmigen Mündung ihres Netzes und nicht am unteren Ende, wie sie es zumeist tun (ebd., 63 – Großbritannien, Dänemark).

Interessante Beobachtungen über den Zusammenhang zwischen dem Verhalten der Spinne und künftigem Wettergeschehen, die sogar Einfluss auf die politische Geschichte genommen haben, stammen von dem Franzosen Quatremer d'Isjonval. Dieser war als Generaladjutant während des Krieges zwischen den Niederlanden und Frankreich 1794 in Utrecht gefangen genommen worden. Während seines Gefängnisaufenthaltes hat er die Spinnen in seiner Umgebung beobachtet und konnte unter anderem feststellen, dass Trichterspinnen der Gattung Tegenaria dann besonders aktiv sind, wenn bittere Kälte von langer Dauer im Anzug ist. Der Zusammenhang mit dem politischen Geschehen ist folgender: Die Niederländer hatten durch das Öffnen von Schleusen ganze Landstriche unter Wasser gesetzt, um die Franzosen am Vormarsch zu hindern. Da es, obgleich Winter, nicht allzu kalt war, wollten die Eroberer bereits abziehen, doch dann wurde ihnen durch einen Vertrauten Quatremers mitgeteilt, dass dieser aus der Beobachtung der Spinnen einen Temperaturrückgang abgelesen habe, der das Zufrieren des unter Wasser stehenden Landes erwarten lasse. Der bevorstehende Rückzug wurde daraufhin abgeblasen, der Frost trat tatsächlich ein und ermöglichte die Eroberung der Niederlande sowie die Befreiung Quatremers (gekürzte Übersetzung bei: Schmidt 1802; Zusammenfassung bei Hopf 1888, 221ff.; Lindemann und Zons 1990, 94-99; vgl. Keller 1913, 465; Knortz 1910, 111).

Ohne die einzelnen Beispiele erschöpfend bewerten zu können, ist ein Zusammenhang zwischen dem Wettergeschehen und dem Verhalten der Spinnen durchaus denkbar. Bevor das Wetter sich ändert, verändern sich auch der Luftdruck und die elektrische Ladung. Verschiedene Menschen sind bei Föhn und vor Gewitter gereizter als sonst, was wahrscheinlich damit zusammenhängt, dass Nervenimpulse *elektrische* Signale sind, die als kurzzeitige Spannungsänderung auftreten. Um so mehr gilt das für Tiere, weil ihre Sinnesorgane zum Teil wesentlich sensibler reagieren. Eindeutig ist das bei der Schönwetterperiode des Altweibersommers, der mit großer Häufigkeit Ende September auftritt und seine Ursache in einem Festlandhoch über Osteuropa hat, das trockene Luft nach Mitteleuropa einströmen lässt. Die bodennahen Luftschichten erwärmen sich, die jungen oder kleinen Spinnen an ihren Fäden erhalten hinreichenden Auftrieb, und Regen, der sie niederdrücken könnte, ist nicht zu erwarten. Auch dass Spinnen bei drohendem Schlechtwetter eher am Rande des Netzes sitzen, halte ich für denkbar, weil sie rascher zu ihrem Unterschlupf gelangen.

4.3 Volksmärchen

Im europäischen Volksmärchen tritt die Spinne weitaus seltener auf denn in den Erzählungen außereuropäischer Kulturen. Als Trickster erscheint der Fuchs, der dem Menschen evolutionsbiologisch näher steht als die Spinne, und als Kulturheros, der den Frauen das Weben beibringt, kommt sie ebenfalls nicht vor, weil im Prozess der Zivilisation Vorstellungen von einer engen Verwandtschaft zwischen Tier und Mensch verloren gegangen sind. Abgesehen von den Vögeln sind es in der Regel größere Säugetiere oder Fische, welche im europäischen

Volksmärchen eine Rolle spielen, und viel seltener Gliederfüßer (Spinnentiere, Krebse, Insekten). Nichtsdestotrotz existieren einige wenige Erzählungen von Spinnen, wobei allerdings Volksmärchen im engeren Sinn kaum vertreten sind, da die Mehrzahl christliche »Lehrstücke« sind oder den mythologischen Erzählungen nahe kommen, wie wir sie von den außereuropäischen Kulturen her kennen. – Die folgende Geschichte aus Estland ist in diversen Varianten vorhanden:

> Hirten verbrennen ein Ameisennest, weil die Ameise sie immer beißt. In ihrem Zorn wendet sie sich an Gott und klagt darüber, dass die Hirten stets viele Brotkrumen auf der Erde verstreuen, wobei sie von den Bissen, mit denen sie die Hirten gepeinigt hat, natürlich nichts erzählt. Gott glaubt ihr nicht so recht und fordert sie auf, einen Zeugen beizubringen. Sie bittet die Spinne darum, doch diese sagt zu Gott, dass die Hirten zwar Brotkrumen verstreuen, aber dies nicht aus bösem Willen tun, sondern weil sie keinen Tisch haben, auf dem sie das Brot brechen könnten. Daraufhin zeiht Gott die Ameise der Lüge, da sie ihren Nächsten ohne Ursache hasst, schlägt ihr mit einem Stock auf den Rücken und wirft sie vom Himmel herunter, so dass sie in zwei Hälften zerfällt und fortan mit einem geteilten Körper leben muss. »Aber die Spinne ließ er an einem Seile vom Himmel hernieder, dieweil sie die Wahrheit gesprochen. Darum dient der Spinne bis zum heutigen Tage immer ihr Gespinst zum Seile, dass sie nach jeder Seite aufwärts gehen und sich niederlassen kann« (Dähnhardt, Bd. 3, 1910, 36f.; Varianten: 37f.).

Das Märchen ist ganz vom Geist christlicher Tugenden inspiriert, da es ein Plädoyer für Wahrheit und Nächstenliebe ist und indirekt auch gegen die Verschwendung des Grundnahrungsmittels Brot Stellung bezieht. Gott indes ist in seiner unerbittlichen Strenge gegenüber der Ameise von alttestamentarischem Gepräge und trotzdem keine allwissende Instanz, da er nach einem Zeugen verlangt, der die Aussage der Ameise bestätigen soll. Darüber hinaus könnte man eine gewisse Nähe zu Naturvölkermärchen vermuten, weil die Spinne als positive Protagonistin fungiert und sie ihre Webkunst von einem göttlichen Wesen erhalten hat. Wenn man zudem noch das Plädoyer für Nächstenliebe als tatsächliche Nähe zwischen Tier und Mensch versteht, könnte man die Geschichte als ein Beispiel für das einträgliche Miteinander von christlichen und archaischen Vorstellungen ansehen, wie es nach Masing für das estnische Märchen typisch ist (Masing: Esten. In: EM, Bd. 4, 1984, 486). Genauso ist es jedoch denkbar, dass die Erzählung »nur« als eine Art Fabel fungiert, um menschliche Eigenschaften und Verhaltensweisen anhand der Tierwelt zu verdeutlichen. Dann wäre eine Verbindung mit dem »Geist« der Naturvölkermärchen kaum denkbar; die Tiere stünden stellvertretend für Tugenden oder Laster und wären keine »wirklichen« Tiere. Auch die Ätiologie wäre dann nur ein Lehrstück, um zu zeigen, was passiert, wenn man sich gut oder schlecht verhält.

Aus Lettland stammt die folgende Erzählung, die sicher mit der estnischen verwandt ist, da der Inhalt im Wesentlichen gleich und nur die Rolle der Protagonisten verändert ist.

> Ein Mann bemerkt einen knotigen Faden, der vom Himmel zur Erde herabhängt. Er klettert hinauf und hört, oben angekommen, wie die Spinne zu Gott sagt, dass man mit seinen Gütern unachtsam umgehe, weil die Hirten Brotkrümel auf der Erde verstreuen

und sogar das Brot zu Boden werfen, um den Hund zu füttern. Der Mann geht zu Gott und erklärt ihm, wieso die Hirten das tun, woraufhin dieser die Spinne so sehr auf den Rücken schlägt, dass sie auf die Erde fällt und einen Buckel bekommt (Boehm und Specht 1924, 150f.; Kurzfassung bei Dähnhardt, Bd. 3, 1910, 39).

Eine ähnliche Geschichte existiert in Litauen mit der Variante, dass die Spinne als Strafe jene Brotkrumen, welche sie aufgesammelt hat, in einer Blase mit sich herumschleppen muss (Dähnhardt, ebd.). Abgesehen davon, dass Spinnen Fleischfresser sind und im Gegensatz zu den in der ersten Geschichte erwähnten Ameisen keine pflanzlichen Stoffe zu sich nehmen, ist mit der »Blase«, in der die Brotkrumen aufbewahrt und mitgenommen werden, wahrscheinlich der Eikokon gemeint, wie es bei vielen Spinnenfamilien, als ein erster Schritt zur Brutpflege, zu beobachten ist (Bellmann 1997, 28). Das ist in anthropomorphisierender Sicht zwar ein *positives* Attribut, doch wird in den beiden letzten Erzählungen die Spinne in Einklang mit der christlichen Tradition als egoistisches Wesen angesehen, das zur Lüge neigt und nur auf seinen eigenen Vorteil bedacht ist.

Da alle drei Erzählungen miteinander verwandt sein dürften, gewinnt die »Fabel-Hypothese« ein wenig an Wahrscheinlichkeit, weil in den Naturvölkermärchen die Rollen, welche Tiere spielen, in der Regel nicht so vertauschbar sind, wie es hier mit der Spinne der Fall ist. Dort hat sie einen bestimmten Charakter und ein bestimmtes Wesen, während sie hier, im selben Traditionsstrang auf dem Gebiet der baltischen Staaten, einmal gut ist und einmal böse. – In den beiden nächsten Erzählungen, welche wie die erste ebenfalls aus Estland stammen, wird die Feindschaft zwischen Spinne und Fliege erklärt.

> Eines Tages legt sich der Wind schlafen, um auch einmal auszuruhen. Nun aber leiden alle Tiere und Pflanzen unsäglich, weswegen sie sich vornehmen, den Wind zu suchen. Auch die Spinne macht sich auf den Weg, findet ihn als Erste und weckt ihn auf. Als sie jedoch der Fliege begegnet, erzählt sie ihr von ihrem Glück, woraufhin diese sich auf den Weg macht, um dem hohen Rat der Tiere mitzuteilen, dass sie den Wind ausfindig gemacht habe. Als Lohn für ihre Dienste wird ihr erlaubt, von jeder Speise den ersten Teil zu verzehren. Etwas später kommt die Spinne zum Rat, um ihre Entdeckung kundzutun, doch man schenkt ihr keinen Glauben, woraufhin sie der Fliege ewige Feindschaft schwört (Dähnhardt, Bd. 3, 1910, 109).

> Als der Tod zum Tischler kommt, um ihm mitzuteilen, dass seine Lebenszeit abgelaufen ist, bittet er ihn um Aufschub, um sich einen Sarg zu zimmern. Der Tod stimmt zu, und als der Sarg fertiggestellt ist, fordert der Tischler ihn auf, sich hineinzulegen, um ihm zu zeigen, wie man das macht. Er ist dazu bereit, doch dann verschließt der Tischler rasch den Sarg, und der Tod ist gefangen. Da nun aber niemand mehr stirbt, und die Menschen sich weiterhin vermehren, haben sie bald keinen Platz mehr zum Leben. Da entdeckt die Spinne den Tod, doch bevor sie ihn befreit, erzählt sie der Fliege davon, die daraufhin nichts Eiligeres zu tun hat, als selber den Tod zu befreien. Dafür erhält sie, wie in der ersten Geschichte, die Erlaubnis, von jeder Speise als Erste zu schmecken, aber der Spinne wird zugestanden, Gewebe zu erzeugen, in denen sie Fliegen zu fangen vermag, denn ihr wird, anders als im vorigen Text, Glauben geschenkt, dass sie es war, die den Tod entdeckt hat (ebd., 505).

Abgesehen von den Ätiologien – Feindschaft zwischen den Tieren; Erklärung, wieso die Fliege an den Mahlzeiten der Menschen teilhat; Ursprung des Spinnengewebes – sind die Geschichten interessant, weil sie den Leser oder Zuhörer in die Welt der Mythologie mit ihren Personifikationen abstrakter Phänomene entführen und gleichzeitig deren Notwendigkeit erklären. Der Wind mag mitunter lästig oder als Sturm gar bedrohlich sein, aber man braucht ihn, sei es zur Kühlung, sei es, um sich fortzubewegen. Auch die Konsequenzen, welche die Gefangennahme des Todes mit sich bringen, machen deutlich, dass er ein Teil des Lebens ist, weswegen die Geschichte ein hohes Trostpotential beinhaltet. Es sind existentielle Gegebenheiten, die das Leben auf der Erde bedrohen, und es ist die Spinne, welche die Katastrophe abzuwenden vermag und sich als Wohltäterin entpuppt. Mit ihrem mythologischen Gehalt und der positiven Bewertung des Tieres stehen die Geschichten daher den Erzählungen der »Naturvölker« näher als dem europäischen Volksmärchen im engeren Sinn. – Eine Verbindung christlicher und mythologischer Vorstellungen findet man hingegen in dem folgenden Text, der das verbreitete Motiv des Feuerraubs zum Thema hat und ebenfalls aus Estland stammt.

> Da in alten Zeiten nur in der Hölle und auf der Sonne das Feuer vorhanden ist, beschließt die Spinne, es aus der Hölle heraufzuschaffen. Während der Teufel schläft, lässt sie sich an ihrem Faden herab und befördert es dann an die Oberfläche. Da sie nach getaner Arbeit müde ist, legt sie sich schlafen – nicht wissend, dass der Teufel mittlerweile erwacht ist und die Verfolgung aufgenommen hat. Bevor er die Diebin jedoch erreicht, kommt die Schwalbe herbeigeflogen und nimmt das Feuer mit (Dähnhardt, Bd. 1, 1907, 144).

In einer Variante stiehlt die Fliege der Spinne das Feuer, während sie schläft (ebd.), und in einer weiteren Version wird sie ausdrücklich von Gott beauftragt, es aus der Hölle herbeizuschaffen (ebd., 145). Die Bezugnahme auf die christliche Lehre sollte nicht darüber hinwegtäuschen, dass das Motiv des Feuerraubs – eine grundlegende mythologische Vorstellung – mit ihr unvereinbar ist, weil Gott das *gesamte* Universum hat entstehen lassen und es in Anbetracht seiner Vollkommenheit undenkbar wäre, die Hilfe eines von ihm erschaffenen Wesens – noch dazu der Spinne – in Anspruch zu nehmen, um etwas so Wesentliches wie das Feuer herbeizuholen. Einmal mehr zeigt sich darin die Existenz autonomer Elemente in der Volksüberlieferung. – Mit der christlichen Tradition stärker in Einklang steht hingegen ein rumänisches Märchen:

> Weil eine Frau zu arm ist, um ihre Kinder zu ernähren, müssen sie in die Welt hinaus. Als ihre Todesstunde nahe ist, schickt sie nach ihnen, doch nur die Tochter kommt, während der Sohn fernbleibt, weil er zu beschäftigt ist. »Als die Mutter tot war, verwandelte sich das Mädchen in die Biene; sie ist immer froh und munter, die Menschen lieben sie. Sie wohnt in der Honigwabe, und die Christen fertigen aus dem Wachs Kerzen, die sie in der Todesstunde zu Ehren der Mutter Gottes anstecken. – Der Knabe wurde zur Spinne, die ewig allein lebt, ohne Geschwister und Eltern, die Welt flieht und sich an dunklen Orten verbirgt, die Menschen aber hassen sie (Dähnhardt, Bd. 3, 1910, 467; griechische Variante: 467f.).

Hier stimmt nicht nur die Symbolik weitgehend mit der christlichen Überlieferung überein, sondern es entspricht auch das Bild von Mann und Frau dem traditionellen Rollenverständnis: Während *sie* positive Gefühle der Verbundenheit
zeigt, lässt *er* sie vermissen, weil er sich zu sehr mit seiner Arbeit identifiziert.
Dadurch aber entsteht ein anderer Bruch mit der Tradition, nämlich die Gleichsetzung des *Mannes* mit der Spinne statt der Frau. Wäre nicht durch christliche
und antike Einflüsse die Identifikation der Spinne als weibliches Wesen so fest-
gefügt worden, so wäre es durchaus möglich gewesen, auch den Mann mit ihr in
Verbindung zu bringen – als Symbol für rastloses Tun und emsiges Streben im
Berufsleben, wie es in diesem seltenen Beispiel der Fall ist. – Ganz traditionell
und ohne Brüche geht es hingegen in der folgenden Erzählung aus Bulgarien zu.

> »Als Gott Vater die Welt geschaffen hatte, schuf er auch einige Geister, die ihn umge-
> ben sollten, damit er nicht ganz allein wäre und sie ihm dienen könnten. Aber einige
> von diesen Geistern begannen, sich gegen den Herrn zu empören; dieser wurde böse
> und verfluchte sie auf folgende Weise: ›Niemand soll euch lieben; jeder soll Böses von
> euch sagen und euch misstrauen‹. Er jagte sie aus dem Himmel, die Geister ergriffen die
> Flucht, und einige versteckten sich im Wasser, andere in den Wolken, andere auf der
> Erde. Aber einer blieb in der Luft hängen und wurde zu einer Spinne. Darum hängt die
> Spinne bis jetzt in der Luft, weil sie ein Teufel ist« (Dähnhardt, Bd. 1, 1907, 135).

Ähnliches haben wir bereits bei Paracelsus gehört, der die Herkunft der Spinnen
in der Menstruationsflüssigkeit vermutet, die ein »feuriges Gift« sei, das die
Teufel in der Luft ausbrüten (Lindemann und Zons 1990, 54). Im Gegensatz zu
den Naturvölkermärchen ist die Positionierung zwischen Himmel und Erde kein
Attribut, um das man die Spinne bewundert und das sie der göttlichen Sphäre
näher bringt, sondern ein Merkmal des Diabolischen. Dass eine Kreatur nicht
fliegen kann und dennoch die Schwerkraft aus eigenem Vermögen zu überwinden scheint, dürfte ein hinreichender Grund gewesen sein, sie dem teuflischen
Bereich zuzuordnen.

Noch deutlicher werden Teufel und Frau in einer flämischen Variante des
Schneewittchen-Typus in Bezug zueinander gesetzt, denn dort erscheint er der
abgrundtief hässlichen Mutter – nicht der Stiefmutter wie bei den Grimms – in
Gestalt eines »großen hässlichen Spinnenkopfes« im Spiegel und rät ihr, ihre
sich durch außergewöhnliche Schönheit auszeichnende Tochter zu töten, denn
wenn sie das tue, werde sie von ihrem abstoßenden Äußeren befreit werden und
in makellosem Glanz erstrahlen (Lox 1999, 36-42). Das teuflische Spiegelbild
kann als Sinnbild für den Charakter der Frau verstanden werden und deutet in
expressiver Weise auf die Ambivalenz der Mutter-Tochter-Beziehung hin.

Wenn wir nun einen Sprung an das andere Ende Europas machen, nämlich
nach Portugal, werden wir in den beiden folgenden Spinnenmärchen Motive
finden, die auch in den Mythen der »Naturvölker« vorhanden sind, aber im europäischen Kontext nicht die gleiche Bindung an die Realität haben wie jene:
das Motiv der Krankheit als Person und das der Tiergemahlin.

Die personifizierte Krankheit ist kein tödlicher Dämon, sondern nur ein Schnupfen, der obendrein hohe Ansprüche stellt und anscheinend ein Genießer ist, da er feine »Tüchlein« mehr schätzt als groben Schürzenstoff. Ihn zieht es wohl auch deswegen in die Stadt, weil er glaubt, dort finde er ein breiteres Betätigungsfeld, denn die Frauen haben nicht nur mehr Zeit, um sich immer wieder die Nase zu putzen, sondern wahrscheinlich auch, um ihre »Wehwehchen« zu pflegen. Offenkundig langweilen sie sich, zumindest ist das die Sicht der Spinne, denn sonst würden sie nicht ihre Netze entfernen. Am Land hingegen fehlt ihnen die Zeit, um solch überflüssigem Tun nachzugehen.

Der Gegensatz zwischen Stadt und Land ist ein beliebtes Thema in der Literatur und wird hier auf ironische Weise abgehandelt. Ob allerdings beide Seiten »ihr Fett abbekommen«, ist nicht ganz sicher, denn die viele Arbeit am Land kann als Pluspunkt, der mangelnde hygienische Standard – überall Spinnweben; Bekleidungsstoffe als Taschentuchersatz – hingegen entweder als Minuspunkt oder als Ausdruck einer natürlichen Lebensart angesehen werden. In ähnlicher Weise kann man das Entfernen der Spinnweben in der Stadt mit Wohlwollen, den Müßiggang jedoch mit erhobenem Zeigefinger betrachten. Wahrscheinlich handelt es sich um eine Erzählung, die am Land oder in der städtischen Grundschicht aufgezeichnet worden ist; nicht nur, weil das »einfache Volk« und die ländlichen Bewohner das primäre Forschungsfeld der Ethnologen seit jeher bilden, sondern auch, weil der Blick auf die städtische Frau aus einer distanzierten Perspektive erfolgt, die völlig außer acht lässt, dass auch dort die Mehrzahl der weiblichen Bevölkerung über keine »dienstbaren Geister« verfügt und mit der Verrichtung der täglichen Arbeit genug zu tun hat.

Im Hinblick auf unser Thema können wir festhalten, dass die vermeintliche Geringschätzung der Spinne von Seiten der städtischen Frauen in Zusammenhang steht mit hygienischen Standards, oder allgemeiner mit fortschreitender »Zivilisation« in Form des Gegensatzes zwischen Stadt und Land. – Uneingeschränkt positiv wird die Spinne hingegen in dem folgenden Märchen gesehen.

eine große Spinne. Mit den Worten: »Du sollst meine Frau sein« (ebd.), kriecht sie in seinen Korb, und dann bricht er auf. Nach einiger Zeit gelangt er zu einem alten, leerstehenden Haus und richtet sich dort ein, während die Spinne in Richtung Decke klettert und dort ihr Netz spinnt. »So wünsche ich mir die Frauen bei der Arbeit«, kommentiert er ihr Tun (ebd.). Da im nahegelegenen Dorf ein Schuster fehlt, kann er seiner Tätigkeit nachgehen und wird allmählich reich. Er stellt ein Dienstmädchen ein, das seiner Frau helfen soll. Weil das Haus immer blank geputzt ist und ihm abends ein leckeres Essen serviert wird, ist er zufrieden und glaubt mit seiner Frau »einen guten Fang getan« zu haben (ebd.), zumal die Spinne ein Deckchen nach dem anderen webt. Als ein Jahr verflossen ist, möchte er seine Mutter besuchen, nimmt jedoch das Dienstmädchen mit, damit es die Rolle seiner Frau spielt. Als die beiden davonreiten, verfolgt die Spinne sie mit Hilfe des Hahnes, und während sie bei der Steinplatte eintreffen, ruft er aus:

> »Kikerikiki,
> Kikerikikin,
> Er ist der König,
> Und ich die Königin« (61).

In diesem Moment verwandelt sich die Steinplatte in ein prächtiges Schloss und die Spinne in eine Prinzessin. Sie heiratet den Burschen, er wird König und sie Königin. Dann holen sie die Mutter, und das Dienstmädchen kann als Kammerjungfer bei ihnen bleiben (Meier und Woll 1993, 60ff.).

Ähnlich wie jene afrikanische Erzählung, in der ein junger Mann die Brust seiner Mutter gegen ein Pferd eintauscht, um zusammen mit seiner Spinnenfreundin in die Welt hinauszuziehen, handelt es sich bei dieser Geschichte um ein typisches Märchen im Sinn Max Lüthis: Durch die »Flächenhaftigkeit« erscheint es wirklichkeitsfern, weil »alles Innere (...) in Äußeres umgesetzt« ist (1998, 63; vgl. ders. 1989; 1990; 1992; 1996). Man erfährt nur, dass der Held der Geschichte offensichtlich gegen seinen Willen das Schusterhandwerk erlernt, denn im Text heißt es, »er musste sich fügen«, und er hört sofort auf zu arbeiten, nachdem sein Vater gestorben ist. Allerdings hat er dabei die Rechnung ohne seine Mutter gemacht, denn sie wird »sehr böse« und jagt ihn aus dem Haus, womit seine Wanderzeit beginnt, die man als Phase der Entwicklung und des Selbstständig-Werdens ansehen kann – statt unnütz auf der faulen Haut zu liegen und die Loslösung von der Mutter zu verabsäumen. Zunächst ist er zwar ungehalten und entgegnet ihr in einer typischen Trotzreaktion, er werde das erste Mädchen heiraten, welches ihm über den Weg läuft – um dergestalt Aggressionen und Eifersucht in ihr zu entfachen, zumal sie nun ganz allein ist –, aber der Trotz aktiviert auch seine Reserven, denn er versichert ihr, nach einem Jahr als reicher Mann zurückzukehren, und er ist vernünftig genug, dafür das einzusetzen, was er gelernt hat, denn er nimmt in einem Korb sein Schusterwerkzeug mit, und das, obgleich er seinen Beruf nicht liebt. – In diesen Korb lässt er dann auch die Spinne kriechen, womit jener seine beiden wichtigsten Schätze beherbergt. Was die Spinne in ihrer Rolle als künftige Ehefrau bedeuten wird, weiß er im Augenblick noch nicht, und er wird es erst am guten Ende der Geschichte erfahren, denn er betrachtet sie ausschließlich als nutzbringendes Wesen im Hinblick auf die Hausarbeit (»So wünsche ich mir die Frauen bei der Arbeit«

und »Ich hab mit meiner Frau einen guten Fang getan«). Offensichtlich spiegelt die Erzählung Rollenverteilung und Machtverhältnisse im Patriarchat wider, wobei Letztere nur auf den ersten Blick eindeutig verteilt sind, da die Macht der Frauen sich eher im Geheimen abspielt und nicht so sehr nach außen gerichtet ist wie beim Mann. Zunächst verhält sich die Spinne abwartend, denn auf das Lob des Burschen über das fertig gestellte Netz reagiert sie mit Schweigen (»Die Spinne antwortete ihm nicht«), doch als sie sieht, dass *sie* mit *ihm* »einen guten Fang getan« hat, weil er seine Arbeit aufnimmt und allmählich reich wird, beginnt sie im übertragenen Sinn ihre Fäden zu spinnen und wird aktiv. Sie bricht ihr Schweigen, indem sie dem Dienstmädchen Anweisungen gibt für die Hausarbeit und zur Zubereitung wohlschmeckender Speisen für den jungen Mann, womit sie bei ihm offene Türen einrennt. Als nächsten Schritt beginnt sie »Deckchen zu sticken und sie herabzuwerfen«, das heißt das Innere des Hauses gemütlicher zu gestalten und es mit einer persönlichen Note zu versehen. Doch als ein Jahr um ist, droht Gefahr, weil der Jüngling seiner Mutter versprochen hat, sie gemeinsam mit seiner Frau zu besuchen, und diese Rolle soll nicht die für ihn unansehnliche Spinne spielen, sondern das Dienstmädchen, weswegen jene unter Handlungsdruck steht, weil man nie wissen kann, wie sich die Dinge entwickeln werden. Darum reitet sie den beiden mit Hilfe des Hahnes nach und erreicht sie an ihrer früheren Wohnstätte, der Steinplatte. Wenn nun der Hahn sein »Kikerikiki« ertönen lässt und dadurch die Spinne in eine Prinzessin und der Stein in ein Schloss verwandelt wird, so dass die beiden Helden fortan als König und als Königin leben werden, haben wir damit, wenn wir von da aus auf das bisher Geschehene zurückblicken, ein sehr schönes Beispiel für das, was Lüthi mit »Flächenhaftigkeit« und der Umsetzung des Inneren in Äußeres meint: Ähnlich wie der Hahn den Menschen weckt und den Morgen begrüßt, erwacht der junge Mann aus seinem pubertären Dämmerschlaf, der aus Trotz die erste Frau heiraten wollte, die ihm über den Weg läuft. Zwangsläufig nimmt er sie zunächst nicht als Individuum wahr, sondern als kleine, unansehnliche, aber fleißige, anspruchslose und stille Arbeiterin. Nun jedoch werden ihm die Augen geöffnet für ihre tatsächlichen Qualitäten und ihre eigentliche Schönheit, und er erkennt, dass sie in Wirklichkeit keine unscheinbare Spinne ist, sondern eine Prinzessin – das war sie schon immer, er hat sie nur nicht als solche erkannt. Mit anderen Worten: Nun ist seine Liebe entfacht, und beide können sich kraft der füreinander empfundenen Emotionen wie ein Königspaar fühlen. Die Fäden aber, welche zu dem glücklichen Ende führen, hat *sie* gesponnen, womit sie indirekt einiges über die geheime Macht der Frau im Patriarchat verrät, welche in dieser Geschichte allerdings nicht weiter problematisiert wird, weil es sich um ein typisches Volksmärchen handelt. In anderen Kontexten hingegen kommt, wie bereits deutlich wurde, der bedrohliche, unheimliche Aspekt der Geschlechterbeziehung zu tragen, wenn die Frau etwa als Hexe verdammt wird, deren vermeintlicher Einfluss es einzudämmen gilt.

Die Erzählung gehört zum verbreiteten Typus Tiergemahl bzw. Tiergemahlin, der nicht nur im europäischen Märchen, sondern auch in den Mythen der »Naturvölker« eine große Rolle spielt, doch braucht dort wegen der engen Beziehung zwischen Tier und Mensch keine Verwandlung oder Rückverwandlung in den Menschen zu erfolgen. Hier hingegen stehen am Ende zwei Menschen; die Erlangung oder Wiedererlangung der menschlichen Gestalt ist Erlösung, ist Beendigung der Entfremdung, nämlich der Kluft zwischen dem eigentlichen Wesen und dem Schein (vgl. Röhrich 2001, 92-95).

Fassen wir zusammen: Während sich einige Erzählungen mit ihrer negativen Bewertung der Spinne als Lügnerin, Egoistin oder diabolisches Wesen in das traditionelle christlich-europäische Bild einfügen, zeigen sie andere in einem besseren Licht. In »Die Spinne und der Schnupfen« wird sie noch relativ neutral betrachtet, in der estnischen Erzählung, in welcher sie als Zeugin vor Gott aussagt, steht sie für tugendhaftes Verhalten, und im letzten Beispiel entpuppt sie sich sogar als Prinzessin. Vielleicht stammen diese Geschichten aus einer älteren Schicht mit archaischen Vorstellungen, für die vor allem die enge Beziehung zwischen Mensch und Tier konstitutiv ist, doch ist das nicht mehr als eine Vermutung, wobei in Bezug auf die estnische Erzählung über Spinne und Ameise der lehrhafte Charakter ohnehin eine jüngere Entstehung wahrscheinlich macht. Den mythologischen Erzählungen, in denen sie als Kulturheros fungiert (Feuerraub) oder Wind bzw. Tod auffindet, liegen dagegen mit größerer Wahrscheinlichkeit archaische oder elementare Vorstellungen zugrunde. Im Hinblick auf die estnischen Märchen könnte man asiatischen und in Hinsicht auf die portugiesischen – über die kolonialen Beziehungen – afrikanischen Einfluss vermuten, wenn man es für nicht wahrscheinlich hält, dass sich älteres Gedankengut in der einheimischen Bevölkerung gehalten hat.

4.4   Volkssage

Märchen im engeren Sinn, wie jenes vom Schusterjungen und der Spinne, spielen in der Regel in einem imaginären Irgendwo-Irgendwann, und die phantastischen Elemente sind ein selbstverständlicher Bestandteil im Verhalten und Erleben der Akteure; sie wundern sich nicht darüber, sondern gehen damit um, als wären sie das Gewöhnlichste auf der Welt. Ihnen fehlt nicht nur das Gefühl für die Kluft zwischen Realität und Phantastik, sondern auch die Beziehung zur Umwelt (vgl. Lüthi 1992, 8-24, insb. 13). Ganz anders die Sagen: Sie sind weder *flächenhaft* noch *eindimensional*, sondern deuten mit wenigen Worten Tiefe an; die Akteure erschauern, wenn ihnen etwas Unglaubliches zustößt, und mit wenigen Pinselstrichen werden auch jene Abgründe angedeutet, die in jedem von uns vorhanden sind. Sagen sind lokalisierbar; sie spielen nicht irgendwo, sondern im vertrauten Raum. Sie gehen aus dem Alltag hervor, und doch überschreiten sie ihn, indem das Unglaubliche, Merkwürdige oder Unheimliche in unser Dasein einbricht. Das kann der Brunnenmann sein, der tief unten im sonst so vertrauten Ziehbrunnen nur darauf wartet, dass sich die Kinder zu weit über den Rand beugen und er sie holen kann, oder jene alte Nachbarin, die sich als Hexe entpuppt, weil sie dem Neugeborenen mit Hilfe des bösen Blicks Schadenzauber zufügt. Auch im nahen und vertrauten Wald lauern Gefahren, wenn Aufhocker uns zu lähmen scheinen oder Untote dort ihrem dämonischen Treiben nachgehen. Es ist eine dualistische Welt, die in Fremde und Behaustheit, Diesseits und Jenseits, Gut und Böse aufgeteilt ist (vgl. Bausinger 1958, 248; ders. 1980).

Anders als beim Märchen, glaubt der Zuhörer an das, was als Sage erzählt wird – zumindest solange es nicht in Buchform publiziert und einer breiteren Öffentlichkeit zugänglich gemacht wird. Das gilt für die traditionelle Volkssage genauso wie für die Urban Legends und all jene »sagenhaften« Meldungen, welche tagaus, tagein über die Medien verbreitet werden und uns via Zeitung, Radio, Fernsehen oder Internet erreichen.

Obgleich im Gegensatz zu den meisten Märchen Sagen nicht selten ein böses Ende haben, existieren genug Beispiele dafür, dass der Held am Ende glücklich aussteigt oder nur einige Blessuren davonträgt. Davon handeln die ersten Zeugnisse dieses Kapitels, und es geht in ihnen allzumal um Verfolgte, die in einer Höhle Zuflucht suchen, deren Eingang alsbald von einer Spinne zugewebt wird – ein Motiv, das bereits aus Afrika bekannt ist. Im christlichen Kontext handeln die sozusagen klassischen Varianten vom Jesuskind, das vor seinen Peinigern flüchtet.

> »Als der kleine Jesus noch ein Kind war, befand er sich einst auf freiem Felde, wo er für sich allein spielte. Plötzlich hörte er, wie eine Menge frecher Judenbuben daherkam, um ihn zu plagen. Eilig begab er sich in eine nahe Grotte, formte eine große Spinne aus Lehm, hauchte sie an und befahl ihr, während seine Fingerchen mit Speichel ein Kreuz auf ihrem Rücken zeichneten, sie solle ein Gitter weben, um ihn zu verbergen. Die Spinne machte sich rasch an die Arbeit und schlug die Fäden stets über Kreuz, so dass das Gitter undurchsichtig wurde und die bösen Judenbuben den kleinen Jesus nicht fanden. Seither trägt diese Spinne ein Kreuz auf dem Rücken, welches sie in ihren Arbeiten nachzumachen bestrebt ist« (Dähnhardt, Bd. 2, 1909, 66).

Zwar ist auch Jesus ein »Judenbube«, aber das ist im christlichen Verständnis uninteressant, weil er ausschließlich als Gottes Sohn betrachtet wird. Die Episode dient dazu, latenten Antisemitismus zu transportieren, der im christlich-traditionellen Kontext auch damit zusammenhängt, dass sich vor der Kreuzigung das jüdische Volk dafür entschieden hat, Barabbas zu begnadigen und nicht Jesus. Darüber hinaus wird er in seiner künftigen Rolle als Märtyrer erhöht, wenn er bereits als kleines Kind unter den Nachstellungen seiner Mitmenschen zu leiden hat. Er weiß sich jedoch zu helfen, indem er, quasi als Ankündigung seines wundertätigen Wirkens, aus Lehm eine Spinne erschafft, auf deren Rücken er das Kreuzzeichen malt, wodurch sie befähigt wird, ein *kreuz*förmiges Netz über dem Grotteneingang zu weben. Das ist in mehrfacher Hinsicht interessant. Die Erschaffung von Lebewesen aus Lehm ist ein altes Motiv, das unter anderem von osteuropäischen Juden überliefert ist, da es von ihnen heißt, sie hätten aus diesem Stoff den Golem, einen künstlichen Menschen, gemacht (vgl. Völker 1971, 6-23). In allgemeiner Form geht das Motiv auf die Genesis zurück, in der es, nachdem Adam und Eva aus dem Paradies vertrieben worden sind, heißt: »Denn du bist Erde und sollst zu Erde werden« (1. Mose 3, 19). Bemerkenswert ist außerdem die Ätiologie: Die Spinne webt deswegen ein gitterförmiges Netz, weil Jesus sie auf magische Weise – nach den Prinzipien der Ähnlichkeitsregel – dazu veranlasst hat, es in Kreuzform zu errichten. Es wird also nicht nur das Rückenmuster, sondern zudem die Struktur des Gewebes als Symbol für das Christentum verstanden.

Die Geschichte ist auch deswegen eine seltene Variante, weil in der Regel bereits eine Spinne vorhanden ist, die dem notleidenden Jesus hilft und *danach* als Belohnung das charakteristische Rückenmuster erhält, wie es etwa in einer Sage der Fall ist, in der die heilige Familie auf der Flucht nach Ägypten in einer Höhle Zuflucht sucht (Dähnhardt, Bd. 2, 1909, 66). In weiteren Abwandlungen existiert das Motiv mit dem Jesuskind in der Krippe, über dessen Gesicht eine Spinne ihr Netz webt, damit während des Bethlehemitischen Kindermordes die Häscher des Herodes es nicht erkennen (ebd., 17). Allerdings gibt es eine ähnliche Geschichte – ohne Bezugnahme auf den Kindermord – auch mit der Spinne als boshaftem Tier, welches das Gesicht des Jesuskindes zuweben möchte, es aber im letzten Moment gerettet wird, weil der Zaunkönig das Netz verschlingt (ebd.). Weitere Varianten beziehen sich auf David, der vor Saul die Flucht ergreift (ebd., 66), und auf Elisabeth, die den kleinen Johannes in einem Gebirge versteckt, um ihn vor den bethlehemitischen Kindermördern in Schutz zu bringen (ebd., 67).

Außerhalb der populären christlichen Überlieferung existiert das Motiv ebenfalls, und es kann auch unabhängig von ihr entstanden sein, wie die afrikanischen Beispiele zeigen. In einer Sage aus der Sächsischen Schweiz ist es ein Prinz, der von einem Raubritter verfolgt wird und in einer Höhle Zuflucht findet, in deren Eingang die Spinne ein Netz webt (Meiche 1997, 143f.), während in Baden bei Wien der Ungarnkönig Bela vor den »wilden Tartaren« Deckung sucht (Maurer 1997, 129f.). Im Oberwallis handelt es sich um einen einheimischen Schützen, auf den es die Franzosen abgesehen haben (Guntern 1979, 135), und um einen Soldaten, der am napoleonischen Feldzug gegen Russland teilnimmt (ebd., 154), in der Steiermark um ein junges Mädchen, hinter dem Räuber her sind (Haiding 1982, 59f.), in Sydow (Pommern) um einen Bauern, dem gleichfalls zwielichtiges Gesindel auflauert (Jahn 1999, 345), und in Gossensaß (Südtirol) ist es ganz allgemein ein »Mann«, der einen »Feind« hat (Rehsener 1900, 48). Dass mitunter auch der Falsche geschützt wird, erwähnt Bristowe in Zusammenhang mit einem Kriminalfall aus dem 19. Jahrhundert.

> Ein Mörder wird von der Polizei gesucht und versteckt sich während der Verfolgung hinter einer Tür. Bevor die Ordnungshüter eintreffen, hat eine Spinne im Schlüsselloch ein kleines Netz gewebt, weswegen sie glauben, dahinter könne sich niemand verstecken (Bristowe 1945, 55f.).

Es gibt auch den umgekehrten Fall, dass die Spinne mit ihrem Gewebe unliebsame Zeitgenossen vertreibt. So sind es im Wienerwald Bergmanderl, die auf einmal verschwunden sind, weil sie infolge eines zwischenzeitlich gewobenen Netzes nicht mehr in ihre Wohnhöhle gelangen können (Calliano, Bd. 1, 1924, 7; Maurer 1997, 80), und ein überaus lästiger Gnom wird mit Hilfe von sieben Spinnen ebenfalls vertrieben, wie die folgende Sage aus derselben Gegend, aus Baden bei Wien, zeigt.

> Ein Zwerg, der oben im Wald in einer Höhle lebt, treibt sein Spiel mit den Leuten, indem er Steinlawinen und Sturzfluten auf Felder und Weingärten niederprasseln lässt. Eines Tages kommt jedoch ein Mann, der den Stadtvätern erklärt, er könne für einen Beutel Goldgulden dem bösen Zwerg den Garaus machen, was sie dankbar annehmen. Mit einer Kanne Wein und sieben Spinnen, die er unterwegs fängt und in einen Becher gibt, macht er sich auf den Weg. Vor der Höhle stellt er seine Utensilien ab und versteckt sich. Als der Zwerg die Kanne sieht, trinkt er sie in einem Zug leer, doch ihm wird so schlecht, dass er besinnungslos zu Boden fällt. Dabei wirft er den Becher um, und die Spinnen sind wieder frei. Sie weben nun den Höhleneingang zu und spinnen den langen Bart des Gnoms mit ein, so dass er am Felsen wie festgewachsen ist. Daraufhin kommt zwar der Mann zu ihm und befreit ihn, indem er ihm den Bart abschneidet, doch dass er durch die Spinnen seiner enormen Haarpracht verlustig gegangen ist, kränkt ihn dermaßen, dass er das Land verlässt. (Calliano, Bd. 1, 1924, 69f.; Maurer 1997, 82f.).

Verschiedene Motive kommen in der Geschichte zusammen. Von der Bedeutung der Sieben als einer heiligen Zahl war bereits die Rede, doch die Funktion der Spinnen erscheint mir weniger eindeutig, denn sie weben zwar den Höhleneingang zu, aber zunächst befinden sie sich im Becher, weswegen es nahe liegend ist anzunehmen, dass der Zwerg durch sie hätte vergiftet werden sollen. Schließlich kann der Mann im vorhinein nicht wissen, wie gierig der Gnom ist und dass er statt des Bechers gleich die ganze Kanne zum Mund führt. Der Verdruss über den Verlust des Bartes steht wahrscheinlich in Zusammenhang mit der elementaren Vorstellung, dass »Ausscheidungen« im weitesten Sinn stets Lebenskraft innewohnt. Das gilt insbesondere für die Barthaare als Attribut der Männlichkeit und Körperkraft, was bereits in der Bibel beschrieben wird. Simson, der mit übermenschlicher Stärke ausgestattete Held des israelitischen Stammes Dan, vertraut nämlich seiner Geliebten Delila an, dass er nur aufgrund seiner gewaltigen Haarpracht so kräftig sei (Ri 16, 17; vgl. Rieken 2000, 159; 175f.). Wenn der mächtige Zwerg durch das Spinnennetz wie festgeleimt ist, kann das nur am Walten magischer Kräfte liegen, was bedeutet, dass der ungestüme Mann gewissermaßen durch weibliche Hand in seinem Schaffensdrang gelähmt wird. Er zieht »den Schwanz ein« und muss verschwinden. Die archaischen und destruktiven Kräfte des Mannes sind schwächer als das heimliche Weben und Handeln der Frau im Hintergrund. Darüber hinaus existiert ein weiterer Symbolgehalt, wenn man die Steinlawinen und Sturzfluten als reale Bedrohung der alpinen und voralpinen Bevölkerung ansieht. Dann geht es auch um technische Maßnahmen zur Beherrschung der Natur, um den Schutz der Anbau-

flächen und der Bevölkerung als ein Schritt in Richtung »Zivilisation«. – In der
nächsten Sage, die ebenfalls von den Wohltaten der Spinne erzählt, wird die
Gleichsetzung mit der Frau noch deutlicher.

> Während eine alte Bäuerin aus dem Tiroler Dorf Flies mit dem Ausgraben von Erdäp-
> feln beschäftigt ist, kommt eine Spinne herbeigekrochen und hält sich längere Zeit in ih-
> rer Nähe auf. Die Frau sagt zu ihr, sie werde sich um sie kümmern, wenn ihr einmal et-
> was fehlt, da sie so zutraulich sei. 14 Tage später kommt ein altes Männlein und bittet
> sie um Hilfe. Sie folgt ihm in den Wald, wo sie zu einem Palast gelangen, in dem eine
> schöne Frau im Wochenbett liegt. Sie pflegt sie zwei Wochen lang und erhält als Dank
> einen Sack voller Kohlen. Als sie wieder allein ist, leert sie diesen allerdings aus, doch
> daheim angekommen bemerkt sie Reste von Gold im Sack. Daraufhin kehrt sie zu der
> Stelle zurück, wo sie die Kohlen ausgeleert hat, findet jedoch nichts mehr (Zingerle
> 1891/1969, 330f.).

Bei dem unscheinbaren Geschenk, dass sich im Nachhinein als Gold heraus-
stellt, aber aus Unachtsamkeit verloren geht, handelt es sich um ein altes Märchenmotiv; nur die genaue Ortsangabe macht die vorliegende Erzählung zur Sage. Warum bekommt die uneigennützige Helferin nicht von vornherein das Gold
ausgehändigt? Möglicherweise soll ihre Redlichkeit noch einmal auf die Probe
gestellt werden, ob sie auch ein unscheinbares Geschenk zu würdigen weiß.
Vielleicht geht es auch um die Vermittlung einer pädagogischen Botschaft: Dinge, die man zunächst nicht schätzt, sollten nicht blindlings weggeworfen werden, denn sie können sich später als wertvoll erweisen. In unserem Zusammenhang interessiert aber mehr die Spinne, die in Wirklichkeit eine schöne Frau ist.
Die Geschichte ist dem portugiesischen Märchen vom Schusterjungen und seiner Braut nicht unähnlich, doch kann sich hier die Frau anscheinend nach Belie-
ben in eine Spinne verwandeln, während dort am Ende die endgültige Befreiung
von der Tiergestalt möglich ist.

Als allerdings vergebliche Helferin in der Not erweist sich die Spinne in einer
Erzählung, welche von Paracelsus' Tod handelt. Wie viele andere berühmte
Ärzte – etwa Doktor Faust – hat sein Wirken die Bevölkerung zur Sagenbildung
angeregt, zumal erfolgreiche Heiler leicht in den Geruch der Teufelsbündelei
geraten sind. Von Paracelsus' Leben wird weiter unten noch die Rede sein.

> »Theophrast (= Paracelsus, B.R.) war der Mann der Wunder, und Wunder hofft zuletzt
> jeder Kranke, wenn die Hoffnung auf natürliche Weise verschwindet. Theophrastus, das
> war allbekannt und in jedermanns Munde, konnte Gold machen, besaß den Stein der
> Weisen, eine Verjüngungsessenz, einen gezähmten Haselwurm, der ihm alle Geheim-
> nisse der Welt offenbarte, und einige Spinnen, welche alles Gift auf- und an sich saug-
> ten und sogen, das in feindlicher Absicht dem Doktor nahegebracht wurde« (308). –
> Feinde hat er in erster Linie unter seinen Kollegen, und die beschließen eines Tages, ihn
> mit Hilfe des stärksten Giftes überhaupt, mit Diamantkörnern, zu töten. Sein Diener
> wird bestochen, und Paracelsus nimmt unwissentlich die aufgelösten Körner ein. Als er
> sie bemerkt, befiehlt er dem Diener, ihn die nächsten fünf Tage nicht zu stören. Er setzt
> sich auf einen Stuhl, nimmt eine Kreuzspinne und lässt sie in seinen Magen hinunter-
> krabbeln, damit sie die Gifttropfen einsaugen und herausholen kann. Von Neugier ge-
> plagt, öffnet der Diener jedoch bereits am vierten Tag die Tür, und über das Geräusch

erschreckt die Spinne so sehr, dass sie das letzte Gift fallen lässt und es auch nicht noch
einmal aufzusaugen vermag. Der Doktor stirbt daraufhin (Alpenburg 1857/1990, 308f.;
Kurzfassung bei Petzoldt 1993, 99f.).

Spinnen sind für Paracelsus unerlässliche Begleiter, weil sie ihn immer wieder
vor Giftanschlägen retten und auch in diesem Fall im Sinne der Simile-Medizin
wirken. Der Diamant, mit dem ihm der Garaus gemacht werden soll, galt zwar
bis in die Neuzeit hinein als unfehlbares inneres Mittel gegen eine Vielzahl von
Krankheiten, doch wurde auch vor seiner Verwendung gewarnt, da er alle Ein-
geweide zerreiße und als Gift wirke (Hovorka und Kronfeld, Bd. 1, 1908, 98;
Olbrich: Diamant. In: HDA, Bd. 2, 1927, 194ff.): Wenn man einem so zähen,
hartgesottenen und nahezu unsterblichen Mann wie Paracelsus zu Leibe rücken
will, muss man zum »härtesten« Mittel greifen, das einem zur Verfügung steht,
und das kann nur der Diamant sein. Aber auch der hätte nichts genützt, wenn er
nicht eine »Schwachstelle« in Gestalt seines verräterischen Dieners gehabt hätte.
Eingangs wurde betont, die Sage deute Abgründigkeit und Tiefe oftmals nur an,
und dafür ist der Diener ein sehr gutes Beispiel. Paracelsus lebt mit ihm unter
einem Dach und muss ihm vertrauen können, aber genau darin wird er ge-
täuscht. Wie mag es um jemanden bestellt sein, der seinen Herrn auf derartige
Weise betrügt? Und die Neugier, welche ihn bereits am vierten Tag dazu treibt,
die Türe zu öffnen, ist ein nur blasser Euphemismus für das, was wirklich dahin-
tersteht, nämlich eine massive destruktive Gesinnung.

Um einen »medizinischen« Blick auf die Spinne geht es auch in einer Sage
aus Heiligenkreuz im Wienerwald.

> »Es lebte einmal einer, der glaubte, er wäre mehr als die anderen, und dieser Mensch
> konnte die Spinnen nicht leiden, ja beim Anblick einer Spinne verfiel er in Krämpfe und
> redete allerlei dummes Zeug. Da sagten die Leute: ›Der da glaubt, er sei mehr als die
> andern, der leidet am Hirngespinst‹. Und so war es auch, die vielen Spinnen hatten dem
> Menschen das Hirn versponnen« (Maurer 1997, 244, Anm. zu Nr. 128).

Die Sage greift den alten Glauben an eine Gehirnspinne auf, von dem bereits im
Kapitel über die Volksmedizin die Rede war. Der Ausdruck »Hirngespinst«
wird daher wörtlich verstanden als ein Produkt von Spinnen, welche sich im
Kopf eingenistet haben und dort ihr Unwesen treiben. Interessanterweise wird
die Überheblichkeit des Mannes auf eine Degenerierung des Gehirns zurückgeführt, das Mehr-sein-Wollen ist in Wirklichkeit Ausdruck eines Weniger-Seins.
Angewendet auf psychologische Überlegungen bestätigt die Geschichte einmal
mehr, dass hinter eitler Selbstüberschätzung stets ein tiefes Minderwertigkeitsgefühl verborgen ist.

Mit der letzten Erzählung haben wir bereits die segensreiche Wirkung der
Spinne verlassen und uns ihren dämonischen Kräften zugewandt. Dass mit diesen nicht zu spaßen ist, muss auch ein Ratsherr erfahren, der an Arachnophobie
leidet.

> Als er eines Tages seine Akten aufschlägt, zerdrückt er ausgerechnet dort, wo sein Na-
> me auf dem Blatt steht, eine Spinne dergestalt, dass sie drei Neuner bildet. Der Ratsherr

erschauert, weil gerade der neunte Tag des neunten Monats ist. Und in der Tat, als die Uhr zur neunten Stunde schlägt, stirbt er (Calliano, Bd. 1, 1924, 87).

Im rationalen Kontext könnte die Arachnophobie als selbst erfüllende Prophezeiung wirken, das heißt der Ratsherr stirbt vor Angst. Im Volksglauben hingegen ist sein Name *pars pro toto* für seine Person: Da der Name die Spinne getötet hat, wird dem Träger desselben das gleiche widerfahren.

Von der todbringenden Wirkung des Spinnengiftes erzählt eine Sage, die in einem Artikel über Herrgottswinkel in der österreichischen *Kronenzeitung* erschienen ist. Da es sich um einen zeitgenössischen Text handelt, wird die Sage als ein Geschehen berichtet, an das man in vergangenen Zeiten geglaubt hat, heute jedoch nicht mehr.

> »Früher einmal, das sei aber schon mehr als hundert Jahre her, sei in dieser Stube, unter diesem Herrgottswinkel, etwas Schreckliches geschehen, erzählte man uns Kindern. Schuld war eine böse und nachlässige Bäuerin. Sie hat, was der Boden hergab, manchmal verkommen lassen, machte nicht das Kreuz in den Brotlaib, ehe sie ihn anschnitt, und auch sonst hatte sie wenig Respekt vor dem Herrgott; pflegte nicht einmal seinen Winkel, und statt Blumen gab es nur Staub zu Füßen des Gekreuzigten. Zuerst starb der Großvater, der seine Suppe immer unter dem Herrgottswinkel aß. Später, als der Mann der Bäuerin den Platz einnahm, ging es auch mit diesem bergab. Ein halbes Jahr später war er tot. Monate später ereilte die Bäuerin dasselbe Schicksal. Großmutter erzählte dann, wie eine neue Herrin aus dem verwahrlosten Anwesen wieder ein Schmuckstück machte. Und wie sie den Herrgottswinkel sanierte. Es stellte sich heraus, dass hinter dem Kreuz ein riesiges Spinnennest verborgen war, und wenn man den dramatischen Schilderungen der Großmutter glauben wollte, dann musste man meinen, es seien mindestens Vogelspinnen gewesen (...). Jedenfalls, das Gift der Spinnen aus dem vernachlässigten Herrgottswinkel war immer in die Suppe desjenigen getropft, der darunter saß, und so kam einer nach dem anderen um« (Swoboda 1995, 28).

Auf den ersten Blick erscheint es paradox, dass der Tod und das Böse im heiligsten Ort des Hauses, dem Herrgottswinkel, lauern, doch bei genauerem Hinsehen ist das Geschehen völlig logisch, denn die Vernachlässigung der Andachtsstätte ist ein Ausdruck der Sündhaftigkeit, weil Gottesferne, und dort, wo Gott fehlt, kann leicht das Böse Einzug halten und seinem finsteren Treiben frönen. Die Geschichte ist daher – neben dem Bekenntnis zu Sauberkeit und zur Reinhaltung des Hauses – als Plädoyer für ein gottesfürchtiges Leben zu verstehen. Der gesamte Artikel ist in diesem Sinn geschrieben, da er den Glaubensverlust im katholischen Österreich beklagt: »Die Herrgottswinkel von damals waren Orte von Magie und Glauben. Es war die Zeit vor dem Fernsehen und die Zeit vor den Helden, die jetzt ›Masters of the Universe‹ heißen, weil als Herren des Universums konnten wir uns nur einen vorstellen« (ebd.). Ob allerdings durch die Spinnengeschichte der Geist der »guten, alten Zeit« wieder heraufbeschworen werden kann, möchte ich bezweifeln. Jedenfalls müsste man dann unter anderem auch den alten Hexenglauben in Kauf nehmen, von dem die folgende Sage aus Schwaben Zeugnis ablegt.

»Zwei Weiber aus Betzingen waren einmal im Felde, um Gras zu schneiden. Da sagte die eine, nachdem sie eine Weile gearbeitet, sie wolle nur ein wenig schlafen, legte sich hin und schlief ein. Die andere aber bemerkte ganz deutlich, dass ihr eine Spinne aus dem Munde kroch, und versuchte die Frau gleich darauf wieder zu wecken, vermochte es aber nicht, bis nach einer halben Stunde die Spinne wiederkam und ihr in den Mund kroch. Da erwachte sie sogleich von ihrem Schlafe und ging wieder an die Arbeit. Sie war indessen als Hexe irgendwo anders gewesen« (Meier 1852, 184).

Ein seltenes Motiv im Kontext unseres Themas: In Gestalt einer Spinne hat die Seele der Frau ihren Körper verlassen und anderswo höchstwahrscheinlich Unheil gestiftet. Woher man das weiß? Irgendwo in der Nähe wird schon etwas passiert sein, und die Konstruktion eines Zusammenhanges ist rasch hergestellt, denn »Wirklichkeit« ist nicht das Resultat objektiver Gegebenheiten, sondern setzt sich aus Bruchstücken zusammen, aus denen man ein Ganzes schmiedet.

Als Teufel erscheint die Spinne in einer Salzburger Sage, die sich um das Leben des Paracelsus rankt und erklärt, wie er zu einem berühmten und vermögenden Arzt wurde.

> Während seiner Studienzeit in Innsbruck geht Paracelsus oft im nahen Wald spazieren. Eines Tages hört er eine Stimme, die aus einer Tanne zu kommen scheint. Sie gibt sich als darin eingesperrter Teufel zu erkennen und bittet ihn, den Pfropfen zu lösen. Paracelsus verlangt dafür eine Arznei, mit der er jede Krankheit zu heilen vermag, und eine Tinktur, die alles in Gold verwandelt. Der Teufel ist einverstanden, und nachdem der Pfropfen gelöst ist, kriecht eine schwarze Spinne hervor, die sich etwas später in einen hageren Mann mit rotem Mantel und Hahnenfüßen verwandelt. Als der Teufel zu verstehen gibt, dass er sich als Erstes an jenem Geisterbanner rächen wird, der ihn im Baumloch eingesperrt hat, erwacht in Paracelsus das schlechte Gewissen, und er sinnt danach, den Dämon dazu zu bewegen, in sein Gefängnis zurückzukehren. Er packt ihn bei seiner Eitelkeit, indem er sagt, er könne sich gar nicht vorstellen, dass sich sein Gegenüber aus freien Stücken in eine so kleine Spinne verwandeln und in das Loch zurückkriechen könne. Das lässt sich der Teufel nicht zweimal sagen, und schon ist er wieder eingesperrt. Paracelsus aber hat seine beiden Tinkturen, durch die er reich und berühmt wird (Petzoldt 1993, 90-93).

Der Teufel mag gefährlich sein; er ist deswegen nicht immer klug, sondern, wie hier, mitunter einfältig und eitel. Allerdings hat er in Paracelsus einen mächtigen Gegner, der das Kunststück vollbringt, auf dem schmalen Grat zwischen schwarzer Magie und prosozialem Tun zu wandeln. Er benutzt die Mittel des Teufels und neutralisiert ihn gleichzeitig – eine interessante Dialektik des Bösen, indem man mit seiner Hilfe Gutes vollbringt. – In der nächsten Erzählung aus dem Kanton Uri ist es genau umgekehrt, weil das vermeintlich Gute sich als große Gefahr entpuppt, wobei jedoch durch das beherzte Eingreifen eines Paters Schlimmeres verhindert werden kann.

> Ein armer Mann, der in drückender Armut lebt und eine große Kinderschar zu ernähren hat, begegnet einer fremden Person, der er seine Not klagt. Dieser empfiehlt ihm, an einem bestimmten Ort nach einer Spinne zu suchen, sie mit nach Hause zu nehmen und ihr ein Geldstück zu unterlegen. Anderentags sei das Doppelte darunter, und so könne er fortfahren, bis er genug habe. Als er auf diese Weise ein schönes Vermögen »erwirt-

schaftet« hat, möchte er die Spinne loswerden, doch kaum hat er sie woanders hinge-
bracht, ist sie wieder bei ihm daheim. Jetzt wird ihm unheimlich zumute, und er begibt
sich zu einem Kapuziner, der ihn ob seines frevelhaften Tuns zurechtweist, sich aber
doch bereit erklärt, die Spinne in Verwahrung zu nehmen. Als das geschehen ist, steht
in der folgenden Nacht um Punkt 12 Uhr eine Unzahl furchteinflößender Gestalten vor
der Klostertür und fordert die Herausgabe ihres »Hauptmanns«. Der Kapuziner entgegnet ihnen, sie sollen ihn selber holen, doch das können sie nicht. Daraufhin bietet der
Mönch einen Handel an: Wenn sie 100 Säcke verlorenen Goldes aus dem Meer beibrin-
gen, aus dem noch das Wasser tropft, können sie ihren Hauptmann zurückbekommen.
In kurzer Zeit wird die Forderung erfüllt, der Pater schleudert die Spinne hinaus, und
der Spuk ist vorüber. Dafür ist das Kloster nebst den von ihm betreuten Armen um einiges reicher geworden (J. Müller 1926, 247f., Variante c).

Die Spinne ist auch hier der Teufel höchstpersönlich, der einen armen Schlucker
in seinen Bann ziehen möchte. Bei der bedrohlichen Versammlung vor dem
Klostereingang handelt es sich um die höllische Heerschar, die ihren Fürsten aus
den »Fängen« der christlichen Gemeinschaft befreien will. Dafür ist ihr kein
Preis zu hoch. Sie besorgt nicht nur umgehend verlorenes Gold aus dem Meer –
also solches, durch dessen Entwendung niemand zu Schaden kommt –, sondern
nimmt auch in Kauf, dass es guten Zwecken zugeführt wird. Aus christlicher
Sicht ist die Welt wieder in Ordnung, zumal es der Kirche obliegt, bedürftigen
Leuten materiell unter die Arme zu greifen. – Nicht als Teufel, aber als Wiedergänger tritt die Spinne in einer Erzählung aus dem Oberwallis in Erscheinung.

Der Gemeindeschreiber von Turtmann ist gleichzeitig für Oberems zuständig, betrügt
allerdings die Oberemser regelmäßig, indem er bestimmte Schriftstücke unterschlägt,
die zu ihren Gunsten ausgestellt sind. Nach einiger Zeit bemerken die Betroffenen den
Betrug, doch der Schreiber stirbt, bevor sie ihn zur Rede stellen können. Nach seinem
Tod sieht man öfter einen Reiter mit hohem Hut, in dem man den Geist des Verstorbenen vermutet. Daraufhin ersuchen seine Angehörigen einen Pfarrer, ihn zu beschwören.
Dieser erscheint tatsächlich, und in Gestalt einer großen Spinne offenbart er sich dem
Geistlichen. Jener gibt ihm nun all jene Schriftstücke bekannt, welche er zu Lebzeiten
unterschlagen hat. Sodann geht der Pfarrer zu den Verwandten des Verstorbenen, damit
der Schaden wieder gutgemacht werden kann. Allerdings gelingt es ihnen nicht, sämtliche Schriften zu finden, sondern nur einen Teil, weswegen man den Geist des Verstorbenen noch einige Jahre später gesehen haben will (Guntern 1979, 390).

Da Sagen von ungewöhnlichen Geschehnissen handeln, in denen nicht selten
gegen Normen und Gesetze verstoßen wird, sie aber gleichzeitig von konservativem Gehalt sind, ist ihnen das Bestreben eigen, die rechte Ordnung wiederherzustellen. In seinem irdischen Leben braucht sich der Gemeindeschreiber zwar
nicht zu verantworten, aber danach ereilt ihn die gerechte Strafe, weil er nicht
zur Ruhe kommt, sondern als Wiedergänger so lange umgehen muss, bis der
Schaden wieder gutgemacht worden ist. Da er der Erlösung harrt, offenbart er
sich dem Pfarrer sofort, als dieser seinen Geist beschwört. Er gesteht seine
Schuld ein und ist bestrebt, die Dinge ins rechte Lot zu bringen. Gleichwohl
kommt die Geschichte nicht zu einem glücklichen Ende, da nicht alle Schriftstücke gefunden werden. Das ist kein Widerspruch zu der Behauptung, die Sage sei

bestrebt, die alte Ordnung wiederherzustellen. Bisweilen ist das Sündenregister
so groß, dass das nicht möglich ist, und die Sage fungiert dann als mahnender
Zeigefinger, um auf die Gefahr ewiger Verdammnis hinzuweisen, damit gar
nicht erst gegen das Gesetz verstoßen wird.

In diesem Sinn ist auch die Spinnengestalt zu verstehen, in welcher der
Schreiber dem Priester erscheint. Sie symbolisiert, dass er sich weit außerhalb
der Ordnung gestellt hat und bereits zu Lebzeiten ein selbstherrliches Wesen
war, das mit seinem »Gift« Zwietracht unter den Gemeinden gesät und dem
Rechtssystem großen Schaden zugefügt, es gleichsam vergiftet hat. – Um die
reale Giftwirkung einer dämonischen Spinne geht es dagegen in den folgenden
zwei Erzählungen.

> Ein Zwingherr befiehlt seinen Bauern, ein großes Schloss zu bauen, obzwar sie mehr als
> genug mit ihrer eigenen Arbeit zu tun haben. Da bietet ihnen ein grüner Mann seine Hil-
> fe an, die die verzweifelten Bauern auch annehmen, aber er fordert dafür das erste unge-
> taufte Kind. Als es geboren wird, tauft es der beherzte Pfarrer trotzdem, doch der »Grü-
> ne« schlägt der Wöchnerin auf die Wange, die daraufhin zu einer schwarzen Beule an-
> schwillt, aus der später eine schwarze Spinne schlüpft. Sie geht von Haus zu Haus und
> löst bei allen Leuten die gleiche Beule aus, woraufhin sie sterben. Erst einige Zeit später
> gelingt es, die Spinne zu fangen und in einem Holzpfahl zu verpfropfen (Sooder 1925,
> 51ff.).

Wie man leicht bemerkt, ist die Sage im Großen und Ganzen eine Kurzfassung
von Jeremias Gotthelfs Novelle »Die schwarze Spinne«: der egoistische Burg-
herr, die notleidenden Landwirte, der »Grüne« mit seiner Forderung nach dem
ersten ungetauften Kind, als Pestsymbol die schwarze Beule auf der Wange, in
der die Spinne »reift«, um anschließend Tod und Verderben zu bringen, schließlich die Verpflockung des Untiers – all das deutet darauf hin, dass die Sage nach
Gotthelfs Erzählung geformt worden ist, zumal sie jünger ist als diese und ebenfalls aus dem Emmental stammt. Offensichtlich hat der wortgewaltige Prediger
mit seiner Schrift einen großen Eindruck in der Bevölkerung hinterlassen, woran
deutlich wird, dass seine Absicht, volkspädagogisch zu wirken, mit Erfolg ge-
krönt war. Einzig die erotischen Aspekte, welche in der Novelle vorhanden sind,
fehlen in der Sage – wohl, weil sie bei Gotthelf eher auf indirekte Weise angesprochen werden und es sich dabei um Dinge handelt, über die »man« nicht so
gerne spricht. – Von einer Spinne, welche die Pest bringt, handelt auch eine Geschichte aus Niederösterreich, welche im Kapitel über die Volksmedizin bereits
kurz erwähnt wurde.

> Zwischen Michel- und Waschberg, im Weinviertel nahe Wien, lag einst die Ortschaft
> Michelendorf. Als die Pest wütete, raffte sie auch dort viele Menschen dahin. Nachdem
> der letzte Kranke gestorben ist, lässt sich von der Zimmerdecke eine große schwarze
> Spinne auf den Fußboden herab und kriecht in ein Mauerloch. Die Überlebenden ahnen
> Übles, da sie in ihr die Pestspinne sehen. Sie verstopfen rasch die Maueröffnung und
> verlassen fluchtartig das Haus, das seither öde und verlassen daliegt. Allerlei Getier fin-
> det darin seinen Schlupfwinkel, und mitunter spielen auch die Jungen des Dorfes dort
> Verstecken. Einer von ihnen, der längere Zeit nicht »gesucht« wurde, entdeckt den

Pfropfen und lässt so nichtsahnend die Spinne frei. Kurz darauf bricht erneut die Pest aus, und diesmal werden fast alle Einwohner weggerafft. Die wenigen Überlebenden fliehen, die Häuser verfallen, und schließlich verschwindet Michelendorf vollständig (Calliano, Bd. 5, 1936, 78f.; dgl. Petzoldt 1992, 93f.).

Auch in diesem Fall existieren einige Gemeinsamkeiten mit Gotthelfs Erzählung, nämlich die Spinne als Pestbringerin, die Verpflockung derselben und das zweiteilige Geschehen. Weitere charakteristische Motive fehlen allerdings, weswegen es, auch wenn diese Sage ebenfalls jüngeren Datums ist, kaum möglich sein dürfte zu entscheiden, ob Einflüsse von Seiten der Novelle bestehen.

Archaisch ist die Darstellung der Spinne als Krankheitsdämon. Sie *bedeutet* nicht die Pest, wie bei Gotthelf, sondern sie *ist* die Pest. Anscheinend fördert eine derartige existentielle Bedrohung den Rückgriff auf Denkmuster, die an konkreten Dingen orientiert sind, da man der Bedrohung eher Herr werden und etwas gegen sie unternehmen kann, wenn sie räumliche Ausdehnung hat; dann kann man sie im doppelten Wortsinn »begreifen«.

Das verlassene Gebäude mit all den Tieren, die sich dort eingenistet haben, regt ebenfalls ältere Schichten im Menschen an. Die Kinder spielen dort mit Vorliebe »Verstecken«, da es ein Ort ist, der dem Bedürfnis nach dem Geheimen und Verborgenen entgegenkommt. Der unselige Junge, der den Pfropfen löst, hat sich allerdings von der Gruppe absentiert, denn er gehört weder zu den Suchenden, noch versteckt er sich. Dabei würde er so gerne einmal wieder im Mittelpunkt stehen und derjenige sein, hinter dem alle her sind. Ihm ist langweilig, und er ist frustriert; daher sucht er den »Kick«. Psychologisch betrachtet wäre es nahe liegend, das Herausziehen des Pfropfens mit all seinen Folgen als aggressive Reaktion auf die Frustration oder als Kompensation des Nicht-beachtet-Werdens zu deuten, doch der Junge kann gar nicht wissen, was er anrichtet, weil es im Text heißt, dass er »noch nicht lange im Dorfe« ist und »keine Ahnung von dem Unheil« hat, das er heraufbeschwört (ebd., 79 bzw. 93). Auch wenn er Schuld auf sich lädt, hauptverantwortlich sind jene, welche es verabsäumt haben, die Kinder darüber aufzuklären, welches Unheil in den alten Gemäuern lauert. Wieso lässt man sie überhaupt dort spielen? Haben die Dorfbewohner möglicherweise vergessen, dass dort die Pestspinne lauert? Die Erinnerung an Katastrophen verblasst mitunter recht schnell, und genau deshalb hat Gotthelf seine Novelle mit einem *zwei*teiligen Geschehen ausgestattet. In der Weinviertler Sage dürfte es hingegen einige Personen geben, denen die erste Pestepidemie noch im Gedächtnis ist, denn anderenfalls hieße es nicht, der Junge habe deswegen nichts wissen können, weil er noch nicht lange genug im Dorf ist. Manches bleibt daher offen, und wir müssen uns damit zufrieden geben, denn die Sage deutet vieles nur an und bietet nicht immer Antworten. Insofern ist sie auch ein Spiegelbild des wirklichen Lebens, das uns oftmals Rätsel aufgibt, die ungelöst bleiben.

Darüber hinaus kann auch der Schluss der Erzählung, ähnlich wie im letzten Beispiel, nicht zur Gänze befriedigen, denn über den Verbleib der Spinne erfährt man nichts. Man kann einwenden, sie habe ihr teuflisches Werk zum bitteren Ende geführt, da alle Einwohner vertrieben sind und das Dorf zur Wüstung wird, weswegen sie ihr Tun nicht fortzusetzen braucht. Aber das ist nicht sicher. Aus dem realen Leben ist zwar bekannt, dass die Pest irgendwann einmal überwunden war, doch wenn wir in der Spinne nicht nur die Personifikation der Pest sehen, sondern ihren Sinngehalt weiter fassen, indem wir sie allgemein als Symbol für übertragbare Krankheiten deuten oder als generelle potentielle Gefährdung, die im Hintergrund lauert, dann vermittelt die Sage ein Bild der Welt, das im Wesentlichen durch Brüchigkeit, Unsicherheit, Gefahr und Angst charakterisiert ist. Diese geht zwar im Räderwerk des monotonen Alltags leicht unter, doch genauer betrachtet wird sie nur verdrängt, so wie die Maueröffnung, hinter der sich die Spinne verkrochen hat, nur versperrt wird, statt den Dämon unschädlich zu machen. Nun kann Verdrängung bis zu einem gewissen Grad als sinnvoller Abwehrmechanismus verstanden werden, weil die eigenen Ressourcen zu sehr belastet würden, wenn man von morgens bis abends damit beschäftigt wäre, sich zu überlegen, welche Gefahren einem möglicherweise drohen, doch mitunter ist es auch notwendig, diesen ins Auge zu schauen und etwas gegen sie zu unternehmen, was in diesem Fall zweifelsohne besser gewesen wäre. Die Welt des Märchens ist licht, sie verkörpert unsere Wünsche und Sehnsüchte, doch die Sage ist ein Spiegelbild der Wirklichkeit, die oftmals mühsam, ungerecht und furchteinflößend ist. Daher sind, trotz ihrer Anpassung an die Lebensverhältnisse der technischen Welt, die modernen Urban Legends hinsichtlich ihrer Grundaussage den traditionellen Volkssagen sehr ähnlich, wie im nächsten Kapitel deutlich wird. Wenn das Dasein als brüchig angesehen wird, dann ist es verständlich, wenn man Verhältnissen zugeneigt ist, die man kennt und die sich bewährt haben. Deswegen sind die Sagen in der Regel von konservativem Gehalt. Neugier kann, wie die Geschichte von der Pestspinne lehrt, mitunter tödlich sein. Rühren wir die Dinge lieber nicht an; kommen wir ihnen nicht zu nahe, und lassen wir sie, wo sie sind. – Das ist eine Lehre, die der Protagonist aus der nächsten Sage mit Sicherheit unterschreiben würde, denn seine Neugier hätte ihm fast das Leben gekostet (zum Folgenden vgl. auch Rieken 1995, 192-196).

> Nahe dem Rofnerwaldgut, am Naturnser Sonnenberg im Südtiroler Vintschgau, liegt die Wildg'fahrhöhle, die auch Lorggenloch genannt wird. Darin haust die Totenkopfspinne, die deshalb so genannt wird, weil sie sehr groß ist und ihr Leib die Form und das Aussehen eines Totenkopfes hat. »Ein Bauer wagte sich einst in die Höhle, und gleich fuhr die Spinne auf ihn ein und spann Fäden so stark und fest wie Pferdeschweifhaare. Der Bauer schlug drei Kreuze gegen sie, da musste sie von ihm ablassen, und er rannte wie vor dem Anblick einer Tarantel oder eines großen Skorpions zurück, und stieß sich dabei so heftig an ein Felsstück an, dass er einen ›Mekezer‹ (Purzelbaum) machte und eine Strecke abwärts kugelte. Der Schreck fuhr ihm so in alle Gliedmaßen, dass er sich lange wie zerschlagen fühlte. All' sein Lebtage ging er nicht wieder in jene Höhle hinein« (Alpenburg 1857/1990, 217).

In einer anderen Sage erfährt man, dass das Lorggenloch »eine fast zwei Klafter (circa 3,80 Meter, B.R.) tiefe, inwendig wie glatt gemeißelte Höhle von Gneis«

ist (ebd., 70), dass die Größe der Spinne der des Kopfes eines ungeborenen Kindes entspricht und weißbraun ist wie ein menschlicher Schädel (ebd.). Wer ihrer ansichtig wird, heißt es weiter, gibt »alsbald vor Entsetzen den Geist auf« oder verliert den Verstand (ebd.).

Dorthin also wagt sich der Bauer. Er gerät in eine fast aussichtslose Situation, wenn man sich die Beschaffenheit des Höhleneingangs vor Augen hält, und er wird gleich mit dem Tode konfrontiert, weil er ein Zwitterwesen aus Totenschädel und überdimensionaler Spinne vor sich sieht. Aus eigener Kraft vermag er sich daraus nicht zu erretten; er bittet eine höhere Macht um Beistand, und prompt lässt die Spinne von ihm ab, woran ersichtlich ist, dass sie dem Reich des Bösen angehört. Er hat noch einmal Glück gehabt, aber ganz ohne Blessuren kommt er nicht davon, denn er fühlt sich »lange wie zerschlagen«, und vielleicht ist er sogar für sein Leben gezeichnet, da er die Höhle nie mehr betreten wird – die Angst dürfte weiterhin in seinen Knochen stecken. Sicher ist auf jeden Fall, dass die Begegnung mit dem unheilvollen Wesen ihn traumatisiert und zu einer nachfolgenden Belastungsreaktion geführt hat, wie das Gefühl der Zerschlagenheit zeigt. Wir werden darauf am Ende des Kapitels, im Zusammenhang mit einer anderen Sage, noch einmal zu sprechen kommen.

Wieso geht der Mann trotz Lebensgefahr in die Höhle? Die Sage schweigt darüber, denn sie berichtet nur lapidar, *dass* er sich dorthin wagt. Gleichzeitig gibt sie einen indirekten Hinweis, indem sie das Verb »wagen« verwendet, denn dadurch wird deutlich, dass seine Handlung mit Ängsten verbunden ist, diese aber geringer sind als die Neugier. Er macht etwas, was man normalerweise nicht tut. Er überschreitet eine Grenze, die man auch als Verbot deuten kann. Nun übt jedoch das Verbotene eine ungeheure Anziehungskraft aus, wie etwa aus jenen Märchen bekannt ist, in denen der Held alle möglichen Zimmer eines Hauses betreten darf, nur eben das eine nicht, auf das er dann erst recht sein Augenmerk richtet. Das wird im Märchen in der Regel ausführlich geschildert, während in der Sage ein einziger Satz reicht, um alles Notwendige anzudeuten.

Wie lässt sich nun der Bereich des Verbotenen mit konkreteren Inhalten füllen? Ich denke, man kann von den Fakten ausgehen, die zur Verfügung stehen, und vom Symbolgehalt derselben im europäischen Kontext. Die Fakten sind: die Spinne, die Höhle und ein Mann; der Symbolgehalt ist die Frau, deren Macht eher nach innen gerichtet ist und die im Geheimen wirkt, sowie die Höhle, welche einerseits ein Zufluchtsort ist, der Schutz und *Ge*borgenheit bietet, doch andererseits auch geradewegs das Gegenteil bedeuten kann, weil man sich möglicherweise finsteren Mächten ausliefert, die das Tageslicht scheuen und im *Ver*borgenen leben. Die Höhle ist ein Musterbeispiel für den Begriff des »Heimlichen«, der sowohl »heimelig«, »zum Heim gehörig« bedeutet, aber auch das meint, was sich »im Geheimen« abspielt, das leicht in die Nähe des »Unheimlichen« gerät. Darauf hat bereits Freud hingewiesen (1970, Bd. 4 [Das Unheimliche], 244-250); er spricht in dem Zusammenhang auch vom »Gegensinn der Urworte« und meint damit solche, die etwas und ihr Gegenteil bedeuten, zum

Beispiel lat. altus (hoch – tief) oder dt. stumm – Stimme (Bd. 4 [Gegensinn], 232f.). Wenn man die Spinne nun als eine Frau nimmt und die Höhle als etwas nur ihr Gehöriges, in das ein Fremder nicht hinein darf, dann thematisiert die Sage jene Ängste, welche beim verbotenen Eindringen in den Intimbereich hervorgerufen werden. Die Höhle steht dann für das weibliche Genital, was durch Redewendungen unterstützt wird, in denen der Teil für das Ganze genommen und die Frau als Gefäß bezeichnet wird, indem man sie etwa eine »alte Schachtel« nennt oder ein »schwaches Gefäß« (Freud, Bd. 1, 1969, 170). Entsprechendes gilt übrigens auch für den Mann, wenn man an die Redewendung »alter Sack« denkt.

Das weibliche Genital ist einerseits etwas Vertrautes und Heimeliges, kann andererseits jedoch unheimlich werden, wenn verbotenerweise der Liebe gefrönt wird. Mit anderen Worten: Die Sage ist als Symbol für nicht erlaubten Geschlechtsverkehr deutbar. Der Mann fühlt sich wie von magischen Kräften angezogen, doch ist es dann soweit, macht sich sogleich die Angst vor Strafe breit – zumindest dann, wenn sich das Gewissen regt. In psychoanalytischer Hinsicht kann man den Bedeutungsgehalt der Geschichte auch enger fassen, indem man ihn mit der ödipalen Situation in Verbindung bringt. Für Freud ist das Unheimliche »nichts Neues oder Fremdes, sondern etwas dem Seelenleben von alters her Vertrautes, das ihm nur durch den Prozess der Verdrängung entfremdet worden ist« (1970, Bd. 4 [Das Unheimliche], 264). Wenn man das auf die Höhle bezieht, ist sie als Mutterleib oder Vagina zunächst etwas »Heimeliges«, doch das Verlangen des Kindes, dorthin zurückzukehren, wie es sich in der ödipalen Phase manifestiert, bzw. der Wunsch des in psychosexueller Entwicklung gehemmten Pubertierenden oder Adoleszenten, der auf unselige Weise mit der Mutter emotional verstrickt bleibt, muss aufgrund des Inzesttabus verdrängt werden, weswegen die Vagina den Charakter des Unheimlichen erhält. In dieser Sicht ist die Spinne das Symbol der Mutter und ihres Genitals.

Für die psychoanalytische Deutung – sowohl die engere als auch die weiter gefasste – sprechen einige Beschreibungen aus der Sage. 1.) Die Fäden der Spinne, welche »so stark und fest wie Pferdeschweifhaare« sind (Alpenburg 1857/1990, 217) können im sexuellen Kontext möglicherweise ein Symbol für die Schamhaare sein, worauf bereits, im Zusammenhang mit der Spinne als Traumsymbol, der Freud-Schüler Karl Abraham hingewiesen hat (1982, 245; vgl. Rieken 1995, 194f.). Auch der Vergleich mit den »Pferdeschweifhaaren« legt einen derartigen Zusammenhang nahe, und er macht darüber hinaus deutlich, dass nicht nur der Mann, sondern auch die Frau »phallische« Qualitäten im Sinne von Macht und Einfluss besitzt. Der Patient, dessen Spinnen-Träume Karl Abraham analysiert, hat eine Zeichnung von dem Tier angefertigt, dessen Leib eine unübersehbare Ähnlichkeit mit dem Penis hat. – Die Symbolik der Frau ist nicht auf ihre ureigenen Attribute beschränkt; vielmehr kann sie auch mit männlichen Kennzeichnungen versehen werden, wenn es darum geht, ihren Einfluss, ihre Macht und Gewalt in Bilder zu fassen. Und dafür eignet sich der Vergleich mit den Pferdeschweifhaaren besonders gut. Haare sind, wie bereits mehrfach erwähnt, im Volksglauben Träger der Lebenskraft sowie Ausdruck der Potenz und Männlichkeit. Pferde stehen dem Menschen sehr nahe, denn einerseits sind sie »schöne«, »treue«, arbeitsame und verlässliche Tiere, andererseits verkörpern sie animalische Triebenergie, sind mitunter unberechenbar und als Wildpferde sowieso nicht zu bändigen, wie es scheint. Auch die Begattung spricht für sich. Das Vorspiel dauert ziemlich lange, und man sieht dann bereits deutlich, dass der Penis von außerordentlicher Größe ist. Das gilt auch für den Schweif, bei dem bereits die Umgangs- bzw. Vulgärsprache einen Zusammenhang mit dem männlichen Genital nahe legt (»Schwanz«). Kurzum, der Vergleich der Spinnweben mit den »Pferdeschweifhaaren« deutet auf die phallischen Qualitäten der Frau hin: Da sie im Verborgenen wirkt, scheinen ihre Kräfte, mit denen sie ihre Opfer lähmt und einschnürt, besonders bedrohlich zu sein. Das sind nicht allein typische Ängste von Männern und Söhnen, die sich aus dem Umgang mit dem anderen Geschlecht ergeben, das ihnen oft so rätselhaft erscheint; es können genauso Ängste von Töchtern sein, die das leise, aber um so nachhaltigere Wirken ihrer Mütter an sich selbst erleben und fürchten lernen. Das ist eine Erfahrung, die ich persönlich auch mit Psychotherapiepatientinnen und -patienten gemacht habe. Oftmals ist zunächst nur die Rede vom Vater, dessen Einflüsse deutlicher sichtbar erscheinen, und erst später wird das Augenmerk auf die Mutter gerichtet, weil ihr Wirken weniger offensichtlich ist. Verschiedentlich konnte ich feststellen, dass sie in Traumbildern oder freien Assoziationen als ein weißes Gespenst erscheint, das deswegen so bedrohlich wirkt, gerade weil es so wenig »handgreiflich« ist. Hingegen ist der Vater mit seinem oftmals autoritären und lauten Gehabe ein Gegner, dem man sich leichter stellen kann. Das »Gift« der Mütter wirkt leiser, es kommt schleichend, sie meint es doch ausschließlich gut, und Vorwürfe werden von ihrer Seite nur indirekt erhoben, so dass das schlechte Gewissen, das sich in einem regt, auf eine sehr nachhaltige Weise erzeugt und gefestigt wird.

Durch die phallischen Qualitäten der Totenkopfspinne soll der Bauer bewegungsunfähig gemacht werden. Möglicherweise kommen darin Kastrationsängste zum Ausdruck, denn wenn etwas zu fest zugeschnürt wird, kann es auch abgeschnürt werden. Das weibliche Genital wird zu einer Art Waffe, die den Mann an seiner empfindlichsten Stelle trifft. Pointiert könnte man formulieren: Ähnlich wie das Machtstreben eher nach außen gerichtet ist, ist es auch sein Genital; damit jedoch ist er gleichzeitig angreifbarer. Er ist verwundbarer als die Frau, deren Wirken weniger nach außen zielt und deren Genital weniger sichtbar ist. Damit erscheint sie weniger verletzlich, denn wo »nichts« ist, kann auch nichts wegkommen. All das mag für den einen oder anderen kurios klingen, aber ich spreche hier über unbewusste Gefühle und Affekte. Man denke etwa an das Erschrecken, das sich mitunter einstellt, wenn Jungen zum ersten Mal feststellen, dass den Frauen »da unten« etwas fehlt. Sogleich erwacht die Angst, ihnen könne Gleiches widerfahren. Ein anderes Beispiel stammt von der Ärztin Dörte von

Drigalski. Sie skizziert typische Männerängste, die sich auf den Geschlechtsverkehr beziehen, folgendermaßen:

»In ›sich durch das Drahtverhau durchackern‹ ist wenigstens noch Ironie; ›wir müssen uns da hineintrauen‹, ist ja wohl ehrlich, zeigt aber auch die geheime Panik, vor ratsch dem Messer, Hackebeil, Kreissäge, dem Saugapparat, der in toto verschlingt. Bei Männern scheint eine viel größere und dauernd akute Angst zu wirken, als eine Frau sich das überhaupt vorstellen kann. Die Fixigkeit und Monomanie, mit der in Fallbesprechungen (analysierte) Männer in Richtung Kastration assoziierten, während bei Frauen ganz andere Seiten des besprochenen Patienten anklangen, hat mich beeindruckt. Somatisch ist die Angst ja an sich begründet; und vielleicht ist ja wirklich ›Anatomie das Schicksal‹« (1980, 275).

Auch ein Blick auf die populäre Überlieferung bestätigt das. Ein Klassiker der modernen Sage ist der plötzliche Scheidenkrampf während des Vollzugs, aufgrund dessen der Penis des Mannes eingeklemmt wird und ein Arzt hinzugezogen werden muss (Brednich 1990, 121f., mit weiteren Nachweisen). Brednich schreibt dazu: »Das Grundmotiv dieser Geschichte, nämlich die Gefährlichkeit des Geschlechtsaktes bzw. die weibliche Vagina als Waffe, ist bereits aus mittelalterlichen Quellen als ›Vagina dentata‹ bekannt. Nach dieser Vorstellung beißt eine Frau mit ihrer Vagina beim Geschlechtsakt dem Mann das Glied ab, was zur Folge hat, dass der Mann verblutet und stirbt« (ebd., 122). Das Motiv ist allerdings keineswegs auf Europa beschränkt, sondern in Naturvölkermärchen auf der ganzen Welt anzutreffen (vgl. Elwin 1949, 354-406). Offensichtlich handelt es sich bei der »Vagina dentata« um eine grundlegende Vorstellung.

2.) Die Schilderung des Spinnenkörpers als eines Totenkopfes weist auf die Folgen der Überschreitung von Normen hin. Wer so weit geht, setzt sich der Gefahr aus, mit dem Tode bestraft zu werden. Außerdem kann die Assoziation des Spinnenleibes mit dem »Schädel eines neugeborenen Kindes« (Alpenburg 1857/1990, 70) mit ödipalen Phantasien in Verbindung gebracht werden, da man in Gestalt desselben an die eigene Geburt erinnert wird. Wenn man aber in einem späteren Alter dorthin zurück möchte, woher man kommt, überschreitet man ein Tabu und muss den eigenen Untergang in Kauf nehmen.

Die Totenkopfspinne übt eine so gewaltige Faszination auf den Bauern aus, dass er Leib und Leben riskiert. Im Sinne der Psychologie C.G. Jungs verkörpert sie die negativen Seiten der »Großen Mutter«, das Geheime, Verborgene, Verführende und Verschlingende (Jung 1996, 97). Von ihrer Magie sind nicht nur Männer berührt, sondern klarerweise auch Frauen, denn sie werden ebenfalls von Müttern erzogen und unterliegen ihrem Einfluss. Genauso können sie auch in ödipale Abhängigkeiten verstrickt werden und den Vater begehren; sie wollen dann die Mutter mit ihren eigenen Waffen schlagen. Allerdings sind es dann nicht nur Normen und Tabus, die über sie richten, sondern auch die »Große Mutter« höchstpersönlich.

Da die Sage und die beschriebenen Örtlichkeiten meine Neugier erweckten, habe ich gelegentlich eines Aufenthaltes in Südtirol dem Vintschgau einen Besuch abgestattet und von Naturns aus den Sonnenberg bestiegen. Da es bei Ritter von Alpenburg heißt, dass der Rofnerhof dem Lorggenloch am nächsten gelegen ist, bin ich dort vorstellig geworden, um mir den genauen Ort der Höhle zeigen zu lassen. Insgeheim hatte ich gehofft, dass mir die Bewohner auch alte Geschichten erzählen, aber ich wurde in meinen – sagen wir: romantischen – Erwartungen enttäuscht. Gewundert haben sie sich nur darüber, dass mir als einem Fremden das Lorggenloch bekannt ist, doch meine Erwiderung, ich sei Volkskundler, war für sie Erklärung genug. Um es kurz zu machen: Die Höhle schaut tatsächlich so aus, wie Alpenburg sie beschrieben hat – ein finsteres Loch, dessen Zugang »fast zwei Klafter tief« und »inwendig wie glatt gemeißelt« ist (1857/1990, 70). Dort wieder herauszukommen, muss in der Tat ein äußerst schwieriges Unterfangen sein. Außerdem ist sie ohne fremde Hilfe kaum ausfindig zu machen, da sie von dichtem Buschwerk umgeben ist. Ob das zu Alpenburgs Zeiten auch der Fall war, entzieht sich meiner Kenntnis, aber eine hübsche Symbolik bietet die Szenerie allemal, zumal dann, wenn man an Drigalskis Bild vom »Drahtverhau« denkt, den es zu durchdringen gilt, um an das Ziel seiner Wünsche zu gelangen.

Der »Drahtverhau« ist zugegebenermaßen eine etwas grobe Symbolik für die Schamhaare, und für Spinnweben mit ihrer feinen Gestalt erst recht. Aber genau diese Eigenschaft kann dafür verantwortlich sein, sie als etwas besonders Unheimliches anzusehen:

> Im oberpfälzischen Steinach geht immer wieder ein Gespenst um, das »Holzweibl« genannt wird. Es ist von kleiner Gestalt, trägt ein Hütchen mit drei Spitzen, und das Gesicht ist mit Spinnweben behangen. Es geht den Leuten nach, um einen baldigen Todesfall anzukündigen (Schönwerth 1857, 266f.).

Die ätherische Qualität der Spinnweben bringt sie in Verbindung mit geisterhaften Wesen, von denen man oft nur einen Hauch zu spüren oder bestenfalls den Umriss wahrzunehmen meint. Ihr zartes Wesen steht dabei in Gegensatz zu der Bedrohung, die von ihnen auszugehen scheint. Auf eindringliche Weise macht das die folgende Erzählung deutlich.

> Eine halbe Stunde vom sächsischen Haslau entfernt liegt ein Wald, in dem einst ein Raubschloss gestanden hat, unter dessen Felsen ein großer Schatz verborgen sein soll. Da der Heilige Abend eine günstige Zeit ist, um verborgene Schätze zu heben, macht sich ein Bergarbeiter in der Christnacht auf den Weg zum Schloss und beginnt dort zu graben. Plötzlich jedoch erblickt er eine Gestalt, welche so zart wie ein Spinngewebe ist. Sie springt auf seinen Rücken und klammert sich an seinem Hals fest. Er wird sie zwar wieder los und erreicht sein Haus, aber er fühlt sich so krank, dass er sich sogleich ins Bett legt und nicht mehr aufsteht, sondern nach einem Jahr stirbt (Meiche 1903, 692f.).

Auch wenn die Spinnweben nur als Vergleich vorkommen, wird deutlich, wie sehr Aussehen und Einfluss kontrastieren. Medizinisch formuliert hat sich der Arbeiter ein psychisches Trauma zugezogen, das er allein nicht zu bewältigen vermag. Es kommt zur »posttraumatischen Belastungsreaktion«, die sich unter anderem, wie es hier der Fall ist, in Angst und Depression äußert. Auch das ist ein Aspekt des Unheimlichen: Hinter dem harmlos, leicht und luftig Scheinenden verbirgt sich eine ungeheure diabolische Kraft. Der Bergarbeiter stirbt, während der Bauer aus dem Vintschgau noch einmal mit einem blauen Auge davonkommt. Vielleicht liegt das an der Art der Konfrontation, denn die Totenkopfspinne spielt gewissermaßen die phallisch-männliche Karte voll aus; hier hingegen ist es eine Gestalt »so zart wie Spinnwebe«, die mehr an weibliche Qualitäten erinnert. Dennoch und gerade deswegen endet die Begegnung mit ihr tödlich, während der Bauer am Leben bleibt, was als Bestätigung der These von der tatsächlichen Größe der impliziten Macht der Frau angesehen werden kann.

Welche Funktion hat die unheimliche Gestalt? Entweder bewacht sie den Schatz, oder sie gehört zu jenem »illustren« Kreis dämonischer Wesen, der in den Übergangszeiten, zu denen auch der Jahreswechsel gehört, besonders umtriebig ist. Es ist eine elementare Vorstellung, dass Übergänge »Offenstellen (sind) in den Grenzscheiden zwischen Diesseits und Jenseits« (K.E. Müller 1987, 37; vgl. Gennep 1999), wozu im europäischen Bereich insbesondere die Zeit zwischen Weihnachten und Dreikönig zählt (»Zwölfnächte«).

Eine Mischung aus christlichem Glauben und Volksglauben zeigt sich in der Möglichkeit, am Heiligen Abend verborgene Schätze zu finden. Die Geburt des Herrn ist ein so wunderbares Ereignis, dass es nicht zu überraschen braucht, wenn auch andere unglaubliche Dinge passieren. Allgemein verbreitet ist etwa die Vorstellung, dass in der Christnacht die Tiere im Stall sich in menschlicher Sprache unterhalten oder dass man einen Blick in die Zukunft werfen kann, indem man die Tiere beim Reden belauscht, den Sternenhimmel beobachtet oder seine Träume deutet.

Als Attribute gespenstischer Wesen sind Spinnweben etwas Unheimliches. Sind sie »solo« vorhanden, nämlich als Gespinstfäden im Altweibersommer, erfahren sie hingegen unterschiedliche Deutungen. Mancherorts werden sie Marienfäden genannt, weil man sich Maria als Weberin vorstellte, mitunter werden sie als das Gespinst von Elfen oder Zwergen angesehen (Grimm 1875, 390; Polivka 1900, 395f.), was zur »Luftigkeit« bzw. Kleinheit dieser Wesen gut passt, doch es existiert auch der Fall, dass sie das Zeichen eines Frevels sind:

> »Eine lustige Spinnerin tanzt im Mondesschein bis auf den Friedhof hinaus, und da sie die Warnung ihrer Mutter nicht beachtet, so ruft diese: ›Ei, so wollt’ ich, du säßest im Monde und müsstest ewig spinnen für deine Freveltat!‹ Seitdem sitzt das Mägdelein im Mond und spinnt. Die Fäden, die im so genannten Altweibersommer durch die Luft fliegen, rühren vom Gespinst der Frevlerin her« (Calliano, Bd. 1, 1924, 188).

Die »lustige Spinnerin« versündigt sich gegen die göttliche und menschliche Ordnung, indem sie die Ruhe der Toten missachtet. Ihre Mutter verhält sich allerdings ähnlich, weil sie den Bogen weit überspannt und das eigene Kind »zum Mond schießt«. Und dort bleibt sie, wie uns alljährlich der Altweibersommer zeigt, denn wir befinden uns in der Welt der Sage, in der ein glückliches Ende keinesfalls garantiert ist. Im Märchen hingegen würde sich recht bald ein Held finden, der das arme Mädchen erlöst.

5 Die Spinne in der populären Kultur der Gegenwart

5.1 Moderne Sagen / Urban Legends

Nachdem wir Spinnengeschichten aus aller Welt kennen gelernt und uns dann der traditionellen europäischen Überlieferung zugewandt haben, schließt sich der Kreis nun insofern, als moderne Sagen oder Urban Legends[20] ein globales Phänomen sind, das überall dort vorhanden ist, wo moderne elektronische und Schriftmedien Einzug gehalten haben: in Büchern, Zeitungen, im Radio, Fernsehen und Internet. Moderne Sagen sind nicht regional begrenzt wie die Überlieferung von »Mund zu Ohr« (Schenda 1993); zwar verbreiten sie sich ebenfalls mündlich, doch ihre rasante Vermehrung über den gesamten Globus ist ohne die modernen Medien nicht denkbar.

Im mündlichen Umlauf wird der Wahrheitsgehalt der Geschichten in der Regel nicht bezweifelt, denn während im wissenschaftlichen Kontext nachvollziehbare Kriterien wie Widerspruchsfreiheit und logische Folgerichtigkeit vorhanden sein müssen, um eine Aussage akzeptieren zu können, genügt im Alltag zumeist die Bestätigung durch eine vertrauenswürdige Person (vgl. Rieken 2000, 72ff.). Allerdings schlägt das Vertrauen in das Erzählte dann ins Gegenteil um, wenn man die Geschichte, die einem mitgeteilt worden ist, in modernen Sagensammlungen wiederfindet, da im Alltag unter einer Sage etwas Erfundenes verstanden wird. Die volkskundliche Erzählforschung definiert sie hingegen als eine den gewöhnlichen Alltag überschreitende Erzählung, an deren Wahrheitsgehalt geglaubt wird, wobei für sie die Frage nach dem Realitätsbezug sekundär ist. Die Geschichte kann wahr sein, aber auch falsch, wobei das manchmal gar

---

[20] Auch wenn in der Forschung gegenwärtig der Begriff »Contemporary Legend« bevorzugt wird, werden hier die Begriffe »moderne Sage« bzw. »Urban Legend« verwendet, und zwar aus pragmatischen Gründen, um auch außerhalb der Fachwelt verstanden zu werden, und aus inhaltlichen Gründen: »Contemporary Legend« oder »zeitgenössische Sage« sind nämlich insofern missverständlich, als die Adjektive nicht eindeutig auf unsere Gegenwart bezogen werden müssen, sondern auch auf die »Zeitgenossen« vergangener Epochen anwendbar sind, was mit den beiden Begriffspaaren aber nicht gemeint ist. – Die Inhalte der »Urban Legends« kann man zwar nicht auf den »urbanen« Bereich reduzieren, doch hat sich der Terminus im englischsprachigen Raum etabliert, und zwar insbesondere durch die Veröffentlichungen Brunvands und darüber hinaus durch die englischsprachigen Internet-Sammlungen moderner Sagen, etwa *snopes* oder *ulrc*. Auch in den einschlägigen Newsgroups und anderen Internet-Publikationen wird durchgängig »Urban Legend« verwendet. Zudem haben die beiden Horrorfilme gleichen Namens eine weite Verbreitung gefunden (siehe Filmverzeichnis). – »Moderne Sage« wird von breiteren Kreisen außerhalb der Fachwissenschaft im deutschsprachigen Raum verstanden und ist zudem in inhaltlicher Hinsicht insofern akzeptabel, als das Adjektiv »modern« anzeigt, dass es um gegenwärtige Themen geht, während das Substantiv »Sage« als etablierter Terminus deutlich macht, dass mannigfache Übereinstimmungen mit der traditionellen Volkssage bestehen, vor allem hinsichtlich der mit den Inhalten verbundenen Emotionen.

nicht und manchmal nur sehr schwierig zu ermitteln ist, weil dazu umfangreiche Recherchen oder Fachkenntnisse aus verschiedenen Nachbardisziplinen notwendig wären. Jedenfalls ist die aus dem Alltag geläufige Gleichsetzung von mündlich = wahr und schriftlich = falsch viel zu einfach und nur durch das Bedürfnis nach einem sicheren Beurteilungskriterium in Gestalt eines Schwarz-Weiß-Schemas zu erklären.

Um das an einem Beispiel zu illustrieren, möchte ich eine Geschichte wiedergeben, die mir einer meiner Patienten erzählt hat, der wegen einer schweren Angstneurose in Behandlung war. Sie passt sehr gut zu dem Misstrauen, das er gegenüber der Welt schlechthin hegte:

> Eine Bekannte habe ihm vor geraumer Zeit erzählt, sie sei spät abends beim Nachhauseweg mit ihrem VW in eine Polizeisperre geraten, die wegen eines Verkehrsunfalls errichtet worden sei. Sie sei aus dem Auto ausgestiegen und habe einige Zeit gewartet, doch als abzusehen war, dass für geraume Zeit kein Durchkommen ist, habe sie sich wieder in ihren Wagen gesetzt und, einen Umweg in Kauf nehmend, ihr Domizil angesteuert. Am anderen Morgen sei die Polizei vor ihrem Haus gestanden und habe sie aufgefordert, das Garagentor zu öffnen – und drinnen stand ein Polizei-VW gleichen Typs. Offensichtlich sei sie abends zuvor in den falschen PKW eingestiegen. Zunächst habe mein Patient die Geschichte geglaubt, doch als er eine ähnliche Variante in Rolf Wilhelm Brednichs Sammlung moderner Sagen gelesen habe, habe er die Geschichte als Lüge enttarnen können (vgl. Brednich 1990, 46f.; dgl. ders. 1996, 64f.).

Es mag schon sein, das die Bekannte ihm einen Bären aufgebunden hat, doch vollkommen sicher ist das nicht, da eine Verwechslung der Autos infolge Übermüdung oder Trunkenheit nicht völlig auszuschließen ist.

Nach logischen Kriterien kann man den Wahrheitsgehalt nur dann bezweifeln, wenn gesicherte Fakten zu dem Erzählten in Widerspruch stehen. Das gilt in unserem Kontext etwa für den *explodierenden Kaktus* oder für jene Varianten der *Spinne im Haardutt*, die mit zerebralen Schädigungen der Opfer enden (s.u.). Darüber hinaus kann man auch aus dem fast gleichzeitigen Auftreten ein und derselben Erzählung an vielen Orten den Schluss ziehen, dass sie nicht überall dort, wo es behauptet wird, justament zu dieser Zeit passiert sein kann. Umgekehrt lässt sich allerdings nicht behaupten, dass sie sich nur deswegen *nirgendwo* ereignet haben kann, weil sie an vielen Orten erzählt wird.

In Bezug auf die Wahrheitsfrage ist man in der volkskundlichen Erzählforschung daher vorsichtig. Typischerweise beziehen aber gerade die Herausgeber jener Publikationen, welche wissenschaftlichen Ansprüchen (wegen fehlender Quellenangaben) *nicht* gerecht werden, oftmals einen apodiktischen Standpunkt, indem sie die Erzählinhalte ausschließlich als Kuriosa präsentieren und sich über jene lustig machen, welche die Geschichten für bare Münze nehmen (z.B. Craughwell 1999; Healey und Glanvill 1996) – eher ein journalistischer als ein wissenschaftlicher Standpunkt, der suggeriert, das rettende Ufer der »Wirklichkeit« erreicht und das elitäre Terrain der »Bildung« betreten zu haben (vgl. Petzoldt 1989, 30f.).

5.1.1 *Die Spinne in der Yucca-Palme* und *Der explodierende Kaktus*

Die Spinne in der Yucca-Palme ist ein Klassiker der Urban Legends und gleichzeitig namengebend für den ersten der vier Bände umfassenden Sammlung moderner Sagen, die Rolf Wilhelm Brednich herausgegeben hat, bei der es sich um die erfolgreichste volkskundliche Textsammlung seit den »Kinder- und Hausmärchen« der Brüder Grimm handelt. Die in vielen Varianten überlieferte Erzählung lautet bei Brednich folgendermaßen:

> »Die Schwester einer Bekannten aus Kassel hatte eine Yucca-Palme geschenkt bekommen. Nach einiger Zeit bemerkte sie beim Gießen ein Quietschen, das aus dem Blumentopf zu kommen schien. Mit der Zeit kam ihr das Ganze etwas unheimlich vor. Deshalb rief sie die Hessische Landesversuchsanstalt an. Die Mitarbeiter dort meinten, sie solle die Pflanze nicht mehr anrühren, sie kämen vorbei. Kurze Zeit später erschienen zwei Mitarbeiter in Schutzanzügen und nahmen die Pflanze mit. Am gleichen Nachmittag riefen sie die Frau an und teilten ihr mit, dass sie noch einmal Glück gehabt hätte, denn in dem Topf der Yucca-Palme habe sich eine ganze Tarantelfamilie eingenistet« (Brednich 1990, 102; vgl. Brunvand 1988, 83f.; ders. 1994, 278ff.; Fischer 1989, 34; ders. 1991, 69f.; Kapferer 1996, 150f.; Klintberg 1985, 281-285; ders. 1992, 222-228; Scott 1996, 23f.; Wehse 1990, 69; 77f.).

Typisch für eine moderne Sage ist die indirekte Art der Vermittlung. Nicht diejenige Person, welche das Geschehen erlebt hat, berichtet es, sondern »die Schwester einer Bekannten«, und erzählt wird die Geschichte, wie den Anmerkungen zu entnehmen ist, »der Mutter der Aufzeichnerin« (Brednich, ebd.). Dadurch verliert die Sage zwar an Glaubwürdigkeit, doch die Nebulosität ihrer Herkunft macht sie gleichzeitig interessant.

Undurchsichtig ist zunächst auch das Quietschen, das der Frau »mit der Zeit (...) etwas unheimlich« vorkommt. Geschenke sind mitunter eine zweischneidige Angelegenheit, weil man nicht weiß, ob man sich ein trojanisches Pferd einhandelt. In diesem Fall ist es jedenfalls so, denn das Quietschen rührt von einer »ganze(n) Tarantelfamilie« her. Die Yucca-Palme verkörpert das, was alt- und mittelhochdeutsch »gift« bedeutet, nämlich »Gabe« und »Gift« zugleich, wie es heute noch im Substantiv »Mitgift« der Fall ist – ein Geschenk, das helfen soll, den Wohnraum zu verschönern, *und* eine tödliche Gefahr.

Die Yucca ist eine Palmlilie und gehört zur Gattung der Agavengewächse; sie ist vor allem in Mittelamerika heimisch und hat seit den 70er Jahren als Zierpflanze Einzug in die Wohnungen der westlichen Welt gehalten. Und aus der Zeit stammen auch die ersten Zeitungsberichte über Giftspinnen in südlichen Topfpflanzen (Klintberg 1992, 225). Die Yucca-Palme vermittelt einen Hauch Exotik im Alltag der Menschen, wobei das Exotische nicht nur neugierig macht, sondern gleichzeitig fremd und unbekannt ist. Das alte Dilemma, die Mischung aus Lust und Angst,[21] die das Unbekannte hervorruft, begegnet uns hier im mo-

---

[21] Der Begriff »Angstlust« wird in dem Zusammenhang oft verwendet, aber in der Regel ohne Quellenangabe. Es handelt sich um die deutsche Übersetzung des englischen Wortes

dernen Gewand. Vorsicht wäre in diesem Fall allerdings angebracht, denn das unheimliche Quietschen entpuppt sich als tödliche Gefahr, der die Hausfrau nur mit externer Hilfe Herr zu werden vermag. Damit ergeben sich Parallelen zur alten Sage von der Totenkopfspinne: Die Geschichte spielt sich in einer umgrenzten Räumlichkeit ab, wo ein monströses Wesen lauert. Diesem ist aus eigener Kraft nicht beizukommen, doch während der arme Bauer in seiner Not Gott um Hilfe bittet, sind es hier Mitarbeiter der Hessischen Landesversuchsanstalt in Schutzanzügen, die der bedrohten Frau beistehen. Das unterscheidet die alte von der modernen Sage: Die Antwort auf die Bedrohung entspricht der jeweiligen Kultur. Keinesfalls wäre es glaubwürdig, wenn Gott die Hausfrau aus Kassel rettet, und es wäre absurd, würde man sich vorstellen, dass der Bauer Mitarbeiter eines zoologischen Institutes herbeiruft. Doch so, wie die Geschichten erzählt sind, erscheinen sie im Rahmen ihrer Kultur glaubwürdig. Dämonen in Spinnengestalt, deren man sich mit übernatürlicher Hilfe erwehrt, gehören zum Bestand der traditionellen europäischen Kultur, genauso wie gefährliche Giftspinnen in der Gegenwart existieren, denen man mit Hilfe der modernen Wissenschaft entgegentritt.

Helmut Fischer spricht mit Blick auf moderne Spinnen- und Rattensagen vom »entmythologisierten Dämon« (1989) und trifft damit den Nagel auf den Kopf: Der Bezug zum Übernatürlichen, zu höheren Mächten existiert nicht mehr, aber ein dämonisches Wesen in dem Sinn, das man ihr unheimliche Kräfte zuschreibt, bleibt die Spinne dennoch. In einer Mischung aus zoologischen Versatzstücken und traditionellen Vorurteilen wird von ihr ein Bild entworfen, das in seinen Einzelheiten Entsprechungen in der Realität hat, aber nicht als Ganzes: Einige Arten leben in Erdhöhlen, und einige wenige wohnen als Familie zusammen oder sind außergewöhnlich giftig, doch all das zusammen gilt für Taranteln nicht, ganz abgesehen davon, dass es sich aus Kostengründen bei vielen exotischen Pflanzen um europäische Nachzüchtungen handelt. So war vor einiger Zeit die britische Warenhauskette Marks and Spencer mit Berichten über angebliche Spinnen in Yucca-Palmen konfrontiert, die Kunden in verschiedenen Filialen erworben hatten. Um Gerüchten entgegenzuwirken, ist man den einzelnen Fällen nachgegangen, die sich aber jedes Mal als unbegründet herausgestellt haben, zumal die Pflanzen in Großbritannien gezüchtet wurden (Brunvand 1988, 83). Und selbst wenn sich Spinnen eingenistet hätten, wären sie wahrscheinlich an den Pflanzenschutzmitteln zugrunde gegangen, mit denen die Gewächse besprüht werden. Zumindest ist das die Auffassung des Möbelhauses Ikea, das im Zusammenhang mit von der Firma vertriebenen Kakteen mit ähnlichen Gerüchten konfrontiert war wie Marks and Spencer (Brunvand 1994, 285).

Der Vergleich der *Spinne in der Yucca-Palme* mit der Südtiroler Sage über die Totenkopfspinne wirft die Frage auf, ob nicht nur dort, sondern auch hier eine implizite sexuelle Metaphorik vorhanden ist. Schließlich weckt die Erzäh-

---

»thrill« für das Buch »Thrills and Regressions« von Michael Balint, das auf deutsch den Titel »Angstlust und Regression« trägt (Balint 1999; vgl. Vorwort).

lung nicht allein Abscheu; sie macht auch neugierig – die bekannte Mixtur aus Angst und Lust, und es ist sicher kein Zufall, dass sie als Titel für den ersten Band von Brednichs Sammlung ausgewählt wurde. Bereits die Gestaltung des Einbandes ist aufschlussreich (Abb. 8): Ein kleiner brauner und unscheinbarer Blumentopf, den es in dieser Form überall zu kaufen gibt, signalisiert den gewöhnlichen Alltag, doch auf dem Gefäß erkennt man acht überdimensionierte Spinnenbeine und statt des Körpers einen geöffneten Frauenmund mit leuchtendroten Lippen, aus dem die Oberzähne weiß hervorblitzen. Dieser kann alles Mögliche bedeuten: Er kann uns anlachen, auslachen, »anmachen« oder »die Zähne zeigen« im Sinn eines aggressiven Signals. Auf jeden Fall offenbart er die ambivalente Seite der Erotik – »Küsse, Bisse, das reimt sich«, heißt es bei Kleist (Penthesilea, 24. Auftritt); der Mund hat uns »zum Fressen gern« und würde uns auf der Stelle »vernaschen«. Über ihm sehen wir zwei stilisierte Blätter, welche die Yucca-Palme andeuten; ihr Umriss ergibt eine herzförmige Form als positives Gegengewicht zum aggressiven Sinngehalt des erotischen »Spinnenmundes«.

Wenn bereits die Einbandzeichnung sexuelle Botschaften signalisiert, ist es nahe liegend, sich zu fragen, ob das auch für den Text gilt. Klintberg hat darauf hingewiesen, »dass der nackte runde Stamm der Yucca-Palme, so wie er sich aus dem Topf erhebt, eine ausgeprägte phallische Form hat«, wobei er ergänzend hinzufügt, dass der Name der Pflanze im Schwedischen »an Sexuelles denken lässt: ›Jucka‹ bezeichnet in der (...) Umgangssprache die Körperbewegungen beim Geschlechtsverkehr« (1992, 227). Ähnliches gilt auch für die deutsche Sprache. In den 70er Jahren hat es zum Beispiel einen Sexfilm mit dem Titel »Lass jucken Kumpel« gegeben, und vielen von uns wird wohl noch folgender Pennälerspruch im Gedächtnis haften: »Goethe sprach zu Schiller: ›Wenn er juckt, dann will er‹«. Wenn daher die Yucca-Palme als Phallussymbol betrachtet werden kann, ist das Gießen derselben zur Förderung ihres Wachstums eine euphemistische Umschreibung für die Stimulation des Penis. Da es sich um eine exotische, fremde Pflanze handelt, geht es, ähnlich wie in der Südtiroler Sage, um verbotenen Geschlechtsverkehr, wobei es genauso möglich ist, dass die Hausfrau aus Kassel nur mit dem Gedanken spielt, ihren Partner zu betrügen oder es bei einem Flirt bzw. einem halbherzigen Versuch belässt, denn die Geschichte findet ein rasches Ende durch die unheimlichen Geräusche. Nimmt man das symbolisch, kann man sie als Warnung ansehen, solches Treiben zu unterlassen. Denn wenn bestimmte Grenzen überschritten werden, kommt die böse Spinne als Verkörperung gesellschaftlicher, elterlicher oder mütterlicher Werte hervorgekrochen. Diese sind, genau wie in den traditionellen Volkssagen, von konservativer, die erprobten Regeln bewahrender Natur. »Lass lieber die Finger davon«, lautet die Botschaft der Sage nicht nur an die Hausfrau aus Kassel.

Traditionell ist darüber hinaus die Rollenverteilung. Diejenige Person, welche die Geschichte erlebt haben will, ist – genauso wie die drei weiteren an der Vermittlung Beteiligten – weiblichen Geschlechts. Die Frau gilt traditionellerweise als »schwaches Gefäß« und als anfällig für die Verlockungen dieser Welt, obwohl gerade ihr ein Seitensprung weniger leicht verziehen wird als dem Mann, zu dessen »Natur« es angeblich gehört, nicht treu sein zu können. Dafür ist er sonst hart im Nehmen; schließlich sind es mutige Männer aus der Hessischen Landesversuchsanstalt, die den Schaden wieder gutmachen müssen. Und wer sorgt am Ende für die weite Verbreitung der Geschichte? Ebenfalls ein Mann, nämlich Rolf Wilhelm Brednich, der sie publiziert, allerdings nicht selber erhoben hat! Das hat wiederum eine Person weiblichen Geschlechts getan, denn Brednich spricht von der »Aufzeichnerin« der Erzählung, bei der es sich wahrscheinlich um eine Studentin handelt.

Noch deutlicher als in der vorliegenden Fassung tritt die sexuelle Metaphorik in einer schwedischen Zeitungsmeldung aus dem Jahre 1975 hervor, die Klintberg veröffentlicht hat. In dieser Variante handelt es sich um eine Spinne, »die ihr Gift bis zu drei Meter weit spritzen konnte und deren Gift für Menschen bei bloßem Hautkontakt tödlich war. Außerdem konnte sie sich durch jedes Material hindurchfressen, mit Ausnahme von Stahl« (1992, 226). Das exorbitante Spritzvermögen der Spinne erinnert an die Ejakulation, während die tödliche Wirkung des Giftes und die Fähigkeit des Tieres, außer Stahl alles zu durchdringen und somit zu töten, als metaphorische Umschreibung für tödlich ansteckende Krankheiten angesehen werden kann, die man sich durch Geschlechtsverkehr holt. Eine unbehandelte Syphilis, das HI-Virus oder Hepatitis C haben in gleicher Weise tödliche Folgen wie es in Klintbergs Geschichte der Fall ist. In seiner Wirkung steht das Tier der Pestspinne aus den traditionellen Sagen in nichts nach.

Jan Harold Brunvand, der Altmeister amerikanischer Urban Legends, schreibt, dass er gegenüber Klintbergs psychoanalytischer Deutung zunächst skeptisch gewesen sei, doch Varianten der Geschichte mit einem explodierenden Kaktus hätten ihn eines Besseren belehrt (1994, 284). Eine ausführliche Version habe ich im Internet auf den »Urban Legends Reference Pages« der *San Fernando Valley Folklore Society* gefunden (= snopes.com).

> Ein Mann macht mit seiner Familie Ferien in den Vereinigten Staaten und kommt dabei auch nach Mexiko. Da er ein leidenschaftlicher Kakteensammler ist, kauft er für 500 Dollar ein seltenes Exemplar von einem Meter Größe. Um es heimzubringen, muss es allerdings zunächst für drei Monate in Quarantäne, was ihn abermals einen Haufen Geld kostet, nämlich 800 Dollar. Endlich ist auch das geschafft, der Kaktus wird im Garten eingepflanzt und nimmt alsbald an Größe zu. Nach einem warmen Frühlingstag sprengt der stolze Besitzer den Garten und auch seinen neuen Kaktus, doch der beginnt mit einem Mal zu zittern und sich zu schütteln – alle Arme bewegen sich nun. Völlig verwirrt ruft der Mann das Gartenamt an und bekommt einen Kakteenspezialisten ans Telefon, der ihm zunächst einige Fragen zum Aussehen und zum Wachstum der Pflanze stellt, um ihn daraufhin aufzufordern, zusammen mit seiner Familie sofort das Grundstück zu verlassen. In 15 Minuten werde er bei ihm sein. Kurze Zeit später kommen mit Blaulicht und in äußerster Eile zwei Feuerwehrwagen, zwei Polizeiautos und ein Krankenwagen vorgefahren. Einer der Feuerwehrmänner zieht einen Schutzanzug mit Atemmaske an, der aussieht wie eine Taucherausrüstung, nimmt einen Flammenwerfer und richtet ihn auf den Kaktus. Im Umkreis von zehn Metern wird alles niedergebrannt, ein-

schließlich des Zaunes und einiger Bäume auf den Nachbargrundstücken. Als der Botaniker kommt, fragt ihn der verwirrte Mann, was hier um alles in der Welt los sei, doch jener begibt sich sofort zum Corpus delicti bzw. zu dem, was davon übriggeblieben ist, und zeigt ihm die Überreste einer Unzahl höchst gefährlicher Vogelspinnen in der Größe zweier Handbreiten. Dann erklärt er, was geschehen ist: Die Tiere legen ihre Eier in der nämlichen Kakteenart ab, um sich dort bis zur vollen Größe zu entwickeln. Wenn das der Fall ist, explodiert der Kaktus, und die etwa 150 Spinnen werden hinausgeschleudert und suchen das Weite. In diesem Fall stand die Eruption unmittelbar bevor. – Um sicher zu gehen, das keine Spinne überlebt hat, werden das Haus und beide Nachbarhäuser für 14 Tage geräumt, um sie auszuräuchern (Mikkelson und Mikkelson 1998a, http://www, vgl. Redman 2001, http://www).

Der eine oder andere wird beim Lesen der Geschichte möglicherweise geschmunzelt haben – manche Sagen entwickeln sich zu Schwänken, dem dritten Genre der Volksprosa nach Märchen und Sage, das heutzutage meist durch den kürzeren Witz abgelöst ist (vgl. Bausinger 1958, 252; Wehse 1990, 71). Im Schwank geht es in der Regel darum, eine überlegene Person dem Hohn und Spott seiner Mitwelt auszuliefern (Rieken 2000, 28; Straßner 1978, 2-11), und in diesem Fall ist es ein Kakteenliebhaber, der anscheinend vermögend genug ist, um sich besonders teure Exemplare leisten zu können. Die Höhe der Geldsummen, die aufgebracht werden müssen, sowie die umständliche Quarantäne fungieren als Gegensatz zum Endergebnis, dass der Mann nicht nur seinen heiß geliebten Kaktus verloren, sondern auch sein Garten und der des Nachbarn beträchtlichen Schaden erlitten hat, weswegen er wohl noch einmal tief in die Tasche greifen muss, zumal auch Polizei, Feuerwehr, Krankenwagen und die Hotelkosten für 14 Tage bezahlt werden wollen. Der Kontrast zwischen anfänglichem Aufwand und kostspieligen Folgen am Ende ist ein komisches Element, weil es Schadenfreude erregt. Und die geballte Ladung helfender Instanzen, die sich vor dem Haus versammelt, sowie die Schilderung des Schutzanzuges, die der Feuerwehrmann sonst wohl nur im Fall eines Katastropheneinsatzes anzieht, sind Übertreibungen von ebenfalls komischer Natur.

Dennoch ist die Sage mit ihrem unheimlichen Gehalt nicht zu einem »bloßen« Schwank »verkommen«, weil der Humor dazu dient, das Gefährliche zu verarbeiten, indem man es entschärft, aber das heißt noch lange nicht, dass die Bedrohung als überhaupt nicht mehr vorhanden empfunden wird; vielmehr ist sie nur verdrängt worden – ein typisches Verhaltensmuster, weil man oftmals, wenn Gefahren überstanden sind, nach einer gewissen Zeit beginnt, darüber Scherze zu machen, um dergestalt Distanz zum Geschehen zu erlangen. Kakteen oder Yucca-Palmen haben schließlich Hohlräume, und in denen können sich theoretisch Spinnen oder Insekten einnisten – auch wenn das in dem Fall kaum wahrscheinlich ist, da Vogelspinnen Bodenbewohner sind, und die verirren sich mit Sicherheit nicht in die Hohlräume eines Kaktus. Die Explosion als Folge des Besprengt-Werdens gehört genauso in das Reich des Erfundenen, aber offenbar bedient sie bestimmte Bedürfnisse, weswegen an ihr festgehalten wird. Eine psychoanalytische Deutung ist durchaus plausibel, wenn man das Besprengen als Stimulation und die Explosion als Ejakulation versteht, zumal auch das Vorhandensein der Eier eine Folge sexueller Betätigung ist.

5.1.2 *Die Spinne in der Bananenkiste* und andere »Invasionen«

Essen und Trinken sind elementare Bedürfnisse sowie die Grundvoraussetzung zur Erhaltung des Organismus, doch gerade dort, wo man Nahrungsmittel erwirbt, lauern mitunter Gefahren, die unserem Leben möglicherweise ein rasches Ende bereiten. Ähnlich wie in den alten Volkssagen geht die Bedrohung von einer anderen Welt aus, die gleichzeitig der unseren sehr nahe ist, nur sind es nicht dämonische Wesen aus dem Jenseits, sondern unbekannte und unheimliche Tiere aus exotischen Ländern, die, bedingt durch Klimawandel und die Internationalisierung des Handels, zu uns gelangen. Dazu gehören auch Spinnen, und mögliche Gefahren sind durchaus real, zumal es kaum möglich ist, im Exportland die Waren nach »ungebetenen Gästen« zu durchsuchen.

Bei den folgenden Texten handelt es sich allzumal um Zeitungsberichte oder Pressemeldungen. Dabei kann es sich keineswegs um eine repräsentative Auswahl handeln, sondern nur um eine zufällige, weil es kaum möglich ist, alle relevanten Blätter zu durchforsten. Man möge daher die Geschichten als Pars pro toto ansehen.

Unterscheiden kann man sie nach der Gefährlichkeit der Spinnen, das heißt ob sie sich am Ende als harmlos herausstellen oder als wirkliche Bedrohung. Dazu einige Beispiele:

> »In Kapfenberg (Steiermark, B.R.) ist am 22. August 2000 in einem Supermarkt eine gelbe Spinne aus einer Bananenkiste geklettert. Anschließend ist sie über den Arm einer Kundin geklettert und hat diese möglicherweise auch gebissen. Im Krankenhaus konnte der 61-jährigen Kundin ein unbedenklicher Gesundheitszustand bescheinigt werden. Nachdem die ›Tierhilfe‹ die gelbe Spinne eingefangen hatte, konnte sie als eine in unseren Breiten zwar seltene, aber ungefährliche Wespenspinne identifiziert werden« (Morscher 2001, http://www – Var. I).

Die gelbe Grundfärbung des Tieres mit ihren (im Text nicht erwähnten) schwarzen Querbändern ist ein typisches Beispiel für die Schutzanpassung durch Nachahmung der Warntracht einer giftigen Tierart (Mimikry). Weitere Beispiele sind etwa der wie eine Hornisse aussehende Hornissenschwärmer – ein Schmetterling – oder die Schwebfliege, welche der Wespe ähnelt. Die gelbschwarze Signalfärbung hätte in diesem Beispiel allerdings auch das Gegenteil der eigentlichen Funktion bewirken können, nämlich totgeschlagen zu werden, weil man das Tier für besonders gefährlich hält. Aber das kann die Spinne natürlich nicht »wissen«, denn der Mensch gehört nicht zu ihrem Lebenskreis. Dagegen dürfte in Teilen der Bevölkerung ein hinreichendes Verständnis für die Natur erwachsen sein, denn anderenfalls hätte man nicht die »Tierhilfe« geholt, sondern kurzen Prozess gemacht.

Ob die für den Menschen ungefährliche Wespenspinne Argiope bruennichi aus dem Herkunftsland der Bananen kommt, sei dahingestellt, denn im Mittelmeergebiet ist sie sehr häufig und mittlerweile auch im zentralen Mitteleuropa anzutreffen (Bellmann 1997, 122). Das Hervorkriechen aus der Bananenkiste nebst dem bedrohlichen Aussehen ist allerdings Grund genug, die Kundin aus dem Supermarkt zur Untersuchung ins Spital einzuliefern. Ähnlich wie in der *Spinne in der Yucca-Palme* hat sie eine passive Rolle und fungiert als Opfer, zumal ebenfalls externe Hilfe notwendig wird, um das Tier einzufangen. – Ganz anders hingegen die folgende Geschichte – ebenfalls aus der Steiermark –, in der, passend zu ihrem Beruf, die *Geschäftsführerin* eines Supermarktes großen Mut beweist.

> »Mitten unter den Bananen saß sie, die Vogelspinne: Das handtellergroße Tier war mit einem Früchtetransport in die Obersteiermark gelangt. In einem Lebensmittelgeschäft in Pernegg bei Bruck/Mur verursachte die giftige Spinne am Samstag erhebliche Aufregung. Geschäftsführerin Gertrude Bicai war gerade dabei, eine Lieferung von Südfrüchten auszupacken. In einer Bananenschachtel entdeckte sie aber mehr als erwartet: Mitten unter den Bananen saß eine etwa zehn Zentimeter große, behaarte Spinne. Die Frau reagierte wie ein Profi: Sie machte den Deckel wieder zu und suchte nach einer Flasche, deren Öffnung breit genug war, um die Spinne samt Banane durchzustecken. Nach erfolgreicher Mission stopfte Bicai ein nasses Schwämmchen in die Flasche. Die Vogelspinne ist im Kapfenberger Tierheim untergebracht; die Mitarbeiter hoffen, dass sich ein Experte der Spinne annimmt. Immer wieder werden Vogelspinnen in Schachteln entdeckt; ihr Gift ist für Menschen nicht tödlich, ein Biss ist aber sehr schmerzhaft« (Kurier, 09.02.1997; 11; dgl. Morscher 2001, http://www – Var. II).

Auch hier klaffen Aussehen und Gefährlichkeit auseinander, da die sehr große Vogelspinne zwar giftig, aber nicht tödlich ist. In Anbetracht ihres Äußeren kann man sich über den Mut der Geschäftsführerin nur wundern, aber möglicherweise kennt sie sich mit den Tieren aus oder hat bereits einschlägige Erfahrungen gesammelt. Der Spinne aus den beiden nächsten Geschichten sollte man dagegen mit äußerster Vorsicht entgegentreten. Sie gehört zu den giftigsten überhaupt und »macht mit den klassischen Warnfarben Schwarz und Rot, die sie in Gestalt lackschwarzer Giftklauen inmitten einer feuerroten Behaarung an den Kieferwerkzeugen trägt, deutlich genug auf sich aufmerksam« (Kullmann und Stern 1996, 109). Es ist die Rede von der Kammspinne der Phoneutria-Arten, die, da sie gelegentlich mit Bananensendungen nach Europa kommt, auch Bananenspinne genannt wird. Im Gegensatz zu den meisten anderen sehr giftigen Spinnen ist sie außergewöhnlich aggressiv. Wenn sie sich bedroht fühlt, streckt sie die Vorderbeine in die Höhe, spreizt die Cheliceren (Klauenenden) und lässt dort ihr Gift heraus. »Dann ist es höchste Zeit, einen Meter zurückzutreten, denn knapp die Hälfte dieser Distanz überwindet *Phoneutria* im Sprung, obwohl sie von nur mittlerer Größe ist: drei bis vier Zentimeter Körperlänge« (ebd.). – Ob der Filialleiter des Kärntner Supermarktes aus der folgenden Geschichte wirklich gewusst hat, wen er da vor sich hat?

Weniger glimpflich verläuft dagegen die Begegnung mit einer Kammspinne für
eine 61-jährige Frau aus Feistritz in Kärnten.

Während dem Filialleiter aus Klagenfurt gar nichts passiert, kommt die Hausfrau aus Feistritz zumindest mit einem blauen Auge davon, weil die Kammspinne durch ihren Aufenthalt im Kühlraum gehandikapt ist. Wenn sie jedoch »voll
einsatzfähig« ist, ähnelt sie durchaus den »echten« Dämonen aus den alten
Volkssagen und ist geeignet, gängige Vorurteile zur Gänze zu bestätigen. Nur
sollte man nicht vergessen, dass so etwas äußerst selten vorkommt. Ein Großteil
der Spinnen stirbt bereits während des Transportes an Unterkühlung, und ein
weiterer Teil wird entdeckt, wenn die Bananen von den Angestellten im Supermarkt ausgepackt werden (vgl. Kap. 5.1.7). Das stellt zwar für diese eine unmittelbare Gefahr dar, doch der Kunde ist davon weniger betroffen. Als ein weiteres
Indiz mag gelten, dass in den mir vorliegenden Sammlungen urbaner Legenden
die Kammspinne nirgendwo vorkommt. Und dennoch: Hundertprozentiger
Schutz existiert nicht; Leben bedeutet letztendlich, ein Restrisiko einkalkulieren
zu müssen. Dem trägt das Weltbild der Sage Rechnung, und das ist auch der Te-
nor des Artikels aus dem *Kurier*, dem die letzte Geschichte entnommen ist, denn
er endet mit dem folgenden Zitat eines Tropenmediziners: »Besonders in Zeiten,
da die Transportwege immer kürzer und die Produkte immer exotischer werden,
ist Vorsicht – und hier besonders beim Personal in Großmärkten und beim Im-
porteur – ungeheuer wichtig. Wir können Gegenmittel gegen derartige Gifte
kaum auf Lager halten. Die Mittel sind extrem teuer, nicht besonders haltbar,
und ihre Anwendung ist besonderen Spezialisten vorbehalten« (ebd.).
Der Vergleich des Zeitungsberichtes mit der Internet-Meldung weist einen
kleinen, aber entscheidenden Unterschied auf: Während es im *Kurier* heißt, die
Kundin habe die Bananen vom Haken genommen, lautet die entsprechende Passage auf der Webseite von *Sagen.at*: »Sie griff in die Schachtel und stieß einen

Schmerzensschrei aus«. Der Unterschied in der Darbietung der Südfrucht bestätigt nicht nur den alten Grundsatz, dass die Weitergabe von Informationen diese verändert, sondern zeigt auch, dass der Grad der Bedrohung und des Unheimlichen noch steigerungsfähig ist. Denn die Bananenkiste verkörpert gewissermaßen den rohen Urzustand des Exportlandes, während die Banane am Haken die quasi gereinigte und auf europäische Verhältnisse zugeschnittene Darbietungsform ist – und selbst dort ist eine Begegnung mit dem Tier möglich!

Auf tödliche Spinnen stößt man aber auch in Zusammenhang mit anderen Südfrüchten. So zitiert Scott Zeitungsberichte, nach denen im Jahre 1988 in drei großen britischen Supermärkten Schwarze Witwen in Weintrauben gefunden wurden (1996, 24). Mitunter treten derartige Berichte allerdings so gehäuft auf, dass Zweifel erhoben werden können, ob sie sich tatsächlich an allen »verbürgten« Orten zugetragen haben. Brunvand berichtet etwa von Geschichten über Schlangen in Supermärkten, die in den USA am Ende des Jahres 1968 plötzlich aufgetaucht sind und sich über mündlichen Umlauf, durch Zeitungs- und Radioberichte schlagartig ausgeweitet haben, um 1970 ebenso rasch wieder zu verschwinden (1981, 160-173). Kapferer nennt ähnliche Fälle mit Schlangen, Skorpionen und Spinnen aus dem Frankreich der 60er und beginnenden 80er Jahre (1996, 150f.).

Wahrscheinlich bedienen die Geschichten nicht allein das aus Angst und Lust gespeiste Bedürfnis nach dem Sensationellen, sondern sind auch Ausdruck eines schlechten Gewissens, denn die exotischen Tiere entstammen in der Regel Ländern, die im Hinblick auf den Lebensstandard wesentlich schlechter gestellt sind als westliche Nationen. Die Arbeiter in den Exportstaaten mühen sich, beherrscht von multinationalen Konzernen, für einen Hungerlohn ab, damit wir in den Genuss ihrer Produkte gelangen! Darüber hinaus kann hinter dem schlechten Gewissen auch die nebulose Angst vor Rachegelüsten verborgen sein: Vielleicht ist es nicht Unachtsamkeit, sondern eine gezielte Handlung, wenn tödliche Lebewesen in Südfrüchten mittransportiert werden! Das mag eine Befürchtung sein, die aus der unbewussten Projektion eigener Aggressionen resultiert, doch sie verstärkt die Ängste in Bezug auf mögliche Bedrohungen, zumal moderne Sagen, nicht anders als traditionelle, mit ihrem konservativen Gehalt ein idealer Resonanzboden für Ressentiments gegenüber allem Fremden sind. Das zeigen etwa Berichte über Tierreste in ausländischen Restaurants – Rattenzähne in der Pizza, Hundefleisch in chinesischen Gerichten – oder all jenes Unbill, das den Leuten angeblich widerfährt, wenn sie in südlichen Ländern Urlaub machen und von Einheimischen hereingelegt werden. – In die gleiche Kerbe schlägt eine Zeitungsnotiz über den versuchten Schmuggel von Vogelspinnen:

> »Entsetzt schreckte eine Beamtin der Zollwache Ritzing bei einer Routinekontrolle im Burgenland zurück: Als sie nämlich ein verdächtiges Auto unter die Lupe nahm, machte die Zöllnerin eine Entdeckung, die ihr die Gänsehaut über den Rücken laufen ließ: 53 giftige Vogelspinnen waren im Kofferraum versteckt! ›Die Tiere gehören einem Züchter. Sie sollen zu einer Tierschau nach Deutschland gebracht werden‹, erklärten der Lenker und sein Begleiter mit Unschuldsmiene. Doch die erforderlichen Transportpa-

piere konnten die beiden Ungarn nicht vorweisen. Die Männer wurden angezeigt. Die Vogelspinnen haben indes im ›Haus des Meeres‹ in Wien vorerst ein neues Zuhause gefunden« (Kronenzeitung, 07.11.1999, 15; dgl. Kurier, 07.11.1999, 10; Täglich Alles, 07.11.1999, 15).

Das Burgenland ist die östlichste Region Österreichs und damit Mitteleuropas. Dahinter beginnt die unendliche Weite des »Ostens«, der seit dem Zusammenbruch der kommunistischen Staaten um einiges näher gerückt ist, weil die Grenzen durchlässiger geworden sind. Und von dort kommt ein Ungar, um Vogelspinnen auf illegalem Weg nach Österreich oder Deutschland zu transportieren. – Die drei Zeitungsberichte stimmen im Großen und Ganzen überein, variieren jedoch in den Details. Im *Kurier* sind es »Zöllner aus Siegendorf«, welche die brisante Fracht entdecken, in der *Kronenzeitung* ist es hingegen »eine Beam*tin* der Zollwache Ritzing«, ein Ort, der circa 20 Kilometer südlich von Siegendorf liegt. *Täglich Alles* und *Kronenzeitung* sprechen von 53 Spinnen, der *Kurier* von 54, die in einem ungarischen *PKW* transportiert werden, während es in *Täglich Alles* ein ungarischer *Lastwagen* ist. Das mögen Kleinigkeiten sein, doch zeigen sie erneut, dass man nicht alle Details für bare Münze nehmen sollte.

Gefahr droht nicht allein von den Fremden, mitunter sind es auch Einheimische, die mit ihrem Verhalten Unheil heraufbeschwören. Als im Lift eines Salzburger Wohnhauses eine Vogelspinne gefunden wird, äußert ein Mitarbeiter vom »Haus der Natur« die Meinung, »dass die Spinne von einem Terrarium-Besitzer ausgesetzt worden sei (...). Wie viele Salzburger sich derart exotische Tiere zu Hause hielten, könne kaum gesagt werden« (Habiger-Tuczay, Hirhager und Lichtblau 1996, 202). Den Exoten ergeht es mitunter nicht anders als einheimischen Haustieren: Wird man ihrer überdrüssig, oder werden sie zu gefährlich, entledigt man sich ihrer. Das kann das berühmte Krokodil in der Badewanne sein oder jene Piranhas, welche ein französischer Angler in der Garonne gefangen hat (Kegel 2000, 6).

Durch die zunehmende verkehrstechnische Vernetzung der Welt kann die Verbreitung exotischer Pflanzen und Tiere zu einem Problem werden. Damit befasst sich mittlerweile ein ganzer Wissenschaftszweig, die so genannte Invasionsbiologie (vgl. Kegel 2000). In einem Artikel aus der *Woche* vom Frühsommer 2000 heißt es dazu:

> »Im Hamburger Tierheim landen in diesen Wochen allerlei merkwürdige Gesellen, berichtet der Leiter Wolfgang Poggendorf. Affen, ägyptische Fledermäuse und eine vier Meter lange Pythonschlange sind in Pension. ›Kürzlich hatten wir eine richtige Leguan-Schwemme‹, sagt Poggendorf. Die exotischen Tiere kommen im Gepäck von Fernreisenden ins Land oder als blinde Passagiere an Bord von Frachtschiffen. Andere büxen bei Zoos und Tierhandlungen aus« (Spenneberg 2000, 27).

Eine weitere Ursache ist die Erwärmung des Erdklimas, das in Mitteleuropa mildere Winter und heißere Sommer zur Folge hat. Dadurch schaffen verstärkt Pflanzen und Tiere den »Sprung« über die Alpen, die bisher im Mittelmeergebiet heimisch waren. Das macht das Beispiel der Wespenspinne deutlich, und das zeigt auch die folgende Geschichte aus Wien mit dem reißerischen Titel »Kampf der Gemeindebau-Spinne«.

> »Igittigitt! Das blanke Grausen kommt in letzter Zeit immer mehr Bewohnern neuer oder renovierter Häuser, wenn sie einen Blick auf ihre Fassade richten: Die bis vor kurzem noch so prunkvoll wirkende Außenhaut ist nämlich mit dunklen Flecken überzogen. Wurde wieder einmal gepfuscht? Nagt schon wenige Monate nach der Fertigstellung gar der Schimmel an der Fassade? Falsch getippt! Baumeister und Maurer sind schuldlos an dem grauslichen Fiasko. Schuld ist die vor etwa sechs Jahren aus südlichen Ländern ›illegal‹ zu uns übersiedelte Kräuselnetzspinne. Dieses lästige, aber zum Glück für Menschen völlig ungefährliche Tierchen dürfte vor sechs Jahren auf unbekannten Wegen von den Küstenregionen der Adria nach Österreich eingeschleppt worden sein. Vorerst ärgerten sich nur wenige Hausbesitzer und Wohnungsmieter über dunkle Fassadenflecke, die sich bei näherem Hinsehen als dunkle Spinnennetze erwiesen. Doch dann vermehrten sich die Viecher derart, dass Wiens größter Hausbesitzer, ›Wiener Wohnen‹, Alarm schlug. Immer mehr frisch getünchte Fassaden von Gemeindebauten waren und sind mit den dunklen Netzen überzogen, immer häufiger wurden die Klagen der Mieter über den vermeintlichen Pfusch. Natürlich betrifft die optische Plage nicht nur Gemeindebaufassaden. Wiener Genossenschafts- und Eigentumshäuser sind ebenso betroffen wie Hausfassaden in anderen Bundesländern. Wien sagt der Kräuselnetzspinne nun den Kampf an. Wohnbaustadtrat Werner Faymann will sie nicht vergiften – ›dazu ist der Befall zu großflächig‹. Er gab grünes Licht für eine wissenschaftliche Studie (...). Das Ergebnis soll dafür sorgen, dass nach künftigen Fassadenerneuerungen nur noch der Kräuselnetzspinne das Grausen kommt« (Kurier, 15.08.2001, 8; dgl. Kronenzeitung, 15.08.2001, 18).

Gefährlich sind sie in der Tat nicht, die für den Mittelmeerraum typischen Kräuselradnetzspinnen (Uloboridae), denn im Gegensatz zu allen übrigen Spinnenfamilien besitzen sie keine Giftdrüsen, weswegen sie die im Netz gefangene Beute einwickeln, zur Nabe des Radnetzes transportieren und dort mit Verdauungsflüssigkeit einspeicheln, um sie dann zu töten und auszusaugen (Bellmann 1997, 50). Dennoch werden sie im Artikel zu einem verabscheuungswürdigen Untier stilisiert, denn dieser beginnt bereits mit einem Ausruf des Entsetzens (»Igittigitt«). Die Rede ist dann von einem »grauslichen Fiasko«, das uns ein »illegaler« Einwanderer beschert hat, der nicht nur »lästig«, sondern eine wahre »Plage« ist. Man würde ihn zwar vergiften, aber das geht nicht mehr, weil mittlerweile der »Befall zu großflächig« geworden ist. Doch mit Hilfe der Wissenschaft werde ihm schon »das Grausen kommen«. Ähnlich wie bei der »Spinne im Staubsauger« (s.u. Kap. 5.1.6) wird das Tier zu einem wahren Dämon gemacht, wobei die Ausdrücke, die dafür verwendet werden, reichlich martialisch sind, um nicht zu sagen faschistoid, denn sie weisen durchaus Ähnlichkeiten mit dem Jargon der Nationalsozialisten auf. Was ist der Grund für die Aufregung? Er besteht in dem Gegensatz zwischen den weißen, reinlichen Hausfassaden und den »dunklen Flecken«, die sich »bei näherem Hinsehen als dunkle Spinnennetze« entpuppen. Was damit genau gemeint ist, entzieht sich meiner Kenntnis. Handelt es sich um Verunreinigungen durch Staubpartikel oder um etwas Artspezifisches? Falls Letzteres der Fall ist, könnte es sich um Uloborus walckenaerius handeln, denn dessen cribellate Fangspirale schimmert bläulich (Nentwig 2001, http://www), aber eine genauere Bestimmung der Spinne wird in dem Kurier-Artikel natürlich nicht vorgenommen, da es sich um keine zoologische Abhandlung handelt. Wenn wir die Geschichte psychologisch betrachten, verkörpern die dunklen Stellen den »Schatten« im Sinne C.G. Jungs, nämlich all jene Anteile in uns, die wir lieber verdrängen, weil sie uns peinlich sind. Am liebsten ist uns eine »reine Weste«, die man nach außen zeigen kann, doch werden wir jener negativen Anteile gewahr, reagieren wir oftmals mit Aggression – wie in dem Beispiel die sprachlichen Äußerungen zeigen – und projizieren sie auf andere.

Der Artikel präsentiert darüber hinaus ein Stück Wiener Lokal- bzw. Sozialgeschichte, denn die Gemeindebauten, welche in besonderer Weise von den Spinnen betroffen sein sollen, haben im Bild der österreichischen Öffentlichkeit ein geringeres Ansehen als andere Wohnhäuser, weil die Mieten relativ günstig sind und dort eher Personen aus einkommensschwachen Verhältnissen leben. Das wird verschiedentlich als Makel erlebt, weswegen es nicht wunderzunehmen braucht, dass auf »Flecken« an der Fassade besonders empfindlich reagiert wird: Wenn man dort schon wohnen muss, soll wenigstens nach außen hin alles glänzen!

Auch in der nächsten Geschichte, die mir mein Buchhändler erzählt hat, geht es um einen Neueinwanderer aus dem Mittelmeerraum.

> Eines Tages, als ich mir ein Buch abholen wollte, es war im Herbst 2000, erzählte er mir, dass er in der vergangenen Nacht die ganze Zeit über wach gelegen habe, weil er dauernd von einer aggressiven Spinne gebissen worden sei. Nachdem er sie über mehrere Stunden gejagt habe, konnte er sie endlich erschlagen. Ich habe das zunächst als amüsante Story genommen, weil mein Buchhändler gerne Geschichten erzählt und dabei mitunter übertreibt und weil in Mitteleuropa kaum aggressive Spinnen existieren. Ungefähr ein halbes Jahr später, im Frühjahr 2001, ruft er mich jedoch in der Früh an: Wieder sei er wach gelegen, sein rechter Arm sei über und über mit roten Bissstellen versehen, aber diesmal habe er die Spinne lebend gefangen. Ob ich sie mir anschauen wolle? Natürlich bin ich gleich zu ihm hingefahren, konnte mich von den Rötungen am Arm überzeugen und habe mich dann samt der Spinne auf den Weg gemacht, um in das Naturhistorische Museum in Wien zu gehen, denn dort arbeitet ein mir bekannter Fachmann, Dr. Jürgen Gruber. Er schaut sich die Spinne an, holt ein Bestimmungsbuch hervor und sagt: »Wie ich es vermutet habe: Cheiracanthium mildei, eine Sackspinne«. Sie ist ein mediterraner Verwandter des Dornfingers, neben der Wasserspinne die einzig gefährliche Spinne Mitteleuropas (Mitteilung von Dr. Reinhold Posch, 58 Jahre, promovierter Biologe und Buchhändler in Wien).

Ich habe mich schon sehr gewundert: Da schreibe ich ein Buch, in dem es unter anderem darum geht, Vorurteile gegenüber Spinnen zu relativieren, und dann muss ich feststellen, dass man selbst in Mitteleuropa nicht sicher ist! Und es ist nicht nur eine Spinne gewesen, sondern gleich zwei. Aufgehalten haben sie sich in einem Lorbeerstrauch, den eine Bekannte von Dr. Posch aus Italien mitgebracht hat. Möglich also, dass sie dergestalt über die Alpen gekommen ist, doch ist es auch denkbar, dass das mit der Klimaerwärmung zusammenhängt, weil nach Auskunft Dr. Grubers bereits mehrere Exemplare von Cheiracanthium mildei in Wien gesichtet worden sind. Ungewöhnlich erscheint das aggressive Verhalten des Tieres, denn sie wurde nicht gereizt, weil Dr. Posch, während er gebissen wurde, geschlafen hat. Ich war daher zunächst skeptisch, doch die »normative Kraft des Faktischen« – die Rötungen am Arm und eine leibhaftige Sackspinne – belehrten mich eines Besseren. Dennoch wollte ich wissen, was die Wissenschaft dazu sagt, und fragte einen weiteren Fachmann, Erhard Christian, Professor für Zoologie an der Universität für Bodenkultur in Wien. Er stellte zunächst klar, dass es sich um keinen bewussten, aktiven Angriff handeln könne, sondern um eine Verteidigungsmaßnahme von Seiten der Spinne. Möglicherweise sei sie unter der Bettdecke eingeschlossen und durch unbewusste Bewegungen oder Berührungen des schlafenden Buchhändlers gereizt worden. Im Gegensatz zu den meisten anderen Spinnen sei Cheiracanthium mildei nämlich sehr bissfreudig, agil und lebhaft, weswegen sie bei Bedrohung rasch zubeiße. Außerdem suche sie häufig die Innenräume von Häusern auf, so dass die Möglichkeit, mit ihr in Kontakt zu kommen, durchaus gegeben sei. Obgleich es nur wenige verbürgte Fälle in Mitteleuropa gebe, sei er, Professor Christian, ihr in seiner Wohnung bereits des Öfteren begegnet. In den USA seien dagegen wesentlich mehr Fälle belegt, was auch damit zusammenhängen könne, dass dort jedem Arzt die Bisssymptome – von Rötungen bis zu leichten Nekrosen (vgl. auch Vetter 2000, 358) – bekannt seien, hier zu Lande hingegen nicht.[22] – All das mag ein wenig beunruhigend klingen, und wer schon immer von der Giftigkeit der Spinnen überzeugt war, wird darin eine Bestätigung finden, nur sollte man bedenken, dass es sich um einen Ausnahmefall handelt und keineswegs um die Regel. – Eines aber macht die Geschichte deutlich: Nicht alle Sagen sind erfunden, und mitunter scheint es möglich zu sein, sich von der Richtigkeit des Erzählten zu überzeugen.

Das Eindringen fremder Pflanzen und Tiere braucht nicht von vornherein Besorgnis zu erregen. Von 1000 Einwanderer-Arten werden »nur etwa 100 heimisch und davon wiederum nur zehn Arten zum Problem«, sagt Josef Reichholf, Professor für Tiergeographie, in einem Interview (Spenneberg 2000, 27). Das gilt etwa für den exotischen Staudenknöterich, der den heimischen Straußfarn von Bachläufen verdrängt, oder für die asiatische Zebramuschel, welche die Kühlleitungen von Kraftwerken verstopft und durch Schadstoffanreicherung die sie fressenden Vögel vergiftet (ebd.).

Auch wenn Ökosysteme auf Störungen mit regulierenden Ausgleichsbewegungen reagieren, kann es, wenn sie als ganze betroffen sind, zur ökologischen Katastrophe kommen, wie das nächste Beispiel zeigt.

> Guam ist die Hauptinsel der Marianen, einer Inselgruppe zwischen Japan und Papua-Neuguinea. Dort existierten ursprünglich neben etlichen Seevögeln zwölf einheimische Landvogelarten, die jedoch heute bis auf einen winzigen, weil in Gefangenschaft leben-

---

[22] Telefonische Mitteilung vom 23.10.2002.

den Rest ausgerottet sind. Auch Nagetier- und Eidechsenpopulationen sind weitgehend zusammengebrochen. Betritt man die Wälder, herrscht Totenstille, kein Vogelzwitschern ist zu vernehmen. Der Grund dafür ist die Einschleppung der im Südpazifik einheimischen Braunen Nachtbaumnatter (Boiga irregularis), die auf Guam keine natürlichen Feinde hat und dort beste Jagdmöglichkeiten vorfindet. »Die einzigen, die sich darüber freuen, sind die Spinnen. Sie sind es, die jetzt den Insektenüberschuss abschöpfen. Ohne Vögel und Geckos, die auch eine fette Spinne nicht verschmähen, haben sich die stummen Wälder Guams in ein glitzerndes Spinnennetzgewirr verwandelt« (Kegel 2000, 153-168 und 186ff.; Zitat: 186f.).

Die Wälder Guams sind weit weg, und von Spinneninvasionen sind die westlichen Staaten bisher nicht heimgesucht worden, doch der Süden der Vereinigten Staaten liegt bereits etwas näher, und dort treiben mittlerweile so genannte Killerbienen ihr Unwesen, die in die Fachliteratur als »afrikanisierte Bienen« eingegangen sind. In den 50er Jahren hat man nämlich in Brasilien einheimische und afrikanische Bienen gekreuzt, um die Honigproduktion anzukurbeln, wobei sich allerdings die daraus entstandenen Bienen als außergewöhnlich aggressiv und mobil erwiesen haben. Eines Tages sind einige der Tiere entkommen und im Laufe der Zeit in immer nördlichere Gefilde gelangt, bis sie schließlich die USA erreicht haben (ebd., 222-232). Das, was in dem amerikanischen Spielfilm *Mörderbienen greifen an* (*Savage Bees*, USA 1976) noch als Sciencefiction gelten konnte, ist mittlerweile von der Wirklichkeit eingeholt worden. Und wenn man das bedenkt, liegt die Frage nicht allzu fern, ob das, was auf Bienen zutrifft, nicht auch für Spinnen gelten kann. Zumindest werden kollektive Ängste dieser Art von Filmen wie *Mörderspinnen* (*Kingdom of the Spiders*, USA 1977) oder *Arachnophobia* (USA 1990) mit Erfolg bedient, und sie machen zudem deutlich, dass das schlechte Gewissen über den eigenen hohen Lebensstandard, von dem in diesem Kapitel bereits die Rede war, sich auch auf den sorglosen Umgang des Menschen mit der Natur beziehen lässt. Die »Spinnwebwälder« Guams sind zwar weit entfernt, doch menschliche Eingriffe in die Natur, deren Folgen im Vorhinein kaum abschätzbar sind, finden hier wie dort statt. Eines sei dabei betont: Es soll kein Schreckensszenario entworfen, sondern nur auf kollektive, zumeist verdrängte Ängste hingewiesen werden, die mit der künstlichen Veränderung der Natur in Verbindung stehen – dafür eignet sich die Spinne als westliches Ekeltier par excellence besonders gut.

5.1.3 Gefährliche Genussmittel: *Die Vogelspinne im Zigarettenautomaten* und *Spinneneier im Kaugummi*

Im letzten Kapitel war von Südfrüchten die Rede und vom damit verbundenen schlechten Gewissen über die Ausbeutung der Exportländer und der Natur. Doch auch bei einheimischen Produkten ist die Freude nicht immer ungetrübt.

> »Als ein 25jähriger in Köln ein Päckchen Zigaretten aus dem Automaten ziehen wollte, durchzuckte ihn ein plötzlicher Schmerz. Er hob die Klappe hoch und erblickte eine

Vogelspinne im Automaten. Entsetzt ließ er die Klappe fallen und zerquetschte das Tier dabei. Der Mann ist wohlauf« (Täglich Alles, 23.03.1995, 4).

Kürzere Zeitungsmeldungen eignen sich gut als Sage, weil aufgrund der komprimierten Form Fragen offen bleiben, etwa: Wie groß bzw. klein ist die Vogelspinne, wenn sie in die Lade passt und vom Fallen der Klappe zerquetscht wird? Wie kommt die Zeitung zu der Information? Hat der junge Mann die Polizei verständigt, ist er ins Spital oder zu einem Arzt gefahren? Letzteres ist wahrscheinlich, aber es steht nicht dort. Man könnte es, sofern die Geschichte wirklich passiert ist, herausbekommen, doch die wichtigste Frage bleibt dann immer noch unbeantwortet: Wie kommt die Vogelspinne in den Zigarettenautomaten? Das wird ein ewiges Rätsel bleiben, und ich vermag statt dessen nur das – im Verhältnis dazu – sicherere Terrain der Interpretation anzubieten. Die Geschichte kann, wie alle vorgenannten auch, als Warnsage verstanden werden. Die implizite Botschaft an den jungen Mann lautet: Er möge weniger rauchen. Die Spinne lässt sich als Personifikation seines schlechten Gewissens deuten bzw. als Symbol für die Folgen des Tabakkonsums: Wenn er weiterhin zur Zigarette greift, wird er elend und voller Schmerzen zugrunde gehen – der Spinnenbiss war nur ein Vorgeschmack. – Genuss ohne Reue ist auch in der zweiten Geschichte dieses Kapitels nicht möglich:

> 1976 kommt ein besonders weicher und sich glitschig anfühlender Kaugummi namens »Bubble Yum« in den Vereinigten Staaten auf den Markt, dem insbesondere bei Kindern und Teenagern besonderer Erfolg beschieden ist. Doch bereits im nächsten Jahr kursieren unter New Yorker Schülern merkwürdige Gerüchte: Nach dem Genuss von Bubble Yum erwacht ein Mädchen eines Morgens über und über mit Spinnweben bedeckt, und neun Jugendliche sterben, nachdem sie den Kaugummi verschluckt haben. Später wird behauptet, dass Spinnen Eier in den Kaugummi gelegt hätten und somit auch für das glitschige Gefühl beim Kauen verantwortlich seien. Die Erzeugerfirma Life Saver Company sieht sich daraufhin genötigt, großformatige Anzeigen in der New York Times und in anderen Zeitungen zu schalten, um dem Gerücht entgegenzuwirken (Mikkelson und Mikkelson 1999a, http://www; vgl. Brunvand 1981, 89f.).

Möglicherweise wollte man der Firma Schaden zufügen oder der Verbreitung des »sinnlosen« Genussmittels Kaugummi Einhalt gebieten, das eine langdauernde orale Befriedigung ohne Sättigung ermöglicht. Vielleicht spielt auch die glitschige Eigenschaft des Bubble Yum eine Rolle, indem sie Assoziationen mit Spinneneiern hervorruft. – Die Geschichte ist eine moderne Sage und dennoch im Hinblick auf ihre Motive sehr alt. Das zugewebte Gesicht kennen wir bereits aus der Legende vom Jesuskind, das in der Krippe liegt und im letzten Moment vom Zaunkönig gerettet wird, und die Vergiftung durch Herunterschlucken von Spinnen mit nachfolgendem Tod ist ein traditionelles Element aus Volkssage, Volksglaube und Volksmedizin. – Die Angst vor dem versehentlichen Herunterschlucken des Tieres spiegelt sich auch in der folgenden Urban Legend wider:

> Im Jahre 1993 hat die Kolumnistin Lisa Holst in der Fachzeitschrift »PC Professional« einen Artikel über angebliche »Fakten« veröffentlicht, die via E-Mail im Internet kursieren und von leichtgläubigen Rezipienten für wahr gehalten werden. Zu den von ihr

erwähnten Beispielen zählte unter anderem die Behauptung, dass jeder Mensch im Durchschnitt acht Spinnen pro Jahr verschluckt, während er schläft. Seit der Veröffentlichung des Artikels ist diese Behauptung zu einer der am häufigsten im Internet kursierenden Meldungen mit Wahrheitsanspruch avanciert (Mikkelson und Mikkelson 2001, http://www).

Das angebliche Herunterschlucken der Spinnen im Schlaf eignet sich deswegen als Gerücht recht gut, weil es mit bestimmten Fakten konform geht, die man nur zu verbinden braucht. Ein zeitweilig geöffneter Mund im Schlaf ist nichts Ungewöhnliches; Spinnen sind in der Regel »gut zu Fuß«, und manche halten sich in Höhlen auf. Daher liegt der Schluss nahe, dass sie auch in die Mundhöhle hineinkriechen. Ob das wegen der Feuchtigkeit des Mundraumes überhaupt wahrscheinlich ist, sei dahingestellt, aber undenkbar ist es nicht, wenngleich der angebliche Durchschnittswert von acht Spinnen natürlich erfunden ist. Die Bezugnahme auf die Acht ist vielleicht assoziativ entstanden wegen der Anzahl der Beine, welche die Spinnentiere von den sechsbeinigen Insekten unterscheidet.

5.1.4 Hartnäckige Gerüchte über Vogelspinnen, Brown Recluse Spiders und Daddy-Longlegs

Werden Emotionen aktiviert, dann rückt die Vernunft in den Hintergrund, und Vorurteile erhalten Nahrung. Eines davon lautet: Je größer eine Spinne ist, desto gefährlicher ist sie. Unter der Überschrift »Michael Schanze, die Spinne und die Todesangst« schreibt etwa die *Bildzeitung*:

> »TV-Moderator Michael Schanze für Sekunden in Todesangst. Im ›Hansa-Park‹ trat er aus Spaß in einer Fakir-Show auf, setzte sich eine giftige Vogelspinne auf die Hand. Er erzählt: ›Das Tier geriet plötzlich in Panik, als sich die Dompteuse kurz von mir entfernte.‹ Es krabbelte wild auf seiner Hand herum, die Dompteuse griff ein. Ein Biss der Vogelspinne kann tödlich sein« (Bild, 19.08.1994, 8).

Ein altes Motiv, das bereits aus dem »Nibelungenlied« bekannt ist: Ausgelassene Festesfreude trägt den Keim des Unglücks in sich, sie verkehrt sich in ihr Gegenteil. Michael Schanze setzt sich »aus Spaß« wie es im Text heißt, eine Vogelspinne auf die Hand und hätte das fast mit dem Leben bezahlt – glaubt die *Bildzeitung*. In Wirklichkeit reicht ihr Gift gerade aus, um kleinere Wirbeltiere zu töten, ihr Biss ist einem Bienenstich vergleichbar. Eher besteht die Gefahr einer Sekundärintoxikation durch Bakterien oder eines Schocks bei Allergikern, aber das hat mit dem Gift der Vogelspinne nichts zu tun (vgl. Heimer 1997, 79; Wirth 1999, 6f.). – Ob das Tier nervös wurde, weil die Dompteuse sich kurzfristig entfernt hat, wage ich zu bezweifeln, denn Spinnen sind nicht so hoch entwickelt, dass sie auf Bezugspersonen konditionierbar wären. Eher dürfte Michael Schanze nervös geworden sein und derart die Spinne in Unruhe versetzt haben. Mithin dürfte er seine eigene Angst auf das Tier projiziert haben, da es dem eigenen Selbstbild widerspricht, wenn man als abgebrühter Showmaster die

Contenance verliert. – Während diese Geschichte einen glücklichen Ausgang hat, endet die nächste Urban Legend tragisch.

Ein Liebespaar aus Montréal möchte heiraten. Um Hochzeitsfotos zu machen, geht es in den Botanischen Garten, der dafür eine schöne und beliebte Kulisse abgibt. Während die Fotos aufgenommen werden, kommt eine giftige Vogelspinne, kriecht der Braut unter das Kleid und beißt sie, woraufhin sie stirbt (Mikkelson und Mikkelson 1998b, http://www).

Montréal, die größte Stadt Kanadas, liegt zwar zu weit nördlich, um für exotische Giftspinnen ein geeigneter Lebensraum zu sein, doch schließlich könnte das Tier aus dem Insektarium entkommen sein, das im großen Areal des Botanischen Gartens gelegen ist. Allerdings existiert dieses erst seit 1990, während der Zeitungsbericht, auf dem die moderne Sage beruht, aus dem Jahre 1983 stammt (ebd.; vgl. Ville de Montréal 2001, http://www). – Am Anfang war nicht das Ereignis, sondern das Gerücht, weil trotz Nachforschungen die Braut nicht ausfindig zu machen war (Mikkelson und Mikkelson 1998b, http://www), ganz abgesehen davon, dass, wie bereits erwähnt, der Biss einer Vogelspinne nicht tödlich ist. Unglaubwürdig ist die Geschichte auch deswegen, weil sie in verschiedenen Varianten existiert, denn statt der Spinne soll auch eine Klapperschlange oder sogar eine Python der Übeltäter gewesen sein.

Eine ähnliche Erzählung finden wir bereits in der griechischen Mythologie, wenn Eurydike, die junge Frau des Orpheus, während der Flucht vor den Nachstellungen des Aristaios auf eine Schlange tritt, an deren Biss sie stirbt (vgl. Ranke-Gravers 1992, 98; Mikkelson und Mikkelson 1998b, http://www). Der Tod des Partners oder der Partnerin bei Frischvermählten ist ein altes Motiv, das von der tragischen Potenz des menschlichen Zusammenlebens erzählt. Freude und Leid gehören zusammen, »liep unde leit diu wâren ie an minnen ungescheiden«, heißt es in Gottfrieds von Straßburg »Tristan« (Vers 206f.). Außer dem existentiellen Aspekt ist auch ein psychologischer denkbar, und zwar die Angst vor der Eheschließung, sei es, dass man nicht weiß, ob man die richtige Wahl getroffen hat, sei es, dass man befürchtet, nun beginne der graue Alltag – gemäß dem Goethe-Wort, Liebe sei Idealität, Ehe hingegen Realität. Darüber hinaus ist wegen der phallischen Symbolik der Schlangen und Spinnen-Klauen eine psychoanalytische Deutung denkbar, das heißt die Erzählung bringt auch sexuelle Ängste zum Ausdruck.

Vorurteile sind dort besonders ausgeprägt, wo tatsächliche Gefahren bestehen. Das gilt zum Beispiel für Kalifornien, denn dort existieren aufgrund der geographischen Lage Giftspinnen, die normalerweise südlichen Ländern zugeordnet werden.

»Der 68-jährige gebürtige Wiener Joe Zawinul, Jazzpartner von Miles Davis und Cannonball Adderley, ist vergangene Woche in seinem Haus in Los Angeles von einer Giftspinne gebissen worden. Die Folgen: Krämpfe, Ausschlag und Schüttelfrost. Zawinul wird mit Cortison und Antibiotika behandelt. Der Wahlamerikaner ist erst vor wenigen Wochen von New York nach Kalifornien übersiedelt« (Kurier, 01.10.2000, 10).

Kein herzlicher Empfang für den Jazzmusiker: Kaum ist er im »Land der Träume« angekommen, wird er bereits von einer gefährlichen Spinne gebissen. Dabei hat er anscheinend noch Glück gehabt, denn weitaus weniger glimpflich ist eine Einheimische davongekommen, wie die nächste Zeitungsmeldung deutlich macht. Unter der Überschrift »Biss der Mordspinne: Arme, Beine und Nase amputiert« schreibt *Täglich Alles*:

> »Eine Spinne hat das Leben der 35-jährigen Amerikanerin Valerie zerstört. Die zweifache Mutter wurde in ihrem Haus in Los Angeles von einer nur groschenstückgroßen hellbraunen Spinne gebissen. Zwei Tage später: schwarzer Ausschlag am Bein, Schüttelfrost, Fieber, Atemnot. Ihr Mann brachte sie ins Spital. Dort fiel sie ins Koma. Die Blutanalyse zeigte: Insektengift von einer Einsiedlerspinne. Gegengift wurde gespritzt – zu spät. Der Wundbrand hatte bereits eingesetzt. Arme, Beine und Nase mussten amputiert werden« (Täglich Alles, 11.06.1995, 6).

Die Hinweise auf das Aussehen und die Größe des Tieres sowie auf die durch die Intoxikation verursachte Nekrose stimmen mit dem überein, was von der Braunen Einsiedlerspinne (Loxosceles reclusa) bekannt ist, auch wenn sie natürlich kein »Insektengift« verspritzt. Anders als bei den europäischen Verwandten hat ihr Biss in Nordamerika bereits verschiedentlich zu Todesfällen geführt, wobei die Nekrosen »im Gegensatz zu den Oberflächenwunden, wie sie von Taranteln verursacht werden, sehr viel tiefer bis in das Knorpelgewebe« reichen (Kullmann und Stern 1996, 110; vgl. Bellmann 1997, 60; Schmidt 2000, 169-172).

Loxosceles reclusa ist die in Nordamerika am meisten verbreitete Einsiedlerspinne. Sie lebt im südlich-zentralen Mittelwesten von Nebraska bis Ohio und im Süden von Texas bis Georgia – *aber sie lebt nicht in Kalifornien*, wie das Institut für Entomologie der Kalifornischen Universität/Riverside durch Untersuchungen belegt hat (Vetter 2000; ders. 2000a, http://www; ders. 2000b, http://www). Das Gerücht hält sich jedoch hartnäckig, zumal selbst Ärzte immer wieder Fehldiagnosen stellen, wenn sie Bissverletzungen mit nekrotischen Folgen Loxosceles reclusa zuordnen, obgleich es genug einheimische Tiere gibt, die das gleiche Krankheitsbild hervorrufen, etwa Zecken, Flöhe und Wanzen. Selbst wenn das Tier irgendwann einmal in Kalifornien heimisch werden sollte – derzeit handelt es sich um ein Gerücht, weil es eine Vielzahl von Meldungen, sei es im mündlichen Umlauf, sei es aufgrund ärztlicher Fehldiagnosen, gibt, die die Existenz der Spinne beglaubigen, obwohl keinerlei wissenschaftliche Belege dafür existieren.

Die meisten Einwohner Kaliforniens würden, schreibt Vetter, auf die Frage nach dort lebenden Spinnen kurz und bündig antworten: Tarantula, Black Widow und Brown Recluse (2000a, http://www). Das wurde mir auch von einer seit 25 Jahren in der Nähe von Los Angeles (Topanga Canyon) lebenden Österreicherin, Frau Monika Grill, bestätigt, die ich gelegentlich eines Wien-Besuches getroffen habe. Ich erzählte ihr von der Arbeit an meinem Buch, und, angesprochen auf kalifornische Giftspinnen, sagte sie: »Es gibt dort zwei wirklich gefährliche Arten, nämlich Schwarze Witwen und Brown Recluse«. – Ich entgegnete, dass nach meinem Kenntnisstand Letztere dort nicht existiere und diesbezügliche Erzählungen Gerüchte oder moderne Sagen seien, doch Monika entgegnete: »Das ist nicht wahr. Ich kenne genug Geschichten von Leuten, die von ihr gebissen wurden«. – Ich habe sie dann gebeten, dass sie sich, wenn sie wieder zu Hause ist, umhört und mir mitteilt, was sie erfahren hat. Das war am 24. Mai 2001, zu Christi Himmelfahrt, und bereits am 8. Juni bekam ich folgendes E-Mail ihres Partners James Michael Hite, das ich in deutscher Übersetzung wiedergebe:

> »Monika erzählte mir, dass du dich für die Existenz der Brown Recluse Spider im Südosten Kaliforniens interessierst. Das ist sehr interessant, denn ich habe immer wieder Geschichten darüber gehört, aber nie selber eine gesehen. Schwarze Witwen sind ziemlich leicht zu finden, und man kann sie oft sehen. Bisher haben wir mit niemandem gesprochen, der Informationen darüber hat, ob Brown Recluse tatsächlich hier vorhanden ist oder nicht. Aber Monika hat mich gebeten, darüber eine Geschichte in Erfahrung zu bringen. – Wir haben eine Freundin, die das verblüffende Talent hat, Leute um sich herum zu scharen und Geschichten zu erzählen. Sie ist einfallsreich, charmant und Schottin, so dass ihr die Leute gespannt zuhören. *Jedenfalls kommt sie eines Tages in unser Stammlokal mit einem Gefäß und erzählt allen Leuten, dass sich darin eine Brown Recluse befinde, auf die sie aufpassen wolle.* Ich warf einen Blick auf das Tier und sah sofort, dass es eine gewöhnliche braune Spinne war, die in allen Häusern in jeder Ecke sitzt. Ich weiß ganz sicher, dass sie nicht giftig ist und selten beißt, weil ich sie oft mit meinen bloßen Händen angegriffen und nach draußen befördert habe. Die Leute indes standen ehrfurchtsvoll um das Gefäß herum und betrachteten sie genau, um künftige Begegnungen zu vermeiden. Ich sagte allen, dass die Freundin falsch liege und es sich bei dem Tier nicht um die Brown Recluse handele. Natürlich glaubte mir niemand. Später, auf der Suche nach brauchbaren Informationen, bekam ich ein Foto der Brown Recluse in die Hände, und dieses sah in keiner Weise so aus wie die Spinne in dem Gefäß. Ich brachte all die Informationen ins Café, doch ich zog weit weniger Interesse auf mich, als es meine Freundin getan hatte. Die Mehrzahl der Leute ging weg in der Überzeugung, eine lebende Brown Recluse gesehen zu haben. – Was sie gefangen und für eine Brown Recluse gehalten hatte, war, so glaube ich, eine Violin Spider (Loxosceles rufescens). Teilweise verantwortlich für die falsche Identifikation ist die violinenartige Markierung auf ihrem Hinterteil, die mit der Sanduhrzeichnung auf der Schwarzen Witwe verwechselt wurde«.

Hätte mir Michaels schottische Freundin die Geschichte gemailt, dann hätte sie wahrscheinlich ausführlich beschrieben, wie sie der Spinne begegnet ist und sie schließlich eingefangen hat. Es wäre eine Erzählung über eine brenzlige Situation mit glücklichem Ausgang geworden, weil ein gefährliches Wesen »gebannt« wird. In Michaels Version schrumpft dieses Geschehen hingegen auf einen einzigen Satz zusammen (kursiv gedruckt), der übrigens im Gegensatz zu den anderen im Präsens steht und sich bereits derart vom übrigen Text unterscheidet. Seine Geschichte besteht zum überwiegenden Teil aus einer Reflexion über das Erlebnis der schottischen Freundin, wodurch sie zu einer Metaerzählung wird, zu einer Erzählung über das Erzählen. Hinsichtlich seiner Einstellung zum »Glauben« an die Brown Recluse in Kalifornien hält er sich zurück, denn er schreibt nur, dass er immer wieder Geschichten über sie gehört, aber selber nie eine gesehen habe. Die Ansicht seiner Partnerin Monika ist dagegen aus dem Gespräch bekannt, das sie mit mir geführt hat – oder sagen wir lieber: ihre *ursprüngliche* Ansicht, denn das nachfolgende Mail spricht eine andere Sprache. Auch die Charakterisierung der schottischen Freundin ist geeignet, zu dem, was sie berichtet, auf Distanz zu gehen. Ähnlich wie viele der in der älteren Volkskunde beschriebenen Erzählerpersönlichkeiten vermag sie die Leute um sich zu scharen und spannend zu erzählen, doch ihrer Glaubwürdigkeit dürfte das aus Michaels Perspektive eher abträglich sein – ähnlich einem Spielfilm, der zwar spannend ist, aber doch nur fiktional.

Die meisten Zuhörer glauben indes, eine leibhaftige Brown Recluse vor sich zu haben, und selbst die Präsentation eines Bildes der echten Spinne ist nicht geeignet, sie eines Besseren zu belehren. Emotional verankerte Meinungen, die von der Mehrzahl getragen werden, sind in der Regel empirieresistent, und man braucht darüber keineswegs die Nase zu rümpfen, denn würde man nach Kalifornien kommen, wäre es unwahrscheinlich, die Auffassung von der Existenz der Spinne in Zweifel zu ziehen, zumal dort mehrere Loxosceles-Arten vorhanden sind, die für den Laien eine Unterscheidung von Reclusa schwierig bis unmöglich machen. Schließlich zeigt Michaels E-Mail deutlich, dass er über Detailkenntnisse verfügt, die nicht zum Alltagswissen gehören, aber eine wichtige Voraussetzung dafür bilden, sich ein objektiveres Bild verschaffen zu können. Eine weitere Informationsquelle ist dagegen allgemeiner zugänglich, wenn er die »Reclusa« seiner schottischen Freundin für eine gewöhnliche braune Spinne hält, denn er schreibt, sie sei als Hausspinne allgegenwärtig und von ihm schon oft aus seiner Wohnung hinausbefördert worden. Allerdings ist die von ihm am Ende des Mails identifizierte Loxosceles rufescens giftiger, als er glaubt, wenngleich nicht so gefährlich wie Reclusa (vgl. Bellmann, 1997, 60; Schmidt 2000, 141f.).

Ein weiteres Gerücht, das sich insbesondere unter Jugendlichen in den USA hartnäckig hält, lautet:

> »Daddy-Longlegs gehören zu den giftigsten Spinnen überhaupt, aber ihre Klauen sind zu kurz, um Menschen zu beißen (...). – Ich habe diese Geschichte wiederholt in den Vereinigten Staaten gehört und sogar von einer Lehrerin, die das ihrer Klasse im Museum von Brisbane, Australien erzählt hat«,

schreibt ein Mitarbeiter des Entomologischen Instituts der Universität von Kalifornien (University of California 2000, http://; dgl. Mikkelson und Mikkelson 2000a, http://www). »Daddy-Longleg« ist die umgangssprachliche Bezeichnung für Weberknechte (Opiliones) und Zitterspinnen (Pholcidae). Während erstere eine eigene Ordnung in der Klasse der Spinnentiere (Arachnida) bilden und sich von den eigentlichen Spinnen vor allem durch die Verschmelzung des Vorder- und Hinterkörpers zu einer kompakten Einheit unterscheiden, sind Letztere echte Webspinnen. Sie erinnern vom Aussehen her aber an Weberknechte, da sie wie diese außerordentlich lange Beine haben. Der Name »Daddy-Longleg« geht wahrscheinlich auf den Filmschauspieler, Sänger und Tänzer Fred Astaire zurück, der wegen seiner langen Beine diesen Spitznamen erhalten hat.

Ist an dem Gerücht etwas dran? Nein! Weberknechte haben überhaupt keine Giftdrüsen und ernähren sich von Pflanzen, Aas oder kleinen Wirbellosen, aus denen sie mit ihren Cheliceren kleine Stücke herausschneiden. Zitterspinnen können zwar, wie alle anderen Spinnen auch, Gift produzieren, doch über irgendwelche Gefahren für den Menschen ist nichts bekannt. Ihre Cheliceren sind tatsächlich kurz, jedoch nicht kurz genug, um Menschen *nicht* beißen zu können (Bellmann 1997, 62; 240; 246-254; Mikkelson und Mikkelson 2000, http://www; University of California 2000, http://).

Die Webseiten des Entomologischen Instituts der kalifornischen Universität dienen der Aufklärung über Gerüchte, die Spinnen betreffen, indem sie wissenschaftliche Information bereitstellen. Doch die »Daddy-Longleg«-Seite trägt gleichzeitig dazu bei, Vorurteile zu bestätigen, indem es von der unwissenden australischen Lehrerin berichtet, die ihren Kindern einen Bären aufbindet. Das mag sich schon so zugetragen haben, aber wenn nordamerikanische Jugendliche und eine australische Lehrerin in einem Atemzug genannt werden als diejenigen, welche auf dasselbe Gerücht hereinfallen, wird gleichzeitig das alte Vorurteil von den »zurückgebliebenen« Leuten in »Down Under« bestätigt.

Wieso hält sich das Gerücht so hartnäckig, obgleich es völlig aus der Luft gegriffen ist? Bei der Brown Recluse Spider kann man das leicht nachvollziehen, weil sie in verschiedenen, auch heißen Gegenden der USA vorkommt und es in Kalifornien verwandte sowie wirklich gefährliche Spinnen gibt. Im Fall der »Daddy-Longlegs« ist es dagegen die Art und Weise der Begründung, welche das Gerücht am Leben erhält, denn es ist von sich-selbst-immunisierender Struktur: Daddy-Longleg ist giftig, aber man kann es leider nicht beweisen, weil seine Cheliceren zu kurz sind, um Menschen zu beißen. Indes ist die vermeintliche Unangreifbarkeit der Argumentation gleichzeitig ihr schwacher Punkt, da sie sich aus logischer Perspektive ad absurdum führt. Denn wenn das Tier noch nie jemanden gebissen hat, kann man auch nicht wissen, dass es für Menschen tödlich ist. Geschlossene Argumentationskreise sind, wie das Beispiel zeigt, stets verdächtig, weil die vermeintliche Stärke ein indirektes Eingeständnis ihrer Schwäche ist, während offene Argumentationsmuster weitaus resistenter, da anpassungsfähiger sind – zumindest im wissenschaftlichen Diskurs.

5.1.5 Spinnen hautnah: im Haar, unter der Haut und auf der Toilette

Wie die *Yucca-Palme* gehört *Die Spinne im Haardutt* zu den Klassikern der Urban Legends und wird seit den 50er Jahren erzählt (Brednich 1993, 117f.; Brunvand 1981, 75-81; Fischer 1989, 33; Healey und Glanvill 1996, 172; Klintberg 1992, 149f.; Mikkelson und Mikkelson 2000b, http://www; Redman 1999a, http://www). Zwei Varianten möchte ich wiedergeben:

»Meine Cousine berichtete in den 60er Jahren von der Freundin einer Bekannten folgende unglaubliche Geschichte: Die Freundin ließ sich beim Friseur eine Hochfrisur machen. Für die nötige Festigkeit der Haare wurde eine ordentliche Menge Haarspray verwendet. Kaum einen Tag später bekam die Frau Kopfschmerzen. Tabletten halfen ihr nur wenig. Übelkeit und Schwindel kamen hinzu. Es wurde so schlimm, dass sie einen Arzt aufsuchen musste. Dieser konnte aber weder die Ursache erkennen noch die Symptome bekämpfen. Selbst eine Röntgenaufnahme brachte keine Erkenntnisse. Die Kopfschmerzen trieben die Frau fast in den Wahnsinn. Wenige Tage später brach sie tot zusammen. Die Obduktion ergab, dass sich eine Spinne in ihrem Haar eingenistet hatte und aus der eingesprayten Hochfrisur nicht mehr herauskonnte. Vor lauter Hunger hatte die Spinne ein kleines Loch in den Schädel gebissen und sich von der Hirnflüssigkeit ernährt. Eine nachfolgende Entzündung der Hirnhaut führte zum Tode« (Brednich 1993, 117f.).

»Als ich 15 oder 16 Jahre alt war, war fülliges Haar groß in Mode. Es war fast wie ein Wettkampf, welches Mädchen das höchste Haar mit dem meisten Haarspray hatte. Eines Tages ging ich zum Beauty Shop, um mich frisieren zu lassen. Meine Friseuse erzählte mir die Geschichte, und sie schwor, dass sie einer Freundin ihrer Nichte wirklich passiert sei. – Es gab dieses Mädchen, dessen Haar so hoch aufgetürmt und so eingesprayt war, dass sie es nie niederlegte, kämmte oder wusch. Eines Tages fiel eine Spinne in ihr Haar. Als die kleinen Schwarzen Witwen geschlüpft waren, bissen sie ihr in die Kopfhaut, und sie starb. Ich hörte diese Story überall in Nord- und Südkalifornien« (Brunvand 1981, 77 – eigene Übersetzung, B.R.; dgl. Mikkelson und Mikkelson 2000b, http://www).

Hochtoupierte Frisuren waren in den 50er Jahren modern. Der Krieg war überstanden, der Lebensstandard nahm zu, man konnte sich mehr leisten als je zuvor und wollte das auch nach außen zeigen. Die Gleichberechtigung zwischen Mann und Frau war indes wenig entwickelt und die traditionelle Rollenverteilung noch stärker im Bewußtsein der Menschen verankert als gegenwärtig. Es wurde großer Wert auf das Äußere gelegt, wofür die Pflege der Kopfhaare eine gute Möglichkeit bot und bietet. Durch die Hochfrisur wirkt man weniger klein, der Größenunterschied gegenüber dem Mann ist geringer, ähnlich wie man es »von unten« durch Stöckelschuhe erreichen kann. Außerdem erscheint man attraktiver und mächtiger, zumal üppiger Haarwuchs seit jeher als Ausdruck der Lebenskraft gilt. Bezeichnenderweise spricht die Frau in Brunvands Variante von einem Wettkampf zwischen den jungen Mädchen um die höchste Frisur.

Da Sagen von konservativem Gehalt sind, erhebt auch diese Geschichte ihren mahnenden Zeigefinger, um zu demonstrieren, was passiert, wenn man zu hoch hinaus will: Man geht elendiglich zugrunde. Es ist darüber hinaus eine Geschichte wider die Eitelkeit und den Schein sowie ein Plädoyer für Hygiene. Das schöne Äußere, auf das so viel Mühe verwendet wird, ist nur Blendung, denn das Innere ist verdorben. Ähnlich wie sich im vernachlässigten Herrgottswinkel eine giftige Spinne ansiedelt oder im verlassenen Stall böse Geister einnisten, macht sich hier das Ungeziefer in der Hochfrisur breit, weil dessen innere Pflege vernachlässigt wird.

Ebenfalls traditionell ist, in Brednichs Variante, das Motiv der Gehirnspinne, von dem unter anderem im Kapitel über Volksmedizin die Rede war. Ob das Tier in den Kopf hineingeht, um sich von Hirnflüssigkeit zu ernähren, oder ob es sie aussaugt bzw. die auslaufende Flüssigkeit aufnimmt, geht zwar aus dem Text nicht klar hervor, doch die Gemeinsamkeit mit dem alten Motiv besteht in der direkten Schädigung des Hirns durch Manipulationen im Kopfbereich. Die Geschichte drückt daneben auch existentielle Ängste aus, nämlich verrückt oder debil zu werden, und zwar durch eine unheimliche Macht, vor der es kein Entrinnen gibt. Das entspricht in gewisser Weise medizinischer Erfahrung, weil eine Vielzahl zerebraler Erkrankungen bleibende Schäden verursacht oder progressiven Charakter hat (vgl. Rieken 1995, 198f.).

Dass sich Spinnen im Haar verfangen, ist möglich, dass sie jedoch, wie es bei Brednich heißt, ein Loch in den Schädel beißen, keineswegs, denn ihre Cheliceren sind dafür nicht ausgelegt. Brunvands Variante klingt auf den ersten Blick wahrscheinlicher, denn bei ihm sind es zum einen besonders gefährliche Spinnen – Schwarze Witwen –, und zum anderen fressen sie sich nicht bis ins Gehirn durch, sondern beißen schlicht und einfach nur zu. Allerdings sind es »Baby Black Widows«, und in Anbetracht ihrer Kleinheit bleibt nichts anderes übrig, als auch dieser Variante den Stempel »erfunden« aufzudrücken.

Etwas anderes kann hingegen einen realen Hintergrund haben, nämlich die bei Brednich erwähnten Kopfschmerzen. Auch wenn sie im Text auf das Wirken der Spinne zurückgeführt werden, kann man sie ganz pragmatisch im Zusammenhang mit der Hochfrisur sehen. Die Haare müssen straff sitzen und können deshalb Irritationen der Kopfhaut auslösen. Außerdem braucht man Tag für Tag »eine ordentliche Menge Haarspray«, damit die Frisur gut sitzt. Möglicherweise wird es von der Frau nicht vertragen, und sie reagiert mit Kopfschmerzen, wobei man auch bedenken sollte, dass in Sprays früher wesentlich giftigere Substanzen enthalten waren als heute – Substanzen, die wahrscheinlich so schädlich waren, dass sie mancher »Giftspinne« zur Ehre gereicht hätten!

Spätere Varianten der Erzählung beziehen sich allgemein auf Frauen oder Männer mit ungepflegten Haaren, wobei das Ende nicht immer tödlich ist (Mikkelson und Mikkelson 2000b, http://www; Redman 1999a, http://www; vgl. Brunvand 1981, 80f.). Sie stehen stärker im Kontext der Verwahrlosung, können aber auch als Ausdruck des Protestes angesehen werden, wie es von der Hippie- oder Punkbewegung bekannt ist.

> Einem jungen Mann mit Rastazöpfen (»dread locks«) beginnt die Kopfhaut auf unerträgliche Weise zu jucken. Als er es nicht mehr aushält, geht er zu einer Friseuse. Sie erklärt ihm, sie müsse ihm fast alle Haare abschneiden; voller Bedauern stimmt er zu. Nachdem sie ihre Arbeit beendet hat, entdecken sie ein Spinnennest, das für den Juckreiz verantwortlich war (Redman 1999a, http://www).

Wenn, wie es in den beiden ersten Geschichten der Fall ist, die Spinne im Haupthaar einen Menschen zu töten vermag, liegt der Gedanke nicht allzu fern, sie als Mordwaffe einzusetzen. Bei Helmut Fischer ist eine Geschichte verzeichnet, in der eine Friseuse von ihrem Freund kurz vor der Hochzeit verlassen wird, weil er sich für eine andere entscheidet.

>>Und dieses Mädchen hatte es so gedreht, dass sie zum Frisieren der Braut geladen wurde, am Hochzeitstag, und hat in ihre Haarkrone, die sehr kunstvoll war, einen Skorpion eingebaut, also fast schon eine Spinne. Und während der Trauungszeremonie, wurde gesagt, aber es ist wohl ein paar Tage später gewesen... sie ist an dem Biss des Skorpions gestorben<< (1991, 72).

Das alte Lied: Liebe verkehrt sich in Hass, Festesfreude in Leid. Eine ähnliche Geschichte, jedoch aus einer ganz anderen Kultur, hat die Deutsche Presseagentur in einer Meldung verbreitet, die man auch im Internet findet. Es geht darin um ein 20-jähriges Mädchen aus dem Jemen, das ein Moslem als seine zweite Frau ehelichen möchte. Die ältere erste Frau ist eifersüchtig und legt ihr mit Hilfe eines Friseurs einen giftigen Skorpion in das Kopfhaar. Daraufhin stirbt sie an 24 Bissen (Mikkelson und Mikkelson 2000c, http://www).

Bei all den Geschichten mit tödlichem Ausgang soll nicht verschwiegen werden, dass auch humoristisch gefärbte Erzählungen vorhanden sind. Die Grundsituation ist folgende:

Eine Frau ist beim Hausputz und Wäschewaschen. Als sie die Kleider in die Waschmaschine hineingibt, entledigt sie sich auch dessen, was sie am Körper trägt. Dann erblickt sie den Football-Helm ihres Sohnes und setzt ihn kurzerhand auf. Nun läutet es an der Tür, und nackt, wie sie ist, öffnet sie. Es ist der Gasmann. Er starrt sie an, schaut auf den Helm und sagt: >>Ich hoffe, ihr Team gewinnt, Lady<<. – Diese Geschichte existiert in der Variante, dass die nackte Frau in den Keller gehen möchte, aber zuvor den Football-Helm ihres Sohnes aufsetzt, weil sie dort unten ein Spinnennetz gesehen hat und nicht Gefahr laufen möchte, dass es sich in ihrem Haar verfängt (Mikkelson und Mikkelson 2000d, http://www).

Im Gegensatz zu den vorigen Erzählungen kommt die Frau erst gar nicht mit der Spinne in Berührung, und ein tödlicher Ausgang würde auch gar nicht zu dem schwankhaften bzw. witzigen Gehalt der Ausgangssituation passen. Diese thematisiert verdrängte exhibitionistische und voyeuristische Bedürfnisse, die durch eine pikante Note, den Football-Helm des Sohnes, noch verstärkt werden – durch den Reiz des Gegensätzlichen: Zum einen trägt sie im Innenraum völlig nackt, das heißt ungeschützt, ein Accessoire, das eigentlich ein unverzichtbarer Bestandteil des rauen Wettkampfes auf dem offenen Spielfeld ist. Um ihren erotischen Impulsen Ausdruck zu verleihen, verwendet sie zum anderen ausgerechnet einen Gegenstand, der ihrem >>unschuldigen<< Kind gehört, was durchaus Rückschlüsse auf geheime inzestuöse Bedürfnisse in der amerikanischen Kleinfamilie zulässt. Und drittens bilden beide Hauptfiguren einen Gegensatz, nämlich der >>gewöhnliche<< Gasmann und die von ihm so titulierte >>Lady<<.

Mit der folgenden Geschichte, die ebenfalls zu den Klassikern gehört, verlassen wir die Erzählungen vom Typus >> Spinne im Haardutt<<:

>>Eine Tante des Aufzeichners beteuert, dass der Schwester eines Freundes Folgendes passiert sei: Die Frau hatte in einem afrikanischen Land Urlaub gemacht. Sie wurde von einem Insekt gestochen. Der Stich entwickelte sich erst langsam zu einem kleinen Pi-

ckel, der aber nach ihrer Rückkehr stetig wuchs. Schließlich hatte er die Größe eines Furunkels erreicht. Da diese Dame Ärzte tunlichst meidet, versuchte sie mit Cremes und Gelees, diesen Furunkel zu behandeln. Dann, eines Morgens, stand sie auf, ging ins Bad, schaute in den Spiegel, drückte ein wenig an ihrem Furunkel, der plötzlich aufsprang: Eklige, kleine, schwarze Spinnen krochen hervor. Die Frau bekam einen hysterischen Anfall und wurde ohnmächtig im Bad gefunden« (Brednich 1990, 63f.; dgl. Brunvand 1988, 76f.; Fischer 1989, 33; ders. 1991, 69f.; Klintberg 1985, 279f.; ders. 1992, 89-92; Mikkelson und Mikkelson 1999b, http://www; Scott 1996, 26).

Die Grundsituation ist immer gleich: Eine Frau fährt in südliche Gefilde – Florida, Mexiko, Südamerika, Spanien, Afrika oder Indien – und kehrt mit einer »Beule«, zurück, die sich als Spinnennest entpuppt. Manchmal kommt das Opfer mit dem Schrecken oder einem Schock davon, manchmal aber wird es verrückt oder stirbt sogar.

Spinnen legen ihre Eier nicht frei ab; sie werden in Spinnfäden eingehüllt, wobei manche nur wenige Fäden verwenden, andere hingegen zum Teil aufwendige Kokons herstellen. Dann werden sie in einem Gespinst aufgehängt, mitunter auch umhergetragen, selten vergraben – nie jedoch einem fremden Lebewesen unter die Haut gelegt (vgl. Bellmann 1984, 18; ders. 1997, 26; Heimer 1997, 118f.). Die parasitäre Lebensweise wäre etwas ganz Ungewöhnliches bei Spinnen, wie mir der Arachnologe des Naturhistorischen Museums in Wien, Dr. Jürgen Gruber, bestätigt hat.

Wahrscheinlich liegt der Geschichte ein Analogieschluss zugrunde, weil Insekten existieren, die fremde Körper zur Eiablage verwenden, etwa die Dasselfliegen, welche ihre Larven in der Unterhaut des Rindes ablegen, aber auch in der von Hirschen, Rehen, Elchen oder Rentieren. Somit wird auf ein ähnliches Verhalten bei Spinnen geschlossen, zumal es sich stets um exotische Arten handelt, von denen man wenig weiß und denen man allerlei Bedrohliches zutraut. Darüber hinaus drückt die Erzählung die Angst vor einem unheimlichen Fremdkörper aus, der sein Eigenleben führt, stetig wächst und den Menschen unbemerkt schädigt, vergleichbar einem bösartigen Tumor und ähnlich wie jene *Spinne im Haardutt*, die sich ins Gehirn bohrt.

Immer sind Frauen die Betroffenen – das ist in Gotthelfs Erzählung nicht anders als in dieser modernen Sage. Liegt etwa auch hier »sündhaftes Verhalten« vor? Formulieren wir es so: Frauen reisen allein in exotische Gefilde und kommen mit befruchteten Eizellen zurück. »Der Teufelspakt, den sie eingehen«, schreibt Klintberg, »besteht darin, dass sie im Urlaub in südliche Länder reisen und dort dunkelhäutige, südländische Männer kennen lernen, mit denen sie ins Bett gehen. So werden sie zu einer Art moderne Hexen, die sich über die Moralgesetze der Männergesellschaft hinwegsetzen. Dafür müssen sie dann auch den Teufelskuss auf die Wange in Form des Spinnengeschwürs hinnehmen« (1992, 92).

Eine weitere, angeblich typisch weibliche Eigenschaft zeigt sich darin, dass die Beulen in verschiedenen Varianten der Erzählung dann aufplatzen, wenn die Betroffenen in den Spiegel schauen. Dieser ist ein Symbol der *vanitas*, das heißt der Eitelkeit, des Scheins und der Vergänglichkeit. Als Frau hat man in unserer Gesellschaft gut und gepflegt auszusehen, und in dem Moment, da sich die Protagonistin im Spiegel betrachtet, um sich eines prüfenden oder bewundernden Blickes zu unterziehen, bricht das grässliche Ungeziefer hervor und hinterlässt eine klaffende Wunde. Das Vanitas-Motiv mahnt an die Vergänglichkeit des irdischen Daseins und warnt uns davor, zu eitel zu sein, sich nicht mit verliebtem Blick im Spiegel zu betrachten. Damit stehen die Frauen allerdings vor der nahezu paradoxen Situation, sich einerseits schön machen zu müssen und andererseits nicht der Selbstliebe zu verfallen. Anscheinend können sie es drehen und wenden, wie sie wollen: Etwas machen sie immer falsch (vgl. auch Brednich 1990, 65; Klintberg 1992, 91f.).

Um Ängste, die mit dem Intimbereich zusammenhängen, geht es auch in der nächsten Urban Legend. Laut einem Artikel des »Journal of the United Medical Association« aus dem Jahre 1999 hat sich Folgendes ereignet:

> Innerhalb von fünf Tagen werden in Chicago nacheinander drei Frauen ins Spital gebracht, die die gleichen Symptome aufweisen: Fieber, Schüttelfrost, Erbrechen, Lähmung – und am Ende sterben sie allzumal, wobei durch die Autopsie eine Vergiftung festgestellt wird. Die Frauen kannten einander nicht und schienen nichts gemeinsam zu haben, außer dass sie alle kurz vor ihrem Tod dasselbe Restaurant besucht hatten, nämlich »Big Chappies« am Blare Airport. Die Gesundheitsbehörde untersucht daraufhin das Lokal, kann aber nichts Außergewöhnliches feststellen. Dann aber wird eine Kellnerin mit ähnlichen Symptomen ins Spital eingeliefert, die das Lokal nur aufgesucht hat, um auf das WC zu gehen. Ein Toxikologe untersucht es und entdeckt unter dem Toilettensitz eine kleine Spinne. Es handelt sich dabei um die »South American Blush Spider« (Arachnius gluteus), die aufgrund ihrer rötlichen Färbung so heißt. Ihr Gift ist extrem gefährlich, kann aber einige Tage benötigen, um seine Wirkung zu entfalten. Sie lebt im kalten, dunklen und feuchten Klima, und WC-Ränder scheinen dafür beste Voraussetzungen zu bieten. Einige Tage später wird ein Rechtsanwalt aus Los Angeles ins Spital eingeliefert. Bevor er stirbt, erzählt er dem Arzt, dass er, von New York kommend, in Chicago in ein anderes Flugzeug umsteigen musste, um heimzukehren. Zwar habe er nicht »Big Chappies« besucht, aber er weist, ähnlich wie die anderen Opfer, auf seiner rechten Gesäßhälfte eine punktierte Wunde auf. Nachprüfungen ergeben, dass das Flugzeug in Südamerika gestartet ist, weswegen die »Civilian Aeronautics Board« (CAB) eine sofortige Untersuchung der Toiletten aller Flugzeuge der betroffenen Fluggesellschaft anordnet. Dabei werden vier Spinnennester der »Blush Spider« gefunden, und es wird befürchtet, dass sich die Spinne mittlerweile überall im Land aufhält (Mikkelson und Mikkelson 1999c, http://www; vgl. Redman 1999b, http://www; hoaxbusters 1999, http://www).

Nicht zuletzt wegen der seriös wirkenden Hinweise auf eine medizinische Fachzeitschrift, auf Institutionen und auf die Lebensweise der Spinne klingt die Geschichte überzeugend – und dennoch ist sie erfunden. Es existiert keine Spinne namens »Arachnius gluteus«; südamerikanische Giftspinnen sind allzumal bekannt, nämlich Phoneutria- und Loxoscelesarten, Schwarze Witwen und die sechsäugige Krabbenspinne (Sicarius). Es existiert auch kein »Journal of the *United* Medical Association«, sondern nur das »Journal of the *American* Medical Association«, und genauso wenig gibt es das »*Civilian* Aeronautics Board«;

zwar existierte das »*Civil* Aeronautics Board«, aber diese Institution wurde bereits 1984 aufgelöst. Und ein Lokal mit dem Namen »Big Chappies« findet man ebenso vergebens wie den »Blaire Airport« in Chicago, denn er heißt in Wirklichkeit »O'Hare Airport«.

In Anbetracht des Detailwissens, das sich der Urheber der Geschichte angeeignet haben muss, kann man vermuten, dass er die Internet-Gemeinde bewusst in die Irre führen wollte, um auf den fraglichen Realitätsgehalt vieler Urban Legends aufmerksam zu machen. Zwar wird die Geschichte zunächst einen großen Eindruck hinterlassen haben, doch angesichts der bloßen Namens*ähnlichkeiten* dürfte der Autor die baldige Aufdeckung des fiktiven Gehalts einkalkuliert haben, weswegen man die Geschichte als eine Metaerzählung betrachten kann.

Gut erdacht ist sie auf jeden Fall, weil sie intimste Ängste berührt. Zunächst handelt es sich bei öffentlichen WCs nicht um Orte, die man gerne aufsucht. Oft sind sie verdreckt, und es droht die Gefahr, sich eine ansteckende Krankheit zuzuziehen. Und dort, wo wir uns nackt und schutzlos präsentieren, um unsere Notdurft zu verrichten, werden wir gebissen, wo wir am empfindlichsten sind! In diesen Umkreis gehören auch Sagen, in denen jemand eine Zigarette ins WC wirft und sich schwerste Verbrennungen im Intimbereich zuzieht, weil sich in der Toilette eine explosive Substanz befindet (vgl. Brednich 1990, 117f.; Morscher 2001b, http://www). In dem Zusammenhang weist *Sagen.at* auf einen Artikel in der Sexzeitschrift *Coupé* mit dem folgenden reißerischen Titel hin: »Auf der Toilette biss sich eine blutgierige Schlange zischend an meiner Scheide fest«. *Sagen.at* schreibt dazu:

> »Die Zeitschrift ›Coupé‹ appelliert an die Leser in der Ausgabe 09/2000, einen schweren Gegenstand auf dem geschlossenen Klodeckel zu deponieren bzw. vor jeder Benutzung das Becken gründlich mit einer Taschenlampe zu inspizieren. Wegen der vielen Ratten würden fleischfressende Reptilien, vor allem die giftige Kreuzotter, besonders auch Toilettenbenutzer attackieren. Zudem wird auf die Reptiliengefahr beim warmen Bad aufmerksam gemacht. Die Zeitschrift schildert ausführlich tragische Schicksale, von Lähmungen im Intimbereich bis zu Todesfällen« (Morscher 2001c, http://www).

Ich möchte gar nicht zur Gänze ausschließen, dass sich Ratten in WCs verirren können, denn sie sind gute Schwimmer und vermögen längere Strecken gut zu durchtauchen, aber für Schlangen wäre das ein vollkommen untypisches Verhalten. Außerdem beißen sie sich nicht fest, sondern kurz zu, um Gift zu injizieren, und lassen dann wieder los. Der Artikel aus *Coupé* ist als Projektion verdrängter Ängste, aber auch Wünsche zu verstehen, denn er thematisiert nicht nur Kastrations- und andere Verletzungsängste, sondern bringt auch sadomasochistische Bedürfnisse zum Ausdruck, da auf manche Zeitgenossen schmerzhafte Stimulierungen im Genitalbereich, die bis an oder über die Grenze der Zerstörung gehen, erotisierend wirken. Darüber hinaus kommen Ängste, die mit Ansteckungsgefahren zusammenhängen, zum Ausdruck (Hepatitis C, HI-Virus etc.), denn schließlich sind es gefährliche Substanzen, welche die »Blush Spider« oder die »zischende, blutgierige Schlange« injizieren.

Es soll nicht ausgeschlossen werden, dass man auf »stillen Örtchen« mitunter Spinnen begegnet, wenngleich nicht, wie es in der Internet-Meldung heißt, in Flugzeugen oder Restaurants, denn dort würde ihnen bereits durch die Chemikalien der Garaus gemacht werden, aber bei Plumpsklos oder WCs im Freien ist das möglich. In einem Lied des Sängers Slim Newton heißt es etwa:

> »There was a Redback (Spider) on the toilet seat when I was there last night. I didn't see him in the dark but, boy, I felt his bite« (Queensland Museum 2000a, http://www).

Die »Redback« gehört zu den gefährlichen Arten der Schwarzen Witwe und ist in Australien weit verbreitet. Sie scheint Orte zu bevorzugen, bei denen der äußere Teil des Netzes dem Sonnenlicht ausgesetzt ist, während der innere kühl und dunkel gelegen ist. Sie sitzt etwa unter Fensterbrettern und Dachrinnen, in den Winkeln von Türen und Fenstern, zwischen Topfpflanzen – und unter den Sitzen von Außen-WCs. Auch wenn der Song von Slim Newton etwas anderes suggeriert: Gefährlich werden nur die Weibchen, denn die Männchen sind zu klein, um zubeißen zu können (Queensland Museum 2000a; 2000b; 2000c, http://www).

5.1.6 *Die Spinne im Staubsauger*

Nach all den hautnahen Begegnungen wollen wir uns nun einer Geschichte zuwenden, in der es gar nicht erst zum Kontakt mit der Spinne kommt, weil versucht wird, sie mit Hilfe eines technischen Gerätes unschädlich zu machen.

> »Eine ältere Frau brachte eines Tages eine Tüte voller Einzelteile zu einem Elektromeister mit der Bitte, ihr den defekten ›Staubsauger‹ zu reparieren. Der perplexe Meister begutachtete die Teile und wollte wissen, wie man einen Staubsauger derart in seine Einzelteile zerlegen kann. Darauf berichtete die Frau Folgendes: Sie habe in ihrer Wohnung eine große Spinne an der Decke gesehen und diese, da sie sich vor ihr fürchtete, mit dem Staubsauger abgesaugt. Nun habe sie aber Angst bekommen, die Spinne könnte wieder aus dem Staubsauger herauskriechen, sobald sie das Gerät abschalte. Sie habe deshalb die Spinne töten wollen, aber wie? Bei dem Stichwort ›töten‹ seien ihr mehrere Möglichkeiten durch den Kopf gegangen: a) Gift, b) Ertränken, c) Vergasen. Da a) und b) ausschieden, habe sie sich für die Variante c) entschieden (an dieser Stelle der Erzählung soll der Elektromeister schon am Boden gelegen haben). Sie habe also den Gashahn des Herdes geöffnet und das Ansaugrohr des Staubsaugers direkt auf die Gasdüse gerichtet. Als sie wieder zum Bewusstsein gekommen sei, habe sie nur noch den Griff des Staubsaugers in der Hand gehabt, die Spinne sei aber tot gewesen« (Brednich 1993, 118f.).

Die Geschichte ist eher ein Schwank als eine Sage, da sie das Vorurteil, Frauen hätten kein Verständnis für Technik, auf humorvolle Art bestärkt. Weder weiß die ältere Dame um die Gefährlichkeit des Gases, noch ist ihr klar, dass ein explodierter Staubsauger nichts anderes als schrottreif ist. Allerdings ist die Erzählung nicht ausschließlich von komischem Gehalt, denn die »Vergasung« von »Ungeziefer« weckt Erinnerungen an so genannte Endlösungen aus vergangener Zeit und macht deutlich, von welch panischer Angst die Frau ergriffen sein muss. Aufsaugen reicht nicht, denn das Untier könnte wieder herauskriechen und ihr Aug' in Aug' gegenüberstehen. Die Berührungsängste sind auch Ausdruck der Entfremdung des westlichen Menschen von der Natur, zumal der Gebrauch technischer Geräte immer auch Einbuße an Unmittelbarkeit bedeutet, wie es etwa beim Blick durch den Fotoapparat oder aus dem Auto der Fall ist. Durch die Distanz kommt die Frau gar nicht auf die Idee, dass sie mit Kanonen auf Spatzen schießt. In der nächsten Geschichte ist es nicht viel anders.

> »Im Pyjama auf Großwildjagd zu gehen, überfordert uns. Groß war sie. Die Spinne, die heute früh neben unserer Schlafzimmertür an der Wand saß. Ob sie wild war, konnten wir nicht beurteilen. Wir trafen sie in Lauerstellung, schien uns. Fetter, schwarzer Körper, haarige Beine. Harrijasses. Wild machen durch versuchten Totschlag per Feudel wollten wir sie auch nicht. Aber loswerden. Mit 'ner Spinne teilen wir nicht das Schlafzimmer. Der, mit dem wir das Schlafzimmer teilen, konnte uns auch nicht retten. War schon zur Arbeit. Fand allerdings, telefonisch um Hilfe gebeten, Frauen, die emanzipiert sind, müssen auch unliebsame Mitbewohner rausschmeißen können. Zaghaft griffen wir zum Staubsauger. Aber dann hätten wir so dicht rangemusst. Statt dessen haben wir die Nachbarin, ebenfalls noch im Nachtgewande, rausgeklingelt. Die hat es dann getan. Frauen sind mutig und tüchtig. Jede auf einem anderen Gebiet« (Ostfriesen Zeitung, 26.04.2001, 15).

In diesem Beispiel ist die Angst noch größer als im vorangegangenen, weil die Länge des Staubsaugerrohrs als zu geringe Distanz gegenüber der Spinne empfunden wird. Die »ältere Dame« in Brednichs Sammlung ist demnach mutiger als die »emanzipierte« Journalistin aus dem Ostfriesischen. Diese fühlt sich besonders klein gegenüber dem »Großwild«, das sie bedroht. Stilistisch sucht sie Schutz im Geborgenheit spendenden »wir«, und der Telegrammstil einiger Sätze kann möglicherweise Ausdruck einer untergebenen Haltung sein, ähnlich wie es bei Soldaten der Fall ist, die ihren Vorgesetzten mit knappen Worten und in kurzen Sätzen Rapport erstatten. Im Gegensatz zur ersten Geschichte und ähnlich wie in der *Yucca-Palme* sieht sich die Protagonistin außerstande, selber gegen das Untier vorzugehen, denn erst ruft sie ihren Mann an und holt dann, weil dieser nicht kommt, ihre Nachbarin, um die Spinne mit Hilfe des Staubsaugers zu »erlegen«. Der Hinweis von Seiten ihres Angetrauten, dass emanzipierte Frauen derartigen Situationen »Herr« werden müssten, erzählt etwas von der Ambivalenz moderner Beziehungen und zeigt darüber hinaus, dass die Journalistin, wenn es Ernst wird und Ängste aktiviert sind, in alte, bekannte und vertraute Rollenmuster zurückfällt. Vielleicht hat ihre »große Mutter« schon immer gewusst, dass es mit ihrer Selbstständigkeit nicht weit her ist. – Immerhin: Sie berichtet davon in ihrer Zeitung, und das Eingeständnis eigener Schwächen ist stets auch ein Ausdruck von Stärke. Schließlich soll der Text unterhalten; der Leser soll schmunzeln, und das kann er, weil indirekt die Unangemessenheit der Ängste gegenüber Spinnen thematisiert wird: Von »Großwildjagd« ist die Rede, von »Lauerstellung« und vom »Wildmachen« – all das sind Ausdrücke, die eher an ein bedrohliches Raubtier denken lassen als an eine kleine Spinne, die im Schlafzimmer ihr Dasein fristet. Insofern ist dieser Text vom gleichen schwankhaften Gehalt wie der vorige und keine ernsthafte Sage. Und dennoch: Die Journalistin weiß zwar um die Irrationalität ihrer Ängste, aber sie verschwinden deswegen nicht. Nähe muss um jeden Preis vermieden werden. Im ersten Beispiel ist es die Befürchtung, die Spinne könnte, nachdem sie aufgesaugt ist, wieder herauskrabbeln und der älteren Dame wie zum Duell gegenüberstehen, hier ist es die Angst, das Tier würde »durch versuchten Totschlag per Feudel« wild und erst recht gefährlich werden. Damit bringen die Erzählungen indirekt das schlechte Gewissen gegenüber dem Umgang mit der Natur zum Ausdruck: Irgendwann könnte sie sich, wenn wir es zu weit treiben, erheben und fürchterliche Rache nehmen.

5.1.7 Spinnengeschichten aus mündlichen Quellen

Mein Interesse an Spinnen hat es mit sich gebracht, dass mir verschiedene Personen, denen ich begegnet bin, diesbezügliche Geschichten erzählt haben, die sie von anderen gehört oder selber erlebt haben. Zwei davon – über den bissigen Dornfinger-Verwandten meines Buchhändlers und über die Brown Recluse Spider des amerikanischen Freundes – wurden bereits in anderen Zusammenhängen erwähnt und brauchen hier nicht noch einmal zitiert zu werden. Es sind Geschichten, die originell sind bzw. durch ihre spannende Handlung für sich sprechen. Beginnen möchte ich mit einer Erzählung, die zwar zu den Standardthemen zählt, aber zumeist recht kurz abgehandelt wird, nämlich die Begegnung mit einer Spinne in der Bananenkiste. Sie stammt von Elisabeth Kreuzwieser, einer 23-jährigen Volkskunde-Studentin aus Wien, die als Hörerin an einer Vorlesung über Erzählforschung teilgenommen hat, die ich im Wintersemester 2000/2001 gehalten habe. In der schriftlichen Prüfung wurde unter anderem ein Vergleich zweier Spinnensagen verlangt, und bei der Gelegenheit hat Frau Kreuzwieser berichtet, dass sie auch einmal ein aufregendes Erlebnis mit dem Tier gehabt hatte. Ich habe sie daraufhin ersucht, mir die Geschichte per E-Mail mitzuteilen:

> »Um Geld für diverse Urlaubsfahrten zu verdienen, arbeitete ich mehrere Jahre hindurch in den Sommerferien bei der Fruchtimportfirma Bruno Melchart in Aschach/Donau. Es handelte sich nicht wirklich um eine angenehme Arbeit, doch die Firma lag in der Nähe meines Heimatortes und bot sich somit für mich zur Ferialtätigkeit an. Im Schichtbetrieb hatte man täglich acht Stunden lang, in einer kühlen Halle stehend, Bananen für den Versand an Lebensmittelgeschäfte vorzubereiten, was folgendermaßen verlief: Auf Paletten wurden in Schachteln verpackte Bananen aus den Kühlräumen zu einer Maschine gebracht, an welcher vier Arbeiter beschäftigt waren. Die Aufgabe einer Person war es, die einzelnen Bananenbündel aus den Kartons herauszunehmen und auf ein Förderband zu legen, wo sie abgewogen und von einer weiteren Person mit einem Klebeetikett (mit Gewichts- und Preisangabe) versehen wurden. Diese etikettierten Bananen wurden dann von zwei weiteren Arbeitern wieder in Schachteln verpackt und diese gestapelt.
>
> In erster Linie arbeiten in dieser Firma Männer aus dem Kosovo und aus exjugoslawischen Staaten. Wenn nun in den Ferien einige FerialpraktikantInnen zu dieser

Truppe dazustießen, wurden diese meist zwischen 15- und 18-jährigen Mädchen und Burschen mit vielen Geschichten konfrontiert und zu mancherlei Späßen herangezogen. Mir jedenfalls ist es so ergangen, und es hat dann auch wirklich zwei bis drei Jahre gedauert, bis ich gewissermaßen ein ernst genommenes Mitglied in dieser Arbeitsgruppe war.

Schon einige Male hatten die Männer von exotischen Tieren wie Schmetterlingen oder Vogelspinnen erzählt, die angeblich in Bananenschachteln aus südamerikanischen Ländern mitgeliefert worden waren. Eigentlich habe ich diese Geschichten nicht wirklich geglaubt, obschon mir ein wenig mulmig zumute wurde, da ich selber nicht gerade ein Liebhaber von kreuchenden und fleuchenden Insekten bin.

Im Sommer 1998, dem letzten übrigens, in dem ich dort arbeitete, war ich wieder einmal diejenige, die ›auflegte‹, also das Förderband mit Bananennachschub versorgte – wir wechselten immer im Vier-Stunden-Rhythmus. Die Tätigkeit des ›Bananen-aus-der-Schachtel-Nehmens-und-aufs-Förderband-Legens‹ ist eine, die nicht gerade allerhöchste Aufmerksamkeit verlangt – sie eignete sich sehr gut, um die Gedanken schweifen zu lassen. Wie ich den folgenden Moment dann genau erlebt habe, weiß ich nicht mehr. Ich erinnere mich nur, dass ich aus den Augenwinkeln eine dunkle Bewegung im Karton vor mir wahrnahm – und dass ich dann in hysterischer Manier loskreischte... Auf einem Bündel Bananen bewegte sich träge, da wahrscheinlich stark unterkühlt, eine etwa handtellergroße Vogelspinne mit pelzigem Körper. Mein Schrei hatte gleich mehrere Mitarbeiter angelockt, die nun in der Absicht kamen, die Ursache desselben zu ergründen. Die meisten schienen diesem Vorfall keine große Bedeutung beizumessen, da sie sich, nachdem sie mich ob meiner Angst kurz verspottet hatten, wieder an ihre Arbeitsplätze begaben. Einer meiner Mitarbeiter nahm dann – recht souverän und mutig – ein Kartonstück und ein Stück Holz und beförderte die Spinne mit diesen Hilfsgeräten kurzerhand in eine nebenstehende Blechtonne, die teilweise schon mit Gerümpel gefüllt war. Dies war nicht unbedingt eine fachgerechte Entsorgung, vor allem auch deswegen, weil die Spinne, nachdem man dem Schichtbetreuer vom Vorfall berichtet hatte und dieser einen Blick auf das exotische Tier werfen wollte, nicht mehr aufzufinden war.

Die verbleibende Zeit bei der Firma Melchart hatte ich dann mit zwangsvorstellungsähnlichen Ängsten und Visionen zu kämpfen, da ich überall Spinnen zu sehen vermeinte – dies wurde noch zusätzlich von meinen Arbeitskollegen ausgenutzt, die auf geschickte Art und Weise meine Spinnenangst für diverse Späße zu verwenden wussten. Begegnet bin ich dieser Vogelspinne aber nicht mehr, worüber ich auch recht froh bin« (E-Mail vom 02.03.2001).

Im Unterschied zu den anderen Geschichten, welche von Spinnen in Bananenkisten handeln, spielt die vorliegende Erzählung sich nicht im Supermarkt ab, sondern gewissermaßen an der Nahtstelle zwischen fremder und vertrauter Welt. Diese ist charakterisiert durch die unmittelbare Nähe zum Heimatort der Studentin, jene durch die Gegebenheiten der Importfirma, etwa die Kühlräume, die Fruchtkisten aus exotischen Ländern und nicht zuletzt durch die Männer vom Balkan, die mit der damaligen Schülerin ihre Späße treiben, indem sie sie etwa mit Geschichten über exotische Lebewesen aufziehen. Ihre Einstellung dazu ist ambivalent, ein Hinweis, durch den der nun folgende Hauptteil quasi vorbereitet wird: Eigentlich glaubt sie nicht daran, aber... Gesteigert wird die Spannung noch durch die Bemerkung, dass der Sommer 1998 der letzte war, in dem sie dort gearbeitet hat, denn nun wartet man wirklich darauf, dass noch etwas Dramatisches passiert. Ihre Reaktion auf die Begegnung mit der Vogelspinne ist sozusagen rollenkonform und fügt sich in die Erwartungshaltung der Männer ein, zumal diese solchen Begegnungen bereits mit Abgebrühtheit begegnen. Die Art, wie der beherzte Arbeiter mit der Spinne umgeht, entspricht der Vorstellung, welche man vom Umgang der Südeuropäer mit Tieren hat: Sie werden von ihnen eher als Dinge und weniger als Lebewesen betrachtet. Interessant ist vor allem der Schluss der Erzählung, denn er entspricht zur Gänze dem Bild, das die Sage von der Welt entwirft: Sie ist gekennzeichnet durch Brüchigkeit und Gefährdungen; Sicherheit existiert nicht, denn es besteht die Möglichkeit, dass sich die handtellergroße Vogelspinne irgendwo, mitten in Oberösterreich, herumtreibt. Es ist daher eine Geschichte mit nur bedingtem Happy End.

Ebenfalls in Oberösterreich, in Aschach an der Donau, das 30 Kilometer von Wels entfernt liegt, spielt die nächste Geschichte. Sie wurde mir während eines vorweihnachtlichen Treffens mit Freunden erzählt.

»Meine Cousine und ich waren vor circa neun Jahren in Aschach in einem ebenerdigen Caféhaus nahe der Donau. Es war sehr voll, und draußen hat es geregnet. Plötzlich ist eine sehr große, behaarte Spinne aufgetaucht und durch das Lokal spaziert. In meiner Erinnerung wird sie immer größer, aber in Wirklichkeit war sie wohl fünf bis sechs Zentimeter groß und hatte ziemlich dicke Beine, wahrscheinlich ein exotisches Exemplar. Jedenfalls haben dann einige Leute losgekreischt, hauptsächlich Frauen, aber auch einige Männer, und haben teilweise die Füße auf die Bänke gelegt. In Abständen ist die Spinne immer wieder aus einer Ecke aufgetaucht, durchs Lokal gerannt und in einer anderen Ecke verschwunden. Dann haben einige Leute den Chef gerufen und ihm gesagt, es sei eine große Spinne im Lokal. Doch er hat das nicht geglaubt, weil er sie nicht gesehen hat. Die Leute haben dann nach und nach gezahlt, und das Lokal, das anfangs noch bumvoll war, hat sich mehr und mehr geleert. Das war im Grunde die Geschichte.

Wir sind dann noch zu fünft oder sechst im Lokal gesessen, alle mit den Beinen auf den Sesseln, und haben uns amüsiert und gesagt: Vielleicht lässt der Chef die Spinne durch das Lokal gehen, damit die Leute endlich verschwinden – ich habe sie daher ›Sperrstunden-Spinne‹ genannt. Die andere Überlegung war, dass jemand mit der Spinne am Rücken hinausgeht und alle das sehen. Wir haben uns noch den ganzen Abend lang Spinnengeschichten erzählt, und ich hatte Angst, dass, wenn ich die Handtasche zu Hause öffne, die Spinne da drin sitzt« (mitgeteilt am 01.12.2000 von Regina Köck, Hauptschullehrerin in Wien, 33 Jahre alt).

Eine Geschichte an der Grenze zwischen Sage und Schwank, denn einerseits haben wir es mit einem unheimlichen Lebewesen zu tun, andererseits mit übersteigert wirkenden Reaktionen auf Seiten der Caféhaus-Besucher, einem verständnislos scheinenden Wirt und den scherzhaften Bemerkungen der bis zuletzt ausharrenden Gruppe. Die abschließende Bemerkung der Erzählerin, sie habe Angst davor gehabt, dass die Spinne sich möglicherweise in ihre Handtasche eingeschlichen habe, macht dann aber doch die mit einer Sage verbundenen Angstgefühle deutlich und zeigt, dass Humor mitunter ein geeignetes Mittel ist, um jene zu überspielen, zumal wenn entsprechende Interaktionen im Rahmen einer Gruppe stattfinden. Um eine einheimische Spinne wird es sich wegen der

Größe des Tieres kaum gehandelt haben – vielleicht war es ja ein aus der Fruchtimportfirma der vorigen Geschichte »entsorgtes« Exemplar!

Die nächste Erzählung, eine Variante des *Spinnengeschwürs*, stammt von der Sekretärin des Institutes für Volkskunde der Universität Wien.

> »Eine Bekannte meiner Freundin arbeitet im Diözesan-Archiv in Wien. Dort erhielt sie einmal eine Weihnachtskrippe, die aus dem afrikanischen Raum stammte. Die Krippe war in Zeitungspapier eingewickelt. Beim Auspacken huschte ›irgend etwas‹ davon. Kurze Zeit später entdeckte sie eine kleine Wunde an ihrer Wade, die schmerzte und entzündet war. Der Arzt stellte einen kleinen Biss oder Stich fest und behandelte die Wunde mit den üblichen Medikamenten, die aber nichts nützten. Die Wunde wurde größer und tiefer. Schließlich schickte er sie in das Institut für Tropenmedizin. Nachdem sie dort untersucht worden war, erhielt sie folgende Auskunft: In Afrika gibt es eine kleine Spinne, die ihre Eier in der menschlichen Haut ablegt. Die Eier gelangen durch einen kaum spürbaren Stich mit einem Stachel unter die Haut und entwickeln sich dann dort. Es könnte sich bei ihrer Verletzung durchaus um so ein Spinnengelege gehandelt haben. Im Institut für Tropenmedizin fand man dann auch das richtige Medikament und konnte so die Verletzung erfolgreich behandeln« (mitgeteilt von Ilse Eisperger, 52 Jahre alt, am 15.02.2001).

Wegen der indirekten Art der Vermittlung (»Eine Bekannte meiner Freundin...«), die für eine Sage, wie wir wissen, typisch ist, habe ich die Gelegenheit beim Schopf gepackt und mir die Telefonnummer besagter Freundin geben und mir ihre Version erzählen lassen. Sie lautet folgendermaßen:

> »Der Beginn war, dass sie (= die Frau aus dem Diözesanarchiv, B.R.) mich vom Krankenhaus angerufen hat: Sie liegt im Spital, weil sie von einer Spinne gebissen worden ist. Sie hat geglaubt, es habe sie etwas gestochen, und zwar auf der Bahnfahrt von Nürnberg nach Wien, weil in ihrem Coupé jemand zugestiegen ist mit vollen Nylonsäcken, die er am Boden abgestellt hat. Vermutlich ist etwas aus den Säcken herausgekrochen, da diese nahe bei ihren Füßen gestanden sind. Aber davon war es nicht, denn sie hat am nächsten Tag eine holzgeschnitzte Weihnachtskrippe aus Uganda bekommen, die sie im Büro ausgepackt hat. In ihrer Neugierde hat sie das Verpackungsmaterial zu Boden geworfen und sich auf das Papier gestellt. Am Abend desselben Tages, es war vor Mitternacht, ist der Fuß angeschwollen, mit schwarz verfärbten Stellen und zwei Einstichstellen. Die Schmerzen haben schnell zugenommen und die Geschwulst sich vergrößert. Ein Spitalsaufenthalt wurde erwogen, aber auf die Morgenstunden verschoben. Dort wurden Untersuchungen durchgeführt und der Fuß mit Antibiotika behandelt. Das war nicht ungefährlich, denn die Krankheit hätte voranschreiten und der Fuß verloren gehen können, zumal die Ursache nicht klar war und man einen Abszess erwogen hatte. Meine Freundin erzählte dann dem Arzt die Geschichte von einem Fall in Afrika, wo einer Bekannten von ihr ein Fall zu Ohren kam von einem Spinnenbiss, bei dem eine Eiablage am Menschen stattgefunden hatte. Ein serologisches Institut wurde eingeschaltet, und das hat den Biss von einer in Afrika bekannten Spinne festgestellt. Von dieser Spinnenart weiß man, dass sie ihr Gelege unter der Haut von Gazellen ablegt, und auf diese Art dürfte es auch meiner Freundin passiert sein – gruselig, nicht wahr? Jedenfalls hatte der Arzt meiner Freundin zunächst zuwarten wollen, um den Abszess reifen zu lassen, doch nachdem er die Geschichte von ihrer Bekannten gehört hatte, hat er den vermeintlichen Abszess geöffnet: Das Gelege der Spinne wurde sichtbar und dann entfernt. Es waren 14 Tage Spitalsaufenthalt notwendig; Zehen und Ferse waren bereits

dunkel geworden, es bestand die Gefahr einer Sepsis« (am 20.06.2001 mitgeteilt von Maria Körbel, 70 Jahre alt, Antiquitätenhändlerin in Wien).

Als ich zu Frau Körbel kam, hatte ich naiverweise gehofft, dass sie mir die Geschichte ihrer Freundin aus der Erinnerung heraus mitteilt, doch da ich mich telefonisch angekündigt hatte, hat sie sich kurz vor unserem Termin mit ihr in Verbindung gesetzt, um sich die Geschichte noch einmal erzählen zu lassen, da sie bereits drei oder vier Jahre her war. Mein Anliegen wäre es gewesen, die Erzählung über drei Stufen hinweg zu verfolgen und die jeweiligen Versionen miteinander zu vergleichen, aber andererseits ist es klar, dass man, bevor man über etwas befragt wird, noch einmal diesbezügliche Informationen einholt. Jedenfalls habe ich dann von Frau Körbels Geschäft aus ihre Freundin angerufen, und sie hat mir im Großen und Ganzen dieselbe Geschichte erzählt. Sie fügte noch hinzu, dass die besagte Spinne in Uganda Antilopen befällt. Durch den Biss würden sie narkotisiert und gelähmt werden und dann dahinsiechen. Die Eier würden dann heranreifen, und wenn die Jungen groß genug seien, platze die Beule auf, und die Spinnen liefen heraus. Eine Freundin von ihr, die Chiropraktikerin sei – und damit nimmt sie Bezug auf Frau Körbels Geschichte in der Geschichte –, habe eine Bekannte, die in Afrika gewesen sei, und diese habe von dort einen Abszess mit nach Hause gebracht. Im Spiegel habe sie dann gesehen, wie er aufplatzt und ungefähr 40 oder 50 Spinnen herauskommen. Sie sei daraufhin verrückt geworden – eine Erzählung, die wir bereits von Brednich (1990, 63ff.), Klintberg (1992, 89-92) und anderen kennen.

Frau Eispergers Geschichte ist das letzte Glied in dieser Kette und damit, wie so oft, das kürzeste. Ihre Erzählung beschränkt sich auf das Wichtigste, ist im Großen und Ganzen eine Kurzform von Frau Körbels Version, wobei die Episode mit der Eisenbahnfahrt und die Geschichte in der Geschichte zur Gänze fehlen, denn diese sind für die Haupthandlung nicht von Bedeutung. Allerdings ist ein Detail anders, und zwar Frau Eispergers Hinweis, dass beim Auspacken der Weihnachtskrippe »irgend etwas« davonhuschte, denn davon hört man in der ausführlichen Variante nichts. Obgleich die erste Geschichte eher zusammenfassenden und damit verkürzenden Charakter hat, ist sie erweitert um eben dieses Detail. Und das hat mehrere Funktionen: Zum einen wirkt es spannungssteigernd, weil etwas Numinoses Einzug in den Alltag hält, und zum anderen bereitet es die folgenden Geschehnisse vor, indem es diese plausibel macht und als Erklärung derselben fungiert – zwar nicht im streng logischen Sinn, weil aus dem Tatbestand des »Irgend etwas« nicht zwingend die Existenz einer Spinne folgt, aber doch im Sinne von Wahrscheinlichkeit und möglicher Plausibilität.

Von den üblichen Varianten des »Spinnengeschwürs« unterscheiden sich diese in einem wichtigen Punkt: Das Opfer ist *nicht* in exotische Länder gereist, sondern hat etwas von dort zugeschickt bekommen. Daher lassen sich in dem Fall keine psychoanalytischen Deutungen anstellen, die allein reisende, junge Frauen in unbekannte Gegenden betreffen. Ganz im Gegenteil geht es um christliche Belange, weil eine handgeschnitzte *Weihnachtskrippe* aus Afrika an das

Wiener *Diözesanmuseum* adressiert ist. Und darin befindet sich eine tödliche Spinne. Das erinnert zum einen an die »Spinne im Herrgottswinkel« – allerdings mit dem Unterschied, dass dort die Vernachlässigung desselben ein wichtiges Motiv ist – und zum anderen an Erzählungen über eingeschleppte Tiere im Zusammenhang mit Lebensmittelimporten.

Ein weiterer Unterschied zu den gängigen Varianten des *Spinnengeschwürs* betrifft den Grad der Glaubwürdigkeit, denn in dem Fall sind es immerhin Ärzte, die das Vorhandensein von Spinnen unter der Haut bestätigen. Nun haben wir allerdings schon im Zusammenhang mit der Brown Recluse Spider gesehen, dass Ärzte mitunter allzu leichtfertig die Diagnose »Spinnenbiss« stellen; schließlich sind es Humanmediziner, nicht aber Veterinäre. Die parasitäre Lebensweise wäre bei Spinnen etwas höchst Ungewöhnliches; sie befestigen die Eier an geeigneter Stelle, sie tragen sie im Eikokon mit sich, sie vergraben sie auch, aber sie legen sie nicht unter der Haut ab. Das tun nur einige Insekten.

Mit der nun folgenden letzten Geschichte verlassen wir Europa, denn sie spielt in Kolumbien und hat hinsichtlich ihres Gehaltes eine gewisse Nähe zu den Naturvölkermärchen. Erzählt wurde sie mir von einem Gymnasiallehrer für Bildnerische Erziehung, der sich während seines Studiums zu Forschungszwecken in Südamerika aufgehalten hatte.

»Inés und Mauricio Alvarado Zarate lebten mit ihren beiden kleinen Töchtern schon etwa ein Jahr in der Landeshauptstadt des Vaupés, Mitú, einer Gemeinde mit circa 3600 Einwohnern und einem Indianeranteil von 45 Prozent. Während meiner Studienzeit in Bogotá lernte ich diese Familie kennen und hatte nun Gelegenheit zu einem Besuch.

Aufgrund meines Arbeitsfeldes über indigene Bildkultur ergaben sich eine Reihe interessanter Gespräche mit der einheimischen Bevölkerung, unter anderem natürlich auch mit meinen Gastgebern. Als wir eines Abends – der in den Tropen bekanntlich sehr früh beginnt – beim Essen saßen, verriet mir das verheißungsvolle Schmunzeln der beiden eine kleine Attraktion. Hinter meinem Rücken, hoch oben an der Wand, hatte sich ein handgroßes Spinnentier platziert. Mit dem instinktiven Respekt eines urbanen Europäers vor so viel Natur positionierte ich mich in Richtung Raummitte. Mauricio erklärte indes, dass diese unbehaarte Spinnenart keineswegs gefährlich sei und es sich im Übrigen um ihre Hausspinne handle, die bloß nachschauen gekommen sei, wer sich denn da der Gesellschaft angeschlossen habe. Dem Vernehmen nach handelte es sich um eine Kammspinnenimitation. Doch ich hätte schon Recht mit meiner Vorsicht, setzte er nach.

Die erste Zeit, als sie noch kein Haus hatten und in der einzigen Herberge des Ortes ein Zimmer mieten mussten, durften sie sehr früh mit einer der vielen Eigenarten des tropischen Regenwaldes Bekanntschaft machen. Die Unterkunft war sehr bescheiden ausgestattet, mit einem großem Bett, Kästchen und Schrank, aber dafür einer Duschkabine in einer der Ecken des Raumes, was in diesen Breiten eine Form von Luxus bedeutet. Verließ man das Zimmer, trat man sofort in den Schlamm der Straße. Durch die Türritze, vom Spritz- und Regenwasser morsch und ausgeweitet, dürfte eines Abends auch eine Spinne hereingelangt sein, welche zu den weniger friedvollen Vertretern ihrer Art zu zählen ist.

Der Beschreibung zufolge ähnlich ihrer nunmehrigen Mitbewohnerin, allerdings mit dem Unterschied einer ausgeprägten Körperbehaarung. Ihr Biss kann unter widrigen

Umständen tödlich sein, aber auf jeden Fall ist er ungemein schmerzvoll. Für Kleinkinder jedenfalls sehr gefährlich. Auch wenn für den Moment keine unmittelbare Gefahr bestand, so wollte man nicht die Nacht abwarten, bis das Spinnentier zu einer hätte werden können. Während Inés mit ihren Töchtern auf das Bett geflüchtet war, griff sich Mauricio einen Besen und versuchte den Achtbeiner aus dem Zimmer zu fegen. Töten wollte er das Tier nicht, da er Beschreibungen rund um seine Eigenarten bereits kannte. Zu den beliebtesten Geschichten, die ein Neuankömmling in dieser Region zu hören bekommt, zählt etwa die Meinung, dass diese Spinnenart ihren Partner auf Lebenszeit wählt. Gemeinsam würden sie auf die Jagd gehen, und sollte einem der beiden etwas widerfahren, suche der Hinterbliebene nach seinem Partner und nehme gegebenenfalls Rache. Ein ausgeprägter Charakterzug dieser Art sei es, leicht reizbar zu sein und entsprechend aggressives Verhalten zu entwickeln. Den Besenschwüngen entwich das Tier, indem es teils krabbelnd, teils springend in jenes Eck des Zimmers flüchtete, in welchem die Dusche installiert war. Hoch die Wand, noch ein Sprung und es gelangte auf den Brausekopf. Ein Badehandtuch sollte nun den Besen ersetzen und das Tier auf den Boden befördern. Solange wollte es aber nicht zuwarten und entschied sich seinerseits zum Angriff. Mit einem Satz sprang es Mauricio an, der es in erdenklich großem Schauer von seiner Brust streifte und schließlich, den ursprünglichen Vorsatz des Lebens-Erhaltens beiseite schiebend, den Absatz draufsetzte. Nun hieß es schnell handeln, keine Zeit zu vergeuden und sämtliche Spuren zu beseitigen. Auf die Schaufel, auf die Straße, auf den Benzinkanister und was übrig blieb, war neben einem Häufchen Asche ein einsames durch den tropischen Regenwald Südostkolumbiens irrendes Spinnentier, das sich sehr verlassen vorkam« (mitgeteilt per E-Mail von Mag. Robert Foltyn, 30 Jahre, am 23.04.2001; mündlich erzählt wurde mir die Geschichte bereits im Juni 2000 während eines Heurigenbesuches).

Der erste Teil der Geschichte, die Begegnung des Erzählers mit der »Hausspinne«, ist ein altes Motiv, das auch in Europa vorhanden ist und mit dem Begriff »Hausgeist« umschrieben wird. Es handelt sich dabei um »übernatürliche Schirmherren über Haus und Hof, Menschen, Tiere und Güter« (Lindig: Hausgeister. In: EM, Bd. 6, 1990, 610), deren Schutzwirkung allerdings mit diversen Verhaltensvorschriften einhergeht, die im Falle der Nichtbefolgung gerächt werden. Die Beziehung des Menschen zu ihnen ist daher von ambivalenter Natur, denn Hilfe ist immer auch mit Kontrolle verbunden. Der obige Text drückt das ebenfalls aus, wenn es heißt, die Hausspinne sei gekommen, um nachzuschauen, um wen es sich bei dem Fremden handelt. Und die Ambivalenz gegenüber dem Tier äußert sich darin, dass es zwar als nicht gefährlich bezeichnet, dem Gast aber gleichzeitig mitgeteilt wird, er habe Recht mit seiner Vorsicht gegenüber dem unerwarteten Beobachter. Der Ausdruck »Kammspinnenimitation« geht ebenfalls in diese Richtung, denn einerseits handelt es sich bei den Kammspinnen um besonders gefährliche Tiere, und andererseits ist es bloß eine »Imitation« und dazu noch vollkommen unbehaart, wobei doch Körperbehaarung stets ein Ausdruck von Macht und Stärke ist.

Die einleitende Geschichte fungiert als Kontrast zum Hauptteil der Erzählung, und das in verschiedener Hinsicht. Dem gemütlichen Beisammensein im Wohnhaus der Gastfamilie stehen die anfänglichen Wohnverhältnisse in einer zunächst noch fremden Umgebung gegenüber: Die Unterkunft besteht aus einem einzigen, spartanisch ausgestatteten ebenerdigen Zimmer, das direkt auf eine schlammige Straße führt. Die Eingangstür, die das Innere, den Ort des Schutzes und der Geborgenheit, vom Draußen trennen soll, ist morsch und löchrig, und durch eben diese Tür gelangt jene giftige Spinne ins Haus, die sich von der ersterwähnten durch ihre »ausgeprägte Körperbehaarung« und ihre Aggressivität unterscheidet. Die bekommt Mauricio Alvarado Zarate am eigenen Leibe zu spüren, denn bei dem Versuch, sie mit Hilfe eines Besens »hinaus zu komplimentieren«, springt sie auf den Kopf der Brause und von dort ihrem Verfolger direkt auf die Brust. Nun liegen die Nerven des Hausherrn blank; er tötet sie und tilgt sämtliche Spuren.

Letzteres hängt mit der dritten Erzählung dieses Textes zusammen, den anscheinend tief im Volksglauben verankerten Geschichten der Einheimischen über jene verhängnisvolle Spinne. Sie trägt nachgerade menschliche Züge, denn Männchen und Weibchen bilden auf Lebenszeit ein Paar, sie gehen gemeinsam auf Jagd, und wenn einem von ihnen etwas zustößt, übt der Zurückgebliebene grausame Rache am Übeltäter. Das klingt eher nach dem Moralkodex traditioneller Kulturen als nach dem Verhalten von Spinnen, da diese sich nur zur Paarung zusammenfinden und dann wieder getrennte Wege gehen. Die Projektion menschlicher Züge auf diese Tiere zeigt aber, dass ein weitaus intensiveres Gefühl der Gemeinsamkeit vorhanden ist als in westlichen Kulturen, und das ist – neben dem Motiv der Hausspinne – der Punkt, bei dem gewisse Ähnlichkeiten mit den Naturvölkermärchen bestehen.

5.2 Spielfilm

5.2.1 Sciencefictionfilm

Ähnlich wie Prosatexte spiegeln Spielfilme Strömungen ihrer Zeit und Kultur wider, können aber auch als Ausdruck menschlicher Grundprobleme angesehen werden. Insbesondere Letzteres mag jene befremden, die einem elitären Bildungsbegriff verhaftet sind, aber sie übersehen dabei, dass mit einer solchen Einstellung etwas Wesentliches verloren geht, nämlich die Fähigkeit, populäre Phänomene zu deuten und die Bedürfnisse breiter Schichten zu verstehen. Der Kontakt zu wesentlichen Bereichen unserer Kultur bleibt ihnen damit verschlossen.

Filme, die sich mit dem Bereich des Phantastischen befassen, haben zum Großteil jene Rolle eingenommen, welche früher und zum Teil auch noch heute Mythen, Märchen und Sagen gespielt haben bzw. spielen. Während der Horrorfilm sich mit Phänomenen des Unheimlichen und Unerklärlichen befasst, greift der Sciencefictionfilm Themen des technischen Zeitalters auf und führt sie einer rationalen oder scheinrationalen Deutung zu. Im Horrorfilm ist das Unbegreifliche von vornherein vorhanden und wird nicht erklärt, im Sciencefictionfilm ist es die Folge technischer Phänomene, seien es Raumfahrt, technische Utopien,

Experimente oder Folgen der Umweltzerstörung und der Radioaktivität respektive Atombombe. »Dracula« ist beispielsweise ein klassisches Horrorthema, da der Vampir a priori existiert und ihm mit den Mitteln der Wissenschaft nicht beizukommen ist. »Frankenstein« ist, trotz der »gotischen« Atmosphäre, welche die Romanvorlage und die Mehrzahl der Verfilmungen ausstrahlen, Sciencefiction, weil das Geschöpf durch ärztliche Eingriffe und unter Zuhilfenahme physikalischer Phänomene, nämlich durch Blitz erzeugte elektrische Ströme, zum Leben erweckt wird. Es kann daher auch, obwohl es unglaublich stark ist, durch physikalische Krafteinwirkung zerstört werden.

Die »große« Zeit des amerikanischen Sciencefictionfilmes sind die 50er Jahre. Weder vorher noch nachher wurden so viele Filme dieses Genres gedreht wie in jenem Dezennium. Ein bedeutendes Thema ist dabei die »Space Opera«, der Aufbruch in das All, in welchem sich der US-Imperialismus zur Zeit des Kalten Krieges widerspiegelt, aber auch die aus dem 19. Jahrhundert stammende »Frontier«-Mentalität, die Eroberung des nordamerikanischen Westens, wie sie in vielen Westernfilmen thematisiert und zum Großteil auch glorifiziert wird. Ein weiteres beliebtes Thema ist die Bedrohung durch monströse Wesen, welche von Wissenschaftlern erschaffen wurden oder eine unbeabsichtigte Folge atomarer Experimente sind. Verbreitet sind auch Filme über Außerirdische, die auf die Erde kommen, um das menschliche Leben auszulöschen oder die Menschen zu seelenlosen Marionetten machen wollen. Berühmt geworden – und mittlerweile dreimal verfilmt – ist etwa *Invasion of the Body Snatchers* (*Die Dämonischen*, USA 1956), in dem es um Außerirdische geht, die identische Replikate von Menschen anfertigen und sie zu willenlosen Objekten degradieren. In diesen Filmen manifestieren sich zeitgenössische Ängste, allem voran die durch den Kalten Krieg ins Irrationale gesteigerte Furcht vor kommunistischer Infiltration, die vor allem während der McCarthy-Ära abstruse Formen angenommen hat. Darüber hinaus spiegeln sie allgemeinere Ängste wider, etwa die vor Entfremdung, sowie triebhafte Impulse aggressiver, destruktiver oder sexueller Natur, welche als gefährliche Ungeheuer auf der Leinwand Gestalt annehmen (zu den SF-Filmen der 50er Jahre vgl. Faulstich 1990; Giesen 1990, 138-251; Hardy 1991, 123-193; Hellmann 1983, 65-151; Seeßlen 1980, 144-199; Lucanio 1987; Warren 1982 und 1986; Wright 1993).

In den Monsterfilmen der 50er Jahre ist auch die Spinne vertreten. Ihren bedrohlichen Charakter erhält sie in den beiden folgenden Beispielen durch veränderte Größenverhältnisse, indem sie entweder ins Unermessliche wächst oder der Protagonist schrumpft. Beide Filme stammen von Jack Arnold, einem der bedeutendsten Regisseure jener Zeit (vgl. Giesen 1990, 182-194; Schnelle 1993; Seeßlen 1980, 177-181; Reemes 1988). In *Tarantula!* (*Tarantula*, USA 1955) wird einer Vogelspinne ein Wachstumsserum injiziert, wodurch sie zur Bedrohung für eine ganze Kleinstadt wird.

> In der ersten Szene sieht man einen grausam entstellten Mann im Pyjama durch die Wüste Arizonas wanken. Er fällt hin und stirbt, die Geier kreisen bereits um ihn herum.

Es folgt die Titelsequenz, und danach wird bereits der Held der Geschichte eingeführt, der Arzt Dr. Matt Hastings. Er landet mit einem Flugzeug in seinem Wohnort, dem einsamen Wüstenstädtchen Desert Rock, und von ihm erfahren wir, dass er soeben Geburtshilfe bei Zwillingen geleistet hat. Während es in der ersten Szene um Tod und Verderben geht, verkörpert diese das lebensbejahende Prinzip in Gestalt des Arztes, der im Folgenden durch seine mutige und skeptische Haltung zur positiven Identifikationsfigur wird. – Unterdessen ist der Tote gefunden worden, es handelt sich um Eric Jacobs, den Freund und Mitarbeiter von Professor Gerald Deemer, einem Arzt und Ernährungswissenschaftler, der außerhalb der Stadt in seinem Labor, mitten in der Wüste, geheimnisvolle Experimente anstellt. Auch die Todesursache ist nun bekannt, es handelt sich um Akromegalie, eine Krankheit, die vor allem durch verstärktes Wachstum von Gesichtsweichteilen und -skelett charakterisiert ist, indem es zur vermehrten Produktion von Wachstumshormon in der Hypophyse kommt (Münch und Reitz 1996, 208f.). Merkwürdigerweise wurde der Mitarbeiter noch einen Monat zuvor vom Sheriff völlig gesund gesehen, und das, obgleich das Endstadium der Akromegalie erst nach Jahren erreicht wird. – Etwas später ist für den Zuschauer das Rätsel gelöst, denn eine zweite grausam entstellte Gestalt – der andere Mitarbeiter Deemers, der junge Laborant Bayard Lund – schleicht sich in das Labor des Professors, überfällt ihn und injiziert ihm ein Mittel: Es handelt sich dabei um eine Nährlösung, die, angereichert mit radioaktivem Ammoniak als Bindemittel, das Größenwachstum beschleunigt. Sie wurde zunächst erfolgreich an verschiedenen Tieren ausprobiert, doch dann haben die beiden ungeduldigen Mitarbeiter gegen den Willen des Professors sich das Mittel selbst injiziert, um zu erfahren, wie es auf Menschen wirkt – ohne zu ahnen, dass es bei ihnen sogleich Akromegalie hervorruft. Während des Kampfes zwischen Deemer und seinem Mitarbeiter geht ein Terrarium zu Bruch, in welchem sich eine bereits metergroße Vogelspinne aufhält, und diese kann nun entkommen. In der Folgezeit wächst sie immer mehr und zieht mordend durch das Land, bis ihr am Ende, da Dynamit nichts nützt, mit Napalm der Garaus gemacht wird.

Über die Motive, den Film zu drehen, schreibt Arnold in einem Interview, dass zu jener Zeit

> »Experimente mit chemischen Nährstoffen durchgeführt (wurden), um größere Früchte zu erzeugen, und ich erinnerte mich an einen Dokumentarfilm, den ich in New York gedreht hatte, für das Landwirtschaftsministerium. Der Film hieß *Chicken of Tomorrow* und handelte davon, mit Hilfe eines chemischen Präparats riesige Hühnerbrüste zu erzeugen. Das war für mich der Ausgangspunkt. Ich sagte: ›Lasst uns das mit etwas ganz Schrecklichem kombinieren‹. Die meisten Leute haben eine Todesangst vor Spinnen. Ich nahm also ein leeres Blatt Papier und schrieb oben drüber TARANTULA!« (Johannes 1993, 65).

Denkt man an den gegenwärtigen Einsatz von Hormonen, Antibiotika oder gar der Gentechnologie in der Landwirtschaft, ist das, was Arnold 1955 als Ausgangspunkt für seinen Film genommen hat, gar nicht so weit von der heutigen Realität entfernt, und ähnlich wie jene leistungssteigernden Mittel sind auch die Experimente des Professors ein zweischneidiges Schwert. Einerseits verkörpert er den Typus des edlen Wissenschaftlers, der in Anbetracht der drohenden Bevölkerungsexplosion und der Hungersnöte in der Dritten Welt ein synthetisches Nahrungsmittel sucht, das preiswert in der Herstellung und nicht gesundheitsschädlich ist, doch andererseits experimentiert er nicht nur mit Säugetieren, die dem Menschen physiologisch am nächsten stehen, sondern auch mit einer Vogelspinne. Das kann man zunächst aus den Erfordernissen, die an einen spannenden Spielfilm gestellt werden, ableiten, denn ein vergrößertes Meerschweinchen oder eine weiße Ratte hätten nicht den gleichen Effekt gehabt wie das achtbeinige Tier, was auch Arnold in dem zitierten Interviewausschnitt andeutet, wenn er davon spricht, dass er die Nahrungsexperimente mit »etwas ganz Schrecklichem kombinieren« wollte. Doch darüber hinaus verkörpert Tarantula die destruktiven Anteile des Professors, worauf bereits Patrick Lucanio hingewiesen hat, der den, wie er ihn nennt, »Alien Invasion Film« der 50er Jahre auf der Grundlage der Jungschen Archetypenlehre interpretiert (Lucanio 1987, 50f.). Ohne echten Altruismus in Abrede stellen zu wollen, gehen edle Absichten zuweilen Hand in Hand mit niederen Beweggründen, dienen dazu, diese vergessen zu machen. Je moralischer man sich gibt, desto unmoralischer sind oft die eigenen Handlungen, wie mannigfache Beispiele etwa aus der Politik zur Genüge zeigen. Die Spinne ist Deemers »Schatten«, seine verdrängte, dunkle und unkontrollierte Seite, die am Ende sein Haus zerstört und ihn selber tötet. Sein Labor liegt nicht von ungefähr mitten in der Wüste, abseits der Zivilisation, dort wo es »wüst und leer« ist und man ungestört seinem Treiben nachgehen kann. Ähnlich wie Tarantula ist die Wüste – ein Ort, der in vielen Filmen Jack Arnolds eine große Rolle spielt – von ambivalenter Natur: erschreckend in ihrer Lebensfeindlichkeit und doch von einer großen Faszination als Gegenpol zu Zivilisation und Kultur. Das machen auch die beiden folgenden Szenen deutlich.

Im ersten Teil des Films begegnet Dr. Hastings einer jungen Frau, der Doktorandin Stephanie Clayton, die auf dem Weg zu Deemer ist, um dort eine Weile zu arbeiten und zu forschen, da sie einen Aufsatz über Ernährungsprobleme im Kontext der Bevölkerungszunahme publiziert hat. Hastings fährt sie hinaus zum Professor, und etwas später kreuzt Tarantula eben jene Stelle, an der sie gerade vorübergefahren sind. Ein oder zwei Tage später treffen sie in Desert Rock einander zufällig wieder, denn sie hat Einkäufe erledigt und war beim Friseur. Da sie sich verplaudern und es immer später wird, bringt Hastings sie mit seinem Auto zurück. Während der Fahrt lobt er die herbe Schönheit der Wüste, ihre Einsamkeit, Stille und vermeintliche Lebensfeindlichkeit: »Alles, was je auf der Erde gegangen oder gekrochen ist, was je das Meer bevölkert hat und die Luft, hat ihr seine Spuren aufgedrückt. Sehen Sie!«, sagt er, während im Hintergrund ein Felsmassiv sichtbar wird, »haben Sie mal überlegt, was die Felsen so gemacht hat, wie sie sind – der Wind, das Wasser?«. Sie halten an, und Clayton fragt: »Ob der Ozean einmal hier war?« – »Wenn Sie suchen, können Sie sogar noch Muscheln hier finden«, antwortet der Doktor. Die Wüste ist demnach das Produkt längst vergangener Geschehnisse aus der Erdgeschichte, und wenn man wachen Auges hinschaut, kann man sie noch heute entdecken. Nimmt man das symbolisch, steht die Wüste für alte Schichten innerhalb der menschlichen Psyche, mit denen es sorgsam umzugehen gilt, wenn sie nicht die Oberhand gewinnen sollen. Während nämlich Clayton und Hastings im Schatten des Felsmassivs plaudern, lösen sich plötzlich einige Felsen, und die beiden können im letzten Moment entkommen. Der Doktor steht vor einem Rätsel, aber der Zuschauer erfährt alsbald den Grund für die Steinlawine, denn er sieht, nachdem die beiden losgefahren sind, wie die Vogelspinne auf den Gipfel des Felsmassivs kriecht. Als sie das Haus des Professors erreichen, zeigt sie dem jungen Arzt, von Deemer heimlich beobachtet, das Labor und weiht ihn in die Geheimnisse seiner Forschungen ein. Nachdem er gegangen ist, stellt Deemer sie, bereits gezeichnet von der beginnenden Akromegalie, erbost zur Rede. Er ist verständlicherweise erzürnt, denn Forschungsergebnisse müssen vor ihrer Publikation geheim gehalten werden, doch die Aggression des Professors hat noch andere Gründe. Zum einen hat er etwas zu verbergen, nämlich den mysteriösen Tod seiner Mitarbeiter, zumal er den Laboranten Lund, ohne Anzeige zu erstatten, vor seinem Haus begraben hat. Zum anderen dürfte Eifersucht gegenüber Hastings eine Rolle spielen, da dieser, indem er den Nachmittag mit Stephanie verbracht hat, einen Teil der wenigen Zeit stiehlt, die dem Professor noch zur Verfügung bleibt, und weil bereits zarte Bande zwischen den jungen Leuten geknüpft sind, wobei der Friseurbesuch auch ein Ausdruck dafür ist, anderen, sei es Deemer, sei es Hastings, gefallen zu wollen. Wenn Tarantula die destruktiven Anteile des Professors verkörpert, sind daher die beiden Beinahe-Begegnungen der jungen Menschen mit der Spinne Ausdruck seiner Eifersucht: Er möchte das junge Glück zerstören.

Schließlich ist Stephanie Clayton nicht nur seine Laborantin, sondern auch Köchin, Haushaltshilfe und Mädchen für alles. Man kann einwenden, dass er nicht nur den Tod des Doktors in Kauf nehmen würde, sondern auch den seiner Mitarbeiterin, und das wäre weder logisch noch sinnvoll, doch dem ist zu entgegnen, dass destruktive Triebimpulse immer auch zum eigenen Schaden gereichen, als Form der Selbstbestrafung unbewusst stets auch gegen sich selbst gerichtet sind. – Deemer hat niemanden auf der Welt, er ist einsam und lebt, inmitten der Wüste, nur für seine Forschungen, zumal sein einziger Freund, Eric Jacobs, infolge des Selbstversuches gestorben ist. Dieser hatte, wie Deemer erzählt, weder Freunde noch Verwandte, die beiden bildeten mithin eine verschworene Männergemeinschaft. Auch wenn es nicht gesagt wird – es in den prüden 50er Jahren auch gar nicht möglich gewesen wäre –, kann man nicht ausschließen, dass die beiden Junggesellen nicht allein durch ihre wissenschaftlichen Interessen vereint waren. Dann aber kommt der Dritte im Bunde hinzu, Bayard Lund, ein junger Laborant, und das bewirkt offenbar eine gefährliche Dynamik innerhalb des zwischenmenschlichen Geschehens. Jacobs schlägt sich auf seine Seite, und beide injizieren sich, gegen den Willen des Professors, das tödliche Serum. Jener zieht in die Wüste und stirbt, lässt Deemer unbehelligt – schließlich ist er sein Freund –, dieser aber übt grausame Rache an ihm, obgleich er ihn gewarnt hat. Neid, Rivalität, Aggression und Prestigesucht, möglicherweise gepaart mit sexuellen Interessen, sind die wahrscheinlichen Antriebe, welche hinter diesem Geschehen stehen und die die edlen Motive, nämlich für die Menschheit etwas Gutes zu tun, über-»schatten«. Für all das ist Tarantula ein geeignetes Symbol, und es ist so gesehen kein Zufall, dass sie in dem Moment entkommt, als die Destruktivität ihren Höhepunkt erreicht: Während des Kampfes zwischen Lund und Deemer geht ein Großteil des Labors zu Bruch und auch das Terrarium, in dem sich Tarantula befindet. Sie ist nun frei und kann ihrem blinden Naturtrieb folgen.

Es bleibt noch die Frage zu klären, wieso Jacobs und Lund sich das Serum injiziert haben. Die übergroßen Tiere im Labor könnten nämlich den Eindruck erwecken, dass Deemer das Problem der Nahrungsmittelknappheit lösen möchte, indem er gigantische Nutztiere züchtet. Und dann wäre es sinnlos, einen Selbstversuch durchzuführen. Das jedenfalls schreibt Wright in seinem Buch über den Sciencefictionfilm der 50er Jahre, und er fragt sich irritiert, ob die Menschen zu Giganten werden sollen, um dann gigantische Nahrung zu sich zu nehmen (1993, 72). Aber das beruht auf einem Missverständnis, denn *es geht nicht um ein synthetisches Nahrungsmittel für Tiere, sondern für Menschen.* An jenen soll es nur, wie allgemein üblich, ausprobiert werden, bevor man zu Experimenten am Menschen übergeht. Der Gigantismus der Tiere ist nicht das Ziel der Forschungen, sondern eines der Probleme, welche die Wissenschaftler in den Griff bekommen müssen, bevor sie das Mittel an Menschen testen. Das ist der Grund, weswegen sich Deemer gegen die Selbstversuche zu einem so frühen Zeitpunkt ausgesprochen hat.

Im anderen Film des Regisseurs, der hier behandelt werden soll, spielt eine Spinne zwar nicht die Hauptrolle, markiert aber den zweiten Höhepunkt, löst eine positive Änderung der Lebenseinstellung des Helden aus und leitet zum Ende über. Es handelt sich um *The Incredible Shrinking Man* (*Die unglaubliche Geschichte des Mr. C.*, USA 1957) nach dem gleichnamigen Roman des bekannten Sciencefictionautors Richard Matheson (Matheson 1995), der auch das Drehbuch verfasst hat.

> Scott und Louise Carey machen Urlaub auf einem Boot, das Scotts Bruder besorgt hat. Sie liegen auf dem Vorderdeck und lassen es sich gut gehen. Scott verlangt nach einem Bier, doch Louise weigert sich, es ihm aus der Kajüte zu holen. Er sei doch im Urlaub, erwidert er; das sei sie auch, entgegnet sie ihm. Nachdem er versprochen hat zu kochen, geht sie das Bier holen. Während sie unten ist, kommt eine unheimliche, weiße Wolke auf das Schiff zu, die auf Scotts Körper einen weißen Film zurücklässt. – Sechs Monate später bemerkt er, dass er allmählich zu schrumpfen beginnt. Erst sind es nur wenige Zentimeter, aber dann werden es immer mehr. Das junge Paar ist verzweifelt, die Ärzte stehen vor einem Rätsel, doch nachdem Scott von dem Vorfall mit der weißen Wolke erzählt hat, vermuten sie radioaktive Strahlung als Ursache; allein helfen können sie ihm nicht. Nach einer Weile ist er so klein, dass er in ein Puppenhaus umziehen muss. Bald darauf folgt der erste Höhepunkt des Films: Die Katze, für Scott mittlerweile zu einem Monstrum geworden, macht Jagd auf ihn, und bei der Gelegenheit fällt er in den Keller. Nun beginnt ein gänzlich anderes Leben, denn er ist völlig auf sich allein gestellt. Seine Frau glaubt, die Katze habe ihn gefressen, und zieht aus dem Haus aus; unterstützt wird sie dabei von Scotts Bruder, der mehr als nur freundschaftliche Gefühle für sie hegt. Unterdessen bahnt sich der zweite Höhepunkt des Filmes an: Um an Brot-

krumen heranzukommen, muss Scott eine Vogelspinne töten. Nachdem ihm das gelungen ist, fällt die Verzweiflung von ihm ab, und das obgleich er immer weiter schrumpfen wird. Er klettert durch ein Kellerfenster hinaus, blickt gen Himmel und sagt: »Plötzlich verstand ich, wie sich die Schöpfung offenbart. Das Kleine und das Große, beides hat seinen Sinn (...). Mich erfüllten Ehrfurcht, Glaube und Zuversicht. Ich hatte die Gewissheit, dass ich innerhalb dieser unendlichen Majestät der Schöpfung auch etwas bedeute. Im ewigen Kreislauf der Dinge gibt es kein Nichts«.

Offenbar lebt er weiter, denn seine Geschichte erzählt er, als Stimme aus dem Off, rückblickend. – Ein geflügeltes Wort aus dem Bereich der Filmwissenschaft lautet: Sieht man die ersten zehn Minuten eines Filmes, dann weiß man auch über den Rest Bescheid. In der ersten Szene ist Scott zunächst der typische »Pascha« der Nachkriegszeit: Die Frau soll ihm das Bier holen; schließlich ist es *sein* wohlverdienter Urlaub. Doch Louise verhält sich nicht rollenkonform und leistet Widerstand. Da er auf Granit beißt, jedoch gleichzeitig darauf bedacht ist, nicht klein beizugeben, bietet er ihr ein »Geschäft« an: Wenn sie das Bier holt, kocht er. Das ist interessant, denn die Zubereitung der Mahlzeit ist ungleich zeitaufwendiger als der Gang in die Kajüte. Er treibt sozusagen den Teufel mit Beelzebub aus, denn beide Tätigkeiten sind »eigentlich« die Angelegenheit des »schwachen« Geschlechts und nicht des »starken«, das sich im harten Berufsalltag zu bewähren hat und dort seinen Mann stehen muss. So hat er für den Augenblick zwar gewonnen, aber auf längere Sicht verloren. Und damit setzt die Symbolsprache in Gestalt der radioaktiven Wolke ein: Er verliert an Größe. Zunächst ist Louise noch ganz die liebende Ehefrau, obgleich er – verständlicherweise – immer mürrischer wird. Sie versichert ihm: »Solange wir unsere Ringe tragen, gehören wir zusammen« – im nächsten Moment fällt Scott der Ring vom Finger. Etwas später lebt er bereits dort, wo sich Ibsens Nora am Anfang des gleichnamigen Dramas befindet: im »Puppenheim«. Eigentlich ist er jetzt nur noch ein Ding, ein Gegenstand, und er wäre ganz putzig in seiner Kleinheit, gäbe es nicht seine Ausfälle gegenüber Louise. Dann kommt die Katze ins Spiel, neben der Spinne ein Frauensymbol par excellence. Bisweilen kratzbürstig, doch oftmals anschmiegsam und insgesamt ein Schmusetier. Doch wehe, wenn der Mann an Größe verliert; dann fährt sie ihre Krallen aus und wird zum Monstrum, wenn nicht zur alles verschlingenden Spinne.

Über den untypischen Ausgang des Films ist viel gerätselt worden; weder kommt es zum Happy End, noch ist Scotts langer Monolog auf den ersten Blick verständlich. Doch bei genauerem Hinsehen ergibt er sich folgerichtig aus der Symbolsprache des Films, der die Geschlechterbeziehung aus der Perspektive eines Mannes thematisiert, der fast bis zum Schluss von unbewussten Unterlegenheitsgefühlen gegenüber Frauen geplagt wird. Am Anfang steht der Machtkampf um das Bierholen; das mag ein großes Wort für Geplänkel oder alltägliche Reibereien sein, aber letztlich sind es genau diese, welche die zwischenmenschlichen Beziehungen trüben. In der Folge nehmen Scotts Minderwertigkeitsgefühle zu, symbolisiert durch seine Größenabnahme. Dann sieht er, zum Bewohner eines Puppenhauses geschrumpft, seine Frau nur noch als bösartiges

Katzenmonster und schließlich, da er bereits »im Keller«, also ganz unten angelangt ist, als Spinne, die ihn aussaugen will. Und nun erwachen seine Lebens-
kräfte, er vollbringt das Menschenunmögliche und besiegt sie: Er ist ihr nicht
mehr unterlegen, er hat ein hinlängliches Selbstwertgefühl erlangt, und darum
kann er getrost der Zukunft entgegenblicken.

Der Keller versinnbildlicht nicht nur seinen momentanen Gefühlszustand
(sich »ganz unten«, »im Keller« fühlen), sondern steht auch für tiefe Schichten
seines Unbewussten. Dorthin muss er gelangen, um sich zu befreien, denn dort
befindet sich die Spinne als Ausdruck tiefer Ängste gegenüber Frauen bzw. der
»großen Mutter«. Insofern ist *Die unglaubliche Geschichte des Mr. C.* ein zutiefst analytischer Film, wobei der eigentliche therapeutische Prozess durch den
Kampf mit der Spinne symbolisiert wird.

Weniger elaboriert geht es dagegen im nächsten Film zu, der, ähnlich wie *Tarantula*, von einer Riesenspinne handelt und ebenfalls aus den 50er Jahren
stammt: *Earth vs. the Spider* (*Die Rache der schwarzen Spinne*, USA 1958), unter der Regie des Vielfilmers Bert I. Gordon.

> Ein Auto fährt durch die Nacht, sein Lenker ist Mr. Flynn, der für seine Tochter Carol
> in der benachbarten Stadt ein Armband als Geburtstagsgeschenk gekauft hat. Plötzlich
> erstarrt sein Gesicht vor Schreck, er rast gegen ein Hindernis und stirbt. Der nächste
> Morgen: Carol ist voller Sorge um ihren vermissten Vater und bittet ihren Freund Mike
> Simpson, ihn gemeinsam zu suchen. Außerhalb der Stadt, nahe einer Höhle, finden sie
> das Wrack, aber keine Spur des Vaters. Am Höhleneingang entdecken sie ein Armband
> nebst einer Glückwunschkarte für Carol. Sie begeben sich in die Höhle, um den Vater
> zu suchen, entdecken dort jedoch eine riesige Vogelspinne und suchen schleunigst das
> Weite. Daraufhin gehen sie zu Mr. Kingman, ihrem Highschool-Lehrer, und berichten
> ihm, was sie gesehen haben. Dieser alarmiert den Sheriff, der der Angelegenheit zu-
> nächst keinen Glauben schenken will, doch nach einigem Hin und Her wird eine Such-
> mannschaft zusammengestellt, die in die Höhle einrückt, das Tier entdeckt und mittels
> DDT und Gewehrsalven niederstreckt. Die Spinne wird zunächst in der Kantine der
> Highschool »zwischengelagert«, bis sie einer wissenschaftlichen Institution zugeführt
> werden kann. Dieser Raum ist allerdings der einzige, in dem die Rock-and-Roll-Band
> der Schule für ein bevorstehendes Fest proben kann. Von der flotten Musik angelockt,
> tanzen bald mehrere Schülerpärchen, doch dann erwacht die Spinne zu neuem Leben –
> sie war nur betäubt. Die entsetzten Schüler flüchten, das Untier zieht nun durch die
> Stadt, hinterlässt eine Spur der Verwüstung und geht dann wieder in seine Höhle zu-
> rück. Nun soll ihm endgültig der Garaus gemacht werden, indem der Eingang zuge-
> sprengt wird. Da aber just zu dieser Zeit sich Carol und Mike in der Höhle befinden –
> sie hat dort nämlich ihr neues Armband verloren – wird rasch ein Schacht gegraben,
> durch den nicht nur die beiden entkommen, sondern auch der Spinne zu Leibe gerückt
> wird, indem man ein Starkstromkabel hineinführt und dem Tier damit das Lebenslicht
> ausbläst.

Im Vergleich mit *Tarantula* bleibt dieser Film deutlich zurück. Die Schauspieler
agieren hölzern, die Dialoge sind dünn, und um eine Erklärung für das Vorhandensein der Spinne, obgleich im ersten Teil des Films vollmundig angekündigt,
bemüht sich Gordon erst gar nicht. Auch in Bezug auf den beruflichen Status
befinden wir uns auf einer weniger hohen Ebene, denn nicht Wissenschaftler

und Ärzte sind die Hauptpersonen, sondern Lehrer und ihre Schüler. Das hängt natürlich mit dem primären Zielpublikum zusammen, den Jugendlichen, welchen man geeignete Identifikations- und Projektionsflächen bieten wollte. Das war in den 50er Jahren nicht anders als heute.

Dennoch lohnt sich ein Blick auf den Film, weil er auf indirekte Art vom Erwachen der Sexualität und den damit verbundenen Ängsten erzählt. Das Betreten der Höhle ist verboten, weil es lebensgefährlich wäre, heißt es auf einem Warnschild. Mike und Carol gehen trotzdem hinein; sie betreten Neuland, wagen sich in unbekannte Gefilde vor und werden alsbald von der Spinne verscheucht. Als sie das zweite Mal dort sind und sich verlaufen haben, kommen sie einander näher: Sie nennt ihn einen guten Freund, woraufhin er schüchtern antwortet, er habe Hunger – der eine Trieb wird durch den anderen ersetzt. Er holt eine Tafel Schokolade hervor, teilt sie mit ihr, und während sie essen, erwacht die durch die Sprengung betäubte Spinne. Ähnlich verhält es sich mit der Szene in der Kantine. Die schmissige Rock-and-Roll-Musik animiert die Schüler zum Tanzen, und schon ist das achtbeinige Tier wieder lebendig. Immer wenn es »brenzlig« wird, steht die Spinne quasi Gewehr bei Fuß und unterbindet die Annäherung zwischen den Jugendlichen. Der Regisseur wird die unbewussten Zusammenhänge nicht als bewusstes Gestaltungsmittel eingesetzt haben, aber er wird sich vielleicht die Frage gestellt haben, in welchen Situationen das Erwachen bzw. Näherkommen der Spinne am effektvollsten ist.

In den beiden nächsten Filmen, mit denen wir einen zeitlichen Sprung von jeweils zwei Jahrzehnten machen, ergibt sich die Bedrohung nicht dadurch, dass ein einziges Exemplar gigantisch vergrößert ist, sondern »normale« Spinnen auftauchen, aber das in massenhafter Anzahl. 1977 entstand unter der Regie von John Cardos der amerikanische Spielfilm *Kingdom of the Spiders (Mörderspinnen)*.

In der ersten Sequenz geht die Sonne auf, aber mit schrillen Dissonanzen als Begleitmusik. Dann wird es versöhnlicher: Aus der Vogelperspektive werden, begleitet von Countrymusic, in satten Farben die Schönheiten der Wüstenlandschaft Arizonas präsentiert, die Felsformationen und Schluchten, das Grün der Landschaft. Nun fällt der Blick auf einen Bauernhof. Er gehört dem schwarzen Landwirt Walter Colby, und von ihm erfahren wir, dass er mit Bessy, seiner besten Kuh, auf der bevorstehenden Landwirtschaftsausstellung einen Preis erringen will. Dann sehen wir, wie Bessy, auf der Weide stehend, plötzlich ganz unruhig wird. Etwas später liegt sie krank am Boden. Der Tierarzt Rack Hansen wird gerufen, doch er kann nicht feststellen, woran die Kuh leidet, weswegen er eine Blutprobe ins Labor schickt. Einige Tage danach, Bessy ist mittlerweile gestorben, erscheint eine attraktive Frau auf der Bildfläche, die Wissenschaftlerin Diane Ashley. Sie hat die Blutprobe untersucht und berichtet dem Tierarzt, dass die Kuh an einer Überdosis Spinnengift verendet ist. Hinter Colbys Bauernhof entdecken sie einen »Spinnenhügel«, der von Aberhunderten giftiger Vogelspinnen bevölkert wird. Die beiden stehen zunächst vor einem Rätsel, da die Tiere normalerweise weder aggressiv noch sonderlich giftig und Einzelgänger sind, zumal sie in Gemeinschaft zu Kannibalismus neigen. Diese Exemplare leben hingegen friedlich miteinander und machen gemeinsam Jagd auf große Beutetiere. Ashley hat dafür die folgende Erklärung: Durch den übertriebenen Einsatz von Pestiziden in der Landwirtschaft wurden die Insekten – als natürliche Beutetiere – vergiftet, während die Vogelspinnen gegen das Gift resistent geworden sind und sich andere Opfer suchen. – Zunächst wird der Hügel abgebrannt, doch die Tiere entkommen und werden zunehmend aggressiver. Der Bürgermeister macht den Vorschlag, den Spinnen vom Flugzeug aus mit Schädlingsbekämpfungsmitteln zu Leibe zu rücken, denn es müsse rasch etwas geschehen, damit die Landwirtschaftsmesse nicht gefährdet ist, von der das ökonomische Wohl der finanzschwachen Gemeinde in hohem Maße abhängt. Gegen Ashleys Rat beauftragt er einen Piloten mit der Schädlingsbekämpfung aus der Luft. Nachdem dieser mit seinem Doppeldecker gestartet ist, wird er von Spinnen, die sich in seinem Flugzeug eingenistet haben, derart attackiert, dass er abstürzt. Nun überschlagen sich die Ereignisse. Die Tiere machen sich über die nahe Kleinstadt her, während Hansen und Ashley in ihrem Hotel, das außerhalb gelegen ist, Zuflucht suchen. Sie können zwar die Versuche der Spinnen, ins Haus einzudringen, abwehren, doch als am nächsten Morgen Hansen einen Blick durch das verbarrikadierte Fenster wagt, muss er entsetzt feststellen, dass die gesamte Umgebung »zugewebt« ist. Die letzte Sequenz ist wieder aus der Vogelperspektive gefilmt, und wir sehen das Tal sowie die darin eingebettete Kleinstadt ebenfalls zur Gänze mit Spinnenfäden überzogen.

Die Monster, welche in den 50er Jahren die Leinwand bevölkerten, sind Symbole politischer Invasionsphantasien und unterdrückter Triebregungen, wie sie für die restriktiven westlichen Gesellschaftsordnungen der Nachkriegszeit typisch sind. Darüber hinaus verkörpern sie eine merkwürdige Mischung aus ungebremstem technischem Fortschrittsglauben und Zukunftsängsten: Wenn alles Erdenkliche möglich und machbar wird, kann man auch nicht ausschließen, dass es außer Kontrolle gerät, wie es etwa in *Tarantula* der Fall ist.

Die 70er Jahre sind, als Folge der 68er Bewegung, stärker vom Geist der Egalität durchdrungen und daher sensibilisiert für Probleme politischer, sozialer und gesellschaftlicher Benachteiligung. Das spiegelt sich auch in dem Film wider, wenn man etwa an die Existenzängste des Landwirts Colby denkt, der, als Schwarzer im amerikanischen Süden ohnehin marginalisiert, jahrzehntelang geschuftet hat, um zu bescheidenem Wohlstand zu gelangen, und sein Lebenswerk nun gefährdet sieht. Auch die Emanzipation der Frau wird thematisiert, denn Diane Ashley arbeitet als Naturwissenschaftlerin in einer Männerdomäne und vertritt resolut ihren Standpunkt, wobei sie allerdings an den Avancen des »Machos« Hansen durchaus Gefallen findet.

In den 70er Jahren erwacht aber auch das Bewußtsein für ökologische Fragen. Durch die Ölkrise, durch Luftverpestung und Gewässerverschmutzung rücken allmählich Probleme des Umwelt- und Naturschutzes sowie des verantwortungsvollen Umgangs mit den vorhandenen Ressourcen in das öffentliche Bewusstsein. Die »Grenzen des Wachstums« werden sichtbar, mitunter ertönen Kassandrarufe, die Katastrophenszenarien entwickeln und Endzeitstimmungen erzeugen. »Die scheinbare Geborgenheit des Berechenbaren, Vorhersehbaren, des Gewohnten und Vertrauten ist nur die Oberfläche – eine dünne, leicht verletzliche Folie, die den Abgrund mühsam kaschiert«, schreibt Helmut Korte über den Katastrophenfilm der 70er Jahre (1992, 223). Als Subgenre des Sciencefictionfilms entstehen »revolt-of-nature«-Filme zuhauf, in denen es allzumal um ein Aufbegehren der geschändeten Natur geht. Hauptakteure sind Ratten (*Willard*, USA 1970), Frösche (*Frogs*, USA 1972), Ameisen (*Phase IV*, GB 1973), Bienen (*Savage Bees*, USA 1976), Hunde (*Dogs*, USA 1976) und, wie in diesem Fall, Spinnen, die durch den gedankenlosen Umgang des Menschen mit DDT und anderen Schädlingsbekämpfungsmitteln zu lebensbedrohenden Bestien werden und am Ende ein ganzes Tal ausrotten.

Bereits der Anfang des Films untergräbt die vermeintliche Idylle, denn der blutrote Sonnenaufgang, Sinnbild verklärter Natur und kitschiger Projektionen, steht in einem auffallenden Gegensatz zur Dissonanz der musikalischen Begleitung. Die nächste Szene, der Flug über das vermeintliche Paradies, steht in Beziehung zum letzten Bild, der in Spinnenseide »verpackten« Landschaft; beide fungieren als Kontrast, der die Menschen aufrütteln und den Aberwitz der Umweltzerstörung an den Pranger stellen soll, die in der Person des Bürgermeisters ihren typischen Repräsentanten findet. Diesem fällt nichts Besseres ein, als nach dem Watzlawickschen »Mehr-desselben-Prinzips« zu handeln (Watzlawick u.a. 1992, 51-59) und damit den Teufelskreis selbst verstärkender Kreisprozesse zu verlängern.

Kingdom of the Spiders ist ein beklemmender Film, da er, ähnlich wie eine griechische Tragödie, unbarmherzig und zielstrebig auf die Katastrophe zusteuert. Er hat viel mit Alfred Hitchcocks *The Birds* (*Die Vögel*, USA 1962) gemeinsam – etwa die allmählich wachsende Anzahl der Tiere, ihre zunehmende Aggressivität und vor allem die klaustrophobische Gefühle hervorrufende Schlussszene im Haus. Doch während bei Hitchcock die Ursachen für das Verhalten der Tiere bewusst im Dunkeln bleiben, werden hier Ross und Reiter genannt. Somit weist der Film Ähnlichkeiten mit jenen Urban Legends auf, in denen exotische Lebewesen über die Menschen herfallen, als Ausdruck des schlechten Gewissens über die Ausbeutung der Natur.

Auch im folgenden Film geht es um das massenhafte Auftreten von Spinnen. Er ist allerdings weniger beklemmend als der vorige, da er mit einer Prise Humor gewürzt ist und seine Geschichte mit einem Augenzwinkern erzählt. Es ist die Rede von *Arachnophobia* (*Arachnophobia*, USA 1990), bei dem Frank Marshall Regie geführt hat. Ähnlich wie in *Tarantula* ist die Katastrophe eine Folge wissenschaftlicher Forschungen, doch haben diese nicht das Wohl der Allgemeinheit im Sinn, wie es bei Professor Deemer der Fall ist, sondern dienen in erster Linie der Reputation eines jungen, ehrgeizigen Wissenschaftlers.

Der erste Teil des Films spielt im Urwald Venezuelas, wo der Arachnologe Dr. James Atherton auf der Suche nach neuen Spinnenarten ist. Nachdem der Fotograf Jerry Manley eingeflogen ist, lassen sie sich mit Hilfe eines Hubschraubers an eine Stelle befördern, von der aus man zu einem 300 Meter tiefer gelegenen Talgrund hinabsteigen kann, der rundum von Felsen begrenzt ist, mithin ein isoliertes Ökosystem bildet, in dem, so hofft der Doktor, Arten überlebt haben, die man woanders vergebens sucht. Unten angekommen versprüht Atherton einen tödlichen Giftnebel in Richtung eines Baumes, aus dem prompt tote Insekten fallen und einige Spinnen, die merkwürdigerweise überleben. Wieder im Lager angekommen, wird Manley von einem Exemplar dieser Spezies gebissen und stirbt sogleich. Sein Leichnam wird in die USA zurückgebracht, wobei zuvor die Spinne in den Sarg gekrabbelt ist und mittransportiert wird. Als er in Canaima, seinem Wohnort, ankommt, ist er völlig ausgetrocknet, doch der Bestatter denkt sich nichts dabei, weil er das für eine südamerikanische Konservierungstechnik hält. Ungefähr zur selben Zeit bezieht der Arzt Dr. Ross Jennings mit seiner Familie ein Haus in Canaima. Er und seine Frau haben das hektische Stadtleben in San Francisco satt und möchten hier ein neues Leben beginnen. Allerdings ist der alternde Kollege Dr. Sam Metcalf, dessen Praxis er beerben soll, entgegen der ursprünglichen Absprache nicht bereit, in den Ruhestand zu treten, weswegen Jennings zunächst überhaupt keine Patienten hat. Neben das ökonomische Problem gesellt sich zu allem Überdruss auch noch ein persönliches, mit dem er in San Francisco ebenfalls weniger konfrontiert war als hier am Lande: Er leidet nämlich seit frühester Kindheit an Arachnophobie, da im zarten Alter von zwei Jahren eine Spinne auf ihn zu gekrabbelt kam und über seine nackte Haut gelaufen ist. So ist es nur ein schwacher Trost, dass sich einige Tage später seine Nachbarin, eine pensionierte Lehrerin, als erste Patientin bei ihm in der Praxis einfindet. Obwohl sie sich als kerngesund erweist, wird sie bald darauf in ihrer Wohnung tot aufgefunden. Als dann noch ein junger Baseball-Spieler unter den Augen von Dr. Jennings tot zusammenbricht, erhält er den Spitznamen »Doktor Tod«. Mögliche Zusammenhänge zwischen den Unglücksfällen beginnt er allerdings erst zu ahnen, als unerwarteterweise sein Kollege Dr. Matcalf ebenfalls das Zeitliche segnet und seine Frau ihm berichtet, dass er kurz zuvor von einer Spinne gebissen worden ist. Jennings setzt sich nun, nachdem er die Leichen der anderen – inklusive Manleys – exhumiert und untersucht hat, mit Atherton in Verbindung, der nicht weit entfernt von Canaima arbeitet. Zunächst schickt dieser einen unerfahrenen Kollegen, doch als er hört, dass der Fotograf dort bestattet ist, kommt er selber. Mittlerweile haben sich die Spinnen rapide vermehrt und beginnen eine Gefahr für die ganze Stadt zu werden. Atherton werden nun die Zusammenhänge klar: Im Gegensatz zu anderen Spinnenarten hat diese keine Geschlechtsorgane. Ähnlich wie bei Bienen oder Ameisen gibt es Drohnen oder Soldaten, die von einem »General« in die »Schlacht« geschickt werden, aber wegen ihres beschleunigten Wachstums und der hohen Spezialisierung nur eine kurze Lebensdauer haben und daher keine so große Gefahr darstellen. Der Urahn, der mit dem Sarg in die Vereinigten Staaten gelangt ist, hat sich allerdings mit einer einheimischen Hausspinne gepaart und in der ersten Generation eine Königin gezeugt, mit der er ein Primärnest gebaut hat. Am Ende wird sie fortpflanzungsfähigen Nachwuchs hervorbringen, und wenn das geschieht, ist nicht nur die ganze Stadt in Gefahr, sondern auch die nächste usw. Um eine Katastrophe zu vermeiden, muss das Nest gefunden werden, bevor der Nachwuchs ausschlüpft. Durch die Lokalisierung der bisherigen Todesfälle können Jennings und Atherton das Zentrum ermitteln, von dem aus die Spinnen losgezogen sind: Es handelt sich um Jennings Haus! Während Atherton in der Scheune sucht – er wird dort fündig, muss aber die Suche mit dem Leben bezahlen –, geht Jennings ins Haus, um seine Familie zu holen. Dort werden sie jedoch von den Spinnen eingekreist, ähnlich wie in *Die Vögel* oder *Kingdom of the Spiders*. Seine Frau und die beiden Kinder entkommen über den Balkon, er jedoch rutscht aus und kracht durch die morschen Bodenbretter bis in den Keller, wo es zum »Showdown« zwischen dem »General« und ihm kommt, den er am Ende nebst seinem Nest zur Strecke bringt. In der Schlussszene wohnen die Jennings wieder in San Francisco. Sie wollen es sich gerade in ihrer Hochhaus-Wohnung gemütlich machen, als ein Erdbeben kleineren Ausmaßes anhebt. Sie nehmen es gelassen, denn in der Stadt ist es doch sicherer als am Land!

Bereits die Wiedergabe des Inhalts macht deutlich, dass der Film einerseits Ängste evoziert, andererseits mit ihnen spielt, indem er sie durch Ironie und Humor mildert. In einer Besprechung heißt es, *Arachnophobia* sei die »Margarine des Suspense-Thrillers«, da man zwar nicht auf die Uhr schaue, während man den Film verfolgt, aber man auch nicht sonderlich interessiert sei, wer am Leben bleibt oder stirbt (Pierce 2000, http://www). Das ist ein wenig übertrieben, da man insbesondere der Identifikationsfigur Dr. Jennings wünscht, unbeschadet aus dem Treiben hervorzugehen. Aber es ist sicher richtig, dass der Horror ein wenig entschärft wird. Das ist jedoch bitter nötig, weil der Film auf der Klaviatur der Arachnophobie spielt wie kaum ein anderer. Da viele Menschen Angst vor Spinnen haben, wird es ihnen sicher nahe gehen, dass sich ausgerechnet unter dem Haus des phobischen Doktors das Zentrum der mörderischen Spinnen befindet. Gleichwohl wird seine Angst ironisiert, indem sie auf ein harmloses Erlebnis in der frühen Kindheit zurückgeführt wird, was gleichzeitig als Spitze gegen eine deterministische Populär-Psychoanalyse zu verstehen ist (»Ich kann gegen meine Probleme nichts unternehmen, weil sie aus der frühen Kindheit stammen«).

Möglicherweise ist die ambivalente Einstellung gegenüber der Angst auch als Ausdruck eines postmodernen Lebensgefühls zu verstehen, wenn man darunter den Rückgriff auf etablierte Elemente der Moderne versteht, mit denen auf eher spielerische Weise umgegangen wird. Wir können das anhand zweier Aspekte genauer betrachten. Der erste ist die Charakterisierung des Helden und der zuvor erwähnte Umgang mit der Psychoanalyse. Diese ist ein Produkt der vom Geist der Aufklärung durchdrungenen Moderne, weil es darum geht, Licht in das Dunkel des Unbewussten zu bringen und die Autonomie des Individuums zu fördern. Jennings aber tut das Gegenteil, indem er ausgerechnet unter Rückgriff auf die Psychoanalyse seine Phobie »pflegt«. Als es jedoch wirklich ernst wird, vergisst er seine Ängste allmählich und stellt sich dem Kampf mit der Spinne. Seine Phobie wird dadurch relativiert und auf eine spielerische Ebene gestellt: So schlimm kann seine »Neurose« also nicht gewesen sein! Das bedeutet nicht unbedingt eine Haltung trivialer Beliebigkeit, wie sie der Postmoderne mitunter nachgesagt wird, weil meines Erachtens das *ambivalente* Element das entscheidende ist: Die Ängste werden zwar entschärft, aber völlig vertrieben sind sie dadurch nicht, weder beim Zuschauer noch beim Helden, denn am Ende befindet Jennings sich wieder in der Stadt, weil ihn das Landleben überfordert hat. Umgekehrt hat bereits Freud darauf hingewiesen, dass ein Hysteriker rasch von seinem Leiden befreit werden könnte, wenn er plötzlich in eine Notsituation gerät, die rasches Handeln erfordert: »Das roheste und banalste Urteil über das Kranksein der Hysterischen (...) ist in gewissem Sinn richtig. Es ist wahr, dass die gelähmte Bettlägerige aufspringen würde, wenn im Zimmer Feuer ausbräche, dass die verwöhnte Frau alle Leiden vergessen würde, wenn ein Kind lebensgefährlich erkrankte oder eine Katastrophe die Stellung des Hauses bedrohte« (Freud 1971, 120). Freud fügt allerdings hinzu, dass eine solche Sicht den

Unterschied zwischen Bewusstem und Unbewusstem vernachlässigt (ebd.). Anders formuliert: In der Regel bricht kein Feuer aus, und in der Regel droht auch keine Katastrophe, weswegen nichts anderes übrig bleibt, als den Patienten mühsam zu therapieren. Entsprechendes gilt für Jennings: Wäre er in San Francisco geblieben, hätte er der Konfrontation mit seiner Angst weiterhin ausweichen können, und sie wäre am Ende seines Lebens zur Gänze wahr und wirklich gewesen.

Alles in allem ist Jennings ein postmoderner Filmheld, weil er einerseits seine Aufgabe erledigt, dies jedoch höchst widerwillig tut und dabei mit allen Kräften gegen seine Phobie ankämpft. In dem Zusammenhang spielt ein Motiv eine große Rolle, das mitunter im Kriminalfilm sowie in einigen anspruchsvollen Sciencefiction- und Horrorfilmen immer wieder auftaucht: Das Unwahrscheinliche wird zunächst, unter Rückgriff auf bekannte Denkmuster der Psychologie, als Projektion entlarvt, um es dann in Aktion treten zu lassen (vgl. Rieken 1999, 227f.) – ebenfalls ein spielerischer Umgang mit Themen der klassischen Moderne. Zum Beispiel würde man zunächst den Helden in *Conspiracy Theory* (*Fletchers Visionen*, USA 1997) für einen Psychotiker halten, weil er absurde Verschwörungstheorien entwirft und sich auch sonst recht merkwürdig verhält, doch dann stellt sich heraus, dass seine Befürchtungen tatsächlich der Realität standhalten. Ein weiteres Beispiel aus dem Bereich des Horrorfilms: In *Candyman* (*Candymans Fluch*, USA 1993) untersucht eine junge Volkskundlerin in Chicago Urban Legends über ein dämonisches Wesen, eben jenen Candyman. In den Slums begegnet sie ihm tatsächlich und wird nach einigen Verwicklungen in die Psychiatrie eingeliefert. Der sie behandelnde Arzt, Symbolfigur moderner Rationalität, hält ihre Erlebnisse für destruktive Phantasien, für Projektionen ihres Unbewussten, doch kurz darauf wird er selber zum Opfer des Unholds. Ähnlich verhält es sich mit Jennings: Seine Ängste werden zunächst als irrational, ja als lächerlich entlarvt, weil in den USA keine Spinnen mit so tödlicher Giftwirkung existieren, und doch behält er Recht. Der postmoderne Gehalt besteht also in der Relativierung wohlbegründeter moderner Erkenntnisse, die als Wissen beim Rezipienten vorausgesetzt werden. Anspruchsvoller formuliert: »Die in seinem atmosphärischen Raum artikulierte Lebenswelt erscheint (...) als von metaphorischen Diskursen durchdrungene, das heißt immer schon je zum Bild gewordene und durcherzählte Welt« (Voss 1993, 242; vgl. allgemein Bohrer und Scheel 1998).

Das kann man auch auf den Schluss des Filmes beziehen. Die Jennings befinden sich wieder in San Francisco, weil die Erlebnisse am Land doch zu erschreckend waren, um dort weiterhin wohnen zu wollen. Als sie es sich am Abend in ihrer Hochhauswohnung gemütlich machen, erschüttert ein leichtes Erdbeben die Stadt, und zwar just in dem Moment, als sie »auf Dinge, die wir kennen, auf Ereignisse, die wir kontrollieren« (Ross Jennings), anstoßen wollen. Sie beruhigen sich mit der Bemerkung, dass es nur ein leichtes Beben sei, vielleicht auch nur ein Cable Car, das vorbeigefahren ist. Dennoch stehen sie auf, um nach den

Kindern zu schauen. Es folgt ein zweiter Erdstoß, ebenfalls nicht allzu bedrohlich, und dann ist der Film vorbei. Auch hier spielen beim Zuschauer »Diskurse« über eine bereits »durcherzählte Welt« mit, nämlich die Erinnerung an die verheerenden Beben, die San Francisco 1906 und 1989 heimgesucht haben, verbunden mit der begründeten Angst vor der nächsten furchtbaren Katastrophe. Die Jennings indes sind zwar auch beunruhigt, aber offenbar können sie damit leben, weil ihnen die Stadt vertraut ist. Rational und von außen betrachtet wäre es am Land allerdings weniger gefährlich für sie, da die tödlichen Spinnen aus der Welt geschafft sind und dort kein gefährliches Erdbeben droht. Am Ende stehen daher subjektive, lebensgeschichtlich verankerte Ansichten – und für den Zuschauer die Gewissheit, dass potentielle Gefahren überall lauern, Sicherheit nirgendwo vorhanden ist.

Der zweite postmoderne Aspekt betrifft die inhaltliche Zuordnung. Das »Lexikon des internationalen Films« bezeichnet *Arachnophobia* als ein Werk, das »in perfekter Aufbereitung klassischer Vorbilder unter Beweis stellt, dass der ›altmodische‹ Horrorfilm mehr mit Phantasie zu tun hat als seine humorlos-drastischen Nachfahren« (Katholisches Institut für Medieninformation 1993, 39). Abgesehen davon, dass es sich um Sciencefiction handelt und nicht um Horror, stellt das Zitat die deutliche Zuordnung zu einem bestimmten *Genre* heraus, und das ist ein traditioneller Aspekt des modernen Mediums Film, (während umgekehrt der Genremix ein Merkmal des postklassischen Hollywoodkinos ist, wie anhand des nächsten Beispiels deutlich wird). *Arachnophobia* ist Sciencefiction reinsten Wassers, denn durch das Eingreifen von Forschern in das Naturgeschehen wird eine Katastrophe heraufbeschworen, und gleichzeitig wird sie wissenschaftlich erklärt, das heißt es wird deutlich gemacht, wie diese zustande kommt. Postmodern ist hingegen die Forscherpersönlichkeit. Während Professor Deemer ein traditioneller Vertreter seines Faches ist, weil er bedächtig vorgeht und sein Tun auf der bewussten Ebene durch ein großes Verantwortungsgefühl gegenüber der Menschheit geprägt ist, ist Dr. Atherton ein gestresster Jungforscher, dem es darum geht, durch seine Ergebnisse in der wissenschaftlichen Öffentlichkeit brillieren und sein Ich in Szene setzen zu können. Obwohl Jerry Manley geschwächt und krank ist, hetzt Atherton ihn durch den halben Urwald, nur damit rasch seine neuen Arten auf Zelluloid gebannt werden. Und als der Fotograf eines plötzlichen Todes stirbt, hält er es nicht einmal für nötig, der Ursache auf den Grund zu gehen. Ein anderes Beispiel: Sein Mitarbeiter verbringt während des Dienstes im Institut seine Zeit lieber mit Tischfußball als mit der Auswertung von Forschungsergebnissen, und als er in Canaima Dr. Jennings mit Rat und Tat zur Seite stehen soll, zeigen sich allerhand fachliche Unsicherheiten. Wieso hält sich Atherton einen solchen Mann als Assistenten, während im Gegensatz dazu Deemer mit einem Wissenschaftler zusammenarbeitet, der genauso profiliert ist wie er? Diesem geht es um die Sache, Atherton um die Erhöhung seines Ichs, das um so strahlender glänzt, je mittelmäßiger seine Mitarbeiter sind. Charakteristischerweise dürfte sein Forschungsinteresse eher aus ästhetischen als sachlichen Quellen gespeist werden, denn im Institut sieht man, wie er sich am Anblick seiner neuen Spinnenart delektiert. Das wäre nicht weiter verwerflich, wenn er die Gefährlichkeit, die von ihr ausgeht, nicht unterschätzen würde. Zwar stellt er, als er in Canaima eingetroffen ist, die drohende Gefahr klar heraus, doch er vergisst völlig, dass auch er bedroht sein könnte. Ungeschützt betritt er die Scheune, um den »General« zu finden, doch dieser stürzt sich auf ihn und tötet ihn – womit das »Spiel« zu Ende ist.

Mit dem nächsten Film, der von Barry Sonnenfeld stammt, verlassen wir das traditionelle Genre, denn *Wild Wild West* (*Wild Wild West*, USA 1999) ist eine Mischung aus Komödie, Polizeifilm, Western und Sciencefiction (vgl. Bardenhagen 1999, http://www, Worschech 1999).

Der Film spielt im amerikanischen Westen des Jahres 1869, als der Bürgerkrieg überstanden und der Weg zur Industrialisierung frei ist. Zwei Geheimagenten des Präsidenten, James West und Artemus Gordon, sind mit einem Sonderzug auf der Suche nach dem *mad scientist* Dr. Arliss Loveless, der mit Hilfe einer dampfbetriebenen mechanischen Riesenspinne das Rad der Geschichte zurückzudrehen gedenkt, indem er einen Teil der Vereinigten Staaten an Großbritannien und Spanien abgeben und den »Rest« für sich einstecken möchte. Als der Staatspräsident Grant den Lückenschluss der transkontinentalen Eisenbahnverbindung zelebriert, kommt das 30 Meter hohe Vogelspinnenimitat dahergestakst und entführt ihn. Loveless versucht ihn zu zwingen, den Teilungsvertrag zu unterschreiben, doch er lässt sich nicht beeindrucken. Nachdem West und Gordon mit Hilfe eines mechanischen Fluggerätes die Spinne gekapert haben, machen sie Loveless unschädlich und befreien den Präsidenten. Während dieser mit Gordons Sonderzug nach Washington zurückfährt – sein eigener wurde von Loveless zerstört –, besteigen die beiden Agenten den monströsen Mechanismus und stolzieren damit dem Sonnenuntergang entgegen.

Loveless' Aktivitäten stehen ganz im Zeichen der Spinne: Er schickt dem Präsidenten als Warnung eine Torte, aus der Vogelspinnen herauskriechen. Als er sich dem Publikum präsentiert, zieht er einen Vorhang mit Spinnennetzmustern zurück. Eine seiner tödlichen Waffen ist mit einer Spinne verziert, und das monströse Ungetüm wird mit Hilfe entführter Wissenschaftler im »Spider Canyon« hergestellt. Umgekehrt kommt den beiden Geheimagenten die zündende Idee zur Überwältigung Loveless', als sie mitten in der Wüste beobachten, wie sich eine parasitäre Fliege auf eine Vogelspinne setzt und dort ihre Eier ablegt, damit die Brut sich von ihr ernähren kann. Sie beschließen Analoges, indem sie sich dem mechanischen Tier aus der Luft nähern, um es dann von innen heraus unschädlich zu machen.

Darüber hinaus sind mit Loveless eine Fülle von Merkmalen verbunden, die zu den negativen Zuschreibungen der Spinne gehören. Zunächst hat er als *mad scientist* »spinnerte« Gedanken im Kopf, denn er möchte das erst kürzlich vereinigte Land wieder aufteilen und sich zum unumschränkten Machthaber aufschwingen. Sein grenzenloser Herrschaftstrieb steht in einem eigentümlichen Gegensatz zur eigenen physischen Bewegungseinschränkung, denn er sitzt im

Rollstuhl, weil ihm im Bürgerkrieg der Unterleib weggeschossen wurde. Ähnlich wie einer Spinne im Netz steht ihm nur begrenzter Raum zur Verfügung, aber dort herrscht er unumschränkt. Auch ist er ein Einzelgänger und isoliert. Zwar umgibt er sich mit einer ganzen Korona attraktiver Frauen, doch sexuell betätigen kann er sich nicht mehr. All seine Handlungen sind »unfruchtbar«, denn er hat nur sich selbst, sein ganzes Tun dient der eigenen Erhöhung; all die Netze, die er webt, verfolgen den Zweck, andere zu unterwerfen, während es dem Präsidenten und seinen beiden Geheimagenten auch um das Wohl des Landes geht. Erinnert sei in dem Zusammenhang an jene christlich inspirierten Sagen, in denen die Spinne mit der Biene verglichen wird. Während diese als nützliches Wesen angesehen wird, weil sie für den Menschen Honig produziert, gilt jene als Egoistin, da sie nur für sich webt. Ein weiterer Aspekt, der Loveless' Tätigkeit in die Nähe der Spinne rückt, ist sein »Weben« im Hintergrund. Fernab von jeglicher Zivilisation bereitet er in der Wüste, im Spider Canyon, seinen großen Coup vor, um dann mit seinem Riesenmonstrum plötzlich und unvermittelt wie aus einem Hinterhalt aufzutauchen und erbarmungslos dreinzuschlagen.

Dennoch löst die Vielzahl an Anspielungen auf die Spinne keinerlei Ekel aus. Im Vordergrund steht vielmehr das komödiantische Element, etwa das anfängliche Gegeneinander der beiden Agenten und ihre unterschiedlichen Charaktere. Der Titel *Wild Wild West* bezieht sich nicht allein auf den wilden Westen, sondern auch auf den Agenten James *West*, wobei sein Vorname eine Anspielung auf James Bond ist. Er ist eine »wilde« Gestalt, die »im Auftrag seiner Majestät«, in diesem Fall des Präsidenten, die Welt vor dem Bösen retten soll, und das geschieht mit dem gleichen Augenzwinkern wie bei Agent 007. Sein anfänglicher Gegenspieler und späterer Mitstreiter Artemus Gordon verkörpert demgegenüber den bedächtigen Part, und er besticht durch seine Verkleidungskünste ebenso wie durch seinen Erfindungsreichtum, der ebenfalls auf die Bond-Filme mit ihren technischen Skurrilitäten Bezug nimmt. Ein weiterer wesentlicher Aspekt, der Humor erzeugt, ist der Gegensatz zwischen Hightech und Dampfmaschine, der hier eine wirkungsvolle Einheit bildet. Das gilt für den von einer Dampflok gezogenen Sonderzug Artemus Gordons, der trotz des plüschigen Interieurs eine überraschend ausgefeilte Technik beherbergt, und das gilt insbesondere für die visuelle Hauptattraktion des Filmes, die mechanische Riesenspinne, deren altertümliche Stahlkonstruktion im Verein mit der Dampfkraft ein kurios anmutendes Vehikel ist.

Auf der anderen Seite jedoch ist mit ihr keinesfalls zu spaßen. Sie bringt Tod und Verwüstung über eine Kleinstadt, weil der Präsident nicht gewillt ist, Loveless' Vertrag zu unterschreiben. Bei aller Skurrilität schlägt der Film an dieser Stelle ernste Töne an, genauso wie in jenem Teil des Films, als Loveless mit Hilfe eines Panzerfahrzeuges eine ganze Armee brutal niedermetzelt. Diese Szenen nehmen die Grausamkeiten technischer Kriegführung voraus, wie sie erstmals zwischen 1914 und 1918 in Europa zur vollen Anwendung kamen. Erst die

Schlusssequenz stimmt wieder versöhnlich, als Gordon und West, gemeinsam in der Spinne sitzend, dem Sonnenuntergang entgegengehen.

Summa summarum verkörpert das Tier in diesem bemerkenswerten Film eine Mischung aus Sensation, Kuriosität, Skurrilität, Gefahr und Tod. Eindeutiger ist ihre Beurteilung dagegen im nächsten Film mit dem schlichten Titel *Spiders* (*Spiders*, USA 2000).

> Während einer Raumfahrtmission wird ein Alien gefangen genommen und sein genetisches Material einer Spinne injiziert, die den Namen »Schwiegermutter« erhält. Sie fällt über die Crew her, tötet sie, und das Shuttle macht eine Bruchlandung auf jenem militärischen Areal, von dem aus das Raumschiff gestartet ist. Der Absturz soll vertuscht werden, doch Marci, Redakteurin einer Schülerzeitung, bekommt Wind von der Angelegenheit und schleicht sich zusammen mit zwei Freunden in das streng abgeschirmte Gebiet. Mordend zieht die immer größer werdende Spinne durch die düsteren Hochsicherheitstrakte, indem sie sich auf ihre Opfer stürzt und ihnen Eier injiziert, doch am Ende schafft es Marci, die mittlerweile in die Stadt entlaufene »Schwiegermutter« auf dem Dach eines Hochhauses – wie weiland in *King Kong* – zu töten.

Die Story ist simpel, die Schnitte folgen rasch aufeinander und sind der MTV-Generation angepasst; das Zielpublikum ist eindeutig, denn die Schülerin Marci trotzt allen möglichen und unmöglichen Widerständen, und von Angst fehlt bei ihr jede Spur. Dennoch erwähnen wir den Film, und das aus zwei Gründen. Zum einen heißt das mörderische Untier »Schwiegermutter«, wodurch Ressentiments gegenüber Frauen genährt werden, zum anderen erinnern die Überfälle der Spinne auf ihre Opfer an Geschlechtsakte, denn sie sitzt auf ihnen und pumpt mit rhythmischen Bewegungen ihre Brut in sie hinein. Beides zusammen symbolisiert die phallischen Qualitäten der Spinne und weckt Erinnerungen an das archetypische Bild der »großen Mutter«.

Im Gegensatz zum modernistisch aufgeputzten *Spiders* nimmt *Eight Legged Freaks* (*Arac Attack – Angriff der achtbeinigen Monster*, USA 2002) zunächst Bezug auf die klassischen Monsterfilme.

> Der Film spielt in einer abgelegenen, heruntergewirtschafteten Bergarbeiterkleinstadt mit dem bezeichnenden Namen *Prosperity*. Abseits des Ortes und zurückgezogen züchtet, ähnlich wie in *Tarantula*, ein Sonderling in seinem Haus Hunderte Spinnen, vorzugsweise Springspinnen, Falltürspinnen und eine große Vogelspinne. Er bekommt des Öfteren Besuch vom etwa 10-jährigen Sohn der örtlichen Polizeichefin, der sich als wahrer Kenner der Arachniden entpuppt. Als er den Züchter wieder einmal aufsucht, erzählt dieser, dass seine Tiere seit kurzem rasant wachsen, was, wie sich später herausstellt, daran liegt, dass er sie mit Heuschrecken füttert, die durch eine giftige Substanz kontaminiert sind. Als Mike – so heißt der Junge – 14 Tage später wieder das Haus aufsucht, ist der Züchter tot, die Spinnen sind verschwunden und das ganze Anwesen ist, ähnlich wie in *Kingdom of the Spiders*, eingesponnen. Seine Mutter schenkt ihm zunächst keinen Glauben, denn sie meint, er habe zu viele Monsterfilme gesehen – im Fernsehen läuft gerade *Them!* (*Formicula*, USA 1954), ein klassischer Sciencefiction-film der 50er Jahre, in dem durch radioaktive Strahlung riesenhaft vergrößerte Ameisen ihr Unwesen treiben. – Dann überstürzen sich die Ereignisse: Die Spinnen erobern die Stadt und stürzen sich auf alles, was lebt. Diejenigen, welche mit dem Schrecken davonkommen, eilen, auf die Aufforderung von Mikes Mutter, ins Einkaufszentrum, um

sich dort zu verbarrikadieren. Als es dort zu unsicher wird, geht es in die direkt anschließenden Bergwerksstollen. Die Spinnen folgen ihnen, doch bevor sie die Menschen erwischen können, entkommen diese ins Freie, während den »achtbeinigen Monstern« der Garaus gemacht wird, indem die methanhaltige Luft des Stollens entzündet wird und sie dort allzumal verbrennen.

Der zweite Teil hat mit den klassischen Filmen nichts mehr zu tun, denn er entwickelt sich rasant und, ähnlich wie *Spiders*, in übertriebener Weise, da die überwältigende Bedrohung es kaum glaubhaft wirken lässt, dass man einer derartigen Übermacht mit relativ lockerer Hand Herr zu werden vermag, zumal es auch nicht allzu wahrscheinlich ist, dass sämtliche Tiere, die zunächst in der ganzen Stadt ihr Unwesen treiben, sich später im Stollen befinden. Überzeugender ist hingegen die Wahl der Spinnenfamilien: Die große Vogelspinne fungiert quasi als Rammbock, der jede Tür zu öffnen vermag, während die Springspinnen sozusagen aus der Luft und die Falltürspinnen aus der »Unterwelt« angreifen. Diese leben nämlich – in dem Film wie in der Realität – in Erdröhren, welche durch einen unauffälligen Deckel getarnt werden. Bei Dunkelheit sitzen sie lauernd unter der Öffnung, und kommt ein Beutetier nahe genug heran, stürzen sie sich blitzschnell auf es und verschwinden damit in der Röhre (Bellmann 1997, 34-37). So ist es auch im Film, der mit der Wahl der Spinnenfamilien recht originell auf der Klaviatur tief sitzender Ängste spielt: Die Bedrohung kommt erstens frontal, zweitens von oben und drittens, völlig überraschend, aus der Tiefe. – Der Gegensatz zwischen der immensen Gefahr und dem relativ lockeren Umgang mit ihr mag als Widerspruch erscheinen und kann dem Film durchaus als stilistischer Makel angelastet werden. Aber die gewisse Leichtigkeit im zweiten Teil hilft mit, die Bedrohung für den Zuschauer erträglicher zu machen. So berichtet etwa Jan Distelmeyer in seiner Rezension zunächst von den Ängsten, die Filme wie *Kingdom of the Spiders* oder *Arachnophobia* in ihm ausgelöst haben, um am Ende erleichtert zu konstatieren, dass *Eight Legged Freaks* nicht allein in der Tradition des Sciencefictionfilmes der 50er Jahre steht, sondern auch »eine zeitgenössische Linie von Mutations-Horrorfilmen fort(setzt), die man als smarte, in jeder Beziehung selbstbewusste und darin freie B-Film-Nachkommen bezeichnen könnte« (2002, 43).

Zusammengefasst ist das Bild der Spinne im Sciencefictionfilm im Großen und Ganzen ein ähnliches, wie wir es aus den Urban Legends und einem Großteil der traditionellen europäischen Kultur kennen. Sie ist ein ekelerregendes bzw. Angst einflößendes Wesen, dessen bedrohlicher Charakter sich im Film entweder aus einem enorm vergrößerten Wachstum oder aus einer zahlenmäßigen Zunahme ergibt. Das steht in Zusammenhang mit den Wünschen der Zuschauer, die sich von einem Sciencefictionfilm etwas erwarten, das »unter die Haut« geht und einerseits die Alltagswelt weit überschreitet, andererseits jedoch mit wissenschaftlichen bzw. scheinwissenschaftlichen Kriterien vereinbar ist. In dieser Hinsicht besteht eine Gemeinsamkeit mit den Urban Legends, weil sie sich ebenfalls vielfach um Erklärungen bemühen, die in Einklang stehen oder zu stehen scheinen mit Wahrheitskriterien in einer rationalen und entmythologisierten Welt. Als Ausdruck der *modernen westlichen Mentalität* spiegelt sich in der Filmproduktion Hollywoods auch die Entfremdung des Menschen von der Natur wider, und gleichzeitig steht sie in der europäischen *Tradition*, die der nordamerikanischen Kultur zugrunde liegt.

Die Ausnahme von der gängigen Darstellung der Spinne bildet *Spider-Man* (*Der Spinnenmensch*, USA 1977), eine leidliche Comic-Verfilmung, der im Jahr 2002 allerdings ein furioses Remake folgte.

> Peter Parker ist Student der Biologie und experimentiert mit radioaktiven Substanzen. Eines Tages kommt eine Spinne damit in Berührung und beißt ihm in die Hand. Fortan verfügt er über spinnenartige Charakteristika, denn er ist so stark wie sie und klettert Wände hinauf, weil seine Hände und Füße Hafteigenschaften erworben haben. Ausgestattet mit diesen übermenschlichen Merkmalen bringt er einen Erpresser zur Strecke, der angesehene Bewohner New Yorks mit Hilfe eines Empfängers zu blinden Marionetten macht, indem sie für ihn Banken ausrauben.

So wie andere Comic-Helden, vor allem Superman und Batman, kämpft Spider-Man gegen das Böse und hat darin Erfolg, weil er über Eigenschaften verfügt, die über das menschliche Maß hinausgehen, nämlich seine Stärke und seine Fähigkeit, an senkrechten Mauern entlangzuklettern. Er verdankt sie einer Spinne und setzt sie zum Wohl der Menschheit ein. Ähnlich wie man den realen Eigenschaften des Tieres positive oder negative Bedeutungen zuschreiben kann, kann das Vermögen, das die radioaktiv bestrahlte Spinne auf Peter Parker überträgt, zum Wohl oder zum Leid der Menschen eingesetzt werden. Insofern ist der Film ungewöhnlich, denn im Kontext der modernen Spinnenrezeption wäre eher zu erwarten gewesen, dass ein Bösewicht von dem Tier gebissen wird, der seine neu erworbenen Fähigkeiten gegen die Menschheit einsetzt.

Ambitionierter als die ursprüngliche Fassung ist das Remake von Sam Raimi (*Spider-Man*, USA 2002). Der Inhalt ist ähnlich, doch kommt als ebenbürtiger Gegner der *Green Goblin* hinzu, welcher Peter Parker stark zusetzt, aber letztlich auf der Strecke bleibt. Die Neuverfilmung war so erfolgreich, dass ihr ein zweiter Teil folgt (*Spider-Man 2*, USA 2004), was nicht nur auf die überzeugenden Spezialeffekte zurückzuführen ist, sondern auch darauf, dass der Held in seinem Alltagsleben ein unbeholfener Jugendlicher mit typischen Teenager-Problemen ist, der dann aber über sich selbst hinauswächst (Mihm 2002, 17). Er nimmt sich die Worte seines Onkels zu Herzens, nämlich dass mit besonderen Kräften, welche in einem wohnen, besonders verantwortungsvoll umgegangen werden muss. Daher schlägt er am Ende die Liebe seiner von ihm seit jeher angebeteten Nachbarin und Schulkollegin Mary Jane aus, weil eine Frau an der Seite von Spider-Man ihres Lebens nicht sicher wäre. Ähnlich wie *Superman* oder die Helden des klassischen Western ist er der einsame Kämpfer, dessen Lebensaufgabe es ist, das Böse unschädlich zu machen. – Der Film fügt sich daher in mehrfacher Hinsicht nicht in die klischeehafte Vorstellung der Spinne als eines Symbols für eine männermordende, extraordinäre und sexuell aktive Frau: Der Protagonist ist männlichen Geschlechts, er kämpft für das Gute, im Alltagsleben ist er ein durchschnittlicher Mensch, und er hält seine Triebe in Schach, indem er der Sexualität entsagt.

5.2.2 Kriminalfilm und politischer Film

Die folgenden Beispiele sind ein bunter Strauß aus unterschiedlichen Filmen, deren kleinster gemeinsamer Nenner das Verbrechen ist. Zum Teil geht es in ihnen um wirkliche Spinnen, zum Teil wird das Tier nur als Symbol verwendet, um menschliche Eigenschaften oder Handlungen zu charakterisieren. Sie können grob eingeteilt werden in Filme mit politischem Hintergrund und solche mit einem Verbrechen im Zentrum, wobei sie zum Teil auch Elemente des Melodrams aufweisen. Das ist sicher kein Zufall, da sich alle drei Themenbereiche gut dafür eignen, mit der Spinnenmetaphorik in Verbindung gebracht zu werden.

1919/20 entstand der zweiteilige Stummfilm *Die Spinnen*, den Fritz Lang auf der Grundlage seines gleichnamigen Romans (Lang 1987) geschaffen hat.

> Im ersten Teil (*Der goldene See*; D 1919) erfährt der Abenteurer Kay Hoog durch eine Flaschenpost von einer Insel, auf der sich ein Goldsee befinden und die letzten überlebenden Inkas aufhalten sollen. Er beschließt dorthin zu fahren, doch gleichzeitig heftet sich der Geheimbund »Die Spinnen« an seine Fersen, der einen Kreis von Unternehmern darstellt und von der Millionärin Lio Sha angeführt wird. Ein dramatischer Wettlauf beginnt, in dessen Folge Hoog die Priesterin Naela rettet, die von den Inkas geopfert werden soll. Er bringt sie nach San Francisco, doch wird sie dort von Lio Sha ermordet.
>
> Im zweiten Teil (*Das Brillantenschiff*, D 1920) gelingt es Hoog, Zugang zum geheimen Treffpunkt der »Spinnen« zu bekommen, der sich unterhalb der Innenstadt befindet. Er erfährt, dass der Geheimbund sich eine Diamantenkrone beschaffen möchte, welche der Sage nach die Herrschaft über Asien garantiert. Die Spur führt Hoog zunächst zum Diamantenkönig John Terry nach London und schließlich auf die Falkland-Inseln, wo es zur entscheidenden Auseinandersetzung mit Lio Sha und ihrer Gruppe kommt.

Lang entwirft in diesem wie auch in anderen Filmen eine Welt, die durchzogen ist von Verschwörungen. Die Organisation hat ihren Sitz unterhalb einer Großstadt, unbemerkt vom pulsierenden Leben darüber, sie hat Verbindungen über den halben Globus und steuert die Weltherrschaft in politischer und ökonomischer Hinsicht an. Die Organisation macht ihrem Namen alle Ehre: Gesteuert von der »Oberspinne« Lio Sha, agiert sie in einem verborgenen Schlupfwinkel, um von dort aus die Welt mit ihrem Netz zu überziehen und sie ökonomisch auszusaugen – gewissermaßen eine Frühform des globalisierten Kapitalismus (vgl. Filmarchiv Austria 2001b, http://www; vgl. auch Goethe-Institut Helsinki 1999, http://www).

Im nächsten Film, Bernardo Bertoluccis *Strategia del ragno* (*Die Strategie der Spinne*, Italien 1969), geht es ebenfalls um Verschwörungen, und zwar im Zusammenhang mit dem Faschismus. Der nahe liegende Schluss, dass Mussolini und seine »Schwarzhemden« mit der Symbolik der Spinne in Verbindung gebracht werden, erweist sich allerdings als verfrühte Annahme. Vielmehr geht es um die Relativierung des antifaschistischen Heldenmythos.

1936 wird Athos Magnani als antifaschistischer Widerstandskämpfer im Theater seines Wohnortes, der Kleinstadt Tara, während der ersten Vorstellung umgebracht. Gut 30 Jahre später bittet seine ehemalige, »offizielle« Geliebte Draifa seinen Sohn – der ebenfalls Athos heißt – darum, nach Tara zu kommen, um die Mörder ausfindig zu machen. Seine Ankunft verbreitet sich wie ein Lauffeuer im Ort, da sein Vater als Held angesehen ist, der sich im Kampf gegen Mussolini aufgeopfert hat. Auch von offizieller Seite wird sein Ansehen gewürdigt, da ein imposantes Denkmal auf dem Hauptplatz an ihn erinnert und auch eine Straße nach ihm benannt ist. Doch durch Gespräche mit den ehemaligen Weggefährten erfährt Athos, dass nicht die Faschisten, sondern *sie selbst* seinen Vater umgebracht haben, und das auf eigenen Wunsch hin! Ursprünglich hatten Athos senior und seine Kumpane nämlich vorgehabt, Mussolini zu töten, der zur Einweihung des Theaters nach Tara kommen wollte. Doch dann hat Athos den Carabinieri einen Wink gegeben, und der »Duce« ist der Veranstaltung ferngeblieben. Wegen dieses Verrats bittet Athos seine erbosten Freunde darum, ihn zu töten, doch möchte er nicht als Verräter in die Annalen eingehen, sondern als Held, denn nur so könne er der gemeinsamen Sache nützen. Daher inszenieren sie seine scheinbare Ermordung durch die Faschisten während der Theatervorstellung. – Nachdem sein Sohn die Wahrheit erfahren hat, verlässt er Tara irritiert.

»Aber wo ist die Spinne? Und was ist seine (oder ihre) Strategie?«, fragt Neil Young in einer Besprechung des Films und fügt hinzu: »Letztendlich bleibt vieles undurchsichtig« (Young 2001, http://www; vgl. Gangas 2001, http://www; Hoover 1999, http://www). Vielleicht ist genau das ein Aspekt der Spinnenmetaphorik, nämlich ein feines Netz des Schleiers über die Hauptfiguren und ihre Motivationen zu legen, denn wir erfahren herzlich wenig über sie, aus ihrer Lebensgeschichte kaum etwas, geschweige denn über die Motive und Ziele. Es wird nicht deutlich, warum Athos senior den Plan des Attentates auf Mussolini an die Carabinieri verrät, und es ist auch nicht unbedingt nachvollziehbar, wieso er deswegen sterben will. Er könnte die Tat doch auch bereuen und weiter gegen den Faschismus kämpfen. Und von seinem Sohn heißt es, er werde die wahren Geschehnisse um den Mord für sich behalten, doch gleichzeitig nennt er diese Haltung einen Irrtum.

Andererseits ist Undurchsichtigkeit ein zu allgemeines Merkmal, um den Titel des Filmes zu rechtfertigen. Schaut man jedoch genauer hin, erkennt man, dass die Spinnensymbolik durchaus auf den Film angewendet werden kann, und zwar vornehmlich auf Athos senior, denn er ist es, der gleichsam ein Netz auslegt, in welchem sich die gesamte Gemeinde verfängt, einschließlich wichtiger Bezugspersonen – seiner Geliebten und seines Sohnes. Es ist ein Netz, das gewoben ist aus theatralischer Inszenierung; alle fallen darauf herein oder sozusagen in es hinein, sieht man von seinen Weggefährten ab, die um die wahren Hintergründe wissen. Sein Sohn und seine Geliebte sind in gewisser Weise seine Gefangenen, denn sein Heldenmythos ist ein Teil ihrer Identität. Athos junior trägt denselben Vornamen, und er ähnelt seinem Vater aufs Haar, wie alle um ihn herum versichern. Wahrscheinlich erklärt sich seine Unsicherheit am Schluss des Filmes daher: Ein bedeutendes Identifikationsmuster seines Lebens ist zerstört worden. Und Draifa sieht in den Rückblenden, die mehr als 30 Jahre zuvor spielen, genauso aus wie in der Gegenwart am Ende der 60er Jahre. Das ist mit Sicherheit keine Nachlässigkeit des Regisseurs, sondern ein bewusstes Stilmittel, um zu zeigen, dass sie ihr ganzes Leben auf ihren ehemaligen Geliebten ausgerichtet hat: Sie ist in den 30er Jahren stehen geblieben – und sie verführt sogleich, trotz des beträchtlichen Altersunterschiedes, den Sohn, um gemeinsame Zukunftspläne zu schmieden, (was er allerdings ablehnt).

Es bleibt noch die Frage zu klären, worin die im Titel erwähnte Strategie begründet ist. Anders gefragt: Was will Athos senior erreichen? In dieser Hinsicht sind nur Spekulationen möglich, da aus seinem Leben kaum etwas bekannt ist und seine Persönlichkeit weitgehend im Dunkeln bleibt. Einige Hinweise sind dennoch vorhanden. Er ist verheiratet, seine Frau ist schwanger und verlässt nach dem Attentat den Ort. Offenbar will sie ihr bisheriges Leben, die unglückliche Ehe mit Athos vergessen. Ein Kind in die Welt zu setzen, würde für ihn bedeuten, Verantwortung als Familienvater zu übernehmen. Dazu dürfte er nicht bereit sein, wie seine diversen Frauengeschichten zeigen – Draifa ist ja nur die »offizielle« Geliebte. Als sie von ihm verlangt, sich von seiner Frau zu trennen und mit ihr zusammenzuziehen, kommt es zum Streit, denn festlegen will er sich nicht; er schätzt mehr die Unverbindlichkeit, das Spiel. Vielleicht vereitelt er deswegen den Anschlag auf Mussolini, denn große Reden zu schwingen ist eine Sache, Taten setzen und dazu zu stehen, eine andere. Von der spielerischen Einstellung gegenüber dem Leben ist es nur ein kleiner Schritt zur *Inszenierung* seines Heldentodes. Da er einerseits schwankend ist und keine Verantwortung zu übernehmen bereit ist, andererseits etwas Bleibendes erreichen möchte, dabei aber nicht aus einer aktiven Einstellung gegenüber dem Leben schöpfen kann, entscheidet er sich für den Tod. Das ist letztlich seine »Strategie«, und mit ihr hat er Erfolg, denn er schlägt dadurch eine ganze Stadt in seinen Bann.

Mit dem nächsten Film entfernen wir uns von der politischen Sphäre und wenden uns privatem Beziehungsgeschehen zu. In Bob Rafelsons Psycho-Thriller *Black Widow* (*Die schwarze Witwe*, USA 1986) geht es um eine attraktive junge Frau, die vermögende ältere Männer heiratet und sie bald darauf tötet, um sie zu beerben – ein klassisches Thema für die Spinnensymbolik (vgl. Antulov 1998, http://www; Attanasio 1999, http://www; Zurhorst 1993, 446f.).

Der Film beginnt mit der Detailaufnahme vom Gesicht einer Frau, die gerade dabei ist, schwarzen Lidschatten aufzutragen. Unterlegt ist die Sequenz mit bedrohlicher Musik, die sich allmählich in das Geräusch von Flugzeugmotoren verwandelt und dergestalt zur nächsten Szene überleitet, in welcher dieselbe Frau in ein Flugzeug steigt, um nach New York zu fliegen, weil ihr Mann, ein New Yorker Zeitungsverleger, gestorben ist. Unterdessen brütet Alex Barnes, eine Kriminalbeamtin im Justizministerium, über mysteriösen Todesfällen älterer, wohlhabender Männer, die alle mit jungen Frauen verheiratet waren. Nachdem die »schwarze Witwe« – sie heißt Catherine – ein weiteres Mal zugeschlagen hat, kann Alex sich an ihre Fersen heften – zwar heiratet sie stets unter einem anderen Namen, kann aber durch Fotos identifiziert werden – und verfolgt sie nach Hawaii. Dort freunden sich die beiden Frauen an, doch Catherine merkt alsbald, dass Alex ihr auf der Spur ist, und stellt ihr eine Falle, indem sie ihr jüngstes Opfer, den attraktiven französischen Hotelier Paul, an sie »ausborgt« und beide in eindeutigen Situationen fotografieren lässt. Nachdem sie Paul vergiftet hat, schmuggelt sie das tödliche Medikament in Alex' Appartement, um sie so der Polizei auszuliefern. Alex wird inhaftiert, doch als Catherine sie eines Tages in der Zelle besuchen kommt, erscheint auch Paul, und Catherine muss entsetzt erkennen, dass nicht nur sie eine Falle gestellt hat, sondern auch ihre Kontrahentin, denn Alex hat Paul von Catherines Gefährlichkeit überzeugen können, weswegen er seinen Tod nur vorgetäuscht und die Giftmischung nicht eingenommen hat.

Gut und Böse sind nicht so eindeutig verteilt, wie es auf den ersten Blick den Anschein haben mag. Alex ist eine frustrierte Beamtin, deren Männergeschichten allzumal in die Brüche gehen, weil sie Angst vor Nähe hat. Sie beneidet ihre erfolgreiche und vermögende Gegnerin und möchte sie nicht nur aus sachlichen Beweggründen dingfest machen, sondern auch, weil diese es besser zu haben scheint. Umgekehrt ist Catherine zwar eine Männer mordende »Spinne«, aber glücklich ist sie dabei nicht. Nachdem sie zu Beginn des Films in New York angekommen und endlich allein in ihrer Wohnung ist, wirft sie sich aufs Bett und weint bitterlich. Im Grunde ihres Herzens ist sie einsam, und als sie auf Hawaii Alex begegnet, ist sie zunächst froh, eine Freundin gefunden zu haben. Am Hochzeitstag mit Paul kommt es noch einmal zur Begegnung zwischen den Frauen. Alex überreicht ihr ein Geschenk, eine Brosche in der Form einer schwarzen Witwe. Catherine ist überrascht, behält aber Fassung und sagt: »Sie paart sich und sie tötet. Du fragst dich, ob sie liebt. Es ist unmöglich, diese Frage zu beantworten. Dazu müsste man in ihrer Welt leben. Sie würde gern mit dir teilen, aber in Wahrheit ist alles vorbei«, woraufhin sie Alex kurz und heftig auf den Mund küsst. Die Frauen stehen einander in emotionaler und erotischer Hinsicht näher, als es sich die Kriminalbeamtin eingestehen möchte, zumal beide Probleme mit Männern haben. Eine weitere Gemeinsamkeit besteht darin, dass auch Alex »Spinnenqualitäten« entwickelt, indem sie ein Netz fertigt, in welchem sich Catherine verfängt.

Kriminalfilm bzw. Thriller sind außerordentlich beliebte Genres; täglich laufen in Kino und Fernsehen Filme, welche Morde zum Gegenstand haben, während man im Alltag persönlich kaum jemals damit konfrontiert ist. Die Seltenheit des Ereignisses im realen Leben steht im umgekehrten Verhältnis zur Häufigkeit auf Leinwand oder Bildschirm. Die »Faszination des Bösen« ist tief in der Evolution begründet und hat zunächst die Aufgabe, das Überleben zu sichern. »Der Börsenspekulant, der sich über einen fetten Gewinn freut, ist im Prinzip in der gleichen Lage (und in der gleichen psychischen Verfassung) wie der steinzeitliche Jäger, dem es gelang, ein großes Tier zu überlisten und zu töten« (Wuketits 1999, 186f.). Das gilt auch für Catherine. Sie macht Jagd auf Männer, tötet sie und saugt sie aus, um dergestalt ein materiell gesichertes Leben zu führen. Sie repräsentiert die Extremform des allgemeinen Wunsches, versorgt zu sein und geht gleichzeitig mit der Ambivalenz der Geschlechterbeziehung an die äußerste Grenze, indem sie das zerstört, was sie liebt. Mit anderen Worten: Ambivalenz ist zur Extremform der sadomasochistischen Beziehung gesteigert, in der man nicht allein den anderen, sondern auch das eigene Glück vernichtet. – Der Kriminalfilm erzählt daher nicht ausschließlich von anderen, sondern cum grano salis auch von uns, und er ist deswegen ein so erfolgreiches Genre, weil er die destruktiven Anteile, welche in jedem von uns vorhanden sind, in ein besonders grelles Licht rückt. In ähnlicher Weise hat bereits Freud, unter Bezugnahme auf Plato, darauf hingewiesen, »dass die Guten diejenigen sind, welche sich begnügen, von dem zu träumen, was die anderen, die Bösen, wirklich tun« (Freud 1969, 157; vgl. ders. 1974, 237-249).

Das Besondere an *Black Widow* sind die Mehrschichtigkeit der Charaktere und das Durchbrechen der eindeutigen Täter-Opfer-Zuordnung. Darüber hinaus wird der Schleier des Rätselhaften nur zum Teil gelüftet, weil wir tatsächlich »in ihrer Welt leben« müssten, um zu erfahren, ob die schwarze Witwe wirklich zu lieben imstande ist. Das ist eine Gemeinsamkeit mit *Die Strategie der Spinne*, weil auch das Innenleben Athos Magnanis bis zu einem gewissen Grad im Dunkeln bleibt. Damit wird der Spinnensymbolik ein weiterer Aspekt hinzugefügt: Sie repräsentiert nicht allein das Unheimliche, Zerstörerische, Verschlingende, sondern auch die Rätselhaftigkeit des menschlichen Verhaltens und die Undurchschaubarkeit der Seele, ein Aspekt, der über die Psychologie hinausgeht und in existentielle Bereiche vorrückt.

Wesentlich gröber gestrickt ist hingegen der nächste Film, der im Rahmen einer Reihe über den legendären Meisterdetektiv Sherlock Holmes von 20th Century Fox in den 40er Jahren produziert wurde: *Spider Woman (Sherlock Holmes: Das Spinnennetz*, USA 1944).

Selbstmorde reicher Mitbürger lassen in Sherlock Holmes den Verdacht aufkommen, dass dahinter in Wirklichkeit Morde stehen. Um den Geschehnissen auf den Grund zu gehen, täuscht er den eigenen Tod vor und kommt einer Bande auf die Spur, deren Kopf die gefährliche Adrea Spedding ist. Sie bringt die Opfer dazu, Lebensversicherungen zu ihren Gunsten abzuschließen und setzt ihnen anschließend eine Spinne ins Bett, deren Biss Wahnvorstellungen hervorruft, die zum Selbstmord führen. Holmes deckt das wahre Geschehen auf, und Adrea Spedding muss sich am Ende geschlagen geben.

Schon recht bald steht für den Detektiv fest, dass es sich bei dem Mörder um eine Frau handeln muss: »Ich folgere das aus ihrer Methode. So spitzfindig und grausam sind nur Frauen – katzenartig, das trifft es genau. Wenn einer sich umbringt, weil er dazu getrieben wird, ist das in meinen Augen Mord«, woraufhin Dr. Watson erwidert: »Getrieben – das bringt nur eine Frau zustande«. – »Sie haben es erfasst: Die Art ist typisch weiblich – behutsam und unbarmherzig«. Die denunziatorische Art, in der das männliche Duo oder Paar Holmes-Watson sich über Frauen auslässt, spiegelt typische Männerängste in Bezug auf das archetypische Bild der großen Mutter wider, nämlich das Verschlingende, das auf leisen Sohlen kommt und einen aussaugt. Es erzählt aber auch von der heimlichen Macht der Frauen, die weniger sichtbar, aber sehr nachhaltig, eben »behutsam« ist.

Die »Beweisführung« hat ihre Wurzeln nicht allein in psychologisch bedingten Männerphantasien. Das für Sherlock Holmes typische Verfahren (pseudo)logischen Schlussfolgerns hat auch eine historische Wurzel, denn es steht, worauf Christine Shojaei Kawan hingewiesen hat, in der Tradition orientalischer Scharfsinnsbeweise. Als Beispiel nennt sie die »Elefantenprobe«, bei der »aus den Fuß- und Harnspuren eines Elefanten (...) geschlossen (wird), dass es sich um ein weibliches trächtiges Tier handelt, das noch am selben Tag ein weibliches oder männliches Tier werfen wird; der Elefant ist auf einem Auge blind (das Gras auf der Gegenseite ist abgefressen)« usw. (1995, 664). In ähnlicher Weise »schließt Holmes von einem Hut nicht nur auf das Aussehen des Trägers, sondern auch darauf, dass der Mann intellektuell veranlagt ist (er hat einen großen Kopfumfang), vor etwa drei Jahren wohlhabend war und nun schlechte Zeiten durchmacht (der Hut ist von teuerster Qualität, doch drei Jahre alt, und der Besitzer konnte sich seither keinen neuen leisten), dass er früher mehr Weitblick besaß als gegenwärtig (der Mann hatte einen Kinnriemen gegen den Wind gekauft, ihn aber nicht mehr ersetzt, als er gebrochen war) und seine Frau ihn nicht mehr liebt (der Hut wurde seit Wochen nicht mehr gebürstet)« (ebd., 665). Wenn man das liest, empfindet man diese Art des Denkens als kurios oder abstrus, aber im Kontext des Filmes hat es wohl eine gewisse Plausibilität, weil man durch das Zuschauen in den Bann des charismatischen Detektivs gezogen wird, zumal es in diesem Film nicht »harte« Fakten wie die Größe eines Hutes oder das Fehlen eines Kinnriemens sind, sondern »weiche« Vorurteile, nämlich die Gleichsetzung von Behutsamkeit, Spitzfindigkeit und Grausamkeit mit der Frau, die ihrerseits mit einer Spinne in Verbindung gebracht wird.

Im folgenden Beispiel ist hingegen (zunächst) ein Mann gemeint, wenn es im Filmtitel heißt: *Along Came a Spider* (*Im Netz der Spinne*, USA 2001).

Der Lehrer Gary Soneji entführt die Senatorentochter Megan Rose, um Geld zu erpressen. Er nimmt mit dem berühmten Profiler Dr. Alex Cross Kontakt auf, um sich mit ihm aus Geltungsstreben auf ein Katz-und-Maus-Spiel einzulassen. Zusammen mit der Secret-Service-Agentin Jezzie Flannigan, deren Aufgabe der Schutz der Schule ist, aus der Megan entführt wurde, nimmt Cross die Verfolgung auf. Es stellt sich heraus, dass die Entführung Megans nur dazu gedient hat, an ihren Freund, den Sohn des russischen Präsidenten zu gelangen, dessen Entführung im letzten Moment verhindert werden kann. Das ist allerdings noch nicht die letzte falsche Fährte, die der Film für den Zuschauer auslegt, denn es stellt sich heraus, dass die arglos erscheinende Secret-Service-Agentin Jezzie von den jahrelangen Vorbereitungen des Entführers Wind bekommen und beschlossen hat, ihr eigenes Süppchen zu kochen. Sie lässt, geschickt vertuscht, Gary Soneji nebst seinem Opfer aus der Schule entkommen, um am Ende selbst das Geld einzustecken, nachdem sie ihn beseitigt hat. Am Ende kommt Cross ihr allerdings auf die Schliche.

Auch bei diesem Film kann man fragen: Wo ist die Spinne? Darauf gibt zunächst Cross die Antwort: Gary Soneji ist es, da er mit unendlicher Geduld und

Raffinesse ein Netz um Megan herum gewebt hat, um dann blitzartig zuzuschlagen. Er hat jahrelang als Lehrer gearbeitet und seine gesamte Energie darauf verwendet, einen todsicheren Plan auszuhecken, ähnlich wie Spinnen es tun, die stundenlang regungslos warten, um sich dann auf ihr Opfer zu stürzen. Doch ebenso ausdauernd und zielsicher hat Jezzie Flannigan den Lehrer beobachtet, um im rechten Moment kaltblütig und Männer mordend in Aktion zu treten. Auch sie ist eine Spinne; ihr Opfer heißt Gary Soneiji, und so ist dieser Film ebenfalls keine Ausnahme von der Regel, dass Spinnen weiblichen Geschlechts sind.

Für das nächste Beispiel, entstanden unter der Regie von Hector Babenco, gilt das allerdings nicht, obgleich es ausgerechnet den Titel *Kiss of the Spider Woman* trägt (*Kuss der Spinnenfrau*, Brasilien/USA 1985).

> In einem südamerikanischen Gefängnis teilen sich der Homosexuelle Luis Molina, der wegen Verführung eines Minderjährigen einsitzt, und der Revolutionär Valentin Arregui, ein marxistischer Journalist, die Zelle. Um sich die Zeit zu vertreiben, erzählt Luis einen schmalzigen Liebesfilm mit tragischem Ausgang, »eine Mischung aus einer Nazi-Version von *Casablanca* und Maria-Montez-Schund« (Hartl 1985, http://www). Valentin ist zunächst entsetzt, weil Luis nur an der Liebesgeschichte Interesse hat und kein Gespür für den nationalsozialistischen Kontext. Mit der Zeit indes kommen sie einander näher; Luis pflegt Valentin, weil er durch Folter sowie vergiftetes Essen geschwächt ist, und dieser bittet den Homosexuellen, einen weiteren Film zu erzählen: »Es war einmal eine tropische Insel in weiter Ferne. Da lebte eine sonderbare Frau. Sie trug ein langes Kleid aus schwarzem Lamé. Aber die Arme war gefangen in einem riesigen Spinnennetz, das aus ihrem eigenen Körper wuchs. Eines Tages lag ein Schiffbrüchiger am Strand. Sie gab ihm zu essen und pflegte seine Wunden. Sie gab ihm all ihre Liebe, und so brachte sie ihn ins Leben zurück. Als er aufwachte, erblickte er über sich die Spinnenfrau und sah eine vollendete Träne unter ihrer Maske hervorquellen«. Dann gesteht Luis Valentin seine Liebe, und sie verbringen eine Nacht miteinander. Schließlich wird jener aus dem Gefängnis entlassen, aber bei dem Versuch erschossen, mit Valentins politischen Mitstreitern Kontakt aufzunehmen. Unterdessen wird Valentin weiter gefoltert; doch er flüchtet sich dabei in eine Traumwelt: Seine Freundin holt ihn aus dem Gefängnis ab, sie laufen zum Strand und fahren mit einen Ruderboot davon.

Für einen Propagandastreifen der Nationalsozialisten zu schwärmen, zeugt sicher von politischer Naivität, nur hat der Film im Film die primäre Funktion, die triste Situation in der Gefängniszelle erträglicher zu machen, und deswegen würde man meines Erachtens in diesem konkreten Fall fehlgehen, wollte man die Flucht aus der Realität anprangern. Das zeigt auch der Schluss, als Valentin sich aus den Folterqualen in eine Phantasiewelt rettet. Der zweite Film, der erzählt wird, die Geschichte der Spinnenfrau, geht sogar noch einen Schritt weiter, denn er führt die Männer, beide geschundene Seelen, zusammen und verschafft ihnen eine glückliche Liebesnacht. Das hängt mit dem Bezug dieses Films zur Realität zusammen, denn der Schiffbrüchige, welcher gepflegt wird, ist Valentin und die Spinnenfrau Luis. Das Netz, das aus ihrem Körper wächst und dessen Gefangene sie ist, sind seine homosexuellen Neigungen; die Träne symbolisiert sowohl Scheitern als auch Erfüllung der Liebe, denn es bleibt bei der einen Nacht mit Valentin.

Erstmalig wird die Spinne in einen positiven Kontext gestellt. Es geht zwar auch um Verführung, der Homosexuelle »umgarnt« den Revolutionär aus Leibeskräften, aber er tut es nicht, um ihn auszusaugen, sondern um Liebe zu geben. Es ist schon bemerkenswert, dass es ausgerechnet eine homosexuelle Beziehung ist, welche die Spinnenmetaphorik mit wirklicher Liebe in Verbindung bringt. Möglicherweise liegt das daran, dass aus konventioneller heterosexueller Sicht Homosexualität ähnlichen Ekel erzeugt, wie es im Allgemeinen Spinnen tun.

In dem Roman, der dem Film zugrunde liegt (Puig 1983), fragt Luis Valentin, ob es ihn angewidert habe, ihm einen Kuss zu geben. »Wahrscheinlich«, antwortet er, »war's die Angst, dass du dich in eine Pantherfrau verwandelst, wie in dem ersten Film, den du mir erzählt hast«. – »Ich bin keine Pantherfrau«, erwidert er. »Stimmt, du bist keine Pantherfrau (...). Du bist die Spinnenfrau, du fängst die Männer in deinem Netz ein«, antwortet Valentin (276). Bei besagtem Film handelt es sich um Jacques Tourneurs *Cat People* (*Katzenmenschen*, USA 1942), ein Meisterwerk des expressionistischen Horrorfilms. Darin geht es um eine junge Serbin namens Irena, die nach New York auswandert, aber kein Glück in der Liebe findet, weil sie sich jedes Mal, bevor es zu sexuellen Handlungen kommt, aufgrund eines Fluches in einen Panther verwandelt. Der Film thematisiert eine Sexualneurose, aber für Luis vor allem die tragische Dimension der Liebe, das zerstörerische, sadomasochistische Element. Während im Buch sowohl der NS-Film als auch *Cat People* erzählt werden, beschränkt sich die Verfilmung, abgesehen von der knappen Szene mit der Spinnenfrau, auf ersteren – wahrscheinlich weil so die Atmosphäre stimmiger ist, denn das kitschig-schwüle Pathos des NS-Streifens fügt sich besser in Luis' emotionale Welt als die kühle Unheimlichkeit und Bedrohlichkeit eines expressionistischen Horrorfilms.

Zusammenfassend können wir feststellen, dass das konventionelle Bild der Spinne sich auch im Kriminalfilm niederschlägt, denn es werden Netze gewebt, um Macht und Ansehen zu erlangen (*Die Spinnen – Teil 1 und 2*; *Strategia del ragno*) oder damit sich Opfer darin verfangen, mit denen man »fette Beute« machen kann (*Spider Woman* [Sherlock Holmes]; *Along Came a Spider*; *Black Widow*). *Black Widow* geht allerdings über die eindeutige Täter-Opfer-Zuordnung hinaus, weil er die Protagonistinnen mit ambivalenten Zügen ausstattet, und er fügt der Spinnensymbolik einen weiteren Aspekt hinzu, indem er die Rätselhaftigkeit und Undurchschaubarkeit des menschlichen Charakters zum Thema macht, wobei dieser Aspekt auch in *Strategia del ragno* vorhanden ist. Mit positiver Bedeutung verbunden wird das Tier im Kontext der Liebe in *Kiss of the Spider Woman*, und das ist im Bereich der modernen Populärkultur ein einmaliges Phänomen.

5.3 Alltag

Das, was in diesem Kapitel präsentiert wird, ist eine bunte Palette unterschiedlichster Phänomene, deren kleinster gemeinsamer Nenner die Zugehörigkeit zur Alltagskultur ist. Weil es sich dabei um ein uferloses Terrain handelt, kann die Auswahl nur zufällig sein, doch hoffe ich, einen Eindruck davon zu vermitteln, auf wie vielfältige Weise die Spinne im Alltagsleben als kulturelles Phänomen in Erscheinung tritt. Eine grobe Unterscheidung kann dahingehend getroffen werden, ob die durch sie hervorgerufenen Emotionen und Vorstellungen von negativer, neutraler, ambivalenter oder positiver bzw. Faszination erzeugender Natur sind.

Wie bereits der Spielfilm *Black Widow* deutlich gemacht hat, wird Latrodectus tredecimguttatus, die Schwarze Witwe, gern dazu verwendet, um Heiratsschwindlerinnen zu charakterisieren, die ihre Ehegatten umbringen. Mitte der 90er Jahre erregte in Österreich der Fall Elfriede Blauensteiner Aufsehen, eine verwitwete Frau, die mehrere reiche, ältere Männer mit Hilfe von Medikamenten tötete, um sie zu beerben. In der Presse wurde sie als »Gift-Witwe« (Kronenzeitung, 21.01.1996, 12f.) bzw. als »Schwarze Witwe« bezeichnet. *Täglich Alles* widmete ihr in der Ausgabe vom 14.02.1997, sinnigerweise dem Valentinstag, die Hauptüberschrift: »Schwarze Witwe – Erste Sensation – Es war alles ganz anders, behauptet sie...«.

Einige Spielfilme aus dem letzten Kapitel haben gezeigt, dass die Spinnensymbolik mitunter dazu dient, Personen oder Institutionen zu charakterisieren, die ein engmaschiges Netz von spezifischer Natur geknüpft haben, um auf effiziente Art eigene Interessen zu verfolgen. Dazu einige Beispiele aus dem öffentlichen Leben der letzten Zeit. Als der Spendenskandal der CDU aufgedeckt wurde, hat man den ehemaligen deutschen Bundeskanzler Helmut Kohl des Öfteren mit einer Spinne verglichen, die ein Netz der Korruption und Käuflichkeit gewebt hat, um seiner Partei Vorteile zu verschaffen. – 1998 wurde in Österreich nach fast 30-jähriger Regierungszeit die sozialdemokratische SPÖ in die Opposition geschickt, weil die konservative ÖVP sich mit der rechtslastigen FPÖ zu einer Koalition zusammengefunden hatte. Überraschenderweise war der auch im Ausland bekannte und berüchtigte FPÖ-Vorsitzende Jörg Haider nicht bereit, in der neuen Regierung ein Ministeramt zu übernehmen, sondern zog es vor, als Landeshauptmann (Ministerpräsident) in Kärnten zu bleiben und sogar vom Vorsitz der Partei zurückzutreten, obgleich sein Macht- und Geltungsstreben allgemein bekannt ist. Der deutsche Nachrichtensender n-tv äußerte sich dazu in folgender Weise: »Wie eine Spinne im Netz wird Haider seine Fäden von Kärnten aus ziehen« (04.02.2000, 11.00-Nachrichten). – Als Mitte der 90er Jahre von mutmaßlichen Linksextremisten im österreichischen Ebergassing ein Anschlag verübt wurde, lautete die Hauptschlagzeile auf der Titelseite der *Kronenzeitung*: »Eine katastrophal unterschätzte Organisation: Spinnennetz des linken Terrors« (Kronenzeitung, 07.05.1995, 1; 8f.).

Überhaupt wird die Netzmetapher oft verwendet, wenn es um terroristische Aktivitäten geht, etwa den katastrophalen Anschlag auf das World Trade Center vom Herbst 2001. In dem Zusammenhang wurde immer wieder vom »Netzwerk des islamistischen Terrors« gesprochen, das von dem muslimischen Multimilliardär Osama Bin Laden gesteuert wird. In einer Karikatur der Tageszeitung *Der Standard* vom 22.09.2001, dem elften Tag nach dem Anschlag, sieht man zum Beispiel, wie der amerikanische Präsident George W. Bush mit einer Pistole auf ein leeres Spinnennetz zielt, an dessen unteren Ende sich eine große Spinne abseilt, deren Körper den Kopf Bin Ladens darstellt (Der Standard, 22.09.2001, 1 – Abb. S. 253). Wegen seiner martialischen Kleidung – Stiefel, Blue Jeans, doppelter Gürtel, überdimensionierter Hut, riesiger Sheriffstern, Pistole in der einen und Gewehr in der anderen Hand – erscheint Bush als Held aus dem »Wilden Westen«, der in blindem Feuereifer um sich schießt und dabei das eigentliche Ziel verfehlt. Die Karikatur thematisiert Befürchtungen, welche sich auf Äußerungen des amerikanischen Präsidenten beziehen, der von einem Krieg gegen die Vereinigten Staaten gesprochen hat und davon, dass man sich an die Traditionen der Pionierzeit halten soll, indem man kurzen Prozess mit Gegnern macht, weswegen es darum geht – in Anspielung auf die Steckbriefe jener Zeit –, Bin Laden »dead or alive« zu bekommen. Weil Bush jedoch in der Karikatur auf ein leeres Netz zielt, während die »Spinne« Bin Laden längst woanders ist, erscheint sein Verhalten als unüberlegt, voreilig und letztlich kontraproduktiv.

Der Anschlag vom 11. September 2001 macht die Nähe zwischen Terrorismus und Kriminalität deutlich. Es braucht daher nicht zu wundern, wenn ausschließlich kriminell ausgerichtete Organisationen, die länderübergreifend operieren, ebenfalls in die Netzmetaphorik einbezogen werden. So war etwa auf Seite Eins der *Weltwoche* vom 27.06.2002 folgende Schlagzeile zu lesen: »Operation Spinnennetz: Die Russenmafia zieht Fäden in die Ostschweiz«. Der dazugehörige Artikel beginnt mit den folgenden Zeilen:

> »›Operation Spinnennetz‹ heißt das Code-Wort, das am frühen Morgen des 10. Juni eine Armada von Polizisten in ganz Europa, in den USA und in Kanada in Aktion setzt. In 70 Städten durchsuchen sie Hunderte von Firmen und Privathäusern, beschlagnahmen tonnenweise Dokumente, verhaften 50 Personen vom Fleck weg und lassen 300 Bankkonten einfrieren. Die Razzien werden zu dem weltweit größten Schlag gegen die ›Russen-Mafia‹, wie kriminelle Organisationen aus den Staaten der ehemaligen Sowjetunion verkürzt bezeichnet werden« (Die Weltwoche, 27.06.2002, 38).

»Operation Spinnennetz« ist ein Begriffspaar, welches zum einen das Mafia-Netz bezeichnet und zum anderen jenes Netz, das die international operierende Polizei geflochten hat, um gegen die »Russen« vorzugehen. Beide Seiten operieren im Dunkeln, doch während die kriminelle Organisation lautlos und allmählich ein engmaschiges Netz gezogen hat, geht es den staatlichen Behörden darum, blitzschnell und wie aus einem Hinterhalt anzugreifen, um es zu zerstören. Das sind allzumal Eigenschaften oder Geschehnisse, die vorzüglich zur Spinnensymbolik passen.

Ziel: Terrornetzwerk

Auch wenn die Spinne und ihr Netz im politischen bzw. kriminellen Zusammenhang stets mit Personen oder Institutionen verbunden wird, die das Gemeinwohl oder politische Gegner schädigen, ist Vernetzung natürlich nicht ausschließlich etwas Negatives. Das markanteste Beispiel, auf das auch in dieser Arbeit immer wieder zurückgegriffen wird, ist das *World Wide Net*, das Menschen auf der ganzen Welt miteinander verbindet und ihnen einen schnellen Zugriff auf Informationen aller Art ermöglicht. Die Bezugnahme auf die Spinne liegt auf der Hand, die *Woche* bezeichnet es in einem Artikel zum Beispiel als das »Weltweite Spinnennetz«, das sich über die ganze Erde erstreckt (28.04.1995, 17), und in einem Buch über das Internet wird ein Spinnennetz nebst Spinne als Symbol verwendet, um auf wichtige Webseiten hinzuweisen (Levine u.a. 2001, 22 u.ö.). – Wie in einem richtigen Netz kann man auch darin hängen bleiben und zum »Internet-Junkie« werden.

Auf humorvolle Art wird diese Problematik in einem Comic mit dem Igel Mecky behandelt (Abb. 4): Mecky gönnt sich nach harter Arbeit am Computer eine Ruhepause, doch dann kommt der Pinguin Charly und erklärt, dass er jemanden kennt, der nie aus dem Netz geht, nicht einmal während er schläft. Er könne ihm die Person, wenn er wolle, vorstellen, doch Mecky lehnt ab, denn »so 'ne Spinnerin will ich gar nicht kennen lernen« – woraufhin er sich wieder seinem Computer widmet, der im Bildhintergrund platziert ist, während im Vordergrund Charly mit einer (sechsbeinigen!) Spinne in ihrem Netz zu sehen ist (Hörzu 40/2000, 3). Der Witz ergibt sich aus der Doppelbedeutung des Wortes »Netz«, aufgrund dessen es zu einem Missverständnis kommt, und aus der Bezeichnung »Spinnerin«, die Mecky im abstrakten Sinn versteht, durch die er aber gleichzeitig, ohne es zu wissen, den realen Gegenstand, die Spinne, benennt. – Nebenbei bemerkt ist Mecky ein frühes Beispiel für Synergie-Effekte: Erfunden von den Brüdern Diehl, ist er seit Ende der 40er Jahre (!) das Redaktionsmaskottchen der ältesten deutschen Rundfunkzeitschrift, der *Hörzu*, und wird gleichzeitig als Stofftier von der Firma Steiff produziert. Während er früher als Sinnbild deutscher Gemütlichkeit und deutschen Spießbürgertums galt, kommt er heute in neuem Gewand daher, hat eine modische Frisur, ein aktuelleres »Outfit«, und auch die Themen sind, wie das Beispiel zeigt, der Gegenwart angepasst (vgl. Arnold 2000, 17).

Vernetzung als positiv gemeinter Begriff kann auch verwendet werden in dem Sinn, dass man Netzwerke errichtet, um eigene Interessen durchzusetzen. Dabei ist es wegen der Gleichsetzung von Frau und Spinne nahe liegend, diesen Aspekt mit weiblichen Anliegen zu verbinden. Dazu nun zwei Beispiele. Die Webseite der *Regionalstelle Frau und Beruf in Essen* trägt den bezeichnenden Namen *Die Spinnen e.V.* Sie gehört zum Paritätischen Wohlfahrtsverband in Nordrhein Westfalen, und »ist ein gemeinnütziger, eingetragener Verein mit dem vorrangigen Ziel, Frauen und Mädchen beruflich, kulturell und sozial zu fördern. Dieser Zweck wird verwirklicht durch Unterstützung und Initiierung von Maßnahmen zur beruflichen Qualifizierung und Förderung von Frauen« (Die Spinnen e.V. 2002, http://www). Dann folgt der explizite Zusammenhang mit der Spinnenmetaphorik: »Unser Name ist und bleibt unser Programm. Wir spinnen ein erwerbsbezogenes Netzwerk von und für Frauen. Wir freuen uns über jede (neue) Mitfrau und ihren individuellen Beitrag am Spinnen dieses Netzes« (ebd.). Die ursprünglich negative Bedeutungszuschreibung wird aufgegriffen und in einen positiven Kontext gestellt, um auf die Macht der Frauen in einer von Männern dominierten Welt aufmerksam zu machen. – Die gleiche Stoßrichtung, jedoch mit bestimmterem Akzent, verfolgt die *Autonome Frauenforschungsstelle Münster e.V.* mit dem sprechenden Namen *Schwarze Witwe*. Über ihre Anliegen heißt es:

> »Der Name ›Schwarze Witwe‹ trifft als Symbol unser Selbstverständnis des Vernetzens, des Aufgreifens, des Verknüpfens und Weiterspinnens bestehender ›Fäden‹. Die Spinne ›an sich‹ besitzt kostbare Fähigkeiten: Sie kann ihr Netz überall hinweben, auch dorthin, wo es den Menschen manchmal nicht passt. Manche können sogar ihre Spinnweben in die Luft absondern und darauf zu anderen Orten schweben. Gemeint ist damit aber auch das Spinnen mit der Bedeutung, andere verrückte Sicht- und Handlungsweisen zuzulassen und der Phantasie freien Lauf zu lassen.
>
> In der Geschichte von Frauen stellt das Spinnen im Sinne von handwerklicher Garnherstellung ein ›Frauenhandwerk‹ dar, das auf eine lange Tradition zurückblicken kann. Die Spinnenart ›Schwarze Witwe‹ im Besonderen hat neben den geschilderten köstlichen Fähigkeiten eine ganz besondere Eigenschaft, die vor allem die Männerwelt stets erschreckt zusammenzucken läßt. Ausgerechnet nach dem Geschlechtsakt frisst die weibliche Spinne das Männchen mit Haut und Haaren auf. Da die Bisse der Spinne für ihre männlichen Artgenossen tödliche Folgen haben, steht ihr Name als Symbol für unseren Kampf gegen geschlechtshierarchische Strukturen und wendet sich zudem gegen biologische Argumentationen, die Frauen qua Biologie Friedfertigkeit und Männern Aggressivität zuschreibt« (Schwarze Witwe 2002, http://www).

Die Spinnensymbolik steht in diesem Beispiel vollends in positiver Perspektive. Das Spinnvermögen wird im übertragenen Sinn begriffen als Fähigkeit zur Vernetzung und als Positionierung des Gewebes an Orten, die für andere Menschen nicht akzeptabel sind. Unter Bezugnahme auf die Luftfahrt von (kleinen oder jungen) Spinnen, durch die sie an die »unmöglichsten« Orte getragen werden, wird auf die Bedeutung der Phantasie und ungewöhnlicher Standpunkte hingewiesen. Um jedoch auch den Konnex zwischen Frau und Spinne auf eine handfeste Grundlage zu stellen, wird zudem auf das Spinnen als ureigenes weibliches Handwerk aufmerksam gemacht. Darüber hinaus wird die spezifische Symbolik der Schwarzen Witwe als einer Männer mordenden Spinnenart ins Spiel gebracht und ebenfalls positiv gedeutet als Kampf gegen patriarchalische Strukturen und als Argument gegen die biologistische These von der naturgewollten Friedfertigkeit der Frauen und Aggressivität der Männer. – Das mag dem einen oder anderen brutal erscheinen, doch soll damit sicher nicht zum Ausdruck gebracht werden, dass es darum geht, Männer umzubringen, sondern ihre Macht im Patriarchat auf ein gesundes Maß zurechtzurücken. Außerdem werden Frauen in unserer Gesellschaft erst dann als gleichwertig akzeptiert, wenn sie sich hörbar zu Wort melden und ihre Interessen energisch vertreten. Das dürfte auch deswegen ein sinnvoller Standpunkt sein, weil die Benachteiligung der Frau in der Regel subtile Formen der Machtausübung von ihrer Seite zur Folge hat, aufgrund deren dann Männer geneigt sind, sich im öffentlichen Leben noch mehr von ihnen abzuschotten, weil sie die leise Art, Einfluss auszuüben, erschreckt.

Bisher ist es um abstrakte Phänomene gegangen, die man mit der Spinne in Verbindung bringt, doch existieren auch konkrete Gegenstände, die durch sie benannt werden. Dazu einige Beispiele, die beliebig vermehrt werden könnten. In Wien gibt es ein Hotel, das »Goldene Spinne« heißt (1030 Wien, Linke Bahngasse 1a). Tiernamen sind an sich nichts Ungewöhnliches zur Bezeichnung von Herbergen, und auch das Attribut Gold taucht in dem Zusammenhang immer wieder auf, doch »Goldene Spinne« ist eine recht merkwürdige Bezeichnung. Vermutlich geht der Name auf ein Missverständnis oder einen Übertragungsfehler zurück, denn ursprünglich soll das Hotel, wie man mir auf meine Nachfrage hin mitgeteilt hat, »Zur Goldspinnerin« geheißen haben, und das klingt durchaus plausibel, weil dadurch ein Hauch von Luxus suggeriert wird, der sich für das Hotel in barer Münze niederschlagen kann, und gleichzeitig an ein altes Märchenmotiv angeknüpft wird, nämlich die Verwandlung von Garn, Stroh und anderem in Gold. Dass jedoch der Name »Goldene Spinne« beibehalten wird, zeigt andererseits, dass man ihn für zugkräftig genug hält, um Kunden anzulocken, die es sich in ihrem »Netz« gemütlich machen.

Im niederösterreichischen Voralpenland verkehrt die schmalspurige Ybbstalbahn zwischen Waidhofen an der Ybbs und Kienberg-Gaming. Auf dem letzten Teilstück, der Bergstrecke von Lunz am See nach Kienberg, die heute nur noch als Museumsbahn betrieben wird, existieren zwei größere Brücken, die nach dem Vorbild amerikanischer Gebirgsbahnen in Trestlework-Bauweise errichtet worden sind. Dabei handelt es sich um Stahlkonstruktionen mit außergewöhnlich filigranen Stützpfeilern und Querverbindungen, die Assoziationen an ein Spinnennetz hervorrufen und von den Einheimischen als »Spinngewebsbrücken« bezeichnet werden (Eisenbahn-Romantik, SWR, Sendung vom 17.12.2000; vgl. Krobot u.a. 1975, 31; 110; Pfeffer 2001, http://www).

Eine der schwierigsten Kletterpassagen in der sehr steilen, fast senkrechten Eiger-Nordwand wird »Weiße Spinne« genannt. Einer der Erstbesteiger von 1938, der österreichische Naturforscher, Reiseschriftsteller und Lehrer des Dalai-Lama Heinrich Harrer, schreibt über sie Folgendes:

> »Dieser Teil der Gipfelwand des Eiger hat seinen Namen nach der äußeren Ähnlichkeit mit einer riesigen Spinne erhalten. Selten wurde nach dem äußeren Bild ein Name gefunden, der gleichzeitig das Wesen des Benannten so vollkommen erfasst. Die Spinne der Eigerwand ist weiß. Ihr Leib besteht aus Eis, aus ewigem Schnee. Auch ihre hundert Meter langen Beine und Fangarme sind weiß. Lauter Eis ist es, das von dem ewigen, unheimlich steilen Firnfeld durch Rinnen, Risse und Spalten zieht. Hinauf, hinunter. Nach rechts, nach links. Nach allen Richtungen, in jeder Steilheit. – Die Spinne wartet. – Alle Bergsteiger, die ihren Weg durch die Nordwand des Eiger wählen, müssen über sie hinweg. Sie können ihr nicht ausweichen (...). Ihre Gefahren hat der Bergsteiger erst im letzten Drittel der Wand zu bestehen, nachdem er von vielen Stunden und Tagen an-

Abb. 1: Werbeplakat für Zahnschmuck

Abb. 2: Teletexttafel eines deutschen Privatsenders

Abb. 3: Werbepostkarte für eine Spirituosenmarke

Abb. 4: Comicstrip aus einer Fernsehzeitschrift

Abb. 5: Motiv vom Karneval in Venedig

Abb. 6: Werbeplakat für einen Aufbewahrungstisch

Abb. 7: Cover für eine Audio-CD

Abb. 8: Ausschnitt aus dem
Umschlagbild zu »Die Spinne in
der Yucca-Palme«

strengender Kletterei ermüdet, vom kalten Biwak geschwächt ist. Aber wer dort müde wird, darf nicht rasten. – Wer dem Strom der Lawinen in der Spinne entrinnen will, muss erkennen, dass es aus diesem abenteuerlich steilen Gelände keine Flucht gibt; er muss seine Kräfte mit Geduld und Überlegung einzuteilen wissen. Oberhalb der Spinne beginnen die überhängenden, vereisten Ausstiegsrisse. Dort braucht man die Kraft. Wer Geduld und Klugheit mit angstgepeitschter Hast vertauscht, wird tatsächlich zur Fliege, die so lange im Spinnennetz zappelt, bis sie ohnmächtig gefangen ist« (Harrer 1961, 13f.).

Die weiße Spinne erscheint bei Harrer als ein mächtiges Etwas, das in stoischer Ruhe einfach vorhanden ist und auf seine Opfer wartet. Doch weil man sie nicht umgehen kann, muss man durch sie trotz aller Gefahren, vornehmlich abstürzende Lawinen, hindurch. Daher soll man sehr umsichtig sein, Geduld haben und mit seinen Kräften sparsam umgehen, zumal man bereits durch den langen Aufstieg geschwächt ist und andererseits für das letzte Stück enorme Kräfte benötigt, um die überhängenden Risse zu bewältigen, die zum Gipfel hinaufführen. Harrer spricht davon, dass das äußere Bild das Wesen des Benannten vollkommen erfasst, und er meint damit, dass man sich, wenn man allzu nervös oder leichtfertig ist, im Netz dieser großen, geduldigen Spinne verfängt und »tatsächlich zur Fliege (wird), die so lange im Spinnennetz zappelt, bis sie ohnmächtig gefangen ist«.

Darüber hinaus sind es die *weiße* Farbe und das Material, nämlich Eis und Schnee, welche diese Spinne zu etwas Ehrfurcht Gebietendem machen. Eis und Schnee stehen in dem Zusammenhang für Kälte, Gefahr und Tod, und Weiß ist hier nicht die Farbe des Lichtes, sondern Zeichen übermenschlicher Macht und Ausdruck des Unheimlichen. So ist sie im Orient heute noch die Farbe des Todes und wird im Volksglauben mit dämonischen Wesen in Verbindung gebracht. Wiedergänger oder Todesboten erscheinen oftmals in Weiß; Hexen haben eine weiße Leber, oder sie suchen überall etwas Weißes zu leihen, um Macht über einen zu bekommen; »die Seele eines Menschen, die als Alp umgeht, schlüpft als weißes Tier (...) aus dem Mund des Schlafenden« usf. (Mengis: weiß. In HDA, Bd. 9, 1941, 337-358, hier 341). Es ist also nicht nur die Gestalt der Spinne, die diesen Abschnitt der Eiger-Nordwand zu etwas sehr Bedrohlichem macht, sondern auch das Attribut Weiß, das die Bergsteiger das Fürchten lehrt.

Einige der letzten Beispiele machen wieder einmal deutlich, dass die Spinne nicht nur abstoßend ist, sondern auch etwas Faszinierendes, Anziehendes an sich hat. In harmloser Form zeigt sich das anhand von Spielzeug, denn auch in diesem Bereich der Alltagskultur begegnet man dem Tier, etwa aus Metall gefertigten Spinnen mit Aufziehwerk oder aus Stoff. Doch auch Erwachsene brauchen auf Spinnen nicht zu verzichten und können zum Beispiel vor ihren Wohnzimmerfenstern weiße Vorhangstoffe mit schwarzen Spinnen(-netz)-Mustern aufhängen oder Tee aus Porzellanbechern trinken, die mit Bildern freundlich dreinblickender Spinnen aufwarten.

Die Freizeitkultur bleibt ebenfalls nicht ausgespart. Der *Domino-Day* ist ein Event, bei dem Millionen Dominosteine aufgebaut werden, um sie nacheinander umkippen und dadurch Bilder sowie Effekte erzeugen zu lassen. Das Ereignis wird alljährlich im Fernsehen ausgestrahlt und von vielen Zuschauern verfolgt. Während des *Domino-Day* 2000, der am 03.11. des Jahres in Zuidlaren/NL stattfand, war unter anderem eine Szenerie zu sehen, bei der durch das Kippen der Steine eine Fliege ins Spinnennetz fällt und anschließend eine Spinne vom Netzrand auf sie zukommt.

Auch im Bereich der Bräuche und Feste trifft man die Spinne mitunter an. Wer etwa *Halloween* gebührend feiern möchte (vgl. Haid 2001; Korff 2001), kann seinen Partyraum mit dehnbaren Spinnennetzen aus Kunststoff verzieren, dem eine schwarze Spinne beigefügt ist. Auf der Verpackung des von mir erworbenen Produkts ist folgender Hinweis zu lesen: »The more you stretch it – the more realistic it looks«. Daneben stehen *Halloween Party Sets* zur Verfügung, die aus Pappbechern und -tellern nebst einer Tischdecke aus Papier bestehen, auf denen unter anderem Spinnen aufgedruckt sind.

Der Karneval eignet sich ebenfalls dazu, sich des Tieres anzunehmen. So hat der Grazer Volkskundler Günther Jontes während des bunten Maskentreibens in Venedig ein Foto geschossen, das einen Mann mittleren Alters zeigt, auf dessen Gesicht ein rot unterlegtes Spinnennetz gemalt ist, wobei die dazugehörige Spinne auf der Nasenwurzel thront (Abb. 5).[23] Die Augen sind blau umrandet, die Lippen ebenfalls blau bemalt, und begleitet wird er offenbar von zwei Frauen in historischen Kostümen, denn er steht in ihrer Mitte.[24] So ist es passend, dass die Farben Rot und Blau auf die Geschlechter hinweisen, zumal Spinnen immer wieder in einem erotischen Kontext stehen. Markant ist die zentrale Positionierung der Spinne auf der Nasenwurzel. Sie erinnert an ein drittes Auge als Symbol dafür, mehr zu können als andere, und an die Kastenpunkte im Gesicht der Brahmaninnen, die ein Schönheitsattribut sind. Trotz seiner alltäglichen Kleidung – Hemd und Jacke – wirkt der Mann daher exotischer als seine beiden Begleiterinnen in ihren historischen Kostümen. Offenbar sind sie ihm ins Netz gegangen und nicht umgekehrt!

Die Faszination, welche von der Spinne ausgeht, lässt sich natürlich auch ökonomisch einsetzen, um Aufmerksamkeit für ein Produkt zu erregen. Das zeigen die vielen Beispiele aus dem Bereich des Spielfilms, das macht aber auch und vor allem die Werbung deutlich, der wir uns nun im letzten Teil dieses Kapitels zuwenden wollen. So ziert das Cover einer CD des Bandleaders Tito Larriva folgende Montage: Eine nur mit Unterrock bekleidete Frau liegt lächelnd am Boden, während zwischen den angewinkelten Beinen und auf dem Oberkörper eine fast mannsgroße Vogelspinne liegt, um mit ihr zu schlafen (Abb. 7). Die CD heißt »Tito & Tarantula – little bitch« (= kleine Hure) und nimmt wohl Bezug auf einen der Songs mit dem Titel »Bitch«, in dem es unter anderem

---

[23] Ich danke Prof. Jontes sehr herzlich für seine Bereitschaft, mir das Foto für die Veröffentlichung in diesem Buch zur Verfügung zu stellen.

[24] Im Bildteil ist aus Platzgründen die linke Frau nicht zu sehen.

heißt: »She always plays with danger«. Während hier das aggressive und herausfordernde Element überwiegt, sind die beiden nächsten Beispiele moderater, aber durchaus noch provokant. Auf einem Plakat des Möbelhauses Ikea preist das Unternehmen seinen Aufbewahrungstisch *Hol* an, dessen Charakteristikum die vielen Luftlöcher der ansonsten geschlossenen Seitenelemente sind (Abb. 6).[25] Beiderseits sieht man die Beine einer mächtigen Vogelspinne herausstehen, während ihr Körper sich dem Anschein nach im Innenraum befindet. Unterhalb des Ikea-Logos steht der Satz: »Worauf wartest du noch?«.[26] Er ist gewissermaßen eine »paradoxe Intervention«, da wir aufgefordert werden, uns dem »Ekeltier« zu nähern und den Tisch mit nach Hause zu nehmen. – Der Spirituosenhersteller Bacardi hat im Rahmen seiner *Bat Collection* eine ganz ähnliche Idee gehabt und eine Postkarte mit dem Fledermauslogo aufgelegt, auf der man ebenfalls eine Vogelspinne sieht, die sich auf dem Logo stehend befindet. Darüber heißt es »just take it«, denn so wie sich die Spinne der Fledermaus bemächtigt, sollen wir es auch tun und das Getränk kaufen (Abb. 3).

Etwas dezenter ist dagegen ein Plakat von *Twinkles Zahnschmuck*, das für Wartezimmer in Zahnarztpraxen gedacht ist.[27] Als Schwarz-Weiß-Aufnahme sieht man das großformatige Gesicht einer attraktiven Blondine, auf deren rechtem Vorderzahn ein goldener Stern hervorblitzt. Es ist durch ein aufgemaltes schwarzes Spinnennetz verziert, dessen »Radialfäden« allzumal in Richtung Mund laufen, so dass der goldene Stern das Zentrum des Netzes und der Aufmerksamkeit des potentiellen Kunden bildet (Abb. 1). Das Plakat ist weniger provokant als die vorigen; es ist gleichermaßen dezent wie erotisch, so dass sich einerseits Kunden »in seinem Netz verfangen« können, es aber andererseits seriös genug ist, um in Zahnarztpraxen aufgehängt zu werden. Gleichzeitig sollen damit auch Käufer gewonnen werden, die derartigen Körperschmuck für vulgär oder unpassend halten, denn die Blondine hat Format und wirkt gepflegt, und der Hinweis, dass das Produkt »exklusiv beim Zahnarzt« erhältlich ist, fügt sich ebenfalls in diesen Rahmen. Darüber hinaus finden sich auf dem Plakat auch Wortspiele. Zum einen nimmt der Firmenname Bezug auf das englische Verb »to twinkle«, das »funkeln« oder »blitzen« bedeutet. Zum anderen steht in großen roten Lettern geschrieben »TREND WEB«, wobei das »N« seitenverkehrt ist und das »W« wie ein umgedrehtes »M« aussieht. Das wirkt ein wenig irritierend, wodurch der Aufmerksamkeitsfaktor erhöht wird. »WEB« bezieht sich auf das Spinnennetz im Gesicht der Frau, aber vielleicht auch auf das *World Wide Net*, womit man als Käufer des Produkts »voll im ›TREND‹« ist.

Direkter geht es hingegen auf einschlägigen Seiten im Teletext von Privatsendern zu. Auf einer Werbetafel (Seite 809 des Senders tm3 vom 08.02.1999) wird

---

[25] Ich danke Ikea Vösendorf für die Überlassung des Plakats.
[26] Der Satz fehlt auf der Abbildung aus Platzgründen.
[27] Ich danke den Mitarbeiterinnen der Zahnarztpraxis von Medizinalrat Dr. Wolf-Dietrich Hauke, 1020 Wien, für die Beschaffung des Plakats.

für eine Sex-Hotline geworben, indem ein stilisiertes schwarzes Spinnennetz dargestellt ist und darunter eine schwarze Spinne mit weißem Kreuz auf dem Rücken. Daneben stehen die Worte »Schwarze Witwen warten... – wähle 0190-xxx« (Abb. 2). Wahrscheinlich für Freunde sadomasochistischer Praktiken gedacht, weist das Bild nicht nur auf den Zusammenhang zwischen Liebe, Sex und Tod hin, sondern zeigt auch unzweideutig den engen Konnex zwischen Spinnenmetaphorik und Sexualität. Wie in jenen Praktiken aus dem Bereich des traditionellen Volksglaubens, in denen junge Frauen Männern Spinneneier an die Kleidung drücken (vgl. Kap. 4.2.1), sind die »schwarzen Witwen« dieser Sex-Hotline darauf aus, das »starke Geschlecht« in ihrem Netz zu fangen.

Abschließend soll ein Beispiel aus dem Bereich des Werbefilms vorgestellt werden, in dem Spinnen eine Rolle spielen, und zwar geht es um einen im Jahre 2001 ausgestrahlten Fernsehspot, den der Lebensmittelkonzern Nestle in Auftrag gegeben hat, um seinen Schoko-Karamel-Riegel *Lion* (= Löwe) anzupreisen. Es handelt sich dabei um jenen Typus von Werbefilmen, in denen nicht allein ein Produkt beworben, sondern gleichzeitig eine Geschichte mit mehreren Handlungsschritten erzählt wird.

> Irgendwo in Südamerika werden Bananenkisten in ein einmotoriges Flugzeug eingeladen. Der Pilot ist ein weißer Stoppelbartträger mit Schirmmütze, sein Kopilot ein durchtrainierter Schwarzer. Zügig fliegen sie davon und legen sich rasant in eine Kurve. Der Blick fällt auf die Kisten; sie rutschen zur Seite, und plötzlich kriechen aus ihnen diverse Vogelspinnen heraus. Als die erste auf die Schulter des Piloten krabbelt, erblickt sie auf der Konsole einen *Lion*-Riegel und erschreckt darüber dermaßen, dass sie einen markerschütternden Schrei ausstößt, nach hinten kippt und dabei die Beine so einknickt, dass es aussieht, als würde sie sich ans Herz greifen. – Dann erscheint der eingepackte *Lion*-Riegel in Großaufnahme, um sogleich von der Schutzfolie entkleidet und auseinander gebrochen zu werden. Dieser verwandelt sich in das geöffnete Maul eines bedrohlich knurrenden Löwen. – Die verschreckte Spinne hat sich unterdessen einen Fallschirm geschnappt, denn man sieht sie langsam durch die Luft schweben; gleichzeitig hört man einen Sprecher Folgendes sagen: »Der neue *Lion*. Vorsicht, jetzt noch bissiger!«. Nun sieht man auch die übrigen Spinnen am Fallschirm sich »abseilen«. In der letzten Sequenz beißt der Pilot in seinen Riegel hinein, und man hört, dass er wie ein Löwe knurrt.

Das ist ein witziger Werbespot, denn er tut so, als hätte der *Lion*-Riegel die Kraft, gefährliche Vogelspinnen in die Luft zu schlagen. Eine andere Lesart ist: Durch den Genuss des *Lion*-Riegels wird man so stark wie ein Löwe, weswegen die Vogelspinnen Reißaus nehmen, um nicht vom Piloten gefressen zu werden. Der Witz ergibt sich auch aus dem Kontrast zwischen dem anfänglichen Horror und der Reaktion der Spinne auf das Erblicken des Riegels. Möglicherweise nimmt der Werbespot Bezug auf jene Szene aus *Kingdom of the Spiders*, in welcher der Pilot aufsteigt, um den Tieren mit Schädlingsbekämpfungsmitteln den Garaus zu machen. Wenn man diese Szene im Gedächtnis hat, ist der Schrecken noch um einiges größer, weil jener Flug tödlich endet und er zu den eindrucksvollsten Szenen des ohnehin schon nervenaufreibenden Filmes gehört.

Wem allerdings Spinnen trotz ihres Einsatzes in der Werbebranche immer
noch nicht geheuer sind, dem sei ein Produkt des *Pro-Idee Maison*-Versand-
hauses empfohlen, nämlich der »Spider-Catcher«. Im Werbetext heißt es dazu
(Katalog Frühjahr 2001, 46):

> »Sollte sich wieder einmal eine Spinne in Ihr Haus verlaufen – seien Sie ihr nicht böse.
> Drücken Sie einfach den Zuggriff des ›Spider-Catchers‹. Der Borstenkopf mit 160 Ny-
> lonborsten öffnet sich kreisförmig. Platzieren Sie ihn um die Spinne, und lassen Sie den
> Zugriff langsam wieder los. Mit 65 Zentimetern haben Sie genügend ›Sicherheitsab-
> stand‹ zu den krabbelnden Kreaturen, die so vielen Menschen Unbehagen bereiten. Das
> Tier wird sanft und sicher von den Nylonborsten umschlossen (...). Mit Wandhaken zur
> griffbereiten Aufbewahrung (und mit einer Plastikspinne zum Üben)«.

Der »Spider-Catcher« ist sozusagen ein Kompromiss aus Arachnophobie und
ökologischem Bewusstsein. Möglicherweise wäre den Damen aus den beiden
Sagen um *Die Spinne im Staubsauger* manches Unbill erspart geblieben, wenn
sie ihn bereits gekannt hätten!

Zusammenfassung

Spinnen sind, abgesehen von wenigen Arten, für den Menschen nicht nur unge-
fährlich, sondern in hohem Maße nützlich, weil Insekten zu ihren Beutetieren
gehören. Im Tierreich nehmen sie aufgrund ihres Webvermögens eine einzigartige Stellung ein. Ihre Netze sind filigrane Kunstwerke, die elastisch und haltbar
zugleich sind.

Es braucht daher nicht wunderzunehmen, dass sie bei vielen Völkern traditioneller außereuropäischer Kulturen in hohem Ansehen stehen. Die Vertikalität
ihres Gewebes, das Vermögen einiger Arten oder von Jungspinnen, am Faden zu
fliegen oder sich an ihm abzuseilen, legt eine Verbindung zu himmlischen
Mächten nahe, sei es, dass sie als Nahtstelle zwischen diesseitiger und jenseitiger Welt fungieren, sei es, dass ihr göttliche Qualitäten, als Totem oder Kulturheros, zugeschrieben werden. Vor allem in jenen Regionen, in denen die Webe-
rei eine große Rolle spielt, gilt sie als Ahne der Webkunst. Außerdem unterstützt
sie oft diejenigen, welche in Not geraten sind oder von bösen Mächten bedroht
werden.

Trotzdem existiert bei den »Naturvölkern« auch ein anderes Bild der Spinne.
Ehrfurcht gegenüber Lebewesen kann sich mitunter in Furcht verwandeln, und
das ist gerade dort der Fall, wo besonderer Wert auf »männliche« Tugenden wie
Kampfesbereitschaft, Mut und Kraft gelegt wird. Das erscheint nur auf den ersten Blick paradox, denn in Anbetracht der überwiegend weiblichen Geschlechts-
zuordnung für die Spinne und ihre Symbolik verkörpert sie die Macht der Frau-
en in traditionellen Gesellschaften. Deren Tätigkeitsfeld ist in der Regel auf
Kindererziehung, Haus- und Feldarbeit beschränkt, während die Männer in die
»feindliche Welt« hinaus müssen, um Nahrung zu beschaffen und gegen Feinde
zu kämpfen. Deren Leben ist demzufolge größeren Gefahren ausgesetzt. Insbesondere gilt das aufgrund der klimatischen Bedingungen für die Eskimo und
wegen der spezifischen Konkurrenzsituation für die Prärie- und Plainsindianer.
Bedingt durch die besondere Rolle der Mythen gilt das aber auch für die Aborigines, da für sie die ursprünglichen Herrscher während der »Traumzeit« die
Frauen waren. Kurzum: Das Leben der Männer ist in der Regel angstbesetzter;
gleichzeitig sind es jedoch Frauen, welche für die Erziehung des Nachwuchses
hauptverantwortlich sind, so dass die Kinder unter *ihrem* Einfluss und *ihrer*
Macht groß werden, die Jungen indes in die angstbesetztere Welt ihrer Väter
hineinwachsen. Die damit verbundenen Gefühle werden zumeist nur unter der
Oberfläche wahrgenommen; sie werden verdrängt und manifestieren sich als
Reaktionsbildung in Gestalt patriarchalischer Herrschaftsordnungen, in denen
Männer Stärke, Kraft und Einfluss demonstrieren, während die Macht der Frau-
en eher im Stillen wirkt und nach innen gerichtet ist. Möglicherweise ist die
Spinne auch in dieser Hinsicht für symbolische Zuordnungen geeignet, denn sie
ist sicher kein »lautes« Tier. Sie ist geduldig, kann stundenlang warten, kommt

im Geheimen und auf leisen Sohlen daher und überrascht ihre Opfer, indem sie blitzschnell zuschlägt. An diesem Punkt spielt wiederum das Netz eine Rolle: »Man(n)« verfängt sich darin, wird »umgarnt« und am Ende »ausgesaugt«.

Indes ist es auch möglich, dass die Frauen an den patriarchalischen Strukturen scheitern, wie das Eskimo-Märchen von der jungen Frau verdeutlicht, die sich in den Jünglingsschädel verliebt. Aufgrund ihrer negativen Erlebnisse mit den Männern entfremdet sie sich von der Gesellschaft, verstrickt sich in ihrer eigenen Gedankenwelt und ist am Ende als Spinne ganz in sich selbst »versponnen«.

Die merkwürdige Gestalt der afrikanischen Trickster-Spinne hängt vielleicht ebenfalls mit dem Netzbauvermögen zusammen. In der Regel erscheinen jene Tiere als Trickster, die dem Menschen in evolutionsbiologischer Hinsicht näher stehen, wie es am Beispiel des Kojoten für Nordamerika deutlich gemacht wurde. Als »trickreiches« Wesen, das verschlagen ist, andere betrügt, stets auf der Suche nach dummen Opfern und nach etwas Essbarem ist, kann auch die Spinne fungieren: Sie hat eine unendliche Geduld, ist unglaublich zäh und anscheinend mit nichts anderem beschäftigt, als auf der Lauer zu liegen, um arglose Opfer zu überwältigen. Sie ist »hinterhältig«, denn sie zieht sich in dunkle Ecken und Winkel zurück, aus denen sie blitzartig zuschlägt, wenn niemand damit rechnet. Sie lebt in einem Netz von Täuschungen und Fallen; es ist eine kleine Welt, ähnlich der des Tricksters, dem auch nur ein begrenztes Repertoire an Handlungsmöglichkeiten zur Verfügung steht. Da sein Leben auf Egoismus und Lüge aufbaut, muss er jederzeit damit rechnen, selber zum Opfer zu werden. Dennoch gibt er nicht auf. Sein Leben ist zwar brüchig, aber er ist zäh und rappelt sich immer wieder auf, ähnlich wie die Spinne ihr Radnetz tagaus tagein erneuert. Wahrscheinlich kann man die Trickster-Spinne in Zusammenhang mit den oftmaligen Hungersnöten sehen, von denen Afrika heimgesucht wird. Es ist eine fragile Existenz; immer wieder werden die Lebensgrundlagen zerstört, und immer wieder muss man von neuem anfangen. Demnach verkörpert die Spinne mit ihrem steten Hunger auch die Brüchigkeit des ökonomischen Daseins in Afrika und gleichzeitig ein besonderes Reaktionsmuster, nämlich sich angesichts dieser Situation mit List und Tücke irgendwie am Leben zu erhalten. Als Trickster ist die Spinne demnach weder eindeutig positiv noch eindeutig negativ zu bewerten, weil es darauf ankommt, ob man sich mit ihr als Täter oder mit dem Opfer identifiziert. Übrigens wäre es in dem Fall falsch, von ihr als »Täterin« zu sprechen, denn in Gestalt des Tricksters ist sie in den afrikanischen Märchen immer männlichen Geschlechts und damit die große Ausnahme in der »Familie« fiktionaler Spinnenwesen – wohl weil Betrügereien eher die Angelegenheit der Männer sind und weniger der Frauen.

Während die Spinne in den traditionellen außereuropäischen Kulturen differenziert gesehen wird und dort eine Fülle positiver Zuordnungen existieren, steht sie in Europa in einem wesentlich schlechteren Licht. Das beginnt bereits mit den Grundlagen unserer Kultur. In der Bibel ist das Spinnennetz ein Symbol für Nichtigkeit, Haltlosigkeit und bloßen Schein, dem die »ewigen« und »stabilen«

Werte eines gottesfürchtigen Lebens gegenübergestellt werden. Sie rückt in die Nähe teuflischer Mächte und wird in einem Atemzug mit der Schlange als Verkörperung des Bösen schlechthin genannt. Gelehrte Autoren, die in der Tradition des Christentums stehen, nehmen diese Perspektive auf und setzen sie in Bezug zur Frau, die bereits in der Genesis als ein von der Schlange verführbares und auch als verführendes Wesen dargestellt wird. Die Inbezugsetzung von Spinne, dämonischem Wesen und Frau zeigt sich besonders eindringlich in Paracelsus' Traktat »Über die Pest« und in Jeremias Gotthelfs Novelle »Die schwarze Spinne«. Die Frau ist ein unheimliche Wesen, das einen unheilvollen Einfluss vornehmlich auf die Männerwelt ausübt, ähnlich wie es bereits in der Genesis geschildert wird. Eva steht zwar unter dem Verdikt, gegenüber Gott aufbegehrt zu haben, doch in Wirklichkeit erweist sie sich als Motor der menschlichen Entwicklung, indem sie Adam veranlasst, gemeinsam mit ihr das Paradies zu verlassen. Ähnlich wie in einigen Naturvölkermärchen der Prärie- und Plainsindianer, Eskimo und Aborigines ist es die Frau, welche insgeheim die Fäden zieht und Männer in ihren Bann schlägt. Und ähnlich wie dort kompensieren sie ihre Minderwertigkeitsgefühle durch ein Streben nach Macht, das formell und nach außen gerichtet ist, denn das Patriarchat ist konstitutiv für die christlich geprägte europäische Kultur.

Ein überwiegend negatives Bild der Spinne wird auch durch Autoren der griechisch-römischen Antike vermittelt. Das mag zunächst mit der im Mittelmeerraum oft anzutreffenden Schwarzen Witwe Latrodectus tredecimguttatus zu tun haben, bei der Giftwirkung und Körpergröße (maximal 15 Millimeter bei den Weibchen) auseinander klaffen. Aristoteles und Plinius nennen Schwarze Witwe *und* Wolfspinnen als besonders gefährliche Vertreter, doch sind Letztere, insbesondere die Apulische Tarantel, nur größer als jene, keineswegs besonders giftig und auch nicht die Ursache für die legendäre Tanzkrankheit (Tarantismus). Wahrscheinlich wurden Erfahrungen mit der Schwarzen Witwe generalisiert und auf andere Arten übertragen. Jedenfalls gelten Spinnen in der Antike allgemein als unheimliche Wesen, die nicht nur Unglück bringen, sondern es auch anzuzeigen vermögen, etwa die bevorstehende Niederlage in einem Krieg.

In Einklang damit steht auch das negative Bild, das Ovid von Arachne, der berühmtesten Spinne des Altertums, zeichnet. Mit ihrem handwerklichen Talent übertrifft sie sogar Athene, die Göttin der Webkunst, und wird, weil sie sich mit ihr misst, in eine Spinne verwandelt. Ähnlich wie Eva »versündigt« sie sich gegen die Götterwelt – die man auch als Symbol für politische und ökonomische Macht verstehen kann – und muss unschädlich gemacht werden, damit sie das Herrschaftssystem nicht länger bedroht.

Die antike Rezeption der Spinne ist genauso herabsetzend wie die christliche; dort steht sie für dämonische Kräfte und die »destruktive« Macht der Frauen, hier ist sie in erster Linie ein giftiges und unheimliches Tier sowie eine »vermessene« und Autoritäten infrage stellende Frau. Beide Sichtweisen fließen in der Folgezeit zusammen und bilden eine bedeutende Grundlage für die weitere

Rezeption. Gemeinsam ist ihnen auch, dass es *gelehrte* Autoren sind, die das Bild der Spinne prägen. Gelehrt zu sein impliziert die Gefahr, sich zu sehr vom konkreten Leben zu entfernen. Theoretische Modelle können mit der Realität verwechselt, Beobachtungen vorschnell verallgemeinert werden. Antike Naturkundler dürften zu rasche Folgerungen aus wenigen Beobachtungen oder Erfahrungen, etwa in Bezug auf die Schwarze Witwe, gezogen haben, ähnlich wie christliche Autoren ein Bild von der Frau entworfen haben, das Ausdruck mangelnden Verständnisses und einer tiefen Kluft gegenüber dem anderen Geschlecht ist.

Es ist allerdings nicht allein ein männlicher Blick auf die Spinne, sondern ganz allgemein ein anthopozentrischer. Wenn das Spinnennetz als haltlos und nichtig beschrieben wird, geschieht das in Relation zu menschlichen Maßstäben, nicht in Hinblick auf die biologische Funktion, denn unter diesem Gesichtspunkt erweist es sich als außergewöhnlich reißfest und zugleich elastisch. Der christliche und antike Blick auf die Spinne ist demnach auch ein Ausdruck der beginnenden Entfremdung von der Natur, wie er nach Norbert Elias charakteristisch ist für den Prozess der europäischen Zivilisation. Bezeichnenderweise wird, soweit ich das feststellen konnte, in den Naturvölkermärchen nirgendwo Bezug genommen auf die Giftwirkung der Spinne, und das, obgleich in tropischen oder subtropischen Gegenden der Biss mancher Arten wirklich gefährlich ist und mitunter sogar zum Tod führen kann. Demgegenüber ist die giftigste europäische Art, die Schwarze Witwe, vergleichsweise harmlos, und doch wurden sie und ihre Artgenossen zu einem Schreckgespenst sondergleichen stilisiert. Das sagt auch etwas über die mangelnde Nähe zur Natur und das Vermögen, sie realistisch einzuschätzen, aus. Unkenntnis führt bisweilen zu »wilden« Spekulationen, während das Wissen um natürliche Phänomene, wie es außereuropäischen Ureinwohnern eigen ist, einen souveränen und entkrampften Umgang ermöglicht. Sie kennen die Gefahren und können mit ihnen besser umgehen.

Prinzipiell sind neben biblischen und antiken auch Einflüsse aus dem germanischen Altertum denkbar, doch ist es ratsam, in Anbetracht der besonderen Quellenlage sehr vorsichtig zu argumentieren, wenn es um mögliche Verbindungen mit der europäischen Volkskultur geht. Der einzige Anknüpfungspunkt an unser Thema, die von Anna Birgitta Rooth postulierte Gleichsetzung der Trickstergestalt des altnordischen Gottes Loki mit der Spinne, führt ins Leere, weil in der europäischen Kultur die Spinne nirgendwo als Trickster erscheint.

In der europäischen Volkskultur begegnet uns das Tier in differenzierterer Form als bei gelehrten antiken und christlichen Autoren. Wenngleich stets mit hochkulturellen Einflüssen auf die Bevölkerung zu rechnen ist, beruht die Weitergabe von Wissen großteils auf Face-to-Face-Kontakten innerhalb derselben sozialen Schicht, wobei auch immer mit Veränderung der Informationen aufgrund von Missverständnissen oder selektiver Wahrnehmung zu rechnen ist. Es ist daher nicht allzu wahrscheinlich, dass sich gelehrtes Wissen über die Spinne eins zu eins auf die Bevölkerung übertragen hat.

Vom christlichen Geist inspiriert und dennoch völlig anders als in der »offiziellen« Bewertung sind etwa all jene Erzählungen, in denen populäre biblische Helden oder andere Verfolgte in einer Höhle Zuflucht vor Feinden suchen, deren Eingang dann von einer Kreuzspinne zugewebt wird. Das assoziative Denken stellt eine Beziehung zwischen der kreuzförmigen Musterung auf dem Rücken des Tieres zu ihrem »Charakter« her und macht sie zu einem »christlichen Lebewesen«. Daher stammt wohl auch ihre teilweise positive Rolle im Volksglauben, wenn sie Glück anzeigt oder es auf magische Weise bewirkt, indem sie etwa im Glücksspiel hilfreich ist oder einen ersehnten Freier anlockt. Letzteres hängt sicher auch mit der Gleichsetzung von Spinne und Frau zusammen, wobei ihre Sicht auf das Tier eine völlig andere sein kann als die des Mannes, denn für sie ist es vollkommen in Ordnung, wenn der von ihr begehrte Mann sich »in ihrem Netz verfängt«. Die Beispiele zeigen sehr deutlich, dass die Volkskultur autonome Tendenzen gegenüber der offiziellen christlichen Lehre aufweist.

Spinnen vermögen auch Dämonen abzuwehren und bestimmte Krankheiten zu heilen. Das steht in Einklang mit elementaren magischen Prinzipien, nämlich der Ähnlichkeits- und Gegensatzregel. Zumeist sind es Kreuzspinnen, welche aufgrund der Gegensatzregel wirken, während andere Arten nach der Ähnlichkeitsregel eingesetzt werden, um bösartige (Krankheits-)Dämonen zu vertreiben. Das ist zwar ein positiver Effekt, doch hat er seine Ursache im negativen Charakter des Tieres, wie er von der gelehrten Tradition geprägt wurde. In diesen Kontext gehört es auch, wenn die Spinne das Land mit Pest überzieht – worauf auch Paracelsus hingewiesen hat – oder als Gehirnspinne dafür verantwortlich ist, dass man dem Wahnsinn verfällt, oder, wie nach einem Tarantelbiss, der Tanzwut. Sie kündet Todesfälle oder Kriege an; gelegentlich nehmen Vampire ihre Gestalt an, oder sie dienen als Nahrung für Hexen.

Einhellig positiv ist ihre Beurteilung hingegen bei Maßnahmen zur Blutstillung und Wundbehandlung, und diese sind ein Beispiel dafür, dass die traditionelle Volksmedizin durchaus empirische Grundlagen hat, denn heute wissen wir durch physikalische und chemische Untersuchungen der Spinnenseide von ihren antiseptischen und hygroskopischen Eigenschaften.

Im europäischen Volksmärchen tritt die Spinne selten in Erscheinung, wobei ihre Beurteilung ebenfalls ambivalent ist. Handelt es sich bei den Texten um christliche Lehrstücke, so kommt ihr in Einklang mit der Tradition zumeist die Rolle des negativen Helden zu, doch existieren auch andere Erzählungen, in denen sie als Kulturheros auftritt oder, im Märchen vom Schusterjungen und der Spinne, als Tiergemahlin. Möglicherweise ist ihre Wertschätzung in diesen Erzählungen auf ältere Schichten zurückzuführen oder auf Naturvölkermärchen anderer Kulturen, zu denen Kontakte bestanden haben.

In der Volkssage mit ihrem engen Bezug zum Unheimlichen, Übernatürlichen und Bedrohlichen erscheint die Spinne zumeist als gefährliches Wesen. Ausnahmen sind jene Erzählungen, in denen sie Höhleneingänge zuwebt, sowie die Sage von Paracelsus' Tod. Allerdings steht sie dort im Kontext der Simileregel und hilft obendrein einem Arzt, der in dem Geruch steht, mit dämonischen Mächten zu paktieren. Eindeutig bösartig ist ihr Charakter in den meisten anderen Sagen, etwa als Giftspinne im vernachlässigten Herrgottswinkel oder als Totenkopfspinne in der Wildg'fahrhöhle. In der zweiten von Paracelsus handelnden Erzählung ist sie identisch mit dem Teufel, desgleichen in jener Sage, in der sich die höllische Heerschar vor einem Kapuzinerkloster versammelt.

Die modernen Sagen oder Urban Legends sind zwar äußerlich an die Gegebenheiten der modernen technischen Welt angepasst, doch hinsichtlich ihres Gehaltes unterscheiden sie sich in nichts von den traditionellen Volkssagen. Auch den Glauben an das Erzählte teilen sie mit ihnen, denn da das Empiriekriterium im Alltag die Verbürgung durch eine vertrauenswürdige Person ist, wird an der Wahrhaftigkeit des Inhaltes nicht gezweifelt – zumindest solange er nicht, als moderne Sage deklariert, in Buchform oder auf einer Webseite publiziert ist. – In den Urban Legends hat das Tier nichts von seinem dämonischen und bedrohlichen Charakter eingebüßt: Hochgiftige Spinnen lauern in Yucca-Palmen oder Kakteen, nisten sich im Haar ein und bohren ein Loch in den Schädel, legen ihre Brut unter der Haut ab oder lauern auf Toiletten. Mitunter existiert ein wahrer Kern, wenn man an die legendäre Spinne in der Bananenkiste denkt. Manchmal sind potentielle Gefahren nicht auszuschließen, wie die Invasionsbiologie lehrt, doch wird die Gefährlichkeit der Spinne häufig – wenngleich nicht immer – überschätzt, und Geschichten verbreiten sich oft so rasch, dass sie sich nicht an allen Orten, von denen es behauptet wird, ereignet haben können. Der Klimawandel sowie die Internationalisierung der Verkehrsbeziehungen und des Handels ermöglichen das Eindringen exotischer Lebewesen, doch die damit verbundenen Ängste haben zugleich symbolischen Charakter, da sie auf das schlechte Gewissen hindeuten, das sich in vielen Menschen wegen des niedrigen Lebensstandards in den Exportländern oder wegen der Ausbeutung der Natur regt.

Auch der Sciencefictionfilm reiht sich in das übliche Bild der Spinne ein. Sie ist ein Furcht einflößendes Wesen, deren Bedrohung sich entweder aus ihrer Größenzunahme oder der Vermehrung aggressiver Arten ergibt. Wie in den Urban Legends werden hier ebenfalls Ängste thematisiert, die mit den Gegebenheiten der modernen Zivilisation zusammenhängen, etwa die Bedrohung durch Radioaktivität, Umweltzerstörung oder den ungehinderten Warentransport. In den anderen Filmen ist die Symbolik der Spinne differenzierter zu sehen. Zwar existieren auch hier, vornehmlich im Kriminalfilm, negative Bedeutungszuschreibungen, doch thematisieren sie darüber hinaus existentielle Grundbefindlichkeiten – die Rätselhaftigkeit und Undurchschaubarkeit des menschlichen Charakters – oder stellen die Spinne in den Kontext der (homosexuellen) Liebe, wie es in *Kuss der Spinnenfrau* der Fall ist.

Die Beispiele aus der Alltagskultur machen vor allem die breite Verwendbarkeit der Netzmetapher – vom Terrorismus bis zum *World Wide Net* – deutlich und bringen, vornehmlich im Bereich der Werbung, zum Ausdruck, wie sehr

Faszination und Ablehnung, Angst und Lust miteinander verbunden sein können. Die Werbebranche greift oftmals auf tiefenpsychologisches Wissen zurück, um ihre Produkte möglichst effektiv zu vermarkten, und wenn die Spinne von ihr als Werbeträger eingesetzt wird, tut sie es, um das Triebpotential im Menschen zu wecken, damit er sich affektiv zu dem betreffenden Gegenstand hingezogen fühlt. Schließlich ist es kein logisch-kausaler Zusammenhang, der etwa zwischen einem Aufbewahrungskasten und einer Vogelspinne besteht; vielmehr soll eine sinnliche Beziehung hergestellt werden, die aus erotischen oder aggressiven, mitunter auch verdrängten sadomasochistischen Quellen gespeist wird.

Die genannten Netzwerke für Frauen stellen, mit Blick auf die von Männern dominierte Berufswelt, Spinnen bzw. Schwarze Witwen zur Gänze in einen positiven Kontext. Die Eigenschaften und das Verhalten der achtbeinigen Tiere werden als vorbildhaft angesehen, um sich im Berufsleben durchzusetzen. Es ist eine weibliche Sicht, die ein günstiges Licht auf Spinnen wirft, wie es bereits in einigen Äußerungen aus dem Bereich des traditionellen Volksglaubens der Fall ist, in denen es darum geht, einen künftigen Ehemann für sich zu gewinnen.

Die verschiedentlich vorgenommenen psychologischen Deutungen sollten dazu beitragen, den Symbolgehalt der Spinne deutlicher hervortreten zu lassen. In einigen Erzählungen verkörpert sie das archetypische Bild der Großen Mutter mit ihren bedrohlichen, umgarnenden und verschlingenden Eigenschaften, wenn man an die Spinnenfrau im Märchen der Pawnee-Indianer denkt, an die Hexe und Kannibalin Murgah Muggui der Aborigines oder an die Südtiroler Totenkopfspinne, die über den arglosen Bauern herfällt. Oftmals geht es dabei um die Interdependenz zwischen Minderwertigkeitsgefühl und Machtstreben, was vor allem in Geschichten aus jenen Kulturen sichtbar wird, in denen Frauen in unterschiedlichen Bereichen unterdrückt werden und Männer nach außen dominieren. – Da in verschiedenen Erzählungen die Geschlechter aufeinander treffen und mitunter Verführungssituationen angedeutet werden, enthalten sie indirekte sexuelle Botschaften. Das gilt auch für einige Urban Legends, etwa die *Yucca-Palme* oder Erzählungen über Beulen unter der Haut. Dabei werden Tabus berührt, manchmal geht es implizit um verbotenen Geschlechtsverkehr und die damit verbundene Angst vor Strafe. Diese trifft sowohl Frauen als auch Männer, denn die Normen und Werte der Eltern und insbesondere der »großen Mütter« werden von beiden Geschlechtern verinnerlicht; beide sind »Täter« und »Opfer« zugleich, und das gilt ebenso in Hinblick auf die Machtdynamik. Zwar wurden und werden in unserer Kultur Frauen diskriminiert, doch sie ausschließlich als Opfer zu sehen, wäre eine zu einseitige Perspektive. Denn Druck erzeugt immer Gegendruck, Macht immer Gegenmacht, und die der Frauen kommt zwar in patriarchalischen Gesellschaften auf leiseren Sohlen daher als jene der Männer, aber das bedeutet noch lange nicht, dass sie weniger nachhaltig wäre. Hält man sich das vor Augen, dann kann man die irrationale Angst vor der Spinne – als einem zentralen Symbol für die Frau und ihre Macht – ein wenig besser verstehen.

Literatur

Abkürzungen:

Ders./Dies./Diess. = derselbe Autor/dieselbe Autorin/dieselben Autoren bzw. Autorinnen
EM = Enzyklopädie des Märchens
HDA = Handwörterbuch des deutschen Aberglaubens
MdW = Die Märchen der Weltliteratur

Bücher und Zeitschriften

Aarne, Antti, Stith Thompson 1961: The Types of the Folktale. A Classification and Bibliographie. Helsinki: Academia Scientiarum Fennica (FF Communications, Bd. 184).

Abraham, Karl 1982: Die Spinne als Traumsymbol. In: Gesammelte Schriften in zwei Bänden, Bd. 1. Frankfurt am Main: Fischer, S. 240-246.

Adler, Alfred 1976: Kindererziehung. Frankfurt am Main: Fischer.

Ders. 1987: Menschenkenntnis. Frankfurt am Main: Fischer.

Ders. 1997: Über den nervösen Charakter. Grundzüge einer vergleichenden Individualpsychologie und Psychotherapie. Kommentierte textkritische Ausgabe. Göttingen: Vandenhoeck und Ruprecht.

Albrecht, Michael von 1980: L'épisode d' Arachné dans les Métamorphoses d'Ovide. In: Revue des études latines, Bd. 58, S. 266-277.

Alpenburg, Johann Nepomuk Ritter von 1857: Mythen und Sagen Tirols. Zürich: Meyer und Zeller (Nachdruck Vaduz: Sändig 1990).

Ardrey, Robert 1972: Adam und sein Revier. Der Mensch im Zwang des Territoriums. München: dtv.

Aristoteles 1970: Historia animalium (griechisch und englisch), 3 Bde. London: Heinemann.

Arnold, Frank 2000: Die Video-Edition der Puppentrickfilme der Gebrüder Diehl. In: epd Film, Heft 8, S. 17.

Bach, Adolf 1960: Deutsche Volkskunde. 3. Aufl. Heidelberg: Quelle und Meyer.

Bächtold-Stäubli, Hanns (Hg.) 1927-1942: Handwörterbuch des deutschen Aberglaubens (= HDA), 10 Bde. Berlin, Leipzig: de Gruyter (Nachdruck Berlin, New York: de Gruyter 1987).

Balint, Michael 1999: Angstlust und Regression. 5. Aufl. Stuttgart: Klett-Cotta.

Barrett, S.A. 1906: A Composite Myth of the Pomo Indians. In: The Journal of American Folk-Lore, Bd. 19, S. 37-51.

Barth, Friedrich G. 2001: Sinne und Verhalten: aus dem Leben einer Spinne. Berlin u.a.O.: Springer.

Barüske, Heinz 1991: Eskimo-Märchen. 3. Aufl. München: Diederichs (MdW).

Baumgart, August 1894: Verschiedenes vom Aberglauben, von Sitten und Gebräuchen in Mittelschlesien. Zeitschrift des Vereins für Volkskunde, Bd. 4, S. 80-86.

Bausinger, Hermann 1958: Strukturen des alltäglichen Erzählens. In: Fabula, Bd. 1, S. 239-254.

Ders. 1962: Sitte und Brauch. Zu Jeremias Gotthelfs Erzählung »Die schwarze Spinne«. In: Der Deutschunterricht, Bd. 12, S. 100-114.

Ders. 1980: Formen der »Volkspoesie«. 2. Aufl. Berlin: Erich Schmidt.

BE: siehe Brockhaus Enzyklopädie.

Beck, Heinrich u.a. (Hgg.) 1973ff.: Reallexikon der Germanischen Altertumskunde. 2. Aufl. Berlin, New York: de Gruyter.

Becker, Friedrich 1999: Afrikanische Märchen. 27. Aufl. Frankfurt am Main: Fischer.

Beckwith, Martha Warren 1924: Jamaica Anansi Stories. New York: G.E. Stechert (Memoirs of the American Folk-lore Society, Bd. 17).

Beit, Hedwig von 1952-1957: Symbolik des Märchens. Versuch einer Deutung, 3 Bde. Bern: Francke (Bd. 2 unter dem Titel »Gegensatz und Erneuerung im Märchen«, 1956; Bd. 3 Registerband, 1957).

Beitl, Richard 1974: Wörterbuch der deutschen Volkskunde. 3. Aufl. Stuttgart: Kröner (Kröner Taschenausgabe, Bd. 127).

Bekoff, Marc (Hg.) 1978: Coyote. Biology, Behavior, and Management. New York, San Francisco, London: Academic Press

Bellmann, Heiko 1984: Spinnen – beobachten, bestimmen. Melsungen, Berlin, Basel, Wien: Neumann-Neudamm.

Ders. 1994: Spinnen: die wichtigsten heimischen Arten. Stuttgart: Franckh-Kosmos.

Ders. 1997: Kosmos-Atlas Spinnentiere Europas. Stuttgart: Kosmos.

Bender, Cora 2000: Südwesten. In: Feest (Hg.) 2000, S. 66-421.

Berndt, Catherine H. 1965: Women and the »Secret Life«. In: Berndt und Berndt (Hgg.) 1965, S. 238-282.

Berndt, Ronald M., Catherine H. Berndt (Hgg.) 1965: Aboriginal Man in Australia (Festschrift für A.P. Elkin). Sydney, London, Melbourne: Angus and Robertson.

Diess. (Hgg.) 1970: Aboriginal Anthropology. Modern Studies in the Social Anthropology of the Australian Aborigines. Canberra: Australian Institute of Aboriginal Studies.

Diess. 1988: The World of the First Australians. Aboriginal Traditional Life: Past and Present. 5. Aufl. Canberra: Aboriginal Studies Press.

Diess. 1989: The Speaking Land. Myth and Story in Aboriginal Australia, Ringwood (Victoria): Penguin.

Best, Eldon 1982: Maori Religion and Mythology. An Account of the Cosmogony, Anthropogeny, Religious Beliefs and Rites, Magic and Folk Lore of the Maori Folk of New Zealand, Bd. 2. Wellington (Neuseeland): Hasselberg.

Boehm, Max, Franz Specht 1924: Lettisch-litauische Volksmärchen. Jena: Diederichs (MdW).

Bohrer, Karl Heinz, Kurt Scheel (Hgg.) 1998: Postmoderne. Eine Bilanz. Stuttgart: Klett-Cotta (Merkur Sonderheft).

Boltz, Herbert 1999: Märchen der australischen Ureinwohner. 3. Aufl. Frankfurt am Main: Fischer.

Brednich, Rolf Wilhelm 1990: Die Spinne in der Yucca-Palme. Sagenhafte Geschichten von heute. München: Beck (Beck'sche Reihe, Bd. 403).

Ders. 1992: Die Maus im Jumbo-Jet. Neue sagenhafte Geschichten von heute. München: Beck (Beck'sche Reihe, Bd. 435).

Ders. 1993: Das Huhn mit dem Gipsbein. Neueste sagenhafte Geschichten von heute. München: Beck (Beck'sche Reihe, Bd. 1001).

Ders. 1996: Die Ratte am Strohhalm. Allerneueste sagenhafte Geschichten von heute. München: Beck (Beck'sche Reihe, Bd. 1156).

Brehm, Alfred (Hg.) 1915: Die Säugetiere, Bd. 3. Neu bearbeitet von Ludwig Heck und Max Hilzheimer (Brehms Tierleben. Allgemeine Kunde des Tierreichs, hg. von Otto zur Strassen). 4. Aufl. Leipzig, Wien: Bibliographisches Institut.

Bristowe, W.S. 1945: Spider Superstitions and Folklore. In: Transactions of the Connecticut Academy of Arts and Sciences, Bd. 36 (1945), S. 53-91 (Festschrift für Alexander Petrunkevitch).

Ders. 1958: The World of Spiders. London: Collins.

Brockhaus Enzyklopädie in 24 Bänden 1986-1994: 19. Aufl. Mannheim: Brockhaus.

Brunner, Reinhard, Michael Titze (Hgg.) 1995: Wörterbuch der Individualpsychologie. 2. Aufl. München, Basel: Reinhardt.

Brunner, Wolfgang 1987: Städtisches Tanzen und das Tanzhaus im 16. Jahrhundert. In: Alfred Kohler und Heinrich Lutz (Hgg.): Alltag im 16. Jahrhundert. Studien zu Lebensformen in mitteleuropäischen Städten (Wiener Beiträge zur Geschichte der Neuzeit, Bd. 14). Wien: Verlag für Geschichte und Politik, S. 45-64.

Brunner Ungricht, Gabriela 1998: Die Mensch-Tier-Verwandlung. Eine Motivgeschichte unter besonderer Berücksichtigung des deutschen Märchens in der ersten Hälfte des 19. Jahrhunderts. Bern u.a.O.: Lang (zugleich Diss.phil Univ. Zürich 1997/98).

Brunvand, Jan Harold 1981: The Vanishing Hitchhiker. American Urban Legends and Their Meanings. New York, London: Norton.

Ders. 1984: The Choking Doberman and Other »New« Urban Legends. New York, London: Norton.

Ders. 1988: The Mexican Pet. More »New« Urban Legends and Some Old Favorites. New York, London: Norton.

Ders. 1990: Curses! Broiled Again! The Hottest Urban Legends Going. New York, London: Norton.

Ders. 1994: The Baby Train and Other Lusty Urban Legends. New York, London: Norton.

Bürli, J. 1898: Volkstümliches aus dem Kanton Luzern, Teil 2. In: Schweizerisches Archiv für Volkskunde, Bd. 2, S. 279-282.

Calliano, Carl 1924-1936: Niederösterreichischer Sagenschatz, 5 Bde. Wien: Kirsch.

Campbell, Joseph 1996: Mythologie der Urvölker (Die Masken Gottes, Bd. 1). München: dtv.

Cancik Hubert, Helmuth Schneider 1997: Der neue Pauly: Enzyklopädie der Antike, Bd. 2 (Ark-Ci). Stuttgart, Weimar: Metzler.

Capell, A. 1965: Language in Aboriginal Australia. In: Berndt und Berndt (Hgg.) 1965, S. 101-118.

Cassius Dio 1985: Römische Geschichte (Historiarum Romanorum quae supersunt [Deutsch]), Bd. 2 (Bücher 36-43). Zürich, München: Artemis.

Claudius Aelianus 1990: Bunte Geschichten. Leipzig: Reclam.

Conrad von Megenberg 1897: Das Buch der Natur. Die erste Naturgeschichte in deutscher Sprache. Hg. von Hugo Schulz. Greifswald: Abel.

Craughwell, Thomas J. 1999: Alligators in the Sewer and 222 Other Urban Legends. New York: Black Dog and Leventhal.

Crome, Wolfgang 1951: Die Wasserspinne. Leipzig: Geest und Portig (Die Neue Brehm-Bücherei, Bd. 44).

Dähnhardt, Oskar 1907-1912: Natursagen. Eine Sammlung naturdeutender Sagen, Märchen, Fabeln und Legenden, 4 Bde. Leipzig, Berlin: Teubner (Reprint in 2 Bden., Hildesheim, Zürich, New York: Olms 1983).

Derolez, R.L.M. 1963: Götter und Mythen der Germanen. Einsiedeln, Zürich, Köln: Benziger.

Dettmer, Hans A. 1986: Die Mythologie der Ainu. In: Egidius Schmalzriedt und Hans Wilhelm Haussig (Hgg.): Wörterbuch der Mythologie, 1. Abt.: Die alten Kulturvölker, Bd. 6. Stuttgart: Klett-Cotta, S. 183-210.

Deursen, Arie van 1931: Der Heilbringer. Eine ethnologische Studie über den Heilbringer bei den nordamerikanischen Indianern. Groningen, Den Haag: Wolters (zugleich Diss. Amsterdam 1931).

Diederichs, Ulf, Christa Hinze 1993: Sagen aus Niedersachsen. 3. Aufl. München: Diederichs.

Diener-Steinherr, Annegret, Angela Meder (Red.) 1995: Tiere der Prärie und Pampa. Bisons, Monarchfalter, Stinktiere, Präriehühner, Präriehunde, Ameisenbären, Kojoten, Gürteltiere. Stuttgart, Zürich, Wien: Das Beste (Lebendige Wildnis).

Dioskurides 1902: Des Pedanios Dioskurides Arzneimittellehre in fünf Büchern. Übers. von J. Berendes. Stuttgart: Enke.

Distelmeyer, Jan 2002: Arac Attack – Angriff der achtbeinigen Monster. In: epd Film, Heft 8, S. 42f.

Dörler, Anton F. 1898: Die Tierwelt in der sympathetischen Tiroler Volksmedizin, Teil 2. In: Zeitschrift des Vereins für Volkskunde, Bd. 8, S. 168-180.

Drechsler, Paul 1903: Sitte, Brauch und Volksglaube in Schlesien, Bd. 1. Leipzig: Teubner (Schlesiens volkstümliche Überlieferungen, Bd. 2).

Drigalski, Dörte von 1980: Blumen auf Granit. Eine Irr- und Lehrfahrt durch die deutsche Psychoanalyse. Frankfurt, Berlin, Wien: Ullstein.

Dumézil, Georges 1959: Loki. Darmstadt: Wissenschaftliche Buchgesellschaft.

Eberhard, Wolfram 1937: Typen chinesischer Märchen. Helsinki: Academia Scientiarum Fennica (FF Communications, Bd. 120).

Eckart, Wolfgang U. 1998: Geschichte der Medizin. 3. Aufl. Berlin u.a.O.: Springer.

Eder, Robert 1907: Volkstümliche Überlieferungen aus Nordböhmen. In: Zeitschrift für österreichische Volkskunde, Bd. 13, S. 130-139.

Eibl-Eibesfeldt, Irenäus 1995: Die Biologie des menschlichen Verhaltens. Grundriss der Humanethologie. 3. Aufl. München, Zürich: Piper.

Elias, Norbert 1992: Über den Prozess der Zivilisation. Soziogenetische und psychogenetische Untersuchungen, 2 Bde. 17. Aufl. Frankfurt am Main: Suhrkamp.

Elwin, Verrier 1949: Myths of Middle India. Madras: Oxford University Press.

Ders. 1954: Tribal Myths of Orissa. Bombay: Oxford University Press.

EM 1977-1999: siehe Enzyklopädie des Märchens.

Enzyklopädie des Märchens 1977-2002: Handwörterbuch zur historischen und vergleichenden Erzählforschung, hg. von Rolf Wilhelm Brednich u.a. (bis Bd. 4: Kurt Ranke u.a). Bisher 10 Bde. Berlin, New York: de Gruyter.

Erdoez, Richard, Alfonso Ortiz: Der Tanz der Büffel. Das Buch der indianischen Mythen und Legenden. Bern, München, Wien: Scherz 1997.

Diess. 1998: American Indian Trickster Tales. New York: Penguin Books.

Faulstich, Werner 1990: Invasion und Sex – Der Sciencefictionfilm der 50er Jahre: *Das Ding aus einer anderen Welt* (1951). In: Ders. und Helmut Korte (Hgg.): Fischer Filmgeschichte, Bd. 3: Auf der Suche nach Werten 1945-1960. Frankfurt am Main: Fischer, S. 171-188.

Ders., Helmut Korte (Hgg.) 1990-1995: Fischer Filmgeschichte, 5 Bde. Frankfurt am Main: Fischer.

Feest, Christian F. 1998: Beseelte Welten. Die Religionen der Indianer Nordamerikas. Freiburg im Breisgau, Basel, Wien: Herder (Kleine Bibliothek der Religionen, Bd. 9).

Feest, Christian F. (Hg.) 2000: Kulturen der nordamerikanischen Indianer. Köln: Könemann.

Fewkes, Jesse Walter 1895: The Destruction of the Tusayan Monsters. In: The Journal of American Folk-Lore, Bd. 8, S. 132-137.

Fischer, Helmut 1989: Der entmythologisierte Dämon. Beispiele aus dem gegenwärtigen Erzählgut. In: Leander Petzoldt und Siegfried de Rachewiltz (Hgg.): Der Dämon und sein

Bild. Berichte und Referate des 3. und 4. Symposions zur Volkserzählung, Brunnenburg / Südtirol. Frankfurt am Main u.a.O: Lang, S. 27-41.

Ders. 1991: Der Rattenhund. Sagen der Gegenwart. Köln: Rheinland-Verlag / Bonn: Habelt (Beiträge zur rheinischen Volkskunde, Bd. 6).

Freud, Sigmund 1969: Vorlesungen zur Einführung in die Psychoanalyse. Und Neue Folge (Studienausgabe, Bd. 1). 11. Aufl. (1989). Frankfurt am Main: Fischer 1969.

Ders. 1970: Über den Gegensinn der Urworte (Studienausgabe, Bd. 4). 7. Aufl. (1989). Frankfurt am Main: Fischer, S. 227-234.

Ders. 1970: Das Unheimliche (Studienausgabe, Bd. 4). 7. Aufl. (1989). Frankfurt am Main: Fischer, S. 241-274.

Ders. 1971: Bruchstück einer Hysterie-Analyse. In: Hysterie und Angst (Studienausgabe, Bd. 6). 7. Aufl. (1989). Frankfurt am Main: Fischer, S. 83-186.

Ders. 1974: Das Unbehagen in der Kultur. In: Fragen der Gesellschaft. Ursprünge der Religion (Studienausgabe, Bd. 9). 5. Aufl. (1989). Frankfurt am Main: Fischer, S. 191-270.

Furniss, Graham 1996: Poetry, Prose and Popular Culture in Hausa. Washington, D.C.: Smithsonian Institution Press.

Gennep, Arnold van 1999: Übergangsriten (Les rites de passage). Frankfurt am Main, New York: Campus.

Giesen, Rolf 1990: Sagenhafte Welten. Der phantastische Film. München: Heyne 1990 (Heyne Filmbibliothek, Bd. 32/140).

Goddard Du Bois, Constance 1906: Mythology of the Mission Indians. In: The Journal of American Folk-Lore, Bd. 19, S. 52-60.

Gotthelf, Jeremias 1987: Die schwarze Spinne. Frankfurt am Main: Insel.

Graber, Gustav Hans 1925: Die schwarze Spinne. Menschheitsentwicklung nach Jeremias Gotthelfs gleichnamiger Novelle, dargestellt unter besonderer Berücksichtigung der Rolle der Frau. Leipzig, Wien, Zürich: Internationaler Psychoanalytischer Verlag (Sonderabdruck aus Imago, Bd. 11, 1925).

Grabner, Elfriede 1997: Krankheit und Heilen. Eine Kulturgeschichte der Volksmedizin in den Ostalpen. 2. Aufl. Wien: Verlag der Österreichischen Akademie der Wissenschaften (Mitteilungen des Instituts für Gegenwartsvolkskunde, Bd. 16).

Grimm, Jacob 1875: Deutsche Mythologie, Bd. 1. Gütersloh: Bertelsmann.

Grzimek, Bernhard (Hg.) 1972: Enzyklopädie des Tierreichs (Grzimeks Tierleben), Bd. 12: Säugetiere 3. Zürich: Kindler 1972.

Grube, Nikolai (Hg.) 2000: Maya. Gottkönige im Regenwald. Köln: Könemann.

Gugel, Liane 2000: Prärie und Plains. In: Feest (Hg.) 2000, S. 184-237.

Guntern, Josef 1979: Volkserzählungen aus dem Oberwallis. Sagen, Legenden, Märchen, Anekdoten aus dem deutschsprechenden Wallis. Basel: Krebs / Bonn: Habelt (Schriften der Schweizerischen Gesellschaft für Volkskunde, Bd. 62).

Habiger-Tuczay, Christa, Ulrike Hirhager, Karin Lichtblau 1996: Vater Ötzi und das Krokodil im Donaukanal. Moderne Sagen aus Österreich. Wien: Löcker.

Hahn, Ronald M., Volker Jansen 1987: Lexikon des Sciencefictionfilms. 1000 Filme von 1902 bis 1987. München: Heyne.

Haid, Oliver 2001: Ö3 präsentiert Halloween. Postmoderne Volkskultur zwischen UKW und WWW. In: Olaf Bockhorn, Editha Hörandner und Hartmut Prasch (Hgg.): Erlebniswelt Volkskultur. Wien: Österreichisches Museum für Volkskunde, S. 163-181. (Buchreihe der Österreichischen Zeitschrift für Volkskunde, NS, Bd. 17)

Haiding, Karl 1982: Volkssagen aus der Steiermark. Graz, Wien: Leykam.

Hammitzsch, Horst 1976: Japanische Volksmärchen. Düsseldorf, Köln: Diederichs 1976 (MdW).

Harand, Wolfgang 1998: Analyse des Nützlingspotentials der Arachnofauna einer integriert und einer biologisch bewirtschafteten Apfelplantage im Osten Österreichs. Diplomarbeit Univ. Wien.

Hardy, Phil (Hg.) 1991: Science Fiction. The Aurum Film Encyclopedia. 3. Aufl. London: Aurum Press.

Harrer, Heinrich 1961: Die Weiße Spinne. Die Geschichte der Eiger-Nordwand. Wien, Berlin, Frankfurt am Main: Ullstein.

Hartinger Walter 1992: Religion und Brauch. Darmstadt: Wissenschaftliche Buchgesellschaft.

Healey, Phil, Rick Glanvill 1996: Der Pudel in der Mikrowelle. Moderne Mythen. München: dtv.

Heelas, Paul 2000: Ethnische Religionen. In: Smart (Hg.) 2000, S. 214-219.

Heidelberger, Michael, Sigrun Thiessen 1981: Natur und Erfahrung. Von der mittelalterlichen zur neuzeitlichen Naturwissenschaft. Reinbek bei Hamburg: Rowohlt (Kulturgeschichte der Naturwissenschaften und der Technik – Deutsches Museum).

Heimer, Stefan 1997: Spinnen. Faszinierende Welt auf acht Beinen. Hannover: Landbuch.

Heinz-Mohr, Gerd 1998: Lexikon der Symbole. Bilder und Zeichen der christlichen Kunst. München: Diederichs (Diederichs Gelbe Reihe, Bd. 150).

Hellmann, Christian 1983: Der Sciencefictionfilm. 2. Aufl. München: Heyne (Heyne Filmbibliothek, Bd. 32/54).

Hernegger, Rudolf 1978: Der Mensch auf der Suche nach Identität. Kulturanthropologische Studien über Totemismus, Mythos, Religion. Bonn: Habelt.

Ders. 1982: Gesellschaft ohne Kollektiv-Identität. München: Leudemann.

Hetmann, Frederik 1982: Traumgesicht und Zauberspur. Märchenforschung, Märchenkunde, Märchendiskussion. Frankfurt am Main: Fischer.

Ders. 1996: Indianermärchen der Pueblo, Hopi und Navajo. Frankfurt am Main: Fischer.

Heyl, Johann Adolf 1897: Volkssagen, Bräuche und Meinungen aus Tirol. Bozen: Athesia (Nachdruck 1989).

Hickethier, Knut 1993: Film- und Fernsehanalyse. Stuttgart, Weimar: Metzler (Sammlung Metzler, Bd. 277).

Hirzel, Paul 1898: Aberglauben im Kanton Zürich, Teil 1. In: Schweizerisches Archiv für Volkskunde, Bd. 2, S. 215-223.

Hopf, Ludwig 1888: Thierorakel und Orakelthiere in alter und neuer Zeit. Eine ethnologisch-zoologische Studie. Stuttgart: Kohlhammer.

Hovorka, Oskar von, Adolf Kronfeld 1908-1909: Vergleichende Volksmedizin. Eine Darstellung volksmedizinischer Sitten und Gebräuche, Anschauungen und Heilfaktoren, des Aberglaubens und der Zaubermedizin. 2 Bde. Stuttgart: Strecker und Schröder.

Huyssen Andreas, Klaus R. Scherpe (Hgg.) 1993: Postmoderne. Zeichen eines kulturellen Wandels. Reinbek bei Hamburg: Rowohlt (Rowohlts Enzyklopädie, Bd. 427).

Inauen, Roland 1995: För Hitz ond Brand. Gebetsheilerinnen und Gebetsheiler in Appenzell Innerrhoden. In: Walter Irniger (Hg.): Kräuter und Kräfte. Heilen im Appenzellerland. Herisau: Schläpfe / Urnäsch: Museum für Appenzeller Brauchtum (Appenzeller Brauchtum, Bd. 5), S. 47-69.

Isler, Gotthilf 1971: Die Sennenpuppe. Eine Untersuchung über die religiöse Funktion einiger Alpensagen. Basel: Krebs / Bonn: Habelt (Schriften der Schweizerischen Gesellschaft für Volkskunde, Bd. 52).

Jahn, Ulrich 1999: Volkssagen aus Pommern und Rügen. Bremen, Rostock: Edition Temmen.

Jeggle, Utz 1990: Tödliche Gefahren. Ängste und ihre Bewältigung in der Sage. In: Zeitschrift für Volkskunde, Bd. 86, S. 53-66.

Johannes, Roland 1993: Jack Arnold erzählt. Ein Interview. In: Schnelle (Hg.) 1993, S. 43-83.

John, Alois 1905: Sitte, Brauch und Volksglaube im deutschen Westböhmen. Prag: Calve (Beiträge zur deutsch-böhmischen Volkskunde, Bd. 6).

John, E. 1909: Aberglaube, Sitte und Brauch im sächsischen Erzgebirge. Ein Beitrag zur deutschen Volkskunde. Annaberg: Graser.

Jühling, Johannes 1900: Die Tiere in der deutschen Volksmedizin alter und neuer Zeit. Nach den in der Kgl. öffentl. Bibliothek zu Dresden vorhandenen gedruckten und ungedruckten Quellen. Mittweida: Polytechnische Buchhandlung (R. Schulze).

Jung, Carl Gustav 1995: Synchronizität als ein Prinzip akausaler Zusammenhänge. In: Gesammelte Werke, Bd. 8. 7. Aufl. Solothurn, Düsseldorf: Walter, S. 457-553.

Ders. 1996: Die psychologischen Aspekte des Mutterarchetypus. In: Gesammelte Werke, Bd. 9/I. 9. Aufl. Zürich, Düsseldorf: Walter, S. 89-123.

Ders. 1996: Zur Phänomenologie des Geistes im Märchen. In: Gesammelte Werke, Bd. 9/I. 9. Aufl. Zürich, Düsseldorf: Walter, S. 221-269.

Ders. 1996: Zur Psychologie der Trickster-Figur. In: Gesammelte Werke, Bd. 9/I. 9. Aufl. Zürich, Düsseldorf: Walter, S. 271-290.

Jungbauer, Gustav 1934: Deutsche Volksmedizin. Ein Grundriss. Berlin, Leipzig: de Gruyter.

Jungraithmayr, Herrmann 1981: Märchen aus dem Tschad. Düsseldorf, Köln: Diederichs (MdW).

Kaiser, Thomas 1993: Kojote geht um. Indianische Schelmengeschichten um den Steppenwolf. 2. Aufl. Berlin: Clemens Zerling (Documenta ethnographica, Bd. 5).

Kammler, Henry 2000: Nordwestküste. In: Feest (Hg.) 2000, S. 270-313.

Ders. 2000: Großes Becken. In: Feest (Hg.) 2000, S. 314-333.

Ders. 2000: Kalifornien. In: Feest (Hg.) 2000, S. 334-365.

Kapferer, Jean Noël 1996: Gerüchte. Das älteste Massenmedium der Welt. Leipzig: Kiepenheuer.

Karlinger, Felix, Maria Antonia Espadinha 1992: Märchen aus Mexiko. 4. Aufl. München: Diederichs (MdW).

Ders., Geraldo de Freitas 1993: Märchen aus Brasilien. Reinbek bei Hamburg: Rowohlt (MdW).

Ders., Johannes Pöge 1983: Märchen aus der Karibik. Köln: Diederichs (MdW).

Ders., Elisabeth Zacherl 1992: Südamerikanische Indianermärchen. 4. Aufl. München: Diederichs 1992 (MdW).

Karow, Otto 1972: Märchen aus Vietnam. Düsseldorf, Köln: Diederichs (MdW).

Kasprycki, Sylvia S.: Südosten. In: Feest (Hg.) 2000, S. 148-183.

Katholisches Institut für Medieninformation e.V. (Hg.) 1993: Lexikon des internationalen Films. Das komplette Angebot in Kino, Fernsehen und auf Video 1991/92. Reinbek bei Hamburg: Rowohlt 1993.

Katner, Wilhelm 1956: Das Rätsel des Tarentismus. Eine Ätiologie der italienischen Tanzkrankheit. Leipzig: Barth (Abhandlungen der Deutschen Akademie der Naturforscher Leopoldina, Neue Folge, Bd. 18, Nr. 124).

Kayano, Shigeru 1985: The Romance of the Bear God. Ainu Folktales. Tokyo: Taishukan Publishing Company.

Kegel, Bernhard 2000: Die Ameise als Tramp. Von biologischen Invasionen. 3. Aufl. Zürich: Ammann.

Keller, Otto 1913: Die antike Tierwelt, Bd. 2. Leipzig: Engelmann.

Kellermann, Volkmar 1966: Germanische Altertumskunde. Einführung in das Studium einer Kulturgeschichte der Vor- und Frühzeit. Berlin: Erich Schmidt (Grundlagen der Germanistik, Bd. 1).

Klapper, Joseph (Hg.) 1914: Erzählungen des Mittelalters in deutscher Übersetzung und lateinischem Urtext. Breslau: Marcus (Wort und Brauch, Bd. 12).

Klintberg, Bengt af 1985: Legends and Rumours about Spiders and Snakes. In: Fabula, Bd. 26, S. 274-287.

Ders. 1992: Der Elefant auf dem VW und andere moderne Sagen und Großstadtmythen. München, Zürich: Piper (Serie Piper, Bd. 1653).

Knortz, Karl 1910: Die Insekten in Sage, Sitte und Literatur. Annaberg (Sachsen): Graser (Liesche).

Koch-Grünberg, Theodor 1927: Indianermärchen aus Südamerika. Jena: Diederichs (MdW).

Korff, Gottfried 2001: Halloween in Europa. Stichworte zu einer Umfrage. In: Zeitschrift für Volkskunde, Bd. 97, S. 177-189.

Korte Helmut 1992: Ängste und Katastrophen: *Die Höllenfahrt der Poseidon* (1972). In: Werner Faulstich, Ders. (Hgg.): Fischer Filmgeschichte, Bd. 4: Zwischen Tradition und Neuorientierung 1961-1976. Frankfurt am Main: Fischer.

Kreiner, Josef (Hg.) 1993: European Studies on Ainu Language and Culture. München: Iudicium-Verlag (Monographien aus dem Deutschen Institut für Japanstudien der Philipp-Franz-von-Siebold-Stiftung, Bd. 6).

Krickeberg, Walter 1924: Indianermärchen aus Nordamerika. Jena: Diederichs (MdW).

Ders. 1928: Märchen der Azteken und Inkaperuaner, Maya und Muisca. Jena: Diederichs (MdW).

Krobot, Walter, Josef Otto Slezak, Hans Sternhart 1975: Schmalspurig durch Österreich. Geschichte und Fahrpark der Schmalspurbahnen Österreichs. 2. Aufl. Wien: Slezak.

Kroll, Wilhelm, Karl Mittelhaus (Hgg.) 1929: Paulys Realencyclopädie der classischen Altertumswissenschaft, Bd. II.6 (»Sparta bis Stluppi«). Stuttgart: Metzler.

Kullmann, Ernst, Horst Stern 1996: Leben am seidenen Faden. Die rätselhafte Welt der Spinnen. Stuttgart: Franckh-Kosmos.

Kunike, Hugo 1940: Märchen aus Sibirien. Jena: Diederichs (MdW).

Kulessa, Hanne (Hg.) 1991: Die Spinne. Schaurige und schöne Geschichten. Mit Überlegungen zur Spinnenfurcht. Frankfurt am Main, Leipzig: Insel.

Lammert, G. 1869: Volksmedizin und medizinischer Aberglaube in Bayern und den angrenzenden Bezirken, begründet auf die Geschichte der Medizin und Cultur. Würzburg: Julien.

Lang, Fritz 1987: Die Spinnen. Roman. München: Iafrate.

Lawlor, Robert 1993: Am Anfang war der Traum. Die Kulturgeschichte der Aborigines. München: Droemer Knaur.

Leach, Maria (Hg.) 1949: Dictionary of Folklore, Mythology and Legend, 2 Bde. New York: Funk and Wagnalls 1949.

Levine, John R., Carol Baroudi, Margaret Levine Young 2001: Internet für Dummies. In 80 Sekunden um die Welt! 6. Aufl. Bonn: mitp-Verlag.

Leyen, Friedrich von der 1954: Die Welt der Märchen, 2 Bde. Düsseldorf: Diederichs.

Ders. 1958: Das Märchen. Ein Versuch. Heidelberg: Quelle und Meyer.

Lindemann, Klaus 1983: Jeremias Gotthelf: Die Schwarze Spinne. Zur biedermeierlichen Deutung von Geschichte und Gesellschaft zwischen den Revolutionen. Paderborn, München, Wien, Zürich: Schöningh (Modellanalysen: Literatur).

Lindemann, Klaus, Raimar Stefan Zons (Hgg.) 1990: Lauter schwarze Spinnen. Spinnenmotive in der deutschen Literatur. Eine Sammlung. Bonn: Bouvier.

Löffler, Anneliese 1996: Märchen aus Australien. Traumzeitmythen der Aborigines. 4. Aufl. München: Diederichs (MdW).

Lorenz, Konrad 1975: Das so genannte Böse. Zur Naturgeschichte der Aggression. 3. Aufl. München: dtv.

Lox, Harlinda 1999: Flämische Märchen. München: Diederichs (MdW).

Lucanio, Patrick 1987: Them or Us. Archetypal Interpretations of Fifties Alien Invasion Films. Bloomington (Indianapolis): Indiana University Press.

Lührmann, Sonja 2000: Arktis. In: Feest (Hg.) 2000, S. 28-69.

Lüthi, Max 1989: So leben sie noch heute. Betrachtungen zum Volksmärchen. 3. Aufl. Göttingen: Vandenhoeck und Ruprecht.

Ders. 1990: Das Volksmärchen als Dichtung. Ästhetik und Anthropologie. 2. Aufl. Göttingen: Vandenhoeck und Ruprecht.

Ders.1992: Das europäische Volksmärchen. Form und Wesen. 9. Aufl. Tübingen: Francke (UTB, Bd. 312).

Ders. 1996: Märchen. 9. Aufl. Stuttgart: Metzler (Sammlung Metzler, Bd. 16).

Ders. 1998: Es war einmal...: vom Wesen des Volksmärchens. 8. Aufl. Göttingen: Vandenhoeck und Ruprecht.

Lütolf, Alois 1862: Sagen, Bräuche, Legenden aus den fünf Orten Lucern, Uri, Schwiz, Unterwalden und Zug. Luzern: Schiffmann.

Manz, Werner 1916: Volksbrauch und Volksglaube des Sarganserlandes. Basel: Schweizerische Gesellschaft für Volkskunde / Straßburg im Elsass: Trübner (Schriften der Schweizerischen Gesellschaft für Volkskunde, Bd. 12).

Martin, Simon 2000: Großmacht im Westen – die Maya und Teotihuacan. In: Grube (Hg.) 2000, S. 98-111.

Mascord, Ramon 1991: Australian Spiders in Colour. Sydney: Reed Books.

Massola, Aldo 1968: Bunjil's Cave. Myths, Legends and Superstitions of the Aborigines of South-East Australia. Melbourne: Lansdowne Press.

Matheson, Richard 1995: The Incredible Shrinking Man. Roman. New York: Tom Doherty Associates Book.

Maurer, Rudolf 1997: Der Schwefelmann: das Badener Sagenbuch. 2. Aufl. Baden: Grasl.

Mechsner, Franz 1994: Spinnweben – die mörderische Perfektion. In: GEO, Bd. 10, S. 88-100.

Meiche, Alfred 1903: Sagenbuch des Königreichs Sachsen. Leipzig: Schönfeld (Veröffentlichungen des Vereins für Sächsische Volkskunde).

Ders. 1997: Sagenbuch der Sächsischen Schweiz und ihrer Randgebiete. 2. Aufl. Berlin: Altis.

Meier, Ernst 1852: Deutsche Sagen, Sitten und Gebräuche aus Schwaben, Bd. 1. Stuttgart: Metzler.

Meier, Harri, Dieter Woll 1993: Portugiesische Märchen. München: Diederichs (MdW).

Meinhof, Carl 1998: Afrikanische Märchen. Augsburg: Bechtermünz (MdW).

Mihm, Kai 2002: Auf Leben und Tod. Sam Raimi und »Spider-Man«. In: epd Film, Heft 6, S. 16-23.

Monaco, James 1989: Film verstehen. Kunst, Technik, Sprache. Geschichte und Theorie des Films. Reinbek bei Hamburg: Rowohlt.

Morgan, Marlo 1998: Traumfänger. Die Reise einer Frau in die Welt der Aborigines. München: Goldmann.

Morrison, Sarah L. 1993: Zauberbuch für neue Hexen. Verzaubern und behexen mit magischen Rezepten. München: Goldmann.

Moses, Heinrich 1903: Krankheitsbeschwörungen und Sympathiemittel in Niederösterreich. In: Zeitschrift für österreichische Volkskunde, Bd. 9, S. 211-220.

Müller, Detlev 1992: Märchen aus Äthiopien. München: Diederichs (MdW).

Müller, Ingo Wilhelm 1993: Humoralmedizin. Physiologische, pathologische und therapeutische Grundlagen der galenistischen Heilkunst. Heidelberg: Haug.

Müller, Josef 1926: Sagen aus Uri. Aus dem Volksmunde gesammelt, Bd. 1. Basel: Schweizerische Gesellschaft für Volkskunde / Helbing und Lichtenhahn (Schriften der Schweizerischen Gesellschaft für Volkskunde, Bd. 18).

Müller, Klaus E. 1987: Das magische Universum der Identität. Elementarformen sozialen Verhaltens. Ein ethnologischer Grundriss. Frankfurt am Main, New York: Campus.

Ders., Ute Ritz-Müller 1999: Soul of Africa. Magie eines Kontinents. Köln: Könemann.

Münch, Gerhard, Jacques Reitz (Hgg.) 1996: Grundlagen der Krankheitslehre. Berlin u.a.O.: de Gruyter.

Neumann, Eduard, Helmut Voigt 1973: Germanische Mythologie. In: Hans Wilhelm Haussig (Hg.): Wörterbuch der Mythologie, Erste Abteilung: Die alten Kulturvölker, Bd. II: Götter und Mythen im Alten Europa. Stuttgart: Klett, S. 21-98.

Neumann, Erich 1997: Die große Mutter. Eine Phänomenologie der weiblichen Gestaltungen des Unbewussten. 11. Aufl. Zürich, Düsseldorf: Walter.

Opela, Anna 1990: Tanzwut und Tarantismus in Spätmittelalter und Früher Neuzeit. Diplomarbeit (Deutsche Philologie) Univ. Wien.

Ovidius Naso, Publius 1992: Metamorphosen. Lateinisch – deutsch, hg. von Erich Rösch. 13. Aufl. München, Zürich: Artemis und Winkler (Sammlung Tusculum).

Pahlow, Mannfried 2000: Das große Buch der Heilpflanzen. Gesund durch die Heilkräfte der Natur. Augsburg: Bechtermünz.

Palla, Rudi 1994: Verschwundene Arbeit. Ein Thesaurus der untergegangenen Berufe. Frankfurt am Main: Eichborn (Die Andere Bibliothek, Bd. 115).

Parker, K. Langloh 1896: Australian Legendary Tales. Folk-Lore of the Noongahburrahs as Told to the Piccaninnies. London: David Nutt, Melbourne: Melville, Mullen and Slade.

Dies. 1930: Woggheeguy. Australian Aboriginal Legends. Adelaide: F.W. Preece.

Pausanias 1986-1989: Reisen in Griechenland, Bd. III: Delphoi (Bücher VIII-X: Arkadien, Boiotien, Phokis), hg. von Felix Eckstein. Zürich, München: Artemis.

Petzoldt, Leander 1989: Phantom-Lore oder: Vom Glück des Sammlers beim Finden. In: Österreichische Zeitschrift für Volkskunde, Bd. 92, S. 24-32.

Ders. 1990: Kleines Lexikon der Dämonen und Elementargeister. München: Beck (Beck'sche Reihe, Bd. 427).

Ders. 1992: Sagen aus Niederösterreich. München: Diederichs.

Ders. 1993: Sagen aus Salzburg. München: Diederichs.

Pfeiffer, Martin 1978: Mythologie der indischen Primitivvölker. In: Hans Wilhelm Haussig (Hg.): Wörterbuch der Mythologie, Bd. V: Götter und Mythen des indischen Subkontinents. Stuttgart: Klett-Cotta.

Piaget, Jean 1980: Das Weltbild des Kindes. Frankfurt am Main, Berlin, Wien: Ullstein.

C. Plinius Secundus d.Ä. 1976: Naturkunde. Lateinisch – deutsch, Buch VIII (Zoologie: Landtiere), hg. von Roderich König. Darmstadt: Wissenschaftliche Buchgesellschaft (Sammlung Tusculum).

Ders. 1990: Naturkunde. Lateinisch – deutsch, Buch XI (Zoologie: Insekten: Vergleichende Anatomie), hg. von Roderich König. Darmstadt: Wissenschaftliche Buchgesellschaft (Sammlung Tusculum).

Ders. 1991: Naturkunde. Lateinisch – deutsch, Bücher XXIX/XXX (Medizin und Pharmakologie: Heilmittel aus dem Tierreich), hg. von Roderich König. Darmstadt: Wissenschaftliche Buchgesellschaft (Sammlung Tusculum).

Pötzsch, Joachim 1963: Von der Brutfürsorge heimischer Spinnen. Wittenberg Lutherstadt: A. Ziemsen (Die Neue Brehm-Bücherei, Bd. 324).

Pohl-Sennhauser, Ida 1996: Volksmedizin in Österreich. Klagenfurt, Wien: edition selene.

Polivka, Georg 1900: Tom Tit Tot. Ein Beitrag zur vergleichenden Märchenkunde. In: Zeitschrift des Vereins für Volkskunde, Bd. 10, S. 255-272 und S. 382-396.

Prahn, H. 1891: Glaube und Brauch in der Mark Brandenburg. In: Zeitschrift des Vereins für Volkskunde, Bd. 1, S. 178-197.

Puig, Manuel 1983: Der Kuss der Spinnenfrau. Roman. Frankfurt am Main: Suhrkamp.

Ranke-Graves, Robert 1992: Griechische Mythologie. Quellen und Deutung. Reinbek bei Hamburg: Rowohlt (rowohlts enzyklopädie).

Rasmussen, Knud 1937: Die Gabe des Adlers. Eskimoische Märchen aus Alaska. Frankfurt am Main: Societäts-Verlag.

Rathgeber, Alphons M. 1959: Menschen, die Gott gefallen. Aus der Welt der Heiligen. Dortmund: Borgmann.

Reed, Alexander Wyclif 1964: Maori Fables and Legendary Tales. Wellington, Auckland, Sydney: A.H. and A.W. Reed.

Ders. 1987: More Aboriginal Stories of Australia. 2. Aufl. Hong Kong: Reed Books.

Reemes, Dana M. 1988: Directed by Jack Arnold. Jefferson (North Carolina), London: McFarland.

Rehsener, Marie 1900: Von den Tieren und ihrem Nutzen nach Gossensasser Meinung. In: Zeitschrift des Vereins für Volkskunde, Bd. 10, S. 48-62.

Reichhardt, R. 1900: Volksanschauungen über Tiere und Pflanzen in Nordthüringen. In: Zeitschrift des Vereins für Volkskunde, Bd. 10, S. 208-214.

Reiser, Karl August 1895-1902: Sagen, Gebräuche und Sprichwörter des Allgäus. Aus dem Munde des Volkes gesammelt, 2. Bde. Kempten i.A.: Kösel.

Renner, Franz 1997: Spinnen ungeheuer – sympathisch. 3. Aufl. Kaiserslautern: Nitzsche (Reihe Natur, Bd. 1).

Riegler, Richard 1907: Das Tier im Spiegel der Sprache. Ein Beitrag zur vergleichenden Bedeutungslehre. Dresden, Leipzig: Koch.

Ders. 1921: Tiernamen zur Bezeichnung von Geistesstörungen. In: Wörter und Sachen. Kulturhistorische Zeitschrift für Sprach- und Sachforschung, Bd. 7, S. 129-135.

Ders. 1926: Spinnenmythus und Spinnenaberglaube in der neueren Erzählungsliteratur. In: Schweizerisches Archiv für Volkskunde, Bd. 26, S. 55-69 und S. 123-142.

Rieken, Bernd 1995: Die Spinne als Symbol in Volksdichtung und Literatur. In: Fabula, Bd. 36, S. 187-204.

Ders. 1999: Besuch aus dem Jenseits. Volksglaube im biographischen Kontext. In: Bios. Zeitschrift für Biographieforschung und Oral History, Bd. 12, S. 221-235.

Ders. 2000: Wie die Schwaben nach Szulok kamen. Erzählforschung in einem ungarndeutschen Dorf. Frankfurt am Main, New York: Campus (Campus Forschung, Bd. 808).

Röhrich, Lutz 1994: Lexikon der sprichwörtlichen Redensarten, 5 Bde. Freiburg im Breisgau, Basel, Wien: Herder.

Ders. 2001: Märchen und Wirklichkeit. 5. Aufl. Baltmannsweiler: Schneider-Verlag Hohengehren.

Rooth, Anna Birgitta 1961: Loki in Scandinavian Mythology. Lund: Gleerups (Acta reg. societatis humaniorum litterarum lundensis, Bd. LXI).

Rothschuh, Karl Ed. 1978: Konzepte der Medizin in Vergangenheit und Gegenwart. Stuttgart: Hippokrates.

Russell, Frank 1898: Myths of the Jicarilla Apaches. In: The Journal of American Folk-Lore, Bd. 11, S. 253-271.

Schell, O. 1914: Der Orakelglaube im Bergischen. In: Zeitschrift des Vereins für rheinische und westfälische Volkskunde, Bd. 11, S. 253-268.

Schenda, Rudolf 1993: Von Mund zu Ohr. Bausteine zu einer Kulturgeschichte volkstümlichen Erzählens in Europa. Göttingen: Vandenhoeck und Ruprecht.

Schild, Ulla 1975: Westafrikanische Märchen. Düsseldorf, Köln: Diederichs (MdW).

Schlatter, Gerhard 1985: Bumerang und Schwirrholz. Eine Einführung in die traditionelle Kultur australischer Aborigines. Berlin: Reimer.

Schmidt, Günther 2000: Giftige und gefährliche Spinnentiere. *Scorpiones*, *Acarina* und *Araneae*. Humanpathogene Skorpione, Milben und Spinnen. 2. Aufl. Hohenwarsleben: Westarp-Wissenschaften (Die Neue Brehm-Bücherei, Bd. 608).

Schmidt, Joseph 1802: Die Spinnen als die besten Wetterprophetinnen, welche die bevorstehende Veränderung... ankündigen. 2. Auflage Grätz.

Schmücker, Aenne 1937: Einführung zur deutschen Ausgabe. In: Rasmussen 1937, S. 7-14.

Schnelle, Frank (Hg.) 1993: Hollywood Professional. Jack Arnold und seine Filme. Stuttgart: Verlag Robert Fischer und Uwe Wiedleroither.

Schönwerth, Fr. 1857: Aus der Oberpfalz. Sitten und Sagen, Teil 1. Augsburg: Rieger.

Schramek, Josef 1915: Der Böhmerwaldbauer. Eigenart, Tracht und Nahrung, Haus- und Wirtschaftsgeräte, Sitten, Gebräuche und Volksglaube. Nebst einem Anhange: Der Böhmerwaldholzbauer. Prag: Calve (Beiträge zur deutsch-böhmischen Volkskunde, Bd. 12).

Schubert, Beate, Günter Wiegelmann 1994: Regionale Unterschiede im Besprechen von Krankheiten im frühen 20. Jahrhundert. In: Günter Wiegelmann (Hg.): Volksmedizin in Nordwestdeutschland. Heilmagnetismus – »Besprechen« – Erfahrungsheilkunde. Münster, New York: Waxmann (Beiträge zur Volkskultur in Nordwestdeutschland, Bd. 83).

Scott, Bill 1996: Pelicans and Chihuahuas and Other Urban Legends. St. Lucia (Australien): University of Queensland Press.

Seeßlen, Georg 1980: Kino des Utopischen. Geschichte und Mythologie des Sciencefictionfilms. Reinbek bei Hamburg: Rowohlt (Grundlagen des populären Films, Bd. 4).

Seiler-Dietrich, Almut 1980: Märchen der Bantu. Düsseldorf, Köln: Diederichs (MdW).

Seligmann, Siegfried 1910: Der böse Blick und Verwandtes. Ein Beitrag zur Geschichte des Aberglaubens aller Zeiten und Völker. 2 Bde., Berlin: Hermann Barsdorf.

Shinichiro, Takakura 1960: The Ainu of Northern Japan. A Study in Conquest and Acculturation. Philadelphia: American Philosophical Society (Transactions of the American Philosophical Society, New Series, Vol. 50, Part 4).

Shojaei Kawan, Christine 1995: Holmes, Marlowe, Bond & Co. Kleine Typologie der Krimihelden. In: Ursula Brunold-Bigler und Hermann Bausinger (Hgg.): Hören, Sagen, Lesen, Lernen. Bausteine zu einer Geschichte der kommunikativen Kultur (Festschrift für Rudolf Schenda zum 65. Geburtstag). Bern u.a.O.: Lang, S. 661-678.

Simek, Rudolf 1984: Lexikon der germanischen Mythologie. Stuttgart: Kröner 1984 (Kröners Taschenausgabe, Bd. 368).

Smart, Ninian (Hg.) 2000: Atlas der Weltreligionen. Köln: Könemann.

Sooder, M. 1925: Sagen aus Rohrbach. In: Schweizerisches Archiv für Volkskunde, Bd. 25, S. 48-62.

Spenneberg, Lutz 2000: Multikulti im deutschen Wald. Exotische Tiere und Pflanzen verdrängen heimische Arten. In: Die Woche, Nr. 23, 02.06.2000, S. 27.

Stanner, W.E.H. 1965: Religion, Totemism, and Symbolism. In: Berndt und Berndt (Hgg.) 1965, S. 207-237).

Stephani, Claus 1994: Sagen der Rumäniendeutschen. München: Diederichs (MdW).

Stern, Bernhard 1903: Medizin, Aberglaube und Geschlechtsleben in der Türkei. Mit Berücksichtigung der moslemischen Nachbarländer und der ehemaligen Vasallenstaaten. Eigene Ermittelungen und gesammelte Berichte, Bd. 1. Berlin: Barsdorf.

Straßner, Erich 1978: Schwank. 2. Aufl. Stuttgart: Metzler (Sammlung Metzler, Bd. 77).

Strehlow, T.G.H. 1970: Geography and the Totemic Landscape in Central Australia: A Functional Study. In: Berndt und Berndt (Hgg.) 1970, S. 92-140.

Stückelberger, Alfred 1988: Einführung in die antiken Naturwissenschaften. Darmstadt: Wissenschaftliche Buchgesellschaft.

Supp, Eckhard 1985: Australiens Aborigines. Ende der Traumzeit? Bonn: Bouvier.

Swoboda, Marga 1995: Wo der Herrgott und die Sonne wohnen. In: Kronenzeitung, 20.08.1995, S. 28f.

Taube, Gustav C. 1902: Volkstümliche Überlieferungen aus Teplitz und Umgebung. Prag: Calve (Beiträge zur deutsch-böhmischen Volkskunde, Bd. 1, 2).

Taube, Karl 1983: The Teotihuacán Spider Woman. In: Journal of Latin American Lore, Bd. 9, S. 107-189.

Taylor, Barbara 2000: Spinnen. Stuttgart: Franckh-Kosmos.

Thompson, Stith 1955-1958: Motif-Index of Folk Literature, 6 Bde. 2. Aufl. Kopenhagen: Rosenkilde und Bagger.

Ders. 2000: Tales of the North American Indians. Mineola, New York: Dover Publications (Nachdruck der Ausgabe Cambridge, Massachusetts 1929).

Tremearne, A.J.N. 1970: Hausa Superstitions and Customs. An Introduction to the Folk-Lore and the Folk. 2. Aufl. London: Frank Cass.

Tupet, Anne-Marie 1985: La magie dans la métamorphose d'Arachne (Ovide, Mét. 6, 135-145). In: Journées ovidiennes de Parménie. Latomus, Bd. 189, S. 215-227.

Veckenstedt, Edmund 1880: Wendische Sagen, Märchen und abergläubische Gebräuche. Graz: Leuschner & Lubensky.

Vergilius Maro, Publius 1987: Landleben. Catalepton, Bucolia, Georgica. Lateinisch – deutsch, hg. von Karl Bayer. 5. Aufl. München: Artemis (Sammlung Tusculum).

Vetter, Rick 2000: Medical Myth. In: Western Journal of Medicine, Bd. 173, S. 357f.

Völker, Klaus (Hg.) 1971: Künstliche Menschen. Dichtungen und Dokumente über Golems, Homunculi, Androiden und liebende Statuen. München: Hanser.

Voss, Dietmar: Metamorphosen des Imaginären – nachmoderne Blicke auf Ästhetik, Poesie und Gesellschaft. In: Huyssen und Scherpe (Hgg.) 1993, S. 219-250.

Vyse, Stuart A. 1999: Die Psychologie des Aberglaubens. Schwarze Kater und Maskottchen. Basel, Boston, Berlin: Birkhäuser.

De Vries, Jan 1956-1957: Altgermanische Religionsgeschichte, 2 Bde. Berlin: de Gruyter (Grundriss der germanischen Philologie, Bde. 12/I und 12/II).

Warren, Bill 1982-1986: Keep Watching the Skies! American Science Fiction Movies of the Fifties, Bd. 1 1950-1957 (1982), Bd. 2 1958-1962 (1986). Jefferson (North Carolina), London: McFarland.

Waterman, Patricia Panyity 1987: A Tale-Type Index of Australian Aboriginal Oral Narratives. Helsinki: Academia Scientiarum Fennica (FF Communications, Bd. 238).

Watzlawick, Paul, John H. Weakland, Richard Fisch 1992: Lösungen. Zur Theorie und Praxis menschlichen Wandels. 5. Aufl. Bern u.a.O.: Huber.

Wehse, Rainer 1990: Die »moderne« Sage in Deutschland. In: Zeitschrift für Volkskunde, Bd. 86, S. 67-79.
Wilbert, Johannes 1970: Folk Literature of the Warao Indians. Narrative Material and Motif Content. Los Angeles: UCLA Latin American Center Publications, University of California (UCLA Latin American Studies, Bd. 15).
Ders. 1978: Folk Literature of the Gê Indians. Los Angeles: UCLA Latin American Center Publications, University of California (UCLA Latin American Studies, Bd. 44).
Ders., Karin Simoneau 1982: Folk Literature of the Mataco Indians. Los Angeles: UCLA Latin American Center Publications, University of California (UCLA Latin American Studies, Bd. 52).
Ders., Karin Simoneau 1983: Folk Literature of the Bororo Indians. Los Angeles: UCLA Latin American Center Publications, University of California (UCLA Latin American Studies, Bd. 57).
Wilhelm, Richard 1990: Chinesische Märchen. München: Diederichs (MdW).
Wimmer, Otto 1993: Kennzeichen und Attribute der Heiligen. Innsbruck, Wien: Tyrolia.
Wirth, Alfred o.J.: Beiträge zur Volkskunde in Anhalt, Heft 4/5: Die Tiere in Brauch, Glauben und Volksreim. Dessau: Dünnhaupt.
Wirth, Volker von 1999: Vogelspinnen. Experten-Rat für Auswahl und Eingewöhnung, Pflege und Ernährung. 4. Aufl. München: Gräfe und Unzer.
Wittich, Engelbert 1909: Abergläubische Festgebräuche der Zigeuner. In: Schweizerisches Archiv für Volkskunde, Bd. 13, S. 268-271.
Wolf, J.W. 1857: Beiträge zur Deutschen Mythologie, Bd. 2. Göttingen: Dieterich.
Wolff, Theodor 1905: Volksglauben und Volksgebräuche an der oberen Nahe, Teil 2. In: Zeitschrift des Vereins für rheinische und westfälische Volkskunde, Bd. 2, S. 277-309.
Worschech, Rudolf 1999: *Wild Wild West*. In: epd Film, Bd. 16, Heft 8, S. 48.
Wright, Bruce Lanier 1993: Yesterday's Tomorrow. The Golden Age of the Science Fiction Movie Poster, 1950-1964. Dallas (Texas): Taylor Publishing.
Wuketits, Franz M. 1999: Warum uns das Böse fasziniert. Die Natur des Bösen und die Illusionen der Moral. Stuttgart, Leipzig: Hirzel.
Wuttke, Adolf 1900: Der deutsche Volksaberglaube der Gegenwart. Bearbeitet von Elard Hugo Meyer. 3. Aufl. Berlin: Wiegandt und Grieben.

Xenophon 1977: Erinnerungen an Sokrates. 2. Aufl. München: Heimeran.

Zeidler, Johann Heinrich 1732: Großes Vollständiges Universal-Lexikon, Bd. 2 (An-Az). 2. Nachdruck 1993. Graz: Akademische Druck- und Verlagsanstalt.
Zingerle, Ignaz V. 1891/1969: Sagen aus Tirol. Graz: Verlag für Sammler (Nachdruck der 2. Aufl. 1891).
Zitkala-Sa 1901: Old Indian Legends. Lincoln, London: University of Nebraska Press.
Zurhorst, Meinolf 1993: Lexikon des Kriminalfilms. Mit mehr als 400 Filmen von 1900 bis heute. München: Heyne.

Zeitungsartikel

Bild, 19.08.1994, S. 8: »Michael Schanze, die Spinne und die Todesangst«.
Hörzu Nr. 40, 2000, S. 3: »Mecky: Leben im Netz« (Comic). Von Ulli Arndt.
Kronenzeitung, 07.05.1995, S. 1: »Spinnennetz des linken Terrors«; ebd., S. 8f.: »Das Spinnennetz der linken Anarchisten«. Von G. Walter u.a.

Kronenzeitung, 20.08.1995, S. 28f.: »Wo der Herrgott und die Sonne wohnen«. Von Marga
    Swoboda.
Kronenzeitung, 21.01.1996, S. 12f.: »Erbschaften wie vom Fließband«. Von Erwin Schönauer
    und Christoph Budin.
Kronenzeitung, 07.11.1999, S. 15: »Vogelspinnen im Kofferraum geschmuggelt«. Von Karl
    Grammer.
Kronenzeitung, 15.08.2001, S. 18: »Spinnen ganz wild auf die Gemeindebauten«. Von Peter
    Strasser.
Kronenzeitung, 11.06.2002, Archiv: »Spinnennetz und Spinne im Ohr«.
Kurier, 09.02.1997, S. 11: »Spinne auf Bananen. Frau fing Tier ein«.
Kurier, 21.11.1998, S. 9: »Gefährlicher Griff in Bananenkiste. Kammspinne von Kärnten kam
    aus Costa Rica«. Von Gerhard Krause und Rudolf Cijan.
Kurier, 07.11.1999, S. 10: »54 Vogelspinnen konfisziert«.
Kurier, 14.05.2000, S. 10: »Kammspinne im Supermarkt«.
Kurier, 01.10.2000, S. 10: »Giftspinne biss Joe Zawinul«.
Kurier, 15.08.2001, S. 8: »Kampf der Gemeindebau-Spinne«. Von Anton Bina.
Ostfriesen Zeitung, 26.04.2000, S. 15: »Pfui Spinne«.
Der Standard, 22.09.2001, S. 1: »Ziel: Terrornetzwerk« (Karikatur). Von Oliver Ulhoff.
Täglich Alles, 23.03.1995, S. 4: »Vogelspinne im Zigarettenautomaten«.
Täglich Alles, 11.06.1995, S. 6: »Biss der Mordspinne: Arme, Beine und Nase amputiert«.
Täglich Alles, 21.01.1996, S. 11: »Wie die Schwarze Witwe ihr Pflegeheim einrichten woll-
    te«.
Täglich Alles, 14.02.1997, S. 1: »Schwarze Witwe: 1. Sensation – Es war alles ganz anders,
    behauptet sie...«
Täglich Alles, 14.02.1997, S. 8f.: »Blauensteiner: Da drehte er kaltes Wasser auf...«. Von
    Peter Petzl.
Täglich Alles, 07.11.1999, S. 15: »Ungar schmuggelte 53 Vogelspinnen«.
Die Weltwoche, 27.06.2002, Nr. 26: »Kriminelles Panorama«. Von David Ammann und Lui-
    gino Canal.
Wirtschaftswoche, 20.09.2001, Nr. 39: »Gentechnik: Spinngewebe schlägt Stahl«.
Die Woche, 28.04.1995, Nr. 18, S. 17: »Das Netz der Spinne«. Von Reinhard Hesse.
Die Woche, 02.06.2000, Nr. 23, S. 27: »Multikulti im deutschen Wald. Exotische Tiere und
    Pflanzen verdrängen heimische Arten«. Von Lutz Spenneberg.

Webseiten

Antulov, Dragan 1998: »Black Widow (1986)«. In: rec.arts.movies.reviews.
    http://reviews. imdb.com/Reviews/151/15109.
Attanasio, Paul 1999: »Black Widow«. In: Washington Post.
    http://www.washingtonpost. com/wp-srv/style/longt.../blackwidowrattanasio_a=ad94.hat.
Bardenhagen, Klaus 1999: »Wild Wild West«. In: Artechock-Kritik.
    http://www. artechock.de/film/programm/f/kritik/wiwiwe.htm.
Berger, Jan 2000: »Tiere im Horrorfilm II«. In: Tiere im Horrorfilm – Special.
    http://www.mdr.de/sputnik/webmag/kino/0007_tierhorror2.htm.
Die Spinnen e.V. 2002: Die Spinnen. Regionalstelle Frau und Beruf in Essen.
    http://www.diespinnen.de.
Factorynews 2002: »Spinne im Ohr«. In: factorynews.de – Die anderen Nachrichten!
    http://www.factorynews.de/index.php?shownews=226.

Filmarchiv Austria 2001a: »Fritz Lang, Die Spinnen, Teil 1: Der goldene See«. In: Das Universum der Unsicherheit. Zur Retrospektive der Filme von Fritz Lang.
http://www.filmarchiv.at/events/lang/spinnen1.htm.

Filmarchiv Austria 2001b: »Fritz Lang, Die Spinnen, Teil 2: Das Brillantenschiff«. In: Das Universum der Unsicherheit. Zur Retrospektive der Filme von Fritz Lang.
http://www.filmarchiv.at/events/lang/spinnen2.htm.

Gangas, Spiros 2001: »The Spider's Stratagem«. In: Edinburgh University Film Society.
http://www.eufs.org.uk//films/the_spiders_stratagem.html.

Goethe-Institut Helsinki 1999: »Die Spinnen«. In: Fritz Lang-Retro.
http://www.goethe. de/ne/hel/spn.htm.

Hartl, John 1985: »›Kiss of the Spider Woman‹ is indeed a Winner«. In: Film.com.
http://www.film.com/film-review/1985/10580/109/default-review.html.

Hoaxbusters 1999: »Spider in the Toilet Hoax«. In: Hoaxbusters. A public service of the CIAC Team and the U.S. Departement of Energy.
http://hoaxbusters.ciac. org/HBUrbanMyths.shtml#spider.

Hoover, Travis 1999: »The Spider's Stratagem«. In: Travis Hoover's Days of Thunder.
http://www.geocities.com/thunderday_1999/spidersstratagem.htm.

IPK 2001: »Spinnennetze frisch vom Acker«. In: Institut für Pflanzengenetik und Kulturpflanzenforschung, Gatersleben.
http://www.ipk-gatersleben.de/de/press/2002/ipkd0101.htm.

Liquid2k 2002: »Asian Horror Encyclopedia: E«.
http://liquid2k.net/hadatto/e.html.

Mikkelson, David P., Barbara Mikkelson 1998a: »Cactus Attacked Us!«. In: Urban Legends Reference Pages.
http://www.snopes2.com/horrors/insects/cactus.htm.

Diess. 1998b: »The Snake in the Botanical Garden«. In: Urban Legends Reference Pages.
http://www.snopes2.com/critters/snakes/wedding.htm.

Diess. 1999a: »Bubble Yuck«. In: Urban Legends Reference Pages.
http://www.snopes2.com/horrors/food/bubblyum.htm.

Diess. 1999b: »The Travel Bug«. In: Urban Legends Reference Pages.
http://www.snopes2.com/horrors/insects/spiderbt.htm.

Diess. 1999c: »Toilet Spiders«. In: Urban Legends Reference Pages.
http://www.snopes2.com/horrors/insects/buttspdr.htm.

Diess 2000a: »Daddy Longlegs«. In: Urban Legends Reference Pages.
http://www.snopes2.com/critters/wild/longlegs.htm.

Diess. 2000b: »Tressed to Kill«. In: Urban Legends Reference Pages.
http://www.snopes2.com/horrors/vanities/hairdo.htm.

Diess. 2000c: »The Sting of Jealousy«. In: Urban Legends Reference Pages.
http://www.snopes2.com/weddings/horrors/scorpion.htm.

Diess. 2000d: »Chicago Bear«. In: Urban Legends Reference Pages.
http://www.snopes2.com/spoons/legends/helmet.htm.

Diess. 2001: »Spiders Inside Her«. In: Urban Legends Reference Pages.
http://www.snopes2.com/spoons/fracture/spiders.htm.

Morscher, Wolfgang 2001a: »Spinne in Bananenkiste«, Variante I bis III. In: Sagen.at. Ein Projekt einer Sagensammlung vom Mittelalter bis zur Gegenwart.
http://www.sagen.at /modernesagen/spinneinbananenkiste.html.

Ders. 2001b: »Rauchen am Klo«. In: Sagen.at. Ein Projekt einer Sagensammlung vom Mittelalter bis zur Gegenwart.
http://www.sagen.at/modernesagen/rauchenamklo.html.

Ders. 2001c: »Gefährliche Toilette. In: Sagen.at. Ein Projekt einer Sagensammlung vom Mittelalter bis zur Gegenwart.
http://www.sagen.at/modernesagen/gefaehrlichetoilette. html.
Nentwig, Wolfgang u.a. (Hgg.) 2001: »Uloboridae«. In: Spinnen Mitteleuropas.
http://araneae.unibe.ch/Bestimmung/Familienschluessel/uloboridae/uloborus/Uloborus_gesamt.htm.
Owens, D.W. 1994: »Oceanic Mythology Page«. In: World Mythology Main Page.
http://www.purgintalon.com/hlm/worldmyth/oceanic.htm.
Pfeffer, Franz-Ronald 2001: »Die Ybbstalbahn«. In: Erlebnisbahn.at.
http://www.byronny. at/bahn/ybbs/index.html.
Pierce, Ken 2000: »Arachnophobia«. In: dvdfuture.com.
http://dvdfuture.com/reviews/ movie/other/arachnophobia.php3.
Queensland Museum 2000a: »The Redback Spider«. In: Queensland Museum Explorer.
http://qmuseum.qld.gov.au/features/spiders/theredback.asp.
Dass. 2000b: »The Redback Bite and its Treatment«. In: Queensland Museum Explorer.
http://qmuseum.qld.gov.au/features/spiders/redback-bite.asp.
Dass. 2000c: »Redback Habitat and Life Cycle«. In: Queensland Museum Explorer.
http://qmuseum.qld.gov.au/features/spiders/redback-habitat.asp.
Redman, Lucas Wells 1999a: »Dread those Locks...«. In: Urban Legends Research Center.
http://www.ulrc.com.au/html/report.asp?CaseFile=ULRR0006&Page=1&View=Request.
Ders. 1999b: »Beware the Blushing Spider«. In: Urban Legends Research Center.
http:// www. ulrc.com.au/html/report.asp?CaseFile=ULRR0033&Page=1&View=Request.
Ders. 2001: »A Case of Cactophobia?«. In: Urban Legends Research Center.
http://www. ulrc.com.au/html/report.asp?CaseFile=ULRR0070&Page=1&View=Request.
Schwarze Witwe 2002: »Schwarze Witwe. Autonome Frauenforschungsstelle Münster e.V.«.
http://www.muenster.org/schwarze-witwe.
Science Digest 2001: »Spinnenseide aus Gentech-Kartoffeln«. In: Human Genome Project.
http://dhgp.de/publications/xpress/genomxpress02_01/sciencedigest.html.
University of California 1999: »Blush Spider Arachnius Gluteus is a Hoax«. In: Insect Information, University of California Riverside, Department of Entomology.
http://spiders.ucr.edu/debunk.html.
Dies. 2000: »Daddy-longlegs Myth«. In: Insect Information, University of California Riverside, Department of Entomology.
http://spiders.ucr.edu/daddylonglegs.html.
Vetter, Rick 2000a: »Brown Recluse and other Recluse Spiders«. In: University of California Statewide Integrated Pest Management Project.
http://www.ipm.ucdavis.edu/ PMG/PESTNOTES/pn7468.html.
Ders. 2000b: »Myth of the Brown Recluse. Fact, Fear and Loathing«. In: Insect Information, University of California Riverside, Department of Entomology.
http://spiders.ucr. edu/myth.html.
Ville de Montréal 2001: »Jardin Botanique de Montréal«.
http://www.ville.montreal. qc.ca/jardin/en/menu.htm.
Young, Neil 2001: »The Spider's Stratagem«. In: Jigsaw Lounge.
http://www.jigsawlounge. co.uk/film/stratagem.html.

Filme

Along Came a Spider (Im Netz der Spinne). Lee Tamahori, USA 2001.
Arachnophobia (Arachnophobia). Frank Marshall, USA 1990.
Black Widow (Die schwarze Witwe). Bob Rafelson, USA 1986.
Candyman (Candymans Fluch). Bernard Rose, USA 1992.
Cat People (Katzenmenschen). Jacques Tourneur, USA 1942.
Conspiracy Theory (Fletchers Visionen). Richard Donner, USA 1997.
Dogs (Killerhunde). Burt Brinckerhoff, USA 1976.
Earth Vs. the Spider (Die Rache der schwarzen Spinne). Bert I. Gordon, USA 1958.
Eight Legged Freaks (Arac Attack – Angriff der achtbeinigen Monster). Ellory Elkayem, USA 2002.
Frogs (Frogs). George McCowan, USA 1972.
The Incredible Shrinking Man (Die unglaubliche Geschichte des Mr. C.). Jack Arnold, USA 1957.
Invasion of the Body Snatchers (Die Dämonischen). Don Siegel, USA 1956.
Kingdom of the Spiders (Mörderspinnen). John »Bud« Cardos, USA 1977.
Kiss of the Spider Woman / Beijo da a mulher aranha (Kuss der Spinnenfrau). Hector Babenco, Brasilien/USA 1985.
Phase IV (Phase IV). Saul Bass, GB 1973.
Savage Bees (Mörderbienen greifen an). Alan Landsburg, Don Kirshner, USA 1976.
Spider-Man (Spider-Man – Der Spinnenmensch). E.W. Swackhamer, USA 1977.
Spider-Man (Spider-Man). Sam Raimi, USA 2002.
Spider-Man 2 (Spider-Man 2). Sam Raimi, USA 2004.
Spiders (Spiders). Gary Jones, USA 2000.
Spider Woman (Sherlock Holmes: Das Spinnennetz). Roy William Neill, USA 1944.
Die Spinnen – 1. Teil: Der goldene See. Fritz Lang, Deutschland 1919.
Die Spinnen – 2. Teil: Das Brillantenschiff. Fritz Lang, Deutschland 1920.
Strategia del ragno (Die Strategie der Spinne). Bernardo Bertolucci, Italien 1969.
Tarantula! (Tarantula). Jack Arnold, USA 1955.
Them! (Formicula). Gordon Douglas, USA 1954.
Urban Legends (Düstere Legenden). Jamie Blanks, USA 1998.
Urban Legends: Final Cut (Düstere Legenden 2). John Ottman. USA 2000.
Willard (Willard). Daniel Mann, USA 1970.
Wild Wild West (Wild Wild West). Barry Sonnenfeld, USA 1999.

Verzeichnis der Bildquellen

Farbteil:

Abb. 1:   Twinkles Zahnschmuck – Poster für Zahnarztpraxen

Abb. 2:   Teletexttafel S. 809 des deutschen Privatsenders tm3 vom 08.02.1999

Abb. 3:   Bacardi Bat Collection. Boomerang Verlag, 1170 Wien

Abb. 4:   Hörzu Nr. 40/2000, S. 3

Abb. 5:   Archiv Bilderflut Jontes

Abb. 6:   Werbeplakat Ikea Österreich für Aufbewahrungstisch »Hol«

Abb. 7:   CD-Cover der Gruppe »Tito & Tarantula«

Abb. 8:   Ausschnitt aus Titelbild zu Brednich 1990

Abb. S. 143:   Hovorka und Kronfeld, Bd. 1, 1908, S. 144

Abb. S. 253:   Der Standard, 22.09.2001, S. 1

Porträtfoto vierte Umschlagseite: Fotostudio Roland Robausch, 1200 Wien

Von Bernd Rieken in der Reihe *Campus Forschung* erschienen:

Wie die Schwaben nach Szulok kamen. Erzählforschung in einem ungarndeutschen Dorf.
(Erschienen im Campus-Verlag, Frankfurt am Main. Erscheinungsjahr: 2000. 247 Seiten, EUR 29,90. ISBN: 3-593-36481-6)

In dem Buch wird der Versuch unternommen, traditionelle Volksprosaforschung und volkskundliche Biographieforschung zusammenzuführen, indem »Lieblingsgeschichten« der Informanten als symbolische Verdichtung lebensgeschichtlicher Probleme interpretiert werden. Mit anderen Worten: In Erzählungen, die für die Interviewpartner große Bedeutung haben, spiegeln sich prägende Erlebnisse aus dem eigenen Leben wider, wobei die Spannbreite der Volkserzählungen von Pfarrersschwänken bis zu dämonologischen Sagen reicht. Darüber hinaus werden die von Albrecht Lehmann vorgeschlagenen Genres des autobiographischen Erzählens – Nationen- und Schicksalsvergleich sowie Rechtfertigungsgeschichte – diskutiert und der Vorschlag gemacht, sie um die Gute-alte-Zeit-Geschichte zu ergänzen. Weitere Themen behandeln zeitgeschichtliche Ereignisse (Deportation nach 1945, Volksaufstand 1956, Zusammenbruch des Kommunismus) und Begebenheiten aus der Dorfgeschichte. Schließlich wird auch dem unter der Oberfläche des modernen Alltags vorhandenen Volksglauben nachgegangen, und es werden jene Probleme diskutiert, welche sich ergeben, wenn man magische Praktiken in Feldforschungen untersuchen möchte. In dem Zusammenhang geht es auch um subjektive Befindlichkeiten des Feldforschers, um Ängste und Irritationen, die entstehen, wenn man eine unbekannte Kultur untersucht und auf unerwartete Widerstände stößt.
Methodisch ist die Arbeit der Literaturwissenschaft, der Volkskunde und der Psychologie verpflichtet, wie es bereits Max Lüthi empfohlen hat.

Pressestimmen:

»Das Buch ist sowohl für eine lebensnahe Erzählforschung im Sinne Albrecht Lehmanns als auch für die moderne Volkskunde der Ungarndeutschen im Sinne von Károly Gaál wichtig« (Vilmos Voigt in der *Fabula*, Bd. 42/2001, S. 380).

»Weiters wird besonders deutlich und öfters auch vergleichend dargestellt, dass dieselben Ereignisse zu oft ganz unterschiedlichen Erzählungen und damit auch wiederum ganz unterschiedlichen Darstellungen werden, dass es also immer nur sehr subjektive Wahrheiten und Wirklichkeiten gibt, die um so subjektiver werden, je mehr sie eine bestimmte Funktion beim Erzähler erfüllen. Dies scheint mir auch das besondere Verdienst des Autors zu sein, wenn er darstellt, dass eine Erzählung um so tendenziöser wirkt, je mehr sie sich auf den Erzähler beziehen lässt« (Gernot Sonneck in der *Zeitschrift für Individualpsychologie*, Bd. 25/2000, S. 264).